JN252717

偉人崇拝の民俗学

及川祥平
OIKAWA Shohei

勉誠出版

はじめに

「偉人」という視点の可能性——人と神の間をさぐるために

本書は、「偉人崇拝」という現象に対し、民俗学でいう「人を神に祀る風習」研究の文脈から迫ろうとするものである。ここではその第一の作業として、対象を「死者表象」という大きな視点から捉え返しておきたい。その意図は、偉人崇拝という現象を、「人を神に祀る風習」研究に適切に位置づけ、かつ、本書が「人を神に祀る風習」研究に対してもつ問題提起性を明確にするためである。

では、死者表象という枠組はどのように必要なのか。神格化を死者の表象化の一様態として捉えなおすことによって、本書では神格化とそれ以外の表象化との関係、あるいは、それとの複合的状況を問うていきたい。そのために、「人を神に祀る風習」研究においては従来取りこぼされてきた諸事象に対し、本書では分析対象としての主要な位置を与えたいと考える。具体的には、甲斐の戦国武将・武田信玄、南朝の英雄・楠木正成、江戸の名奉行・大岡忠相、「忠臣蔵」の四十七士らを素材とする議論を用意しているが、このほか無数の人物を適宜取り上げることになる。その中に、菅原道真や平将門といった、いわゆる人神の代表と目されてきた怨霊たちをあえて含めていないことはあらかじめ強調しておきたい。道真や将門こそが従来の人を神に祀る風習論の主要な関心の対象であり、信玄以下の人物たちは、これまでの民俗学的「人を神に祀る風習」研究では取りこぼされてしまうような事象ということになる。

これらの事象を対象化することにどのような意義があり、また、それはどのように可能になるのか。この点は序章で研究史に則して詳論するが、ここで若干踏み込んでおく。あわせて、やや議論を先取りすることにもなるが、そのような「取りこぼされてきたもの」への名付けの作業、いわば本書の認識論的前提の確認を行なっておきたい。

本書で死者の神格化と同等程度に重視するものこそ「偉人崇拝」であり、神格化との対比でいえば、「偉人化」という死者表象の動態である。「偉人化」というプロセスは「人を神に祀る風習」研究において不当に軽視されてきたと筆者は認識している。しかし、「神格化」と「偉人化」を包括的に捉えることからは、「人を神に祀る風習」研究の枠組ないし思考モデルを再編する可能性を提示できる。また、表象という視点は、「人を神に祀る風習」研究をその他の無数の研究領域との連関の中で議論するための基点を設ける効果をもつ。神格化と偉人化は、特定の死者や歴史上の人物への価値付与をともなう表象の形式であり、そのような表象化を可能とした社会・文化的問題への究明に民俗学的「人を神に祀る風習」研究を導くことになる。いわば「ごく普通の人々の歴史認識の様態」を多角的に探究する研究実践を可能とする。そして、本書の理論的背景となるのは、一九九〇年代以降学際的な興隆をみせている記憶論のアプローチである。

「神」をどう捉えるか

まず、本書における「神」および「偉人」の捉え方を明らかにしておく必要があるだろう。本書では具体的実体としてではなく、「認識」とその外部化によって結ばれる「表象」の様態として、「神」および「偉人」を捉える。したがって、第一に、人が「神」や「偉人」へと変貌していく表象化の過程を把握するための概念設定が求められ、同時にそのような表象化を導く主体の眼差しあるいは認識を問題化できる概念設定が要請される。これら二点を意識しつつ、まず、神と偉人との関係を定義しておく。

本書では「神」を「神道および一部の仏教ないし民俗宗教の論理によって想定される宗教的高次の存在」と定義する。すなわち、神を求める集団ないしその論理が「神」として見出したものと理解する。したがって、「神格化」とは、「神道および一部の仏教ないし民俗宗教の論理によって、なんらかの存在が宗教的高次の存在として想定されていくこと、及び想定されていること」と定義されることになる。もちろん「宗教的高次の存在」は「神」ばかりではない。先述の定義に「一部の仏教」という文言を組み込んだのは、日本の神仏混淆状況と、人が仏教的論理によって「宗教的高次の存在」として位置づけられる例が無数に存在することを視野においている。ともかく、ここでいう「神」は神道における祭祀対象のみを想定するものではない。従来の人神祭祀研究は、神道およびそのプリミティブな形式としての民俗宗教に話題を限定する傾向にあるが、日本史上、仏教が宗教的・世俗的文化に与えた影響は大きい。本書の議論は、従来の人神祭祀史のビジョンを、学説の一つとして括弧にいれた上ですすめていく。

なお、日本における宗教的高次の存在は、宗教的低次の存在や世俗的存在としての人間と隔絶したものではない。その意味で、キリスト教の想定するような全能にして無二の絶対者とは互換不可能であることは言うまでもない。そのような、人と神のゆるやかな境界侵犯性あるいは連続性は、日本の宗教文化の特質として従来指摘されている通りである。この点からも、当該人物が神であるか否かを、主体の認識の問題として理解することの妥当性が確認されるだろう。

「偉人」をどう捉えるか

この「神」理解をふまえて、「偉人」を定義づけておく。『広辞苑』(第五版)は「偉大な人。すぐれた人。大人物」と「偉人」を解説する。しかし、「認識」の所産としてこれを捉えるならば、「偉人」とは、「ある主体がある客体の中にすぐれた何かを読みこむ」ことによって結ばれた人物表象の一様態とする必要がある。すなわち、「ある主体によって、一定の価値観に基づいて、すぐれた行ないをした、あるいはすぐれた性質を備えていたと認識され、価値付与されている(価値付与すべきとされる)人物表象の様態」とする。当然、これと対置されるものとして「ある主体によって、一定の価値観に基づいて、適切性に反する行ないをした、あるいは劣った性質を備えていたと認識され、無価値化されている(無価値化すべきとされる)人物表象の様態」を想定せねばならない。この点については、歴史上の人物の評価に毀誉褒貶があり、主体を異にすれば偉人としても悪人としても認識される人物があることを指摘しておきたい。また、偉人を動態として捉える上で、本書では、「偉人化」および「偉人視」という語を使用する。「偉人」は主体によって認識せられたるものと理解するため、「偉人視」する眼差しによって、「偉人化」されたものとしてこれを捉えることになる。「偉人化」とは、ニュートラルな観点から見れば過去のある時代に生きた具体的な一人の個人にすぎないある死者を、一定の価値基準に基きつつそのパーソナリティにすぐれたなにかを読み込み、当該人物を常人からは突出した人物であると捉え(=偉人視)、人物を表象化していく動態およびその結果である。すなわち、偉人化は、ある個人ないし集団が、ある死者にプラスの価値を読み込み、あるいは付与する営為である。したがって、偉人化は死者表象のレベルでこの種の動態を包括的に捉える概念であり、具体的には死者の理想化であり、美化であり、善悪の競合的状況に際しては正当化であり、正閏の争いにおいては正統化でもある。その具体的形式には、英雄、英傑、義民、義士、義人、明君、名君、先賢、先哲など無数の呼称による表象化が含まれる。

それが認識の問題である以上、ある集団が「偉人視」する人物は、認識主体が立場性を異にすればまったく「偉人」とは見なされない場合があることは先述した。つまり、人の行ないや資質にすぐれた何かを見出すことには、価値や基準、讃え方の形式における文化的・社会的な相違や変遷が反映される。一方で、ある人物をなんらかの点において突出した存在として表象することは、汎文化的・通時代的な人の営みであることも基礎的認識として強調しておく。それは自他の人々による人間（ここでは死者）の差異化の形式の一つなのである。

神と偉人の関係に言及するならば、「神」とは偉人化の契機の有無を問わず、宗教的高次の存在として想念され、宗教的所作による敬礼や祭祀の対象とされる存在であり、「偉人」とは、神格化の契機の有無を問わず、様々な文脈で発生する「すぐれたる存在」という表象一般を捉えるものである。ただし、あらかじめ神格化されていることが当該祭神の偉人化を導くことがあり、あらかじめ偉人化されていることが当該人物の神格化を促すようなケースがある。

「顕彰」と「偉人化」

以上の本書の基礎的タームと「顕彰」との関連もおさえておく必要がある。「偉人化」は「顕彰」とは等号関係にはない。顕彰とは、『広辞苑』（第五版）によれば「明らかにあらわれること」「明らかにあらわすこと」「功績などを世間に知らせ、表彰すること」とされている。一方、学術的議論においては、「顕彰」はタームとしての使用頻度が増加しているにも拘わらず、明確な定義は設定されていないようである。矢野敬一は近代の死者への対応の中でも、「傑出した故人の業績を記念し、それを何らかの形で後世に伝えようとする世俗的な性格を帯びた」行為として顕彰を捉え、慰霊や追悼との関連の中での位置づけを模索している〔矢野二〇〇六：六〜七〕。一方、小松和彦は顕彰神の定義として、「死者は生前に傑出した業績を残したので、そのことを称えるために『神』に祀り上げよう」という動機に基づき、「記念・記憶装置」および「支配のための装置」として神格化されたものを「顕彰系」の人神と説明しており〔小松二〇〇一：一二〜一三〕、人を悼み、記憶し、顕彰することと宗教的な感情とをきわめて近似したものとして捉える立場にたっている〔小松二〇〇八：一四八〕。

本書では顕彰を以下のように定義しておく。顕彰とは、「人物、その行ない、あるいは出来事のあり方を、一定の価値を付与しつつ明らかにし、当該価値ごと記録化し、それをひろく一般と共有しようとする営為の総称」である。すなわち、事物とそれに付与された価値の記憶化と公共化であり、顕彰は社会的行為である。そして、本書で提起する「偉人」（ないし偉人化・偉人視）という概念は、この「顕彰」を包括するものとして位置づけておきたい。偉人化ないし偉人視は、厳密にいえば、ある一個人の内面において生起する心的動態をも捉え得るものであり、より抽象度が高い。つまり、ある客体を偉人視する眼差しを広域の人に期待し、働きかける営為が「顕彰」であると位置づけ得るであろう。

偉人崇拝の民俗学へ

以上、「神」「神格化」と「偉人」「偉人視」「偉人化」という概念を定義づけ、後者については「顕彰」との関連性を明らかにした。本書では、日本文化における神格化と偉人化という表象形式の近接性ないし分かち難さの様態を記述的に明らかにすることを試みる。両者の近接性は近・現代の人神の事例を見渡せば容易に確認することができる。例えば、事績が顕彰され、また墓所整備や法要の執行などを通して宗教的敬礼や崇拝の対象とされてはいても、神格化は為されていない人物が各地に無数に存在する。それらは神として祭祀されることはなくとも、個人的な認識や言語表現のレベルで「神さま」と称されたり、銅像が「あやかり」祈願の対象とされるなど、擬似神格化とでも呼ぶべき現象を惹起する場合もある。ここからは、価値付与を伴う表象化が、同人物を「神」として認識することを導いてしまうような文化的状況ないし意識のあり方が垣間見える。

また、死者の神格化を促したのと同様の契機や、近似した機運に基づく運動が、神格化という帰結には結びつかなかった事例も無数に存在する。それらの事例は明確な「神」的表象化、あるいは習俗的次元での「神格化」が見受けられないために、人を神に祀る風習研究では注目されてこなかった。しかし、「偉人」という枠組を設け、それへの崇拝と「神」との関係を問おうとするとき、無数の偉人の中に、それらと近似した表象状況にありつつ、なんらかの理由によって明確な神格化(神社創建)が行なわれた一群の人神が位置している、という構図が見えてくるのである。このような構図が本書の基本的な対象把握の視点であることを確認しておきたい。そして、そのような関係構図の中で、人神祭祀と偉人崇拝とが分かちがたく関わり合いながら表出する様態を、本書では記述していくことになる。

目次

偉人崇拝の民俗学

序章　研究史の整理と本書の方法

一節　研究史の整理と問題の所在

本節では人を神に祀る風習の研究史を整理しつつ問題の所在を明らかにし、本書の議論を学史的に位置づける。

「人を神に祀る風習」

人の神格化は、民俗学においてもっとも早くから関心を寄せられてきた問題の一つである。大正一五年（一九二六）の柳田國男の「人を神に祀る風習」がその嚆矢といえるが、当該論文は「遺念余執といふものが、死後に於てもなほ想像せられ、従つて屢々タタリと称する方式をもつて、怒や喜の強い情を表示し得た人」の神格化（柳田 一九六二b：四七五）、つまり、後に祟り克服型、怨霊系などと称されることになる、災いの説明原理としての死者の怨霊化と、その鎮撫の手段としての神格化を主題とするものであった。この大正一五年という時期には、幕末以来の尊皇思想・神道思想の延長線上で、近代国家としての歴史再編や愛国心涵養

写真１　柳田國男。成城大学民俗学研究所提供。

にむけた諸文化政策の中で、「遺念余執」の想定されない無数の人神が成立し続けていた。無論、その中には靖国神社も含まれているが、この段階で柳田が明確に言及しているのは豊臣秀吉および徳川家康であった〔柳田 一九六二b：四七四〕。

> 永い年月の間に極めて徐徐として、所謂人格崇拝の思想は養はれて來たのであるが、如何に熱心なる捜索を盡したとても、千年以前はさて置き、近き豊國大明神又は東照大権現の時代にすらも、大正の今日と一貫した日本人気質とも謂ふべきものを、見出すことは困難であらう。

秀吉や家康ら権力者による自己神格化は、今日、人神祭祀史におけるメルクマールの一つと見なされているが、柳田はそれらと大正期時点との相違を強調し、通史的一貫性ないし超歴史的な日本文化を見出すことの不可能性を指摘している。ここでの連続性の否定は、偉人のパーソナリティへの崇敬を伴う神格化が日本人の宗教的感情としては普遍的なものではないという主張、変遷史論という方法の有効性の強調であり、「遺念余執」の想像を伴う神格化が、かつての社会における大多数の人々の宗教的感情に合致するものであることを強調していくための前提でもあった。

柳田による人神の拡張説

ところで、ここでいう「人格崇拝」の人神について、柳田は昭和六年（一九三一）の『明治大正史世相篇』

においても言及している〔柳田一九六三：三一四〕。

明治時代に增加した多くの地方神は、今日の語で言ふ人格の崇敬を主とし、必ずしも霊あつて祟り災ひするといふ畏怖からで無く、又必ずしも禱れば福を與ふといふ豫期と感謝無しに、祀られたものであつた。藩士が別れに臨んで舊君の始祖を社にしたなどはその著しい例であつたが、是は何れも境を出づれば神で無いのだから、此點は尚以前の習はしに即いたもので、言はゞ人神思想の第一次の擴張であつた。それが第二次にはこの郷土の關係を離れて、人の靈を國全體の神として拜み崇めることになつた。東京の招魂社は西南戦争の直後に、其戰死の将士を祭つたのが始であつたが、それが今日の規模を確立したのは、更に十數年後の愛國戰争からである。死すれば國家の神となるべしという壮烈なる覺悟は、實際に兵火の衝に立つた者の精神を、どれ程け高いものにしたか知れぬのであつた。

柳田は、近代における人神思想の二段階の変化を想定している。一つが「人格崇敬」の神格化の発生であり、「祟り災いするという畏怖」や「祈れば福を与う」という民俗宗教的論理には基づかない神格化の形式の登場として柳田は位置づける。ただし、それはローカルな領域においてのみ成立し得る「崇敬」であったのに対し、第二次の変化は、そのような「人格崇敬」のナショナルなレベルへの拡張、「国家の神」「護国の神」の発生であったというのである。今日の視点からは多分に異論を唱えることのできる一文であり、このような単線的変遷史を想定することも首肯し難いが、近代の人神を理解する上で、「国民国家」というフレームやそこからの働きかけが強力に作用したことはつよく意識しておく必要があるし、柳田がそれらの同時代的風潮に対峙しようとしたらしいことは矢野の議論から明らかである〔矢野二〇〇五〕。昭和二一年（一九四六）の『先祖の話』になると、柳田は人神思想の拡張論の立場において戦死者を捉えることには消極的になる〔柳田 一九六二a〕。この点に柳田の関心の変化を読み込む者〔影山 二〇一二〕、論理の一貫性を読み込む者など〔小田 二〇一二〕、柳田國男論的領域での解釈が今日まで続いている。とりわけ、小田亮は近年の人神への記憶論のアプローチを視野におきつつ、二重社会論をふまえ、先祖という概念を「没個性化による記憶」と捉え、柳田論を再評価している〔小田 二〇一一：五〇〕。この点は国民道徳的祖先崇拝と柳田祖霊論の相違を説いた矢野の議論とも響きあうものがある〔矢野 二〇〇五〕。

「人を神に祀る風習」研究の展開

柳田以後、人神祭祀論は無数の研究を生みだしていく。とりわけ数量的充実をみたのは、御霊信仰など、人神の「祟り神」的あり方に関する議論である。歴史学的あるいは歴史民俗学的視点からは貞観五年（八六三）の神泉苑における御霊会、菅原道真、平将門の怨霊発現とその鎮静化が重視され（例えば、〔柴田 一九八四〕所収の諸論考）、民間の習俗論においても斎藤実盛の怨霊化虫伝説など（例えば〔伊藤 二〇〇二〕）、死者表象の怨霊的側面に関わる事象が豊富に収集され、分析が加えられた。これらの議論の蓄積は、柳田の人神の拡張説において古態として想定された祟り神的人神の様態究明に貢献した。

人神研究史上で体系的な成果を提示したものとして、第一に取り上げるべきは堀一郎のアプローチであろう。堀は昭和二八年（一九五三）の『我が國民間信仰史の研究』ほか一連の研究において、日本の民間信仰史上の人神の特質を氏神との関連で捉えつつ、神・英雄の遊幸伝説や遊行の宗教者の問題とからめながら重厚な論を展開した〔堀 一九五三・一九五五・一九七一〕。堀の議論は柳田的な発展段階説に大きく依拠するものではないが、当時の民俗学の学的傾向に起因する問題として、その関心は民間信仰史的（すなわち民俗宗教史的）世界における古態解明に向けられており、本書の関心に応える主張は少ない。

一方、近世の状況を捉えつつ現代的事象への目配りを行ない、総論的な成果をあげたものとしては、宮田登の霊神信仰・生き神信仰研究がある〔宮田 一九七〇〕。霊神とは近世に吉田神道のもとで唱えられた新式の人霊祭祀が結ぶ神格である。また、生き神とは生きながらに神を称した人、あるいは神と称された人を指し、新宗教の教祖や戦前までの現人神の思想にも関わる。ちなみに、死者表象に関心を寄せる本書では生き神の問題は論及対象からは除外するが、関連事象として注意を払うべきことはもちろんである。

さて、宮田は多様な人神の様相を、とりわけその近世的展開に留意しながら、「神格化の論理」を指標として四類型に整理している。すなわち、「権威跪拝型」「祟り克服型」「救済志向型」「救世主型」の四種である。もっとも、宮田は、自身の設定した権威跪拝型に民俗学的研究対象として積極的な価値を見出していなかったとして、その関心の偏りが指摘されている〔引野 二〇〇六〕。すなわち、秩序の破壊を促す民衆的エネルギーの発露にこそ宮田の関心が向いていたという。また、宮田は久木幸男の「政治神」という概念を使用しながら「日本における政治神の観念の薄弱さ」を指摘しており〔宮田 一九七四：二六五〕、顕彰を動機とする諸神への消極的な評価が現れている。

宮田の関心と近接した領域である民衆宗教史研究の分野では、小沢浩の議論が包括的成果をあげている。小沢は、柳田のいう「神人の間隔」という用語を方法的視座として高く評価し、自身の議論の認識論的前提に組み込んでいる〔小沢 一九八八：二一三〕。すなわち、小沢は「人間を容易に神格化し、神を著しく人間化して捉える心性」を「ヒトガミ的な観念」と捉え〔小沢 一九八八：一九六〕、「神性と人性の感通」あるいは「連続性」ないし「互換性」を見出す観念を重視する〔小沢 一九八八：二一二〕。そして、それらの観念は「時代により担い手によって、さまざまな形態をとることがあり、その社会的な機能も、時代により担い手によって決して一様ではなかった」とし〔小沢 一九八八：一九七〕、そうした神性と人性のダイナミズムを神-人間の距離の「変化」として究明することで〔小沢 一九八八：二一五〕、「生き神」の歴史的性格を解き明かそうとしている。例えば、小沢は神性の人性からの離隔を意味する「超越」というタームを重視するが、明確な「超越」の契機がそこにうかがい知れるという点において、御霊信仰の成立を人神信仰およびヒトガミ思想の端緒として理解している〔小沢 一九八八：二一六〜二一七〕。

小沢の視点は、「すぐれた何かを人の中に見出すこと」と「神格化」との関連に注意をはらう本書ときわめて近似した関心にたっている。ただし、小沢の議論もまた民衆宗教史研究という枠組の中で「生き神」を論じるものであり、本書で重視する「偉人化」や近・現代の人神の状況は視野に含まれていない。また、小沢が御霊に見出した「超越性」という観点も、「並の人格からかけ離れた超人的性格＝高い神性」を帯びたことを意味しているというが、高貴な身分の死者の、怨みを含んだ死によって、激しい祟りが発現するという点のみを以て、人・神の著しい離隔を指摘することが果して妥当か否か、検討を要すものといえる〔小沢 一九八八：二一六〜二一七〕。

近年、この方面の研究でまとまった成果を提示しているのが小松和彦である。小松のアプローチにおいて注意すべき点は、第一に、「顕彰神」という概念を設定し、近代の創建神社を対象化する基礎を築いたことであろう〔小松 二〇〇一・二〇〇八〕。それまでは戦没者祭祀をのぞいて、民俗学において近代の創建神社が重視されることはなかった。それは先述の宮田の消極的態度や、顕彰系の人神祭祀を「宗教的行為からかけ離れた、きわめて世俗的なもの」と捉え、「政治／社会の世俗化・近代化に見合って登場したところの、『祟り神』系人神の換骨奪胎」とする中村生雄の発言に端的にあらわれている〔中村 二〇〇三：一二〕。また、小松の人神研究の特徴として記憶研究の応用をあげておきたい。小松は人のたましいの限界とは記憶の限界を意味しているとした上で、墓所、廟所、神社といった祭祀施設、そこで行なわれる儀礼や縁起といったものはみな「記憶」を喚起する記憶装置であるといい、そのような観点からみれば、人物記念館のようなものも人を神に祀る風習の現代的あり方として捉えることが可能である、という指摘を行なっている〔小松二〇〇二：一二四〕。このような着眼は、隣接する近代宗教史研究や歴史認識論、記憶研究の蓄積が厚い社会学等と民俗学が協働する可能性をひらくものであったといえ、本書にも多大な示唆を与えている。小松の議論以降、民俗学でも記憶論の手法を援用しながら人神の問題に取り組んだ矢野敬一や山泰幸らの研究が生まれている〔矢野二〇〇六、山二〇〇九〕。

また、思想史の立場からヒトガミを扱った佐藤弘夫のアプローチがあることにも触れておきたい〔佐藤二〇一二〕。佐藤は「カミ」の成立を「記憶される死者」の誕生に見出し、「その記憶を共同体構成員全員に深く刻みつけるような別格の地位を占めた人物、歴史に残る大きな事績を標した人物の出現をまたねばならなかった」とし、そのような人物として「首長や司祭者、とりわけ氏族や共同体の始祖と位置づけられるような偉大な人物」をあげる〔佐藤二〇一二：五五〕。今後の緻密な実証的研究を要請する部分が多いものの、崇り神のみに原初性を見出す学説に対する問題提起として、佐藤の議論には興味深いものがあるし、本書の認識とも響きあう点が多い。

戦没者祭祀研究の潮流

記述の便宜上、ここまでの研究史とは分離させたが、この方面の議論においては、戦没者祭祀研究が学際的に厚く蓄積され続けている。戦没者祭祀は、「政治神」的ニュアンスが伴うにも関わらず、民俗学においても積極的な論究対象とされてきた。その理由としては、非業の死者論の延長においても構想可能な主題であり、また、靖国問題が注目される中で、民俗学が社会的課題に寄与し得るテーマとして関心を集めたことが考えられる。したがって、民俗学的戦没者祭祀論は、民俗学的な習俗論が解明してきた民衆の論理を強調する。それは国家の論理とは没交渉な民衆像を導くことにもなる。例えば、五来重は、御霊信仰の論理、民衆の「鎮魂の理念」という観点によって、民俗学からの靖国問題への提言を行なっている〔五来 一九八六〕。五来は、民衆の「鎮魂の理念」を、荒魂（新魂、五来は怨霊ともいう）から和魂への諸儀礼による昇華（霊魂昇華説）とし、戦死者や事故死者の霊をふくめ、供養される死者の霊は昇華過程のために両義的性格をもつ「中間神霊」であり、「祭らなければ祟る」が、祭れば「国を守ってくれる恩寵の大きな力」になるものであると理解した。そして、それらの死者を怨霊のままにしておくことに人々が感じる不安を「うしろめたさ」という語で捉えている〔五来 一九八六：二二〕。五来の提言は、靖国での祭祀を政治レベルの問題としてのみ取り扱わず、庶民信仰、そして庶民のもつ犠牲者への「痛み」と「うしろめたさ」を踏まえて考えないと、死者の怨念はいつまでも人々の心に残るというものであった〔五来 一九八六：二三〕。五来論は、祟りの主体として「災因」化される可能性を潜在させている死者と、祟りの主体として表象化された死者とを同列に論じている点で問題を指摘することもできるが、死者を気がかりな存在として想起させる「うしろめたさ」という感情は、本書の立場からもきわめて興味深いものといえる。

ところで、この「うしろめたさ」という心性には小松も注目しているが、五来と小松の間には若干のニュアンスの相違がある。五来のいう「うしろめたさ」は、儀礼執行によって解消される点で、祭祀の不備状況への意識である〔五来 一九八六：五五〕。これに対し、小松のいう「うしろめたさ」は、「さぞ悔しかろうという思い」であるといい、祭祀の有無を必ずしも問題としていない〔小松 二〇〇八：四四〕。包括的に理解するならば、いずれも死者に対する生者の共感的想像力が「うしろめたさ」を導くということになる。ただし、靖国での祭祀をささえた民衆の慣習的感情は、「うしろめたさ」という一点に回収できるのか、という疑問が残る。すなわち、死者をすぐれたものとし、その死を価値あるものとする、「顕彰」を下支えするような感覚が、民衆の中にもあった可能性を吟味する必要があるだろう。というのも、靖国の論理を国家の論理と等号で結び、それとは無関係で、むしろ国家に抑圧されてきたものとして人々の感覚を位置づけるスタンスは、どれほど議論を尽くしたとしても、かつての国家体制の暴力性を指摘するにとどまる。靖国信仰は、国家と民衆との共犯関係の上に成立している可能性をも議論せねばならない。

　靖国とも関連の深い「英霊」の問題を取り上げた田中丸勝彦もまた、国家の暴力性を指摘する論者の一人であるが、その視点は「民俗」を至上化・特権化するものでは必ずしもない。「英霊」という言葉の日常化、すなわち、英霊の名で死者を分節し、想起することに違和感を覚えないような状況の成立や、生前の暮らしに比して分不相応に盛大に弔われる戦死者への対応が、違和感なく受け止められていく様をも記述しており（田中丸 二〇〇二：三七〜三八）、クニの論理の日常的思考への浸透にも目配りを行なっている。田中丸の英霊論・戦没者祭祀論は、人々の心性と靖国的発想の緊張関係の析出を目指すものであったといえるであろう。

　これに対し、『戦死者霊魂のゆくえ』において、岩田重則が展開する戦死者祭祀論は「国家および国民の論理ではなく、民俗の論理」に基づく戦死者祭祀へのアプローチを構想するものであり（岩田 二〇〇三：二）、靖国と同時並行で各家庭でも戦死者の祭祀が継続されてきた事実とともに、戦死という新しい死の形態が多重祭祀（戦死者が、国家、村、各家で祀られるという重複状況）という新たな文化現象を生起せしめたことを指摘する（岩田 二〇〇三：三一〜三二）。岩田のスタンスは、多重祭祀不必要論であり、「国家が不必要な多重祭祀を生みだすことなど、死者への冒瀆のきわみ」とまで言い切っている（岩田 二〇〇三：三二）。従来閑却されてきた問題として家々や村での戦死への対応をとりあげたことはこの方面の研究の進展に寄与するものであるが、個人や家や村の生活をアプリオリに至上のものと位置づける点に難があるといえる。事実、岩田はその後の論考において、家での戦死者祭祀と靖国的思想との関係、あるいは、靖国的思想の家への浸透を意識するようになっている〔岩田 二〇一〇：七四〜七五〕。

国家と民衆を対置し、前者の暴力性を強調するような論調が目立つなか、比較的冷静な議論を展開するのは新谷尚紀である〔新谷 一九九二・二〇〇九a・二〇〇九b〕。新谷は近代の明治神宮や軍神に言及し、神社ないし神とは、人々の利害関係によって意味づけが拡大されていく「膨張装置」と捉え、これを取り扱いに慎重さを要す文化資源としつつ、「死者を利用したがる生者への監査の目」の必要性を主張している〔新谷 二〇〇九b：二二六〕。何者を祀るかという点（資源化）に暴力性があるのではなく、祀られたそれをどのように利用するのか（資源運用）に問題性があるという理解には、筆者も賛意を示したい。無論、資源化はその運用可能性を視野におきながら行なわれ得るものでもあるわけだが、多くの顕彰神は、近代になって国家の思想的文脈に再配置された（そして、戦後もなんらかの文脈に再配置され続けている）。少なくとも、神格化と偉人化の問題に挑む本書において、取り得るニュートラルな視点の一つであるといえるだろう。

習俗論から「記憶」の動態論へ

以上の研究史からは、習俗の古態解明ではなく、生者による死者認識やその取り扱いへの関心が高まっていることが確認でき、総じて、理論的支柱としての「記憶」が重要性を増しているといえる。しかし、民俗学の記憶論をめぐっては、岩本通弥による批判に注意する必要がある。すなわち、隆盛しつつある記憶論的アプローチにおける記憶理解の静態性が指摘され、記憶のダイナミズムを摑み取るような動態的記憶論が志向されねばならないというのである〔岩本 二〇〇三a：三〕。記憶の動態は、その可塑性、可変性、あるいは文脈依存性という諸性質から導かれる。例えば、「記憶」を重要ワードとして使用しながら展開された小松の議論において、その感心が機能・構造論的であったことは否定できない。すなわち、魂とは記憶（装置）のことであり、墓や廟所や神社、そこでの祭礼や縁起もまた記憶装置であるという小松の議論は、それ故に、記憶過程の中でも、なにかを記憶にとどめようとする営為やその結果発生したなにか、そのような営為・事物が生者と死者との関係の中で果たす機能、あるいはその機能を可能とするシステムに関心を寄せてきたということができる。ただし、この点は小松に限らず学際的に相似した傾向にあると筆者は理解している。事実、記憶についての人文・社会科学的研究が活発化した一九九〇年代以降、多くの研究は「記憶」と「場」や「記念物」との関係について議論を展開してきた。「記憶の場」〔ノラ 二〇〇二・二〇〇三a・二〇〇三b〕の形成を説くそれらのアプローチは、記憶の「よすが」とされる場や構築物の形成や機能・構造を明らかにしようとするものであり、人物や出来事を記憶にとどめようとする行為やその結果への関心が濃厚である。学際的視野で見渡す時、小松の議論もそのような動向の中で理解することができる。

想い起こそうとすること・想い起こされる（た）こと

一方、岩本の発言は、個人との対話を主要な調査法としてきた民俗学が「記憶」を問題とする場合、隣接諸学と比して高い効力を発揮できる領域が未だ取りこぼされていることへの苛立ちとして理解することができる。すなわち、記憶の可塑性、可変性、文脈依存性が、どのような分野よりも痛感される分野が民俗学であり、それは民俗学が個人への聞書きによって諸事象の変遷過程を明らかにしてきた、という学的特質に起因しているはずであった。そのような民俗学的記憶論を構想する場合、記憶と場や記念物との関係、つまり「なにかを記憶にとどめようとすること」、「なにかを思い出させようとする仕組み」よりもむしろ、「なにかの記憶を想い起こすこと」や「想い起こしてしまうこと」、「想い起こされる／されたなにか」への関心が導かれる。そのような立場にたつと、「記憶の場」で人々が想い起こそうとする態度やその内容の多様性および変化、それが想い起こされる文脈にいかに規定されているかが問われることになるし、それを通して記憶の過程的性格が可視化される。諸個人へのインタビューを基礎的調査法としてきた民俗学において、記憶論は、そのような質的アプローチへと展開させるべきと岩本はいうのである。

記憶の動態をめぐる議論の状況を知る上では、社会史の森村敏己の発言を参照すべきであろう。森村は「記憶とコメモレイション――その表象機能をめぐって」において、上からの表象化の受容や抵抗を論じる流れで、「与えられた意味が読み替えられ、ずらされていく現象」に言及している〔森村二〇〇〇：一八七〕。すなわち、「コメモレイションの意味は、主催者が意図した思惑と、受容者による独自の読みとの複雑な相互作用によって成立し、変容する」というのである〔森村二〇〇〇：一八八〕。森村は「独自の読み」を実証的に究明することの困難性を指摘しているが、現代社会において、インフォーマントとのコミュニケーションの中で分析素材を収集する民俗学は、この点へのアプローチをもっとも得意とする。そして、本書は森村のいう「主催者の意図」と「受容者による独自の読み」の両面を捉えようとするものであるが、「記憶を想い起こす主体」を本書では「受容者」としては捉えない。人物や出来事を記憶に残そうとする主体と記憶を想い起こそうとする主体との関係には、能動・受動、発信・受容という二項対立的構図は必ずしも当てはまらない場合が多い。この問題点をクリアすべく、本書では「人物や出来事を記憶に残そうとする行為」を「記憶化」というタームで捉え、「過去を想い起こそうとする行為」を「想起」というタームで捉えつつ、その両者に目配りしながら現象を記述していく。この点は本書の方法論に関わる問題であり、次節で詳述することになる。

本節の議論を整理しておく。柳田以降近年まで、人を神に祀る風習研究の基調は祟り神的人神に関心をよせる民俗宗教論的アプローチが優勢であった。靖国のような高度に政治的な神に対しても、民俗学は祟り神研究の蓄積からの発言を試みてきたといえる。一方、ここ数年は、ブームとでも名づくべきほどに人を神に祀る風習研究が隆盛しているが、その背後には、顕彰を動機とする神への着目があり、学際的文脈での文化的記憶研究の活発化がある。その先鞭をつけたのは英霊を対象化しようとした田中丸の業績であったが、とりわけ、近年の研究状況の成立には、顕彰を動機とする神格化が人神研究において矮小化されることなく対象化される可能性を切り拓いた点で、小松のアプローチが重視されねばならないだろう。一方、民俗学において顕彰系の神への研究が低調だった理由も問題化されねばならない。その背景には、研究対象を、政治的状況とは無縁で、一方向的に支配者から抑圧される「ごく普通の人々」の保持する民俗宗教に限定する眼差しがあったのではないだろうか。宮田や中村の政治神への消極的評価はもちろん、小松もまた「信仰の古層にあるのは『祟り神』系であり、その派生系として『顕彰神』系の人神が生まれてきた」という観点に立っている〔小松二〇〇八：一五〕。[1]

そして、岩本通弥による批判をふまえるならば、記憶概念を応用したアプローチは新たなステージに進む道筋を模索すべき状況にある。本節では従来の文化的記憶研究において対象化されてきた営為を「記憶化」と「想起」として捉えることに触れたが、次節では学際的記憶研究の文脈で、こうした観点の意義を、本書の方法論の問題として明らかにしておきたい。

二節　アプローチの方法と本論文の構成

本節では、ここまで確認してきた学史の問題状況を乗り越えるために本書で採用する方法を明らかにする。具体的にいえば、偉人化と神格化とを同一地平において議論するという本書の基礎的観点を、記憶論の文脈に位置づけつつ、その際の留意点を確認する。

文化的記憶論

まず、文化的記憶研究の領域で基礎的研究を蓄積している社会史系研究者のアプローチを紹介することで、岩本のいう記憶の静態的理解と動態的理解の差異に関する本書での認識を明確化しておく。ここでは特に「歴史と人間」研究会の成果論集『記憶のかたち――コメモレイションの文化史』所収の、小関隆論文および森村敏己論文を参照する。いずれも文化的記憶研究をめぐる認識論的前提に関わる内容である。

小関は「コメモレイションの文化史のために」の中で、「過去を認識しようとするあらゆる営み、そしてこの営みの結果得られた過去の認識のあり方」を「記憶」と理解する立場のもと（小関 一九九九：七）、コメモレイション（記念・顕彰行為）を「集合的記憶を語る『記憶のかたち』」として位置づけている（小関 一九九九：一三）。また、小関らのアプローチは同時に歴史表象研究でもある。「記憶が提起する過去のヴィジョンを、ある種の合意を得た一定の手順」により「洗練されかつ権威を帯びたものとして世に送り出すための制度とその生産物が歴史である」といい（小関 一九九九：九）、あるいは、「公共の記憶を歴史のレヴェルで表現したものが正史」であると小関はいう（小関 一九九九：九）。ただし、小関は記憶の主観性と、歴史の集団性ないし公共性を、二項対立的に固定化するような理解をしているわけではない。公共化された記憶（歴史）

とそれにそぐわない記憶との関連も含め、「人々にとって過去がいかなる意味を持ったのか」という、筆者の目から見ればきわめて民俗学的な問題意識が表明されている〔小関 一九九九：一三〕。

そのような問題意識を抱きつつも、社会史的記憶研究は、記憶の託された「かたち」への関心に傾斜していることは先述の通りである。それらは、表象の構築過程（記憶の公共化過程）や政治性、表象の競合様態の記述を通した複数の記憶のダイナミズムを明らかにしてはいる。しかし、それらは、表象への意味のインプット／アウトプットの過程に視点をおいた「記憶化」と「想起」という枠組を設定した時、記憶化の側面に偏ったものであり、記憶化されたなにがしかの情報が、想起主体においてどのように参照され続けていくかという問題には迫ることはできていない。

この点に言及するのが森村敏己の議論である。森村は「受容者による『読み替え』と『ずらし』」をめぐって先に引用した論文と同主旨の指摘を行なっている〔森村 一九九九：二三二〕。ただし、ここで森村が注意を喚起しているのも、想起主体による想起の多様性を前提とした記憶化主体による表象戦略の問題であり、記念碑等に「ことば」が伴うことを想起への方向づけとして理解するにとどまる。森村の指摘は筆者も首肯するところではあるが、「かたち」（すなわち記憶化しようとすることや記憶の託されたもの）に視点を据えているがために、記憶化の主体にくらべて圧倒的多数派をしめるはずの過去の想起主体は記述対象としては後景化され、記憶化主体の表象戦略に方向づけられ続ける受容者として単純化されてしまっている。人々が関係図式の中で「個」性を喪失するのは機能・構造を焦点とする研究の問題性そのものといえるだろう。また、森村は「人々が表象をいかに読み解いたかという問題は、そのほかの民衆史研究と同じく資料的制約の多いテーマであり、これに答えることは難しい」と述べつつも、記憶化の主体は想起主体による想起を意識しながら記憶化を行なっていること、記憶化後の抵抗や摩擦をトレースすることで、想起主体の側の世界観にも接近できると指摘している〔森村 一九九九：二三四〕。個々の指摘については筆者も首肯するが、このような観点のもとでは、抵抗や摩擦のみが可視化されやすく、記憶の公共化に際して競合し、抵抗する主体を強調し過ぎることになりかねないのではないかと筆者は危惧する。いずれにせよ、社会史的アプローチにおいては、公共的次元における記憶化に携わらない大多数の人々の「記憶のかたち」の体験様態、すなわち想起の局面が課題として残されていることが見えてくる。

そして、この点は海外の研究状況においても同様に課題とされていることを確認しておきたい。例えば、アメリカの社会学者ジェフリー・K・オリックは、平成一九年（二〇〇七）に国立歴史民俗博物館で行なわれた討論会「戦争体験の記憶と語り」において、集合的記憶研究の問題点に関して「われわれは記憶を物として見る。すなわち、記憶というのはあたかも物であるかのごとく、あるいは有形物であるかのごとく語るということです。これに対する対策は非常に単純です。記憶について語ることをやめる。われわれは思い出すこと、リメンバリングについて語るべきです」と述べている〔関沢 二〇一〇：二五三〕。本書で採用する用語に置き換えて言えば、ここでの物（Thing）とは記憶化の結果生成された「外部化された記憶」であり、リメンバリングは「想起」の英語表記そのものにほかならない。先述のように、岩本が批判した民俗学的記憶論の静態性とは、民俗学に「記憶」というタームをもたらした学際的な文化的記憶（集合的・社会的記憶）研究の議論が反映されたものといえる。(2)

体験の記憶論

ところで、文化的記憶研究とはやや異なる潮流として、体験の記憶（自伝的記憶）をめぐるアプローチがある。(3) 主に戦争体験者の語りを分析する戦後歴史学の中で鍛え上げられてきたこれらの議論においては、早くから資料論的に記憶の動的側面が議論されていた〔例えば〔家永一九六八〕〕。近年は、民俗学においても戦争体験者の減少を危惧しつつこの方面の議論への参入が試みられており、代表的な成果としては関沢まゆみの編集による『戦争記憶論』をあげることができる〔関沢二〇一〇〕。戦争・戦時生活の体験談はフィールドで出会う頻度の高い高齢者のナラティブの一つである。また、近年のナラティブアプローチへの機運の本格的な高まりは、この方面の記憶研究をより活性化させるものといえるだろう(4)。

無論、文化的記憶研究と体験の記憶をめぐる研究とが乖離しているわけではない。成田龍一は、ノラの成果ほか記憶概念の流行に触れつつ、戦争体験をめぐる歴史学的研究を一九五〇年代の「体験の時代」、一九七〇年代の「証言の時代」、一九九〇年代の「記憶の時代」という段階的推移として理解する〔成田二〇〇六：四〕。これはそれぞれが分断的にあるのではなく、三位一体的構造の中で優越的に他を統御する概念の推移であるという。すなわち、体験という語が戦争の証言や記憶を統御した時代、「証言」という語が体験や記憶に優越した時代、そして九〇年代以降の現代は、戦争記憶が体験や証言に優越する時代であるというのである。ここでいう「記憶」は、それを想起する現在あるいはその時点を問題化するものであることは言うまでもない。究明されざる戦争の実相を体験から再構成することに主眼のあった時代、証言を通して競合的に歴史的事実の所在が問題化された時代、そして記憶の時代とは、事実か否かでは量ることのできない、相反する歴史認識の競合の中で、そのような歴史認識が語られる「今」が問題とされる状況だというのである〔成田二〇〇六：三〕。

この点から、この種の議論の中で概念化される「記憶」の性格が浮き彫りになる。第一に「現在性」である。主体の想起は、主体にとっての現在に規定されている。第二には「多声性」ないし「複数性」である。想起主体の置かれた立場、辿ってきた人生過程、発話の状況に起因して、語られる「記憶」は相互に矛盾し、時として対立する。このような矛盾する複数の語りに向き合う際に、選択されるべき学術的解釈のスタンスは、それが「語られたという事実」に向き合うことであった。これは語りの戦略性や隠された意図を暴きだすことではなく、語られる記憶に潜在する感情を重視しながら、証言が事実足り得る状況を重視すること、すなわち、状況に依存して真実足り得る「状況的真実」としてこれに向き合うことであると冨山一郎はいう〔冨山 二〇〇六：七～九〕。この点は、民俗学のフィールドワーク論の中で、インフォーマントの語りに向き合う初歩的スタンスとして繰り返されてきた言葉と、あまりにも重なるものといえるだろう。

以上をふまえると、記憶とは高度に現在に規定される状況依存的なるものであり、記憶が想起され言説化される状況、言説に介在する想起主体の感情の依って来るものへの注視を導くことになる。

記憶化という視点の陥穽

以上からは、「記憶化」と「想起」という二つの記憶過程を偏りなく抑えることが今後の記憶研究の重要課題となることが見えてくる。その際、「記憶化」を記述する上での注意点と、「想起」を記述する上での注意点をあらかじめ確認しておく必要がある。

先述のように「記憶化」への着目は、記述対象を静態的構造の中に落とし込んでしまう可能性、あるいはそのようなものとして読解されてしまう危険性を潜在させている。複数的で具体的な個人の存在が後景化してしまうことが大きな要因であるが、想起の多様性が見えにくくなった結果、「記憶化」研究は書字ないしアーカイブズのイメージに基づく「記憶」観との親和性を帯びてしまう。このようなイメージのモデルにおいて、「記憶」は紙に書きとめられた文字のように固定的な形で理解され、それは特定の場において資料を引き出すように想い起こされ、あるいは、アーカイブズの中にしまいこまれて滅多に引き出されることがないかのように忘却されるものとして想像される〔アスマン二〇〇七：一八二〜一九八〕。このメタファーのもとでは、「想起」はインプットされた固定的な情報の一元的な読解として理解されてしまう可能性を潜在させる。記憶化が情報の固定化・一元化を志向するものである一方、想起がそのような性質ではないことは、メディア研究の基礎的認識を想い起こせば事足りるであろう。すなわち、エンコードされたメッセージは、まったく自由にではないにせよ、エンコードされたそのままにはデコードされることはないのである〔Bechdorf 2007〕。本書の例に引きつけていえば、記憶化に偏重した記憶理解は、神社という場において、あらゆる人が祭神をめぐって均質なイメージを想い起こすことが可能であるという極めて単純化された現実の記述を導くことになる。「記憶化」を記述する上では、このような陥穽を冷静に回避する叙述態度が求められる。

もちろん、記憶化を記述する研究実践の全てがそのような記憶のイメージに陥っているわけではない。それにも関わらず、本節がことさらにこの点を議論するのは、記憶の単一性はしばしば「事実」と置き換えられてしまうからである。岩崎によれば、戦争体験をめぐる論争のような記憶をめぐる対立は、しばしば『事実』の争いに還元され」てしまうという〔岩崎・冨山・米山二〇〇六：二三三〕。事実をありのままに記憶化することとは不可能であるし、記憶化されたことをありのままに想起することは不可能である。記憶化とは、言わば想起可能性の共有、あるいは、可能性の次世代への確保であるという理解に本書では立つ。以上、一元的な記憶理解〔史実志向〕がはらむ問題性や事実究明の誘惑に対して距離を保つために必要な「記憶化」をめぐる認識論的前提を確認した。

想起それ自体の記述困難性

一方、想起を記述する上では以下の困難性を常に意識しておく必要がある。記憶過程における想起を記述する場合、記憶が想い起こされるその都度の構築性に重きをおくことになる。記憶研究における「再構成的記憶」論は、自己の体験に関する記憶ですら、時間的経過によってしばしば変質し、かつ想起の状況に左右されながら再構成されるものであることを明らかにしている〔高橋 二〇〇〇〕。固定的でまとまった過去についての情報が忘却過程を経ながら個人の中に眠っているのではなく、過去に関する不定形の情報連関の中から、特定の主題のもとに包括される情報連関が前景化することが想起であり、想起内容は言語やその他の形式で表現された時にはじめて固定的で完結した体裁を為す。そのように記憶を理解する場合、それは私たち研究者が、記憶そのものには決して触れ得ないということを前提化することになる。つまり、個人の「記憶」というものに、私たちは無媒介に触れることはできない。これは、人間の内面を記述しようとするあらゆる学術的アプローチに共通の悩みともいえる。コミュニケーションの中で表現・表出されたものについてしか、私たちは分析を加えることができないのである。記憶は、したがって、民俗学者の聞書きに際しても、コミュニケーションの力学の中で不可避的に改変を加えられることになる。

さらにいえば、それを喚起するような契機や外圧とは関わりなく存在する「記憶」というものを想定することも不可能である。粟津賢太は「過去それ自体」の存在を否定し、それが「なんらかの喚起力を持つ媒介物、象徴、表象によって、re-presentation〔代理＝表象〕される」こと、そのような記憶の物質的・空間的フレームの重要性に触れている〔粟津 二〇一〇：二三〇〕。これは集合的記憶をめぐる議論であるが、個人の内面における記憶の問題と読み替えることもできる。例えば、ある出来事を記憶しているインフォーマントが存在したとする。このことは、当該インフォーマントがつねにその出来事に思いを巡らしながら暮らしていることを意味しない。それは、質・量ともに様々ではあれ、ある出来事の想起可能性を潜在させているインフォーマントであることを意味しており、その想起可能性の実現は、聞書きの場における質問という外圧によるものかもしれないし、関連する情報を伝えるマスメディアの視聴経験によるものかもしれない。あるいは、過去の出来事と良く似た状況の出現かもしれないし、墓参りや記念日の体験、古い写真の発見、その他、記憶装置を介した諸々の出来事かもしれないのである。

往々にして、記憶はそれを呼び覚ますものやきっかけがないかぎり、人の意識にはつよく浮上しない。記憶を呼び覚ます特定の時間や空間、他者からの働きかけや記念物が介在してくる。このことは、例えば、慰安婦問題が戦後から九〇年代まで問題化されなかった原因の一つに、当該事項が「ひとつの場所、つまり首尾一貫した指示記号として働きうる命名可能な物理的な場所への連想」を欠いていたことを指摘する米山リサの議論をふまえれば、十分に首肯されるところであろう〔米山 二〇〇六：一五八〕。あるいは、出来事の再演や特定のパフォーマンスが、そのような記憶を浮上させ、かつ強固にする場合もある。さらにいえば、記憶の表現は、それ自体が記憶装置化される可能性をはらんでいる。つまり、記憶のアウトプット（想起）は、それが共有可能性にひらかれた「かたち」を与える行為を伴うかぎりにおいて、それ自体が記憶装置の生産過程ということもできるのである。そのようにしてみた時、記憶研究は記憶化という論点を視野におくことなく想起を記述することは不可能であるということができる。

そして、想起主体の変化に伴う記憶の動態ということを意識した時、私たちは以下の点に留意する必要がある。第一に、その都度の想起は、それ自体が次に想起される記憶を方向づけるということである。心理学的記憶研究によれば、想起の反復は再構成される記憶に変化を及ぼす（虚偽の記憶が混じり込む）ということが確認されている〔高橋 二〇〇〇：二三四〜二三五〕。あるいは、近年の民俗学的調査論における調査者による被調査者への影響をめぐる議論をふまえれば、研究者から質問を受けたことがある、という体験それ自体も、次に行なわれる想起に影響を及ぼすことになる。さらに言えば、民俗学が想起された過去の生活事象の記録化に関わってきたことをふまえるならば、民俗学的知識のインフォーマントへの還流という現象は、民俗学の調査・研究実践そのものが想起を方向づける記憶装置の生産であるという事実を私たちに突きつけている。

以上、記憶化と想起という視点から、民俗学的記憶研究が留意すべき諸問題を確認してきた。ここまでの議論を人の神格化と偉人化に収斂させつつ整理しておく。

本書の方法

本節では、従来の記憶研究にうかがわれる記憶化への関心の偏向を解決するスタンスとして、大多数の人々の想起の様態を注視する必要を提起した。ただし、想起という営為の特質上、記憶化を記述することなく、これを記述することが困難であることも確認した。記憶化とは、忘却にあらがい、想起可能性を維持するためのインフラ整備として理解し得る営為の総体であり、時に想起を促し、また想起を方向づけるような記憶装置の生産過程である。想起とは、個人的な、あるいは集団的に共有されている過去についての情報を、個人の内面における意識連関の中で前景化させる行為であり、アウトプット過程を経たものとしてしか私たちは触れ得ない。そして、ここでいう前景化を導くものとして、各論者が「記憶の場」「想起の空間」「記憶のかたち」「記憶装置」などと述べる、記憶化の結果生産された諸事象を位置づけることができる。

以上をふまえ、主体における客体の記憶化と想起への検討を通して、死者の表象化の二局面（神格化と偉人化）を記述することを本書の方法とする。すなわち、歴史上の人物が神や偉人として記憶化されるプロセスや様態とともに、その結果として誕生した具体的な言説や事物が、記憶化の主体とは異なる様々な人々において、どのように体験されているのかに注意を払う。そこで想起されている事柄が、どのような社会的・文化的文脈によって方向づけられているのかもあわせて考察することになる。

加えて、本書が想起の質に踏み込んだ記述を行なうための方法について議論しておきたい。想起という観点から人の神格化と偉人化を捉える時、そこから提起できるのは認識の主観性であるが、そこで様々な立場にある想起主体を記述するための観点が要請される。とりわけ、「歴史上の人物」を偉人として想起する際に発生する主体の崇敬や崇拝、憧憬といった感情と、その複数性を導くような歴史への態度の様態を記述せねばならない。

まず前者の問題にアプローチする上での方法を検討する。繰り返しになるが、「偉人」とは、ニュートラルな観点から見れば、過去のある時代に生きた具体的な一人の個人にすぎないある死者を、一定の価値基準に基きつつ、そのパーソナリティにすぐれたなにかを読み込み、当該人物が群を抜いた人物であると記憶化／想起された結果発生する人物表象の形式である。そのように死者の中にすぐれたるなにかを見出したとして、それが例えば「尊敬」や「崇敬心」と呼び得るまでに主体の意識をつよく引きつけるような現象があるのは何故だろうか。この問いは、「なぜ」あるいは「どのように」人は「すぐれた」人を仰ぎ見るのかという極めて巨大な問いにもつながっている。この問いに対して、本書の作業からだけでは十全に回答を出すことはできないが、「死者にプラスの評価を与えること」と「死者への崇敬心」との間にある相違について考えておくことは出来る。

前者と後者を分かつのは、主体による感情的寄り添いの有無である。言い換えるならば、後者の人々においては、「ある主体が、ある客体を、主体にとってかけがえのない存在として特別視する現象」が生じている。ある個人ないし一群の人々が、なんらかの理由から、ある死者を「自身にとって」特別な存在として位置づける行為、あるいはそのような感情が介在する点において、各地の偉人の取り扱いは郷土愛やアイデンティティの問題と関わり得る。[5]

このような現象の発生は、まず、主体が客体に対して直接的あるいは間接的に知識を有しているということが第一の前提となる。あまりにも自明な前提ではあるが、この点はきわめて重要な問題を導く。すなわち、人物や歴史をめぐる知識の社会における状況が、諸個人の想起には大きく関わってくる。顕彰され、偉人化された死者についての情報は、多くの人々にも当該死者を偉人として想起し、憧憬の対象とすることを求める。そのように求める仕掛けこそが「顕彰」行為である。しかし、客体についての知識を有していることは、主体が客体を特別視することには必ずしも結びつかない。ここからは、以下の問題が導かれる。すなわち、人々は、自身の参照可能な歴史的人物のアーカイブズの中で、どのような人物を、どのような理由から選び取り、それに対してどのように思い入れを寄せているのか、という問題である。「選び取る」という表現は、想起の選択性を意味している。宿命的に決定された偉人崇拝は存在しない。存在し得るとすれば、ある偉人を崇拝することが「宿命的である」と認識する人々の発想の形式、あるいは宿命化する圧力である。宿命性に規範的価値が伴った場合、宿命性を否定する認識は思想的マジョリティによって抑圧されることにもなる。例えば、国民として国家的英雄を崇敬するのを拒むことは、国民として「ふさわしくない行動」として捉えられ得る。

以上からは、その選択の論理が究明課題として浮上する。特定の人物を、「主体にとって」特別であると認識したことで喚起される感情は、当該主体とはなんの関連性も見出されない人物に対しては向けられない。その人物が、ある人々にとってどのような人物であるのかという関係性の認識が、多数の人物の中から特定の人物を選び出す際の根拠になるということができる。そして、この点については、「郷土の偉人」や「先達」「先学」「始祖」「中興の祖」といった、無数の人物表象の形式が手掛かりを与えてくれる。すなわち、特定の人物を崇敬の対象として選び取る（「自身に関連づける」）根拠には、第一に、特定の集団を前提とした先行者としての認識を想定することができる。したがって、人間の集団化をうながす無数の縁（「血縁」「地縁」「職縁」「結社縁」あるいはその他の「選択縁」）が、関係づけの論理として援用される。第二には、主体が客体との間に思想や理想、嗜好性の共有を想像することで見出される関係性をあげることができる。それが職縁や結社縁等の選択縁と関わる場合があることは言うまでもないが、郷土や職業を直接的な媒介とせず、歴史物語の中で人間的に肉付けされつつ造形化された無数の歴史上の人物に対して、感情的寄り添いを表明する今日の無数の人々の意識を記述する上では、この第二の点はとりわけ重視されねばならない。なお、第一の関係づけが集団を前提としたものである一方、第二の関係づけは個人的性格を帯びている。

そして、第一の関係づけの応用的展開とでもいうべき関係づけが存在することにも触れておこう。すなわち、歴史的であることで自身を他から差異化しようとする営為における関係づけである。歴史上の人物と関わることは、それ自体が価値を帯びる場合がある。由緒の世界において、歴史的権威との関係は正統性の主張や権利獲得の文脈で語られる。一方、今日の社会では、集団や事物に消費対象としての価値を付与するための関係づけが頻繁に行なわれている。無数の自治体や観光地では、著名人の滞在の事実や関連史蹟があるというわずかな、あるいは曖昧な関係性を根拠に自らに価値を獲得するか、関係性それ自体を資源化する行為が行なわれている。

本書は、以上の関係づけ（ないし関係性の意識）に留意しながら、主体による客体の特別視の様態を把捉することを試みる。

ところで、ここで論証した死者の記憶化と想起、その際の特別視や関連づけは、それが集団（白虎隊や新撰組、あるいは歴代藩主と家臣のような集団）を想定したものであれ、いずれも具体的な個性を前提としている。一方で、このような個性の認識を伴わない対象への感情的寄り添いがあることも念頭におく必要がある。すなわち、祖霊である。小田の「没個性化による記憶」という視点をあらためて想い起こすならば、それはメンバーシップを保持したままの忘却、絶縁の契機をもたない忘却とでもいうべき過程によって生みだされる表象と理解できる。あるいは、個を失ったそれらの存在はただその関係性（先祖・子孫という関係）とそこから期待される恩恵のゆえに特別な感情を寄せられているとすらいえる。さらにいえば、祖霊の問題は、各集団における先行者一般への感情にも置き換えることができるであろう。これらは「死者表象」という巨大な視点を設定した時、必ず視野におくべき問題ではあるが本書では立ち入らない。いずれこれらの問題に取り組むことを念頭においた上で、神格化と偉人化の諸過程を、記憶化と想起という観点から実証的・記述的に把捉することで、日本における偉人崇拝のあり方を明らかにすることが本書の課題である。

以上、研究史をふまえて本書の視点と方法について述べてきた。まず、死者表象を神格化と偉人化という二動態から把捉するという本書の視点を第一節において研究史の中で捉え返し、理論的支柱としての記憶論が重要性を増している学問状況を確認した。それをふまえ、第二節では、現状の人文・社会科学系学問による文化的記憶論が潜在させている問題を確認した上で、それをクリアするための視角として記憶化と想起という観点からの対象把握を提起し、それらの本書の作業における有効性を確認した。また、研究蓄積の豊富な記憶化過程に比して、歴史上の人物の想起の質や様態を把捉するアプローチが僅少であったことから、本書で記述すべき問題として、敬慕する歴史上の人物の選択性を指摘しつつ、そのような選択に際して、どのような関係づけが行なわれているのかを解明すべきことを確認した。

本書の構成

以上の視点と方法によって取り組む本書の構成を提示しておきたい。

本書第一部「近代日本の神格化と偉人化をめぐる世相」では、近代（明治～昭和戦前期）という時間幅の中で、死者の偉人化と神格化を促す世相がどのようにあったのかをおさえる。第一章「「顕彰神」論——楠木正成の表象史から」では、別格官幣社の祭神第一号として近代の人神のヒエラルキーの中で高位をしめた（したがって顕彰神の代表格と見なし得る）楠木正成について、その神格化に至る表象史を整理することで、近代の顕彰神の歴史性を浮き彫りにすることを目指す。第二章「偉人化される死者たち——近代の贈位をめぐって」では、神社のヒエラルキーとは別に、歴史上の人物を序列化し、多くの人物の偉人化に関与したと理解できる贈位について全国的状況を俯瞰する。第一部の作業からは、近代という時代状況下で人物が「偉人」として「価値付与されること」が、どのような性格の現象であったのかを明らかにする。

第二部「神格化と偉人化の実態」では、第一部の議論をふまえ、近世から近代というタイムスパンの中で実際に人が偉人なり神として表象されていくプロセスを明らかにする。第一章「郷土の偉人の変容——山梨県における武田信玄祭祀の近世と近代」では、山梨県における武田信玄の祭祀史および顕彰過程をおさえる。近代の人神の成立過程を解明するとともに、信玄に寄せられる感情と信玄への関連づけの言説の変質に言及することになる。第二章「偉人の発見——大岡忠相墓所の史蹟化と贈位祭の検討から」では、贈位によって大岡忠相とその墓所を有す地域との関係性が発見され、忠相に関する祭礼が誕生する過程とその後の推移を明らかにする。第三章「伝説にみる偉人の神秘化と権威——信玄・家康伝説を中心に」では、前近代的、あるいは非近代的文脈における人物表象の例として、山梨県の武田信玄伝説の中でも樹木にまつわるものを取り上げ、主に家康伝説との比較を行なう。

第一部・第二部は近世・近代を中心とする歴史的世界の記述が中心であるが、第三部「現代社会における神と偉人」では、戦後社会における神や偉人の状況を把握することを目指す。焦点となるのは、歴史を資源化する世相の状況、資源としての価値を生産するマスメディアとの関連、そして、そのような社会を生きる諸個人の姿である。第一章「神・偉人の観光資源化と祭礼・イベント――大岡越前祭と信玄公祭り」では、第二部で近代の状況を確認した大岡忠相と武田信玄のそれぞれについて、今日盛大に挙行されている観光祭の状況を分析する。第二章「教育資源としての神・偉人――赤穂市における義士教育を中心に」では、諸々の資源化の中でも教育資源化の状況を、元禄赤穂事件の四十七士の祭祀・顕彰過程もふまえつつ明らかにする。第三章「歴史上の人物をめぐる想起と語り――マスメディアと性差という観点から」では、各種マスメディアによって歴史への興味を喚起された趣味的な歴史愛好者の想起のあり方の析出を試みる。一方、歴史的にみて、人神祭祀や偉人顕彰の場において、中心的・象徴的役割を担ってきたのは、当該人物やその関係者の末裔たちである。第四章「子孫であるということ――その立場性をめぐって」では、武田家家臣末裔の組織や活動に関する記述を中心に、末裔やその他の排他的立場性に基づく想起の問題を論じる。

終章では、本書の議論を再整理した上で、本書が提出できる新たな知見と残された問題を明確化する。

注

(1) 小松は怨霊への対策として「あなたの偉業を顕彰しているのだから、どうか恨まないでほしい、祟らないでほしい」という祈りがあったと指摘している〔小松 二〇〇一：一二三〕。顕彰系の人神は祟り神から派生してきたのではなく、祟り神への対策がすでに顕彰を伴うものではなかったか。この点は後の章で再論する。

(2) 加えて、集団的次元で共有されてきた慣習の記述を重視してきた民俗学の伝統が、「個人」の「内面」の記述に関する方法論的錬成を促さなかった可能性も考えられる。

（3）ここであげた二つの記憶研究の潮流は、粟津賢太の紹介するジェフリー・K・オリックの「集められた記憶」（collected memory）研究と「集合的記憶」（collectiv memory）研究の相違をふまえると理解しやすい。前者は記憶主体を個人に設定し、集合的記憶をそのような個人の記憶の集積として理解するものである。後者は、個人から独立した「文化的なシステム」としての集合的記憶が想定されている〔粟津 二〇一〇：二二八、Olick 2007〕。ただし、本書はそのどちらにも属さない。本書は、後者の「集合的記憶」（collectiv memory）の個人による体験の次元を重視するものだからである。

（4）新たなオーラリティ研究の潮流としては、口承文芸に対する〈口承〉概念の提起〔山田 二〇〇四〕、ナラティブアプローチ的研究〔門田 二〇一三〕、そしてドイツ民俗学の意識分析の紹介等をトピックとしてあげることができる〔レーマン 二〇一〇、岩本・法橋・及川 二〇一一〕。

（5）「主体」を本書ではゆるやかに捉える。「個人」はもちろん、当該個人のアイデンティファイ可能なあらゆるレベルでの集団を想定する。客体を特別視する主体は、厳密な意味では常にそれぞれの個人であるが、各個人が集団の成員としてのメンバーシップのもとで感情を高ぶらせるような現象が存在する。その場合、当該個人には自身がきわめて個人的な観念を表明しているという自覚はなく、「わたしたち」という主体において共有されている（と認識されている）観念を表明している。これは記憶の集団化作用を指すものでもあり、また、集団へのコミットを通して内面化される立場性の問題とも関わる。また、「主体」として「個人」を重視し過ぎることの危険性にも触れておく。個人の意識は、外部からまったく自由な思考のシステムではない〔レーマン 二〇一〇〕。したがって、本書では、主体の「個」性を重視しながらも、諸個人・諸集団に共通して観測される傾向性の析出に関心を払う。そのように各個人・各集団の行動を規定しているものこそが「文化」であり、この次元における「文化」こそ、慣習化された行為・体験にアプローチしてきた民俗学が対象化可能なものだからである。

第一部　近代日本の神格化と偉人化をめぐる世相

第一章 「顕彰神」論

——楠木正成の表象史から

はじめに

「顕彰神」という問い

死者の生前の事績への称賛を動機として祭祀される人神を、小松和彦は「顕彰神」と名づけている〔小松二〇〇八：一四～一五〕。これが数量的に急増したのは明治期から昭和戦中期までの数十年間であり、それらの神々は顕著に近代のイデオロギーと関連づけられていた。それゆえであろう、偉人顕彰と神格化との接合はきわめて近代的な現象として認識され、民俗宗教的な人神の拡張の結果発生したもの〔柳田一九六三：三一四〕、あるいは「換骨奪胎」と捉えられたことは前章で確認した通りである〔中村二〇〇三：一二〕。本章では、「顕彰神」の神社創建以前の表象史を再構成することで、そのような「顕彰神」理解が死者表象の複雑性を理解する上では適切な見方とはいえないことを、楠木正成を事例として明らかにする。無数の人神の中でも近代の思想状況下で高い代表性を期待され、それゆえに社格制度内でも高評価を受けていたものこそ、明治五年（一八七二）から昭和一八年（一九四三）にかけて別格官幣社という社格に列格された二八社の人神祭祀神社の

表1　別格官幣社一覧

列格年	神社創建年	神社名	祭神名
明治5年（1872）	明治5年（1872）	湊川神社	楠木正成
明治6年（1873）	元和3年（1617）	日光東照宮	徳川家康
明治6年（1873）	慶長4年（1599）	豊国神社	豊臣秀吉
明治7年（1874）	嘉永4年（1851）神号授与。	護王神社	和気清麻呂
明治7年（1874）	明治2年（1869）妙楽寺から改称。	談山神社	藤原鎌足
明治8年（1875）	明治3年（1870）	建勲神社	織田信長
明治9年（1876）	明治3年（1870）	藤島神社	新田義貞
明治11年（1878）	延宝5年（1677）	名和神社	名和長年
明治11年（1878）	明治3年（1870）	菊池神社	菊池武時・武重・武光
明治12年（1879）	明治2年（1869）	靖国神社	明治維新、戊辰の役、西南の役、日清戦争、日露戦争、満洲事変、支那事変、大東亜戦争などの国難に際して命を捧げ、祖国に殉じた神霊
明治15年（1882）	文政7年（1824）	結城神社	結城宗広
明治15年（1882）	明治15年（1882）	阿部野神社	北畠顕家・北畠親房
明治15年（1882）	明治15年（1882）	小御門神社	藤原師賢
明治15年（1882）	明治6年（1875）	常磐神社	水戸光圀
明治15年（1882）	宝暦12年（1762）	豊栄神社	毛利元就
明治15年（1882）	文久2年（1862）	照国神社	島津斉彬
明治18年（1885）	明治14年（1881）	霊山神社	北畠親房、顕家、顕信、守親
明治18年（1885）	明治18年（1885）	梨木神社	三条実萬・三条実美
明治21年（1888）	元和3年（1617）	久能山東照宮	徳川家康
明治22年（1889）	明治23年（1890）	四条畷神社	楠木正行
明治23年（1890）	明治16年（1883）	唐澤山神社	藤原秀郷
明治35年（1902）	明治4年（1871）	上杉神社	上杉謙信
明治35年（1902）	明治6年（1875）	尾山神社	前田利家
大正4年（1915）	明治6年（1875）	野田神社	毛利敬親
昭和3年（1928）	明治14年（1881）	北畠神社	北畠顕能
昭和8年（1933）	昭和8年（1933）	佐嘉神社	鍋島直正・鍋島直大
昭和9年（1934）	昭和9年（1934）	山内神社	山内一豊、同婦人、歴代藩主
昭和18年（1943）	昭和18年（1943）	福井神社	松平慶永

※各社ホームページ、パンフレット等から作成。
※各社は前身の小祠を有す場合もあるが、ここでは神社として明確な創祀が確認される年代を創建年としてカウントした。
※四条畷神社は明治22年に神社創建と別格官幣社の認可を得た上で、翌年創建される。

祭神たちであり（表1）、楠木正成を祀る湊川神社はその第一号であった。[1] 正成は顕彰神の代表と理解することができ、事実、近代の偉人の一つの範型として位置づけられ、その他の人物もしばしば正成のように想起されることが望まれた。

本章では、湊川神社創建以前の楠木正成の表象史をトレースすることで、「顕彰神」という枠組を再考する。

一節　顕彰神をどう捉えるか

まず、顕彰神を理解する上で必須となる歴史的・社会的背景、あるいは思想的問題をおさえておきたい。

従来、織田信長・豊臣秀吉・徳川家康ら安土桃山期〜近世初頭の権力者による自己神格化が人神信仰史の変容を理解する上で重視されてきた〔小松 二〇〇八：七八〜八〇〕。すなわち、自己の偉大さの表現形式としての神格化の登場である。また、その近世的展開ないし制度化としての霊神信仰の登場を重視する立場からは、吉田神道による霊神号の付与、神人合一観と強固な天皇崇拝を特徴とする山崎闇斎の垂加神道が思想的背景として着目されてきた〔宮田 一九七〇〕。

顕彰神の歴史性

しかし、称賛なり感謝なりの目的のもと、世俗的功績に基づいて当該人物を宗教的高次の存在に位置づけようとする営為は、日本史上かなり早い時期に確認することもできる。『續日本紀』の養老二年（七一八）の項には、民政に功績のあった国司・道君首名（みちのきみのおびとな）が、その没後百姓らによって祀られていることが記されている。その記述は「及㆑卒百姓祠㆑之」とあるのみで、当時どのような形式による祭祀が行なわれたかは不明であるが〔黒板 一九八六：七四〕、首名の治めた筑後・肥後地方には首名を祭祀するという神社・祠が現存する。いずれにせよ、世俗的な功績への称賛が、常人に対するのとは異なる形式の表象や公共的祭祀を要請することは、相応に歴史的な現象と理解する余地がある。また、佐藤弘夫は前方後円墳にヒトガミ的なるものを見出しつつ〔佐藤 二〇一二〕、ユニークな人神思想史を再構成している。既存の歴史モデルへの批判的視点という点では本書とも関心を同じくするが、顕彰神の成立には外来宗教の受容史との関連も視野におく必要がある。聖人の観念を有し、孔子廟などの形式で死者を高次化する論理を有す儒教は、すでに五、六世紀には日本に伝来していた。同時期には仏教も日本に伝来するが、仏教は早くから転生・化生の論理によって実在の人物を神秘化していた。例えば、日本に仏教を根付かせた聖徳太子は、推古天皇三〇年〔六二二〕に没しているが、死後一〇〇年を経過したころから、その出生を神秘化する言説が散見されるようになる。奈良期から平安初期にかけては、聖徳太子は中国天台宗の僧・慧思の転生であるという説が唱えられていた。当該説話の成立・流布については天平勝宝五年〔七五三〕に鑑真に随行して来日した唐僧・思託の創作であったとする議論と、それに先だって転生の説話が存在したとする議論がある〔辻 一九三一、蔵中 一九七三〕。一方、平安中期成立の『聖徳太子伝暦』には、聖徳太子は救世観世音の化身であるとの説話が掲載されている。以下、『続群書類従』所収の「聖徳太子伝暦」から該当部分を引用しておこう〔塙・太田 一九二七：四～五〕。

卅二年辛卯正月朔甲子夜。妃夢有金色僧容儀太艶。對己而立。謂之曰。吾有救世之願。願暫宿后腹。妃問。爲誰。僧曰。吾救世菩薩。家在西方。妃答。妾腹垢穢。何宿貴人。僧曰。吾不厭垢穢。唯望尠感人間。

妃答。不敢辭讓。左右随命。僧懷懽色。躍入口中。妃即驚悟。喉中猶似呑物。妃意太奇。語於皇子。皇子答云。儞之所育必得聖人。自此以後。始知有娠。妃之妊也。

母の夢に金色に輝く僧が現れ、口から体内に入った結果、身ごもったのが聖徳太子であるというのである。このほか、空海、日蓮などの高僧伝には類似の出生譚が必ずといってよいほど登場し、後述するように様々な世俗的権力者の出生にも仏菩薩の化生や先行する聖人の転生が語られる。ある人物が常人ならざることを説く際に、人を超越したものと関連づける論理が早くから存在していたことは注意しておいてよいであろう。

勤皇思想と顕彰神

無論、「世俗的功績の表象形式としての神格化」が数量的に明確に増加していくのは近世および近代においてである。そして、議論を近代の「顕彰神」に照準する場合、偉人化・神格化の思想的・制度的背景としては、天皇制的国家の歴史を介した自己像形成、すなわち、国家を望ましく脈絡づけるための修史の過程で、直近の死者と歴史的過去の理想的な死者とが同じ価値体系のもとに位置づけられていく状況も見逃すことはできない。その際、注意をひくのが、明治維新とその結果形勢された近代国家の思想に影響を与えたという水戸学の存在である。本章で問題とする楠木正成の表象化にも、水戸学的な思想の影響は顕著にうかがわれる。水戸学は『大日本史』編纂事業を中核的業務とする彰考館に集った学者らの「学風」であり、南朝正統史観にたつものであった。その思想は尊皇敬幕であったとされるが、近世末の倒幕派に与えた影響は大きかった。とりわけ、幕末の尊皇攘夷論に影響を与えた『新論』(文政八年〔一八二五〕)の著者・会沢正志斎の思想は重視されねばならない。会沢の思想には神道重視の姿勢があり、とりわけ強調すべきことは、天皇と偉人の祭祀を重視した点である。

会沢の一連の神道論策の中でも天保五年（一八三四）の『草偃和言』は『新論』その他における神道論を一般向けに解説するものであるが、その中で年中行事として五月二五日を「楠贈左中将正成戦死せられし日也」として、楠木は「忠勇・智謀兼備りて、天下後世の模範とすべきは、楠公にしくものあらず」とし〔会沢 一九八六b：二九四～二九五〕、あるいは「千古忠臣の第一等にして、人倫の模範となり、天下後世までも、義士の氣を勵すべき」として、「されば貴賤となく、此日に遇ては殊に同志の友をも求て、相共に義を勵し、其身の時・所・位に随て、国家に忠を盡さん事を談論思慮して、風教の萬一を助け奉るべき」ことを主張している〔会沢 一九八六b：二九七〕。さらに、嘉永六年（一八五三）、『新論』の欠を補い、かつ議論を具体化したという『江湖負暄』は、名越時正によれば明治の神道の先蹤と見なし得るものと評価されている〔名越 一九八五：二〕。ここでは『江湖負暄』に示される神道の有り得べき方策のうち「人皇ノ世ノ祖宗ノ祀典ヲ興シ、幷諸国ノ名祠ヲ再興シ、名賢功徳ノ神ヲモ祀典ニ列スル事」なるものがあることに注意を促しておきたい。ここで引用する文章に先だって、会沢は神武天皇ら歴代の祭祀を手厚く行なうべきことを主張している〔会沢 一九八六a：五三二〕。

神聖宗廟ノ祀典整タル上ニハ、古今功徳名賢ノ祀モ敍ラルベシ。周公ノ洛邑ヲ營レシモ、「記二功宗一」ト云事、即此意也。大織冠ハ多武峯、菅公ハ北野、東照宮ハ日光ニ祀ル、ガ如ク、以上ノ三祠ハ大祀トスベシ。其他ノ名賢モ是ニ准ジテ、中祠・小祠ノ次第ヲ分テ祀ラルベシ。田村麿ハ伊勢ノ鈴鹿、阿部比羅夫ハ蝦夷ノシリベツ、楠氏ハ河内、新田ハ上毛、菊池は肥後、名和ハ伯耆、北畠ハ伊勢、萬里小路ハ岩倉ナドノ類、又御當家ニモ井伊・本多・酒井・大久保・榊原ノ類、又國主・城主ノ家〻ニテモ、各其先祖ノ功徳抜群ナル者アレバ、幕下ニ請テ廟議ノ上ニテ其功徳ヲ論定セラレ（但シ賄賂等ニテ、不公ノ事アリテハ、却テ風俗ヲ傷ルノ媒トナルベシ。）、實ニ尊崇スベキモノハ、其家〻ニテ神トシテ祭ル事ヲ許サルベシ。是等ノ類モ推考シテ施行アラバ、人情風俗ヲ磨礪スルノ一助ニシテ、天下ノ強ミトナルベキ也。

大織冠（藤原鎌足）、菅原道真、徳川家康に加え、坂上田村麻呂、阿部比羅夫、そして楠木正成ら南朝の功臣、井伊ら徳川配下の人物を神に祀ることで「人情風俗ヲ磨礪スルノ一助」とするべきこと、名があがらなかった人物についても「功徳抜群ナル者」を「幕下ニ請テ廟議ノ上ニテ其功徳ヲ論定セラレ」た上で、神に祀るべきことが述べられている。

弘化元年（一八四四）に会沢正志斎に面会した尊攘派の久留米藩士・真木保臣は、安政五年（一八五八）に執筆された「経緯愚説」の中で「古来の忠臣義士に神号を賜ひ、或贈二官位一、或其孫裔を禄する事」と題し、以下のように述べている（真木 一九七六：三六五～三六六）。

忠義の魂魄を冥々の中に感動し、節烈の心志を目前に奮発せしむるは此一挙にあり。さし当り攘夷の事より起りたれば、先づ外征に功烈ある祟神天皇・応神天皇・神功皇后の山陵に封幣し、武内命はじめ歴代三韓にて功績節義あるは神号を賜て祠を建、藤原隆家・北条時宗・河野通有・菊池某、序に南北朝時代の忠臣義士、楠氏を始め、足助重範如きに至るまで尽く官位を贈り、其墓あるは墓に勅使を以て事を告げ、此節の攘夷に冥々より力を添べき宣命など賜ふべし。又当時其子孫の列藩に在りて士夫たるは、朝廷に召して其事を命ぜらるゝもよろし。庶人など落魂したるは、召て県士に列せらるゝとも、又遥に賞物を賜はるも可なるべし。

真木は水天宮の神官であり、倒幕運動に参加して禁門の変（元治元年［一八六四］）に敗れ、新時代を迎えずして自刃した人物であるが、当時の尊皇攘夷運動の中心的人物であった。ここに引用した文章からは真木が会沢の思想の影響下にあることが明らかである。過去における死者の事績を評価することで現在のあるべき姿を鮮明化しようとする歴史への態度は、真木の没後も新政府の人々に共有されていった。その結実が、表1でおさえた諸社をはじめとする人神祭祀神社の創建と社格付与、そして第一部第二章でおさえる「贈位」であるということができる。

近代神社制度と顕彰神

最後に、制度的背景を簡単におさえておく。明治四年（一八七一）の社格制度をふまえ、湊川神社が創建と同時に別格官幣社第一号に認定されるのが明治五年（一八七二）である。表1に列挙した祭神の面々に、南朝の功臣が並ぶことからも明らかなように、別格官幣社には国体に顕著に貢献した人物を祭神とする神社が列格された。明治三〇年（一八九七）「官国幣社昇格内規」によれば、別格官幣社は「国乱ヲ平定シ、国家中興ノ大業ヲ輔翼シ、又ハ国難ニ殉ゼシモノ、若クハ国家ニ特別顕著ナル功労アルモノニシテ、万民仰慕シ、其ノ功績、現今スデニ祀ラレシモノニ比シテ譲ラザルモノ」を祭神とする社格であり、天皇中心主義的な歴史観に則して、高度に「偉人」と見なされた死者を祀る神社が列格されたといえる。なお、天皇中心主義的歴史観のもとでの神社再編としては、別格官幣社に先立ち、天皇親政の理想に尽くした南朝の天皇ないし皇族を祭祀する神社の官幣社化が行なわれる。それらと別格官幣社の幾つかをあわせて、建武中興一五社と称す場合もある。
近代の神道史を整理する岡田米夫は、明治以降の神社創建過程を一六段階に整理している（表2参照）〔岡田一九六六〕。各社の創建過程は多様であり、このような整理は幾つかの例外を含むことになるが、近代の創建神社における人神の総体をここから見渡すことはできる。

表2　岡田米夫による近代の神社創建史

階梯	階梯名
第一段階	建武中興関係の神宮神社の創建
第二段階	他国に奉遷の皇霊追祭のための神宮神社の創建
第三段階	維新の志士を祀る招魂社の創建
第四段階	神武天皇奉斎の神宮神社の創建
第五段階	皇統並に王朝護持者の神社創建
第六段階	皇祖天照大神奉斎神社の創建
第七段階	織豊・毛利・上杉・武田・前田・加藤等の諸将奉斎神社の創建
第八段階	国学・国史の顕彰殊勲者の神社創建
第九段階	幕末勤皇家の神社創建
第十段階	維新の大業翼賛の元勲奉祀神社の創建
第十一段階	明治武勲の功臣奉祀神社の創建
第十二段階	内治に貢献した藩祖藩主の功績顕彰の神社創建
第十三段階	節義・公共福祉貢献者の神社創建
第十四段階	開拓地の神社創建
第十五段階	海外神社の創建
第十六段階	明治神宮の創建

※〔岡田 1966〕から作成。

ここから浮上する問題として、「顕彰神」にはその近代的価値観による評価以前に、前近代から特別な存在として位置づけられていたものが多かったということは強調しておいてよい。その中にはすでに神として祭祀されていたものはもちろん、仏教的祭祀や民俗宗教的文脈における崇敬、人物造形上の英雄化も加えられる。そのように見れば、個別の「顕彰神」の登場は、それまでの当該人物の偉人化状況の流れの中で捉えるべき余地がある。楠木正成に関して言えば、偉人としての正成は会沢において突如として発見されたわけではない。また、天皇中心主義的価値観によって色づけられる以前から正成の偉人化と神格化は進行していた。

本章では、楠木正成が近代的な思想に色づけられた英雄として、そして顕彰神の代表格として立ち現われてくるまでの歴史的な過程を示す。この作業から、前近代と近代という二項対立的な時代区分に則して過剰に近代性を付与された「顕彰神」という概念を解体し、より歴史的かつ普遍的な人物表象として「顕彰神」を定位し直すことの可能性を探ることにしたい。

二節　太平記享受史からみる楠木正成の表象化

楠木正成のパーソナリティに関しては不明の部分が多い。今日想起されるイメージのほぼ全てが、『太平記』及びそこから派生したテクストに依拠しているといっても過言ではない。『太平記』は、鎌倉時代末期の文保二年（一三一八）から足利政権下の貞治六年（一三六八）頃まで、いわゆる南北朝期の様子を記述する全四〇巻の歴史物語である。同書は段階的に複数名の人物に書き継がれてきたとされ、今日に伝わる四〇巻が成立したのは応安三年（一三七〇）頃とされる。とりわけ、『太平記』中の英雄といえば楠木正成であることは衆目の一致するところであろう。

楠木正成の人生

正成は後醍醐天皇が鎌倉幕府への抵抗を開始するに及んで、歴史上に登場する。元弘元年（一三三一）八月、後醍醐天皇が笠置山にたて籠もると、正成もこれに呼応して軍事行動をとる。楠木正成の登場シーンでは、その神秘的な出生が語られる。すなわち、「彼が母若かりし時、志貴の毘沙門に百日参詣して、ある夜錦帳の内より、玉を給ふと夢に見て儲けたる子にて、童名をば多聞とは付けて候ふなり」というのである〔長谷川 一九九四：一二五〕。先述の聖徳太子と近似した出生説話であるが、この種の言説は武田信玄、豊臣秀吉、徳川家康、伊達政宗等々、多数の世俗的権力者にも見出すことができる。このような常人ならざる正成によって助勢されたものの、蜂起した後醍醐天皇は捕われてしまう。正成は笠置山から逃れてきた大塔宮を保護して赤坂城にたて籠もり、幕府軍に抗戦する。この時、正成は死を装って赤坂城を脱出したとされ、赤坂城陥落の翌年、再度挙兵してこれを奪還し、元弘三年（一三三三）にも精力的に軍事行動にでる。幕府軍が正成の討伐に乗り出すと、正成は千早城に籠城する。「ここで正成の奇策を駆使した智将ぶりが発揮された」という『国史大辞典』の解説が示すように〔三浦 一九八三：七八二〕、正成の戦ぶりは『太平記』においてきわめて優れたものとして記述される。この間に南朝方の勢力が六波羅および鎌倉を攻略し、鎌倉幕府が崩壊すると、後醍醐天皇は配流先の隠岐から京都へと帰還し、政権を執ることになる。正成は新体制下で要職を占めるも、間もなく建武政権は破綻し、足利尊氏・直義兄弟との戦闘が開始される。南朝方は一時は足利勢を九州に追いやるが、再度攻撃を受ける。正成は尊氏への警戒を公家らに説いたが受け入れられなかった。そして、暗愚な公家らの判断によって、正成は敗北の決定的な戦に臨むことになる。その戦いで命を失うであろうことを理解していたにも関わらず、君命に従う姿に

写真１　楠木正成の銅像、2016 年筆者撮影。

人々は悲愴な「忠義」を読みこみ、涙を流すのである。
正成の物語においてもっとも人々の感動を誘うシーンは、「桜井の訣」と自決直前の弟・正季とのやりとりであろう。前者は湊川合戦に臨むにあたって息子・正行と別れる場面であり、後者の場面では後世まで多くの人々の心を拘束することになる「七生」のエピソードが語られる。『太平記』から当該箇所を抜きだしておこう〔長谷川 一九九六：三一六～三一七〕。

楠京都を立ちしより生きて帰らじと思ひ定たる事なれば、一足も引かんとはせず、闘ふべき手の定戦ひて、機すでに疲れければ、湊川の北に当る在家の一村ありける中へ走り入り、腹を切らんとて舎弟正季に申しけるは、「そもそも最後の一念によつて、善悪生を拽くといへり。九界の中には、何れのところか、御辺の願ひなる。直にその所に到るべし」と問えば、正季からからと打ち笑ひて、「ただ七生まで同じ人間に生れて、朝敵を亡ぼさばやとこそ存じ候へ」と申しければ、正成よにも心よげなる気色にて、「罪業深き悪念なれども、我も左様に思ふなり。いざさらば、同じく生を替へて、この本懐を遂げん」と契つて、兄弟ともに指し違へて、同じ枕に伏しければ、橋本八郎正員・宇佐美・神宮寺を始めとして、宗徒の一族十六人、相随ふ兵五十余人、思ひ思ひに並居て、一度に腹をぞ切つたりける。

楠木兄弟の「七生」は朝敵を滅すための執念の表明であったが、近代になるとこの点は、自身も軍神として祭祀される広瀬武夫以降、「七生報国」に読み替えられ、国家のために人命を散らすことを正当化するキャッチコピーとして用いられていく。
正成の没後も、元中九年（一三九二）の統一まで南北朝間の抗争は継続する。その過程で正成の長男・正行も二男・正時とともに戦死し、その後は正成の三男・正儀が活躍する。正儀は、南北両朝の和睦に意欲的であったために南朝内で孤立し、北朝に降伏した時期もあったが、後に南朝に帰参する。この後も足利政権に抵抗する楠木氏の動きが諸記録の端々に現れる。足利政権下では正成および楠木氏は勅勘の扱いにあった。すなわち、朝敵という位置づけにあったのである。以上をふまえて、南北朝期から江戸初期までの楠木正成表象の様態を探ってみよう。

怨霊・楠木正成

『太平記』中には正成の怨霊化に説き及ぶくだりがある。彼を敗死させたという伝承を有す大森彦七盛長の前に正成は怨霊として出現しているのである。『太平記』巻第二三における「伊与国より霊剣註進の事」によれば、盛長の前に出現した理由を正成の怨霊は以下のように述べる〔長谷川 一九九七：一二七～一二八〕。

> 正成存日の間、様々の謀を廻らして、相模入道の一家を傾けて、先帝の宸襟を休め進らせ、天下一統に帰して、聖主の万機を仰ぐところに、尊氏卿・直義朝臣忽ちに虎狼の心を挿み、つひに君を傾け奉る。これによつて、忠臣・義士、尸を戦場に曝す輩、悉く修羅の眷属になつて、瞋恚を含む心止む時なし。正成彼とともに天下を覆へさんと謀るに、貪・嗔・痴の三毒を表して、必ず三の剣を用ふべし。我等大勢忿怒の悪眼を開いて、刹大千界を見るに、願ふところの剣適我が朝の内に三あり。その一つは日吉大宮にありしを、法味に替へて申し玉はりぬ。今一つは高氏の許にありしを、寵童に入りかはつて乞ひ取りぬ。今一つは御辺の只今腰に指したる刀なり。(中略) 所詮この刀をだに我等が物と持つならば、尊氏の代を奪はん事、掌の内なるべし。急ぎ進らせよと、先帝の勅定にて、正成罷り向つて候ふなり。早く

玉はらん

正成の怨霊は、足利政権を打倒するのに必要な剣を盛長から奪い取ろうとやって来たというのである。盛長がこれを拒否すると、正成は「何ともいへ、つひには取らんずる物を」と罵り、去っていった〔長谷川一九九七：一二九〕。正成の怨霊はこの前後に鬼女に変じたり、「悉く修羅の眷属となつて、ある時は天帝と戦ひ、ある時は人間に下つて、瞋恚強盛の人の心に入り替る」存在に変じた後醍醐天皇や大塔宮、新田義貞、平忠正、源義経、平教経らを従えて現れ〔長谷川一九九七：一三二〕、盛長の剣を奪おうとしている。なお、正成自身は「最後の悪念に引かれて、罪障深かりしかば、今千頭王鬼と云ふ鬼」となったと名のるが、七つの頭をもつ牛に乗って現れたその姿は湊川合戦に際する姿そのままであったという〔長谷川一九九七：一三一〜一三二〕。盛長は精神に異常をきたすほどに追いつめられるが、結局、正成らの怨霊は大般若経の功徳によって鎮められる。これによって現世の南朝方勢力も霊的な援助を失い衰亡していったと『太平記』は述べている。ここでは最後の一念によって鬼と化したという正成であるが、後世の七生説称揚の歴史を知る今日の眼から見れば、正成の怨霊化は「最期の一念」の挫折そのものとしか捉えられない。しかし、ここで重視されるべきことは、死せる正成の心に「無念」を読み込む想像力の存在である。この故に、正成は怨霊化される可能性を潜在させていたはずであった。もっとも、管見の及ぶかぎりでは怨霊鎮静を目的として正成が神格化された形跡はなく、むしろその英雄化が進んでいく。

楠木正成の英雄視

『楠氏研究』〔増訂七版〕において、藤田精一は、公的な位置づけは朝敵であったはずの南北朝・室町期から、正成はすでに軍事の天才として崇敬を集めていたという（藤田 一九三三：四四九〜四九〇）。藤田が論拠とするものの一つに『太平記大全』に書き込まれた「評伝」の記述がある。同書は近世に編まれた『太平記』の注釈書の一つであり、古記録類からの抜粋に基づく異伝や解説がテクストとともに提示されている。藤田が正成の室町期的表象と見なす部分とは、例えば「其比愚ナル者謂ヒ沙汰仕ケルハ楠判官殿ハ只人ニ非ズ諸大将ノ大勢ニテ攻落シタマハザル大敵ヲ只一人濱ヨリ向テ追ヒヲトサシシ如何ナル神佛化身ソヤ恐シナント謂沙汰シケルトニヤ」（国文学研究資料館蔵『太平記大全』一五巻、八二頁）というものである。藤田はこれを南北朝期の古記録から引いたものとみるが、残念ながら筆者にその妥当性を吟味する能力はない。しかし、貞和五年（一三四九）頃成立の足利方の軍記物語である『梅松論』でも正成は高く評価され、『太平記』が正成の戦いぶりを華々しく記述するところからも（黒田 一九九五：三〇四）、没後早くから正成が天才的軍略家として英雄視され得たと推定することはできる。

もっとも、表立った正成の英雄視が可能となるには、朝敵という位置づけが解かれる必要があった。永禄二年（一五五九）、河内国の豪族であり書家の大饗正虎（後に楠姓を名乗る）が、正儀の末裔を称し、時の天皇から勅勘を許される。正虎は後に織田信長・豊臣秀吉らに仕えることになる。渡辺世祐が「正虎が自身の地位の向上を圖るために、有名な家門である楠氏を稱し、これを利用したのではないか」というように（渡辺 一九三五：六）、正虎の系譜には怪しむべき点があるが、高松藩楠氏所蔵の綸旨、織田信孝、松永久秀から正虎に宛てた祝いの書簡が存在しており（森田 一九七八：一四四〜一四五）、正成の勅勘が解かれたことは事実であるらしい。これ以後、楠木正成の末裔を名乗るものが各地に現れたという。藤田の述べるところでは、著名な楠木氏の末裔には讃岐楠、伊勢の梶川・高楠、熊野楠、甲斐庄楠があり、昭和一七年（一九四二）段階では、土佐、武蔵忍藩、長州藩、秋田、山形、筑後に正成の後裔を称す家があることを確認しているという

写真２　館林の楠木神社。釜賀亮平氏提供。

〔藤田 一九四二：四七〕。これらの家は、足利時代には名を変えて隠れ住んだという伝承を伴うといい、上野田野郡美九里村大字保美にあるという正成の後裔を称す家では、足利期には「堀越」を名乗ったという伝承がある旨も報告されている〔藤田 一九四二：四七〕。また、必ずしも学術的性格の書籍ではないものの、楠孝雄は自家の伝承を地域史とからめながら『南朝悲史　楠氏と石州益田』にまとめている〔楠 一九八〇〕。益田における楠家は一四世紀前半に城市（ないし城二）に改姓し、寛文一〇年（一六七〇）に藩の許しを得て楠姓に復したとされている。楠は、同書の序文で昭和一二年（一九三七）に楠同眷会なるものに出席した自身の経験も記述しているが〔楠 一九八〇〕、これは正成の没後六〇〇年祭を機に結成された末裔の組織「楠木同族会」を指すものであろう。また、群馬県館林市に位置する楠木神社は、湊川合戦後、正成の遺物をもって廻国していた家臣らが夢告によってそれを葬った場所であり、近世まで野木神社を称していたが、明治期になり社名を復したとされる〔杉本 一九四〇〕。このような楠木氏縁故の者が世を憚って潜伏・廻国していたという伝承はこのほかにも複数例見出すことができる。

兵法家の楠木正成崇拝

さて、先述した正虎の息子ともされる正辰（不伝）は軍学者・兵法家として活躍し、「楠木正辰伝楠木流

（南木流）」なる一派を形成する。近世には同様に正成を祖とする軍学の流派が続々と形成されていく。管見の及ぶかぎりでも、「陽翁伝楠木流」「会津伝楠木流（河陽流）」「楠木正成行流（行流）」「河内流」「名取流（新楠木流）」等、正成を祖として位置づける諸流派が存在した。「陽翁伝楠木流」は南朝の武将・名和長年の子孫を称す名和正三から兵書『理尽鈔』を譲り受けたという日蓮宗の僧・日応（陽翁）が起こしたもので、「太平記流」とも称された。日応は加賀前田家に仕え、当該流派は加賀から各地に流布する〔島田 一九六七：三五〜三六〕。「会津伝楠木流」は楠木正成一七代の末裔を称す河宇田正鑑が創始し、会津藩・仙台藩に伝えられていたが、天明年間（一七八一〜一七八九）に廃止されてしまったという。河内流は河陽流の分派したものであり、名取流は甲州流軍学から発生し、南木流ほか諸流派を学んだ名取正澄が新楠木流を称すに至った。また、山鹿流兵学の山鹿素行もまたこの『理尽鈔』を精読していたことが若尾政希によって指摘されており〔若尾 一九九九：九二〕、その影響のほどが知れる。注意すべきことは、これらの軍学・兵学は体系的な学問というよりも、『太平記』ないし『理尽鈔』の講釈を中心とするものであった点である。但し若尾によれば、それは単に娯楽として享受されていたわけではなく、軍事的・政治的な教訓を伝えるものであり、事実として初藩の政治思想に影響を与えていたという。そして、これらの楠木正成の軍略に範をとった軍学・兵学諸派の流布は、近世的な形式による楠木正成の「偉人視」を促進せしめるものであった。若尾は、陽翁らによる為政者を対象とした太平記の講釈の中で、正成に理想的な指導者・為政者の側面が付与されていったと指摘する〔若尾 二〇〇五：一九二〕。正成の逸話が為政者の規範として参照されたのは、近世初期の領主層が武将から為政者への転換をせまられていたことと無関係ではないとされる。

由井正雪と正成

正成が秩序の維持ではなく、反体制の規範として崇敬されたらしいケースとして、由井正雪の一件をあげることができる。正雪は近世の軍学者であり、慶安の変の首謀者であるが、自らを正成の末裔と称していた。正辰（不伝）に師事したことから正成の系譜を名乗ったと説明づけられているが、京都町奉行・神沢杜口の『翁草』には以下の「俗説」が紹介されている〔神沢 一九七八：二〇七〜二〇八〕。

正成の仁勇古今独歩成る事を幼な心に羨み初けるこそ恐しけれ。稍志学に近き頃、密に菊水の旗を染め、一巻の系を作り、唐櫃に蔵め、密に浅間山の松が根に埋むと云々。而して其身は生国を去て武江に出で、兵学に身を委ね、素より才智絶倫なれば、頓て其名東武に溢れ、諸侯幷に御旗本の処士より師の礼を以て招かれ、凡是が門弟たる人、千を以て算ふ。正雪時を得たりとや思ひけん、或時悃弟四五人を集め申けるは、祖先正成昨夜夢裏に来て余に曰らく、爾が生所駿州浅間山の松が根にこそ去る験有れ、相構へて夫を証として我系統たる事を忘るゝ事勿れと、正しく告を得たり、去れ共奇怪を人に語らんも流石我心にあらず、旁は日頃断金の交有れば潜に告るなりと云ふ。是を聞者共、奇異の思ひを成し、此事争で唯にや止なん、我輩急ぎ彼地に越て、其証を見るべしとて、壮士四五人浅間に往て、そこ爰と尋求るに、果して古松の根より怪敷物を堀出し、改めみれば件の品出たり、各感涙して是を携へ東武に帰りて、正雪に渡せば、正雪も横手を拍て、扨は浮たる事にては無りけり、正しき告にて有けるよと、頻に落涙し、是を得て家宝とす、此事世に流布してより、弥々正雪は楠の裔と世挙て是を信じけるにぞ。

正成の末裔であることを巧妙に詐称する正雪の姿が記述されている。一方、同書には正辰との関わりも触れられている〔神沢 一九七八：二〇八〕。

正雪東武徘徊しける時、楠不伝と云ふ兵学者有り、渠は楠家の裔にて、菊水の旗幷に正成の秘蔵せし中脇差を相伝しけるを、正雪伝聞て、不伝に因を篤し、是に仕ふる事師父の如し、不伝感之、且正雪が器量群を出たるに愛で其品々を譲りぬ、然後正雪楠の裔と称すと云々。

慶安の変の背景には、幕府の牢人対策への不満があったとされているが、この挙に二千人もの加担者があったということに楠木正成の末裔を名乗ることがもつ影響力の大きさを見出す向きもある〔森田 一九七八：一九五〕。また、この点に関しては兵藤裕巳の『太平記』受容論が示唆に富む。兵藤は『太平記』には、源氏と平氏の系統が交互に政権を獲得することに正統性を見出す「源平交代史観」を前提とした足利家の論理（武士的論理）と、後醍醐天皇を支えた「武臣」にあらざる勢力に親和的な書き手の論理とが重層的に存在しているという〔兵藤 二〇〇五〕。そして、後者の論理が、近世期、武士ではなく芸能民的位相にあった太平記講釈師の「語り」につながっていくと兵藤はみるのである。それらの講釈師が、しばしば自己をそこに仮託しながら「語り」に参加した、という兵藤の指摘にもここで特に注意を払っておきたい〔兵藤 二〇〇五：一八〇～一八一〕。たしかに近世の太平記講釈師は、名和や赤松といった太平記中の人物の末裔を名乗っている。講釈師らが、自身と何かを共有する存在として楠木正成を想起していた可能性は視野に含めておいてよいだろう。また、『太平記』というテクストの近世社会における位相を理解する上で、先述の源平交代史観の存在は無視できない。そもそも徳川氏そのものが、源平交代史観のもとで自身を新田氏（源氏）に系譜づけることで、政権の正統性を強化したとみることができるのである〔兵藤 二〇〇五：一四一～一四四〕。

文芸世界の正成

ところで、『太平記』（あるいは『理尽鈔』）は庶民層を対象に大道芸的に講釈されてもいた。武士層を対象とする講釈と庶民層を対象とする講釈について、亀田純一郎は前者を「理尽抄講釈」、後者を「太平記講釈」と区別している（亀田 一九七四）。両者の関係は必ずしも判然とせず、特に庶民を対象とする路傍の芸能としての「太平記読み」については詳細が解明せられていないようであるが、武士層をターゲットとして秘伝的に媒介・継承される理尽鈔講釈の隆盛をふまえ、無数の関連テクストが出版されるようになり、その秘伝的性格が失われる一七世紀半ば以降に、大衆向けの太平記講釈が登場したと若尾はみている（若尾 一九九九：三三一〜三三七）。亀田もまた「太平記講釈」の隆盛は貞享・元禄年間（一六八四〜一七〇四）以降といい、若尾の理解との間に齟齬はないが、一方でこれは宝永・正徳年間（一七〇四〜一七一六）には衰退したといい、ごく短期的な文化として把握されている（亀田 一九七四：一三一〜一三三）。

武士層の『太平記』享受は各種刊行物へとメディアを移していく。とりわけ往来物を通して、正成は子弟の理想として教育に利用されていく（森田 一九八七：三九五〜三九六）。一方、太平記講釈が衰退して以降も、『太平記』的物語は歌舞伎その他の芸能世界で上演され続け、「楠木物」「太平記物」なるジャンルを形成する（渥美 一九六〇：三〇三〜三〇四）。正成が直接的に主題化されたものではないが、『仮名手本忠臣蔵』をはじめとして物語の舞台を『太平記』的世界に仮託するものがあったことは記憶にとどめておいてよい。近世には大石内蔵助を正成の転生であるかのように語る言説も誕生していた。以上のような大衆的な芸能を介して楠木正成は一般庶民にもヒロイックな人物として想起されるようになり、親しまれてきたことは疑いない。(2)そして、一般大衆の耳に届いた正成像とは、武士層の『太平記』享受過程で造像された天才的軍略家であり理想の為政者でもある、文武にわたって際立つ偉人の姿であったということができるだろう。

以上、主として『太平記』享受史の側面から楠木正成の表象史を検討してきた。次に、楠木正成の勤皇化の過程を検討する。

三節　楠木正成の勤皇化と湊川神社の創建

三上参次によれば、勤皇の英雄としての正成像は元禄年間（一六八八〜一七〇四）にはかなり普及していたという（三上一九四一：一九二）。正成の勤皇化の主体は儒学者・国学者、およびその思想の影響下にある武士層であった。早い例としては慶長九年（一六〇四）に林羅山が『太平記』に依拠しつつ漢文で『楠正成傳』を著しているが、正成への価値付与的側面は未だ僅少であるという（森田一九七八：二五一）。このほか寛文九年（一六六九）の村田通信の『楠正成伝』（国立国会図書館蔵）など特筆すべき書物は多く、また楠木正成を称えた近世の学者は枚挙にいとまがない。崎門派でも浅見絅斎が楠木正成をとりわけ崇敬し、書斎を望楠楼と号した。その弟子、若林強斎もまた家塾を望楠軒と称している。

「嗚呼忠臣楠子之墓」碑の建立

正成の勤皇化過程においてもっとも重視されるのは、元禄五年（一六九二）、徳川光圀が湊川の地に「嗚呼忠臣楠子之墓」碑を建てた一件である（写真3）。同碑文には、寛文一〇年（一六七〇）に加賀藩主・前田綱紀が狩野探幽筆の「楠公父子櫻井驛訣別」に添えさせた朱舜水の賛文が採用されている。前田家は先述のように「陽翁楠木流」の太平記読みを召し抱えており、綱紀の父・光高の「太平記読み」の享受の状況や、光高の著作とされる前田家家訓『陽広公偉訓』に『理尽鈔』の影響がうかがわれることは、若尾の明らかにする

写真３　「嗚呼忠臣楠子之墓」碑。2013年筆者撮影。

ところである〔若尾 一九九九：一五〇～一八〇〕。一方、当該建碑は、光圀によって主導され水戸学派によって継続されていく『大日本史』の修史事業に通底する尊皇思想および南朝正統史観とともに理解すべきものである。

光圀の建碑が重視される理由は、これが正成の墓所の状況を一変させ、想起の場としての湊川を成立せしめるものだったからである。

兵庫県湊川（現・神戸市）の同墓は、太閤検地に際して免租地として登場するのが記録上の初出とされるが、これを契機として整備の手が入った形跡はない〔藤田 一九三三：五四八〕。尼ヶ崎藩二代藩主・青山幸利が領内の八田郡坂本村に梅塚なるものがあると聞き及び(3)、正成の墓であることを知って五輪塔を設け、松と梅の木を植えたというのが墓所整備としてはもっとも早いものである〔藤田 一九三三：五四八～五五二〕。幸利の整備は寛文（一六六一～一六七三）以前のこととされるが〔藤田 一九三三：五五〇〕、それは貝原益軒の「楠公墓記」（『自娯集』所収）に以下の記述がみえることに拠る〔貝原 一九一〇：二三五〕。

今茲暮春余發レ自二京師一。將二歸二于故里一。偶阻二西風一。泊二舟於攝津州兵庫一。攝レ衣下レ船。陸行到二湊川北一而見二公之墓一墓在二平田之中一。榛莽蕪穢無二埏隧一。無二墳封一又無二碑碣一。塋上唯有二松梅二株一。悲風蕭蕭春草青青。余歔欷良久。低回不レ能レ去。忽謂。今無二碑石一如レ此。恐後世或不レ認レ爲二公之墓一。古墓犂爲レ田。松梅摧爲レ薪。亦未レ可レ知也。於レ之託二兵庫館人繪屋氏一。欲レ建二小石碑於其塋上一。頗與レ彼爲二營計一而去焉。予歸レ郷自顧念。公之偉烈洪名。不レ待二區區之揄揚一而明矣。若今欲下稱二述彼徳業一。勒中之石碑上。非下老二于文學一者上則不レ能也。且吾儕微賤而立二石碑於他邦一。恐レ不レ能レ逃二僭率之罪一。終改悔而廢二其事一。且送二書於兵庫館人一。令レ輟二彫刻一。然感歎之餘不レ能二默止一。頗記二其所一懷云爾。

益軒が楠木の墓を訪れたのは寛文四年（一六六四）の三月である（中村 一九三五：二〇一）。益軒の記述には、青山の建てたという五輪塔への言及がなく、同墓が忘却せられることへの危機感が表明されている。いずれにしても、青山においても正成の大々的な顕彰が行なわれたとは見なせず、益軒もまた石碑の建立を見送っている。また、『有馬新七先生傳記及遺稿』によれば、延宝二年（一六七四）の薩摩藩の重臣・諏訪兼郷の紀行の中に「所の者に案内させまかりしかば、湊川の北にあたりて、田の中に松櫻の二本を植ゑて、其陰に五尺に足らぬ石塔あり。げに高き名の唐士（ママ）まで聞え、わきて武士の家に生れては此人をしたはぬはなけれども、なき跡は草露に埋れけるにこそはかなけれ」との文章があるという（渡邊 一九三一：一〇）。当該紀行文の原典にあたれないことを遺憾とするが、益軒の記述と併せ読むかぎり、同墓所はその忘却が危ぶまれるほどのあり様であったことが知れる。

廣巌寺と「嗚呼忠臣楠子之墓」碑

また、建碑と同時期に、同地至近の廣巌寺なる寺院が墓所整備の活動を行なっていた。同寺は、湊川合戦に際し正成らが自害した無為庵を有し、死後、正成を葬ったとされていた。実際には湊川合戦で新田軍を破った赤松氏が同地を拝領し、菩提寺として建立されたものが廣巌寺であるという。ただし、明治四四年（一九一一）刊行の『神戸実業案内』を参照するに、廣巌寺は「正成公生前の廣巌寺和尚と生死の問答を交換せしこと人の知る所なり」と記述され、同寺の湊川合戦へのドラマチックな関与は一般に周知されていたことがわかる〔神戸市役所 一九一一：六二〕。寺僧が正成の最期に立ち会ったという伝説は、無住化していた同寺を中興した千巌和尚なる人物の創作とされている。先述の水戸藩の修史事業の過程で、光圀は史料蒐集のために配下を各地に派遣しており、同地に派遣された佐々宗淳が廣巌寺にて千巌和尚と面会している。川嶋禾舟の研究によれば、貞享年間（一六八四〜一六八八）以来、千巌は楠木正成の末裔を称す岡山藩池田家に寺院の外護を請うており〔川嶋 一九三五：三四〜三七〕、貞享二年（一六八五）の佐々の訪問は、寺運復興を企図する廣巌寺としても願ってもないことであったと理解できる。

元禄五年（一六九二）、「嗚呼忠臣楠子之墓」碑は同地に建立されると、廣巌寺は石碑維持のために堂宇を造営し、碑文の拓本、正成像の写しの頒布を開始し、同所は正成の祭祀の地として認知されていく。中村孝也はこの建碑を指して「天下の識者はこゝに初めて明らかに崇拝の偶像を認め得た」と評価する〔中村 一九三五：二〇三〕。事実、随筆類には同所に立寄ったという記録が散見するようになり、地元有力者、正成ないしその家臣の後裔らの活動する姿も諸記録に垣間見えるようになる。宝暦九年（一七五九）、正成の末裔であるという楠木傳四郎が付近の土地を購入し、これを廣巌寺に託して墓所参拝のための道路整備に尽力している〔神戸市役所 一九七一：五四四〜五四六〕。文化一〇年（一八一三）には、地元の大庄屋・平野本治や同村の者が土地を寄付し、墓域の拡張に尽力した〔上月 一九二二：四三〜四四〕。天保六年（一八三五）の没後五〇〇年祭には、湊川で正成に殉じた家臣の後裔を称す橋本藤左衛門邦直なる商人が法会を行ない、また正成を追慕する和歌・詩文集を刊行し、廣巌寺におさめている〔森田 一九七八：六一四〜六一五〕。

民俗宗教化される正成の墓

一方、正成の墓は民俗宗教的態度の対象ともなっていたらしいことがシーボルトの日記『江戸参府紀行』にうかがわれる〔フォン・シーボルト 一九二八：三八一〕。

其近くに有名なる楠正成の墓 Kutsunoki(ママ) Masasige あり。正成は歯痛の守護神なりとてこゝに歯の病人を引付く。名將の墓所は蔭深き森林の中にありて、花崗岩より作りたる記念碑にて飾り。其上には神社の形なる小き家建てり。前に格子ありて、それに小き絵馬額を掛けたり。余は尚ほ檜にて作りたる小き献盤に根元より切りたるよく粧へり髻二三を載せ、傍に其人の名を記したるを捧げたるに注目せり。是れ左の事由によるなり。楠正成は舟人の守護神にてもありといへば、暴風雨のとき・難船のときに、誓いを立てゝ、神と崇めたる名将に己が最も愛しむ髻を献ずるなり。

文政九年〔一八二六〕の状況であるが、楠木正成の墓所は歯痛の神、あるいは船乗りの守護神として信仰されていたという。森田康之助は「庶民の心の裏にひそむ、楠公畏敬とその親近の思ひとを汲みとらねばならぬ」と当該記録を評価するが〔森田 一九七八：六三四〕、一方で、原典不明ながら以下の発言も行なっている〔森田 一九八七：五一九～五二〇〕。

当時墓碑堂の傍に「残念さん」という祠があり、義公建碑に先立つ七年前、楠正信といふ人物が楠公正成の墓前で時世を慨し自刃したことがある。おそらくはその無念さを鎮めるための祠であつたとされてゐたのであらう。

（略）

　楠公墓塚のあまりにも粗末なるを慨いての憤死であらう。
　この人物が折歯自屠したのはこの祠の前であつたが故に、
　歯痛の神とされたのではあるまいか。

写真４　結城医王大明神。祠前の三方には市販の食塩が供えられている。2013 年筆者撮影。

　民俗学の立場から言えば、偉人の墳墓と伝えられる塚の類が民俗宗教の対象とされることは奇異なことではない。「残念さん」のエピソードから歯痛の信仰が生じたというのは一つの解釈ではあるが、偉人、とりわけ南朝の武将が歯痛の神とされる点について、若干の類例があることに注意を促しておく[4]。正成と同じく『太平記』中の南朝方の武将である結城宗広の三重県津市の墳墓至近には、「結城医王大明神」なるものが設けられている。これは「塩竈さま」とも称され、航海安全、病気平癒の利益のほか、塩を供えることで歯痛を鎮める利益がうたわれており、かつての正成墓所への習俗と相似したものが感じられる（写真４）[5]。結城宗広の場合、津藩領内に結城塚なるものがあることを知った藩主藤堂高兌が、儒学者・津坂孝綽に顕彰を指示したといい、文政七年（一八二四）には高兌の命で同塚は城下に移築される。文政一二年（一八二九）には津坂が結城塚に「結城神君之墓」と刻まれた碑を設け、また結城明神の社殿も設けた（諸根 一九三三：一八四〜一八五）。この祭祀施設が、後に別格官幣社・結城神社として大規模化していくことになるのであるが、近世の宗広の顕彰の背景にも水戸藩の修史事業の影響がある。

本書の視点からいえば、これらの例からは、民俗宗教の融通性とともに想起の多様性ないし文脈依存性が顕在化しているといえる。歴史意識が希薄で正成のパーソナリティに必ずしも思想的な価値を見出さない人々にとって、墓所の整備や墓域が拡張していく過程は、同墓の高らかな霊験を期待せしめるものであったと理解したい。すなわち、塚や墳墓が大規模化していく過程は、民俗宗教的な施設が隆盛化していく過程とも重ねあわせて体験されたのではないだろうか。無論、志半ばにたおれた敗者が、その死に際して歯嚙みをしたという伝承も一方には存在する。しかし、ここでは、正成に関する知識が漠然としたものであったとしても、偉人として称揚される人物に、このような民俗宗教的な願いにこたえる霊威が期待された可能性を指摘しておきたい。

幕末の正成崇拝

さて、以上により、想起の場としての湊川が成立したわけだが、想起主体としてとりわけ目を引くのは、情緒的に正成を理想化した幕末期の志士らである。以下、吉田松陰の「七生説」を引用してみよう（吉田一九八六：二二四～二二五）。

天之茫々有一理存焉。父子祖孫之綿々有一氣屬焉。人之生也資斯理以為心。稟斯氣以為体。体私也、心公也。役私殉公者為大人。役公殉私者為小人。故小人体滅氣竭則腐爛潰敗不可復収矣。君子者心与理通体滅氣竭而理独亘古今窮天壌未嘗暫歇也。余聞贈三位楠公之死也。顧其弟正季曰死而何為。曰願七生人間以滅國賊。公欣然曰、先獲吾心偶刺而死。噫是有深見于理氣之際也歟。当此時正行正朝諸子則理氣並属者也。新田菊池諸族氣離而理通者也。由是言之楠公兄弟不徒七生初未嘗死也。自是其後忠孝節義之人無不観楠公而興起者焉。則楠公之後復生楠公者固不可計数也。何独七而已哉。余嘗東遊三経湊川拝楠公墓涕涙不禁。及観其碑陰勒明徴士朱生之文則復下涙。噫余於楠公非有骨肉父子之恩。非有師友交遊之親。不自知其之所由也。至朱生則海外之人反悲楠公而吾亦悲朱生、最無謂也。退而得理氣之説。乃知楠公朱生及余不肖皆資斯理以為心。則駆雖氣不属而心則通矣、是涙之所以不禁也。余不肖存聖賢之心立忠孝之志以張國威滅海賊妄為己任。一跌再跌為不忠不孝之人。無復面目見世人。然斯心已与楠公諸人同斯理安得随氣体而腐爛潰敗哉。必也使後之人亦観乎余而興起至于七生而後為可耳矣。噫是在我也。作七生説（傍線引用者）。

傍線で示したように、松陰は正成の墓前で涙を流す。松陰は自身と楠木との間に精神的なつながりを見出し、自らの志を燃やしている。松陰は掛物の類を好まなかったとされているが、先述の碑文の写しを購入し、好んで掲げていたともいう〔森田 一九八七：二六〕。中村は、幕末の志士による楠木正成崇敬のあり方を「彼等は自ら楠公七生中の一人たることを自信し、曩昔楠公が成さんと欲して成し遂げ得ざりしことを、五百年後において、自己の力を以て成し遂げんと欲した」と表現しているが〔中村 一九三五：二一二〕、たしかに、この時期の正成への崇敬は、時代の勤皇イデオロギーの主唱者らによって、自己を重ね合わせるかのような筆致のもとに表明されていく。ただし、朱子学的理気説をふまえて松陰が夢想する正成との思想的一体性ないし共通性はやはり想像の産物であり、正成が近世の思想界で理想化されて来た経緯の中で理解すべきものである。『太平記』における正成と正季のやりとりでは、七度生まれかわって「朝敵」を滅ぼすことが願われていたが、近世の尊皇思想的な解釈以降、この点は「国賊」に置き換えられ、やがて「七生報国」に読み替えられていくことは先述した。井之本春義は「正成や正季には、観念的・抽象的な天皇絶対主義の思想はなく、正季の言葉も単に敵を滅ぼすという意図しかない」と、後世における「七生」の拡大解釈を指摘している〔井之本 一九九九：六七〕。いずれにしても、松陰が情緒的に思い入れを寄せる正成像とは、幕末の思想状況を生きる吉田松陰という一個人において、参照可能な歴史知識（それも尊皇思想にふちどられてきたものである）を前提に想像された楠木正成像でしかない。それは、正成との思想的一体性を信じ、正成の思想的後継者たらんとする多くの志士らにおいても同様であった。そして、それらの人々によって、幕末期から正成の祭祀が「楠公祭」として各地で営まれていく。

「楠公祭」という想起の形式

藤井貞文によれば、楠公祭とは「楠木正成を追慕する思想に出で、慰霊祭、或は招魂祭の如き性質のもの」であり〔藤井 二〇〇八：一九八〕、その命日に所を選ばずに行なわれていた模様である。楠公祭は佐賀藩、尾張藩、山口藩、津和野藩の諸藩のほか、山口藩の奇兵隊および近藤芳樹、久留米藩の真木保臣、そして三条実美ら七卿がこれを行なったことがわかっている〔藤井 二〇〇八：二一八〜二二六〕。ここでは、真木、佐賀藩、山口藩のそれについて検討を加えたい。ちなみに、尾張藩の楠公祭は安政三年（一八五六）、奇兵隊のそれは慶應三年（一八六七）、山口藩の国学者・近藤芳樹が私塾で行なった楠公祭も山口藩のそれを受けて慶應三年に行なわれた〔藤井 二〇〇八：二一九〜二二六〕。三条実美のそれは真木の楠公祭に触れる中で言及し、津和野藩については山口藩に説き及ぶ中で触れることにしたい。

これらの中で最も執行時期の早いのは真木保臣による楠公祭である。真木は幼少時に『絵本楠公記』なるものを読んで以来、正成を崇敬するあまり、「今楠公」と称されていた〔久保田 一九六四：七四〕。記録に確認できるもっとも早い真木の楠公祭について、『弘化丁未日記』に弘化四年（一八四七）八月二八日、真木が正

表3　真木保臣の楠公祭

年月日	内容
嘉永五年（一八五二）五月二五日	真木の幽閉中の詩歌の選集『南僊雑稿』に「廿五日、竊に楠公を祭る時」と題する歌がある〔真木保臣先生顕彰会 一九一三：八二九〕[6]。
嘉永六年（一八五三）五月二五日	『南僊日録』に「此日也楠公戰死之日也。乃以二清酌一祭レ之」とある〔真木保臣先生顕彰会 一九一三：三八五〕
安政元年（一八五四）五月二五日	『南僊日録』に「予祭二楠公一。固借二櫻井圖于城崎重兵衛一懸レ之」とあり、正成父子の別れの図を掛けて祀ったことがわかる〔真木保臣先生顕彰会 一九一三：四〇七〕。
安政二年（一八五五）五月二五日	『南僊日録』に「祭二楠公一」とのみ記録がみえる〔真木保臣先生顕彰会 一九一三：四二七〕。
安政三年（一八五六）五月二五日	『南僊日録』に「予與レ啓祭二楠公一」とある〔真木保臣先生顕彰会 一九一三：四四八〕。
安政四年（一八五七）五月二五日	『南僊日録』に記載なし。ただ「廿五日、晴」とだけある〔真木保臣先生顕彰会 一九一三：四六六〕。
安政五年（一八五八）五月二五日	『南僊日録』に「祭二楠公于本家之堂一」とある〔真木保臣先生顕彰会 一九一三：四八七〕。
安政六年（一八五九）五月二五日	『南僊日録』に「午時祭二楠公一」と記述される〔真木保臣先生顕彰会 一九一三：五〇五〕。
万延元年（一八六〇）五月二五日	『南僊日録』に「祭二楠公于本坊一」とある〔真木保臣先生顕彰会 一九一三：五二七〕。
文久元年（一八六一）五月二五日	『南僊日録』に「祭二楠公于本坊一。郁得二児島高徳肖像于京師一。乃併祭」と記され、児島高徳もともに祭祀したことが知れる〔真木保臣先生顕彰会 一九一三：五四三〕。
文久二年（一八六二）五月二五日	『文久壬戌日記』に「祭二楠公及伏見義死之士八人一」とある。この楠公祭は大阪で行なわれた〔真木保臣先生顕彰会 一九一三：五七一〕。
文久三年（一八六三）五月二五日	真木は長州に滞在していた。『文久癸亥日記』には「朝。謁二中山公一。面二久坂其他諸氏一。午後祭二楠公一」との記述がある〔真木保臣先生顕彰会 一九一三：五八七〕。
元治元年（一八六四）五月二五日	『真木和泉守御年譜』によれば、周防の湯田で、京都から逃亡してきた七卿らと楠公祭を執り行なっていることが明らかである〔真木保臣先生顕彰会 一九一三：五七〕。

※〔真木保臣先生顕彰会 一九一三〕から作成。

成の墓を拝したという記録があることを根拠として（真木保臣先生顕彰会 一九一三：三五六）、森田は「弘化四年の楠公祭に詠じた詩を以て、文献上の初見とする」という（森田 一九七八：七一三）。しかし、同日は正成の命日にもあたらず、真木の記述にも楠公祭を行なったと明言する部分はない。ここでは真木による楠公祭は嘉永五年（一八五二）が記録上の初見とする藤井の理解を支持したい（藤井 二〇〇八：二二一）。ただし、真木の楠公祭は「成童後より毎年缺かさず挙行し來りし所」とされ（真木保臣先生顕彰会 一九一三：五七）、これ以前の楠公祭は記録に見えないだけの可能性もある。

さて、真木の一連の楠公祭を整理したものが表3である。詳細の伝わる資料は残念ながら存在しないものの、楠公祭では正成のみならず、その他の南朝の人物や同時代の殉難者の祭祀が行なわれる場合のあったことが確認できる。また、元治元年の楠公祭には三条実美、東久世通禧ら七卿が同席しているが、七卿は慶応元年（一八六五）から慶應三年（一八六七）にかけて大宰府で楠公祭を行なった。

各藩の楠公祭

佐賀藩では嘉永三年（一八五〇）に楠公父子像の前で楠公祭が実施されるとともに楠公義祭同盟が結成され、以降、毎年楠公祭が実施された。同地の楠公父子像とは、寛文二年（一六六二）、同藩の国学者・深江信渓が楠木正成を崇敬するあまり京都の仏師に作成させたものであり、永明寺（後に廃寺）に祀られた。これは藩主・鍋島光茂、その子・綱茂ほか、佐賀藩支藩の各藩主・家老らの賛意を得たものであり、喜捨も行なわれている。後、同像は高傳寺に移され、文化一三年（一八一六）以来は梅林庵に安置されていた。安政三年（一八五六）に同像は竜造寺八幡宮内の楠神社に佐賀藩執政・鍋島安房によって祭祀されている（写真5）。また、楠公義祭同盟は佐賀藩の尊皇派の団体であり、儒者・枝吉神陽、枝吉次郎（後の副島種臣）、島団右衛

写真５　佐賀の楠神社。2012 年筆者撮影。

門（義勇）らが加わっていた。楠公祭が恒例化して以降は江藤又蔵（新平）、大隈八太郎（重信）、久米丈太郎（邦武）らが出席した。

山口藩では元治元年（一八六四）に藩主・毛利敬親が藩校・明倫館に祭壇を設け、楠公祭を行なったのがはじめという（藤井 二〇〇八：二一九）。その際、吉田松陰らの殉難者も祭祀されている。同藩では、慶応元年（一八六五）の佐甲但馬なる人物の進言により、明治二年（一八六九）まで毎年楠公祭を実施し、これに際して受難者の祭祀も行なわれた。文久元年、文久二年の真木保臣の例も同様であるが、藤井の指摘するように、楠公祭では同時に正成以外の人物の祭祀も行なわれており、倒幕活動の殉難者の招魂祭的性格が付与されていったようである。石見津和野藩では、慶応三年（一八六七）に藩主・亀井茲監が楠公祭を実施し、同時に南朝方の殉難者を祭祀したが、藤井によれば、津和野藩の例には山口藩の影響が推測されるという（藤井 二〇〇八：二一九）。

このほか、各所で小祠を設けるなど正成の個人的祭祀が行なわれていた可能性は高い。例えば、薩摩では崎門派にも学んだ経緯のある尊皇派志士・有馬新七が文久元年（一八六一）石谷滞在の折、同地町田家所蔵の楠公像を祠に祭祀している。同像は光圀の建碑の折に廣巌寺におさめられた三体の木像の一つが、なんらかの経緯により石谷の熊野神社に祀られたものと伝えられており、安永六年（一七七七）町田久甫なる人物が鹿児島の町田邸に移し、南木大明神として小祠に祀られていた。この久甫は先述の楠木流兵学の一派・河陽流に学んだといい、これによって正成を崇敬したと推測されるが、有馬による祭祀の推奨は当時の尊皇思想の文脈にあるものであろう〔渡邊 一九三二：一一九～一二〇〕。

湊川神社創建へ

楠公祭にうかがえた殉難者の集合的祭祀への志向は、湊川神社の創建過程にもうかがうことができる。明確に朝廷に上奏された正成を祀る神社創建の建議は、まず薩摩藩から発せられる。『島津久光公実記』の元治元年（一八六四）二月九日の項には以下の記述がある〔島津公爵家編輯所 一九一〇：二〇〕。

二月九日公攝津湊川ニ神社ヲ創立シ護良親王及楠正成等ノ靈ヲ奉祀センコトヲ請フ朝廷之ヲ允ス其中請文左ノ如シ

近來海外之夷艦屢神州へ致渡來國家多事實ニ不容易形勢ト奉存候然ハ此度攝津國八部郡造立一社奉始二品兵部卿護良親王贈正三位左近衛中将橘正成一品准后源親房卿其他元弘延元之際勤王盡力殉國難候輩之忠魂ヲ謹テ崇祀仕凝護国討夷之大願申度奉存候依之彼地へ神社造立被仰付度奉願候様申付候間此段申上候以上

島津大隅守内

二月　　内田仲之助

内田仲之助は薩摩藩の京都留守居役を務めていた人物である。ここでは楠木正成らのほか「勤王盡力殉國難候輩」も祭祀することで護国および攘夷の神としたい旨が建議されているが、神社創建の地が湊川であるのは、正成が国難に殉じた無数の忠臣を代表するかのようにイメージされていたことを示している。薩摩藩による湊川神社創建は以後の時局の変転により成らなかったが、これに次いで、慶應三年(一八六七)、尾張藩主徳川慶勝によって湊川神社創建の建議がなされる。ここでは『復古記』記載の建白を引用しておく(太政官 一九三〇:一四五～一四六)。

臣慶勝誠恐誠惶、頓首頓首、臣慶勝窃ニ思惟仕候ニ、培養能根底ニ至レバ枝幹自ラ栄ニ向ヒ、恩恤泉骸ニ及ヘハ人心随テ和ヲ感ス。是必然ノ理ト奉存候。謹而古典ヲ考候ニ、労ヲ以テ国ヲ定ル者ハ祀ル、死ヲ以事ヲ勤ル者ハ祀ル共相見エ申候。先臣楠正成一門之者共、忠節ヲ皇家ニ尽シ、武功ヲ古今ニ顕シ、其終一死ヲ以テ殉国候段、誠ニ以臣子ノ亀鑑、祀典ニ被列相当之者ト奉存候。然ルニ未御旌表之御沙汰モ不奉承、遺憾奉存候。何卒新ニ神号ヲ降賜リ、祀典ニ被列、皇都之内可然地ヲ相シ、一社御建立被為在候様仕度、且又近古以来国事ノ為ニ身ヲ亡シ、未御収恤ヲ不蒙者、其数不少、一念爰ニ及ブコト惻怛凄愴之至ニ不堪奉存候。是等之幽魂托スルニ処ナク、自然天地ノ和気ヲ破候ヨリ、邦内之不静謐引出シ候儀共奉存候間、仰願クハ此者共之精霊ヲモ被慰、合祀シテ一之摂社トナシ、右楠社境内ニ安置被為在候様仕度奉存候。左候得ハ特一時之。御祭典ノミナラス、万歳洪基之御守トモ相成、且ハ敵愾仗義之風尚ヲモ乍左、感發作興之一助トモ可相成、是賤臣多年ノ宿願ニ付、伏而奉上言候。万一愚者之一言御聖択ヲモ奉蒙候ハヾ、盛恩之至ニ不奉存候。臣慶勝　誠恐誠惶頓首頓首敬白。

神戸湊川の地ではなく「皇都之内可然地」への創建を望んでいる点は、薩摩藩のそれと相違するが、ここでも「近古以来国事ノ為ニ身ヲ亡シ、未御収恤ヲ不蒙者」の「幽魂」を楠木正成の祭祀施設の末社として祀るべきことが主張されている。「自然天地ノ和気ヲ破」という文言からは、殉難者の怨霊的発現が危惧されていたことが推定できる。また、興味深いのは、慶勝がそれら個々の「幽魂」を、匿名的・集合的に祭祀することを提言している点である。朝廷から祭祀すべき者の名称を列挙するよう命じられた慶勝は、「未御修恤ヲ不蒙者共」の人名事績の精密な調査は大事業であり、人名の区別を立てずに祭祀することを提唱している〔太政官 一九三〇：一四六〕。この尾張藩の建議も結局実現することはなかった。湊川神社の創建が始動するのは、兵庫鎮台が兵庫裁判所と改められるに及び、総督として赴任した東久世通禧の建白によってであった。東久世の建白は、慶應四年（一八六八）、同裁判所に勤める岩下佐治衛門、伊藤博文ら六名から提出された、楠木正成の祭祀施設創建の請願書をふまえたものである。また、通禧は先述の七卿の一人であり、幕末の楠公祭に列席していた人物でもあった。明治五年（一八七二）五月二四日、同社は創建と同時に湊川神社の社号および別格官幣社の社格を得て、翌日の正成の命日には例大祭を実施する（写真4）。ちなみに、湊川神社の祭神は正成をはじめ、正行、正季、菊池武吉、江田高次、伊藤義知、箕浦朝房、岡田友治、矢尾正春、和田正隆、神宮寺正師、橋本正員、冨田正武、恵美正遠、河原正次、宇佐美正安、三石行隆、安西正光、南江正忠が配祀され、正成の夫人も合祀されている。菊池以下の一六名は正

写真6　湊川神社　2013年筆者撮影。

成とともに自刃した一族の者である。

一方、国事殉難者の祭祀への要請は、京都霊山護国神社、東京招魂社（靖国神社）そして各地の護国神社が担っていくことになる。実現しなかったとはいえ、正成が戦没者・殉難者の代表と位置づけられたことは、志士たちが正成に自己を重ね合わせていたことと無関係ではないであろう。結局、そのような表象化は為されなかったものの、正成は明治・大正・昭和を通じて、国民の規範として、自己投影の対象として参照されていく（されることを求められていく）ことになる。

以上、正成の勤皇化の過程を概観してきた。本節のテーマ自体、一書を編み得るほどに巨大なテーマであり、限られた範囲での事例提示に留まったが、ここでの作業から指摘できることを、顕彰神という枠組と関連づけつつ整理し、結びにかえたい。

結びにかえて

記憶という視点から言えば、「人神」とは個性を忘却されない死者をめぐる表象の一形式である。個性が忘却されないことの理由として、従来はその死の非業性が強調される傾向にあった。これに対し、本章の議論からは、顕著な世俗的功績の故に記憶化され、想起され続ける死者があるということを主張することができる。

楠木正成は非業の死をとげ、現世への執着を残し、怨霊化したという言説が『太平記』中にあるにも関わらず、むしろその事績の非凡さにおいてながらく人々に記憶され、理想化されつつ想起されてきた。なぜ、怨霊としての正成像は一般化しなかったのか、という問題を解くことはきわめて困難であるが、『先進繡像玉石雑誌』（天保一四年［一八四三］刊）の記述にその手がかりがある。すなわち、湊川での戦死の際に、越前の平泉寺で僧侶を務めていた弟の夢に正成が現れたという伝説に対し、著者・栗原信充は「最後の言葉に、幾度も人間に生まれて朝敵を亡ぼさばやと云れたれば、補陀落の浄土より平泉寺あたりを迷ひあるかるべき様はなし」と批判を加える（栗原 一九七四：四〇）。弟の夢枕にたつ正成像は、七生の執念を抱いて死んだ忠義の正成像に反するということであろう。正成の英雄的エピソードの流布が、迷う霊としての正成の想起の否認を導いたとみることができるならば、ここからは死者の怨霊的発現を抑止・防除するものとしての顕彰という論点を提起することもできるかもしれない。

正成を偉人として、時に神のように崇敬する発想はすでに『太平記』の享受過程で発生している。早くに勤皇思想のもとで忠臣化されてはいたものの、それは想起主体の多様性（あるいは「読み」の多様性）とも関わって、様々な正成崇敬のあり方と同時的かつ複合的に存在していたといってよい。顕彰の手段としての湊川神社創建が近代の思想・制度のもとで行なわれたことは疑いないものの、それによって媒介される正成をめぐるイメージやそれを讃美する発想は前近代的社会の長い経過の中で重層的に形成されてきたものだったといえる。

あらためて、前章で示した中村生雄の理解にコメントするならば、顕彰神の発生を理解する上では、『祟り神』系人神の換骨奪胎」をそこに見出すよりも、「すぐれたる人物」の表象史（偉人化）の過程をおさえていく必要があるといえる。近世以前から偉人を讃える形式に宗教的な言説が使用されていたことを思えば、顕彰神（的なるもの）は祟り神と同等程度に歴史的な現象として理解すべき余地がある。また、『太平記』享受史を理解する上では、足利・徳川ら政治主体による自己解説への歴史の動員が関わってきたことを思えば、正成の神的・英雄的イメージを形づける『太平記』は、早くから政治的・世俗的力学の中で読まれてきたといえる。つまり、前近代的な人物表象もまた政治的なるものと無関係にはない。
以上は神の資源化論というよりも、歴史の社会資源化という問題に属すものといえるかもしれない。歴史の資源化が近代政府に顕著だったという点を以て、顕彰神を「近代的なるもの」と見なす向きもあるかもしれないが、そのような理解も現象の歴史性をやや単純化している。仮に顕彰神に近代性が見出し得るとすれば、それは日本という「国民国家」の一体性を前提として他国に対峙するために活用された、という一点に還元される。すなわち、「顕彰神」そのものではなく、その国家による活用の様態が近代的なるものとして問題化されねばならない。近代日本政府が行なったのは、歴史的かつ多様な現象であるところの「偉人崇拝」の活用であった。「先祖」という死者表象が同様に国民統合に活用されたことを想起されたい。中村孝也は一武士に過ぎない正成の精神を臣道精神といい、「臣民」一般の理想として記述する〔中村 一九三五：一七四〕。人々の皇民・臣民・国民化、一般民衆への武士的規範の媒介、殉国・報国の正当化に活用されたという点で、偉人崇拝の「近代的用法」の様態が批判的に問いかえされるべきなのである。

注

（1）別格官幣社二八社については、それぞれについて研究がすすめられており、特に東照宮と靖国神社については厚い蓄積がある。楠木正成に関しても戦前からの研究が無数に存在する。それらには半ば顕彰を目的とするものも含まれるが、史実の解明に寄与したところは大きい。戦後、中世史の分野では皇国史観への反省から楠木正成への言及は減少し、ある一時代の敗者として積極的評価の対象とはされなくなるが〔黒田 一九九五：三〇六〕、近世史・近代史研究の文脈では断続的に研究成果が提示されている。昭和四四年（一九六九）の小林健三・照沼好文の『招魂社成立史の研究』は楠木正成の祭祀過程にも多くの頁を割いているが

〔小林・照沼 一九六九：三七〜五一〕、近代の死者をめぐる思想的問題を理解する上で、楠木正成の取り扱いが重要な焦点となることは多くの論者において共通認識とされている。また、記憶研究の視点とも親和性の高い国民国家論的アプローチを通して、ローカルとナショナルの接合現象への関心から近代における正成の取り扱いを論じた森正人の成果などは本書とも通じる論点を提示している〔森 二〇〇七・二〇〇八・二〇〇九〕。加えて、神社史という体裁であり、多分に神社・祭神に寄り添った記述ではあるものの、森田康之助の『湊川神社史』（全三巻）は、膨大な資料をふまえた楠木正成の祭祀史・表象史の再構成である〔森田 一九七八、一九八四、一九八七〕。さらに、『太平記』ほか関連史料については、加美宏や兵藤裕己、若尾政希らの『太平記』および「太平記読み」をめぐる議論、『太平記』の享受史研究が、正成の神格化・偉人化を理解する上での重要文献であるといえる〔加美 一九八五、若尾 一九九九、兵藤 二〇〇五〕。加えて、最近年の成果としては岡本真生による正成の関連史跡の変遷をおさえた成果がある〔岡本 二〇一四〕。

（2） ただし、『演劇百科大事典』二巻における渥美清太郎の解説によれば、この種の近世芸能における楠木正成の取り扱いにも偏向や変遷があるという。歌舞伎脚本としては京阪では主題化される傾向が乏しく、江戸では顔見世狂言にしばしば楠木父子が登場するという。また、江戸の顔見世狂言においても明和年間（一七六四〜一七七一）以降はその数量を減じる〔渥美 一九六〇：三〇三〜三〇四〕。本章では主題化された事実のみを以て楠木正成の認知状況を推測したが、芸能史における楠木正成の表象を捉えることで、異なる歴史像を提示し得る可能性があることを指摘しておきたい。

（3） 「梅塚」は埋塚と解されている。大正一〇年（一九二一）刊行の『湊川神社誌　全』では、「當時足利の代を憚りてかくは唱へしものならんか」と解釈されている〔上月 一九二一：四三〕。

（4） なお、正成自体が残念さんと呼ばれたらしい形跡もある。残念さん信仰については関西学院大学大学院の岡本真生氏にご教示いただいた。

（5） また、正成の息子・正行とともに四条畷で戦死した和田賢秀の墓もまた、死に際して敵に食らいついたとの逸話とともに歯痛の神とされている。

（6） ただし、この日の『南僊日録』には楠公祭の記録は見えない〔真木保臣先生顕彰会 一九一三：三七〇〕。

第二章　偉人化される死者たち
——近代の贈位をめぐって

はじめに

現在、どのような土地に赴いたとしても、なんらかの人物が地域との関連において価値づけられ、神社・記念碑・記念館等の諸形式によって記憶化されているのを目にする。すなわち、どこであれ当該地・当該集団において特別視される「偉人」が存在するのである。

では、特定の死者をその他の無数の死者とは区別して称揚する眼差しは、当該地においてどのように形成されたのであろうか。全国の事例を通覧する中で気付かされるのは、それらの多くが近代の社会状況に導かれて形を為したこと、そしてローカルな価値観とナショナルな価値観、あるいは個々のローカルな場・集団を越えたレベルで共有されている価値観とが交錯することによって、特定の死者が特筆すべき「偉人」として立ち現れているということである。

この点を民俗学分野で議論する場合、エピソードへのナショナルな価値づけ、あるいはナショナルな価値付与を伴う物語の構成化を「美談」や「国家伝説」という視点設定によって捉えようとする重信幸彦の諸論考が示唆的であるが〔重信二〇〇一・二〇〇五〕、本章では、特にナショナルな価値観の作用として、国家が死者に位階を贈る営為である「贈位」に焦点をあてることで、近代における人物の偉人化にアプローチしてみたい。贈位とは、位階制度のヒエラルキーのもとに死者たちを序列化する営為にほかならない。それは書面上での評価や歴史に関する文章の組み換えに終始するものではなく、むしろ、現実世界における歴史の空間化や、人物の末裔およびその他諸々の人々による歴史をめぐる取り組みに作用するものであった。本章では、この贈位に対し、ローカルな場で、どのような人びとのどのようなリアクションが生起したのか、各地の様子を俯瞰してみたい。

一節　死者の顕彰と近代の歴史政策をめぐる研究史

ナショナルな歴史への再編

近代日本の人物顕彰については、すでに社会史の分野で議論の蓄積がある。例えば、コメモレイション〔記念顕彰行為〕の歴史的過程に注目する阿部安成は、井伊直弼・佐久間象山・岩瀬忠震の顕彰の過程を記念碑を焦点として明らかにしている〔阿部二〇〇八a・二〇〇八b・二〇〇八c・二〇〇八d〕。また、近年の歴史認識論の隆盛と明治維新史への関心から、贈位を含む顕彰行為についての議論も蓄積されている。羽賀祥二は『明治維新と宗教』『史蹟論』等の著作によって、この方面の議論で多大な成果をあげている。本章との関連でいえば、近代に行なわれた国家による史蹟顕彰に天皇中心主義的な歴史構築の意図を読み解く羽賀の見解は注目に値する〔羽賀一九九四・一九九八〕。国史は、日本という一体的な国家を構想する上で不可欠の物語であった。そして、各地の史蹟は、そのような歴史＝物語の名残をとどめる場として再意味化された。すなわち、特定の出来事や人物、それらの編み込まれた歴史という物語に想いを馳せ得る空間が構築されていったのである。本書でも、羽賀の指摘に沿って、贈位に天皇制的イデオロギーに基づく歴史再編の意図があったという認識に立つことにしたい。

このような天皇制的歴史観のもとでの歴史再編は、法的・制度的な拘束力・強制力として、あるいは支配的なイデオロギーとして各地方に作用していった。高木博志によれば、このような「地域の歴史を国家の歴史の中に位置付ける」ような「郷土愛」と「愛国心」とのつながりは、明治二二年(一八八九)の帝国憲法発布にともなう「維新の内乱の和解という政府の方針」、つまり大赦令や贈位、賊軍への慰霊を発端とし、地域社会への拡大は明治二七年(一八九四)から翌二八年(一八九五)の日清戦争、明治三七年(一九〇四)から翌三八年(一九〇五)の日露戦争がその契機となったという。その構造を用意してきたものとしては近代的な武士道の創出、名教的歴史学、すなわち儒教的イデオロギーのバイアスを帯びた歴史学への転換、国民道徳論の社会的流布、各地で行なわれた歴史地理学会の夏期講演会が挙げられている〔高木 二〇〇五:三〕。そして、このような過程の中で「各藩が『勤王』であったとの藩史の歴史叙述」が隆盛化していく〔高木 二〇〇五:一七〕。

ローカルな歴史への視点

このような「近代的」で国史への接続志向をもつ歴史の再編は、それに先行する歴史認識、あるいは死者認識にどのように作用していったのか。本章では、ナショナルな歴史観とローカルな歴史観の交錯を、地域サイドの対応の中にみるが、それはローカルな価値物を国史との関係性において、あるいは国史の中での価値物として定位していく営為であったといえる。無論、そのような過程はスムーズで一方向的な受容であったわけではない。それは、既存のローカルな歴史的価値を国史的な価値とすり合わせ、成型しなおしていく過程であり、その中で近代的な地域史的価値を模索・形成していく過程であったと考えることができる。例えば、清河八郎への贈位を主題に据えた長南伸治も、贈位が一方向的に人物を価値づけるものではないことを、ローカルサイドの活動に関する具体的事例とともに明らかにしている〔長南二〇〇九〕。

一方、高田祐介は明治維新をめぐる歴史意識・認識の形成過程への関心から、高知県における殉難志士顕彰の流れを県内の思想的力学、特に思想的対立の和解との関係から明らかにしている〔高田二〇一〇〕。言うまでもなく、明治維新期の藩という集団が思想的に一枚岩であったわけではない。高田は維新後の功労者顕彰の過程で、そのような地域内の思想的多様性が安定化していく様を描き出している。ここからは、ナショナル対ローカルという構図のみならず、ローカルな集団内の価値観のせめぎ合い、緊張関係の推移が課題として浮上してくる。また、高田の議論において特に注意すべきは、中央政府における有力者として贈位対象者の選定に関わった県出身者の活動に目配りを行なっている点である〔高田二〇〇七〕。

以上をふまえ、本章では死者に位階を贈る行為を、序列化を通した近代政府による歴史再編事業として理解する。その際、論点となるのは、中央からの死者の価値づけが、ローカルな集団においてどのように受け止められたのか、という問題である。そこからは、ナショナルな価値観のローカルへの浸透、あるいは、ローカルな価値観のナショナルな価値観への接合という問題のみならず、ローカルな集団内、あるいはローカルな集団間において生起していた多様な価値観のせめぎ合いにどのように作用したのかという問題をも提起できる。

ただし、特定地域における具体的事例の検討は次章以降の課題とし、本章では近代における贈位の実施状況とそのリアクションの諸相を検討し、贈位をめぐる一般的動向をつかみとることにしたい。

二節　近代の贈位の諸相

（一）近代の贈位の概要

贈位とはなにか

まず、近代の贈位とはどのような営為であるのか、簡単に確認しておく。贈位は人物に位階を授けることを指すが、その対象は死者に限定される。近代において、生存者に位階を授ける営為は叙位と称されていた。ただし、昭和二一年（一九四六）に生存者への叙位叙勲が禁止されて以降は、死者に対して位階を授ける営為を叙位と称するようになり、現行の制度において贈位の語は使用されない。贈位はすでに律令時代から行なわれていたが、近藤安太郎によれば「明治の新政府が、それまでの制度とは別に、歴史上の人物に対してその功業顕彰のために、新に起した制度によるもの」であるとされ、近代には人物顕彰、特に維新功労者ほか戦死者・国家功労者顕彰のために独特の展開を示したといえる〔近藤 一九七五：八七三〕。幕末維新期の水戸学系ないしその影響下にある思想家らが天皇親政的統治の構想過程で歴史上の偉人への評価と祭祀を重視していたことは前章で確認した通りである。また、近代の贈位は原則として従五位以上を指す「勅授位」とされ、明治二年（一八六九）の官位制度改革以降は従四位以上とされた。もっとも、本章で後に示す資料においては従五位の人物も贈位と表現されている。

では、そのような贈位はどのようなシステムによって決定され、実施されるのだろうか。

『国史大辞典』によれば、栄典の授与は天皇の大権にあたり、実務は内閣賞勲局が担当部署であったとされ、贈位に関する実質的業務も同部署が担ったとされる〔板垣 一九八七：五〇九〕。ただし、贈位対象者決定の具体的なシステムについては不明な点が多いようであり、日本史研究会近現代史部会、平成一六年（二〇〇四）六月二四日の発表における高田の発言によれば、贈位のシステムは「あまり明確となっていないが宮内大臣と司法大臣が相談した後に内閣で決定」されるものであったという〔奥田 二〇〇六：八六〕。

近代における贈位の政治史的・制度史的検討は、今後の課題とされる点が多いことが確認できる。本章では個々の人物への贈位を報じる新聞記事の検討を通して、贈位の慣習的側面を明らかにするが、贈位のシステムに関する不明部分を補うような記述を提示することも視野に含めておく。

『贈位諸賢伝』にみる贈位の全体像

さて、近代の贈位をめぐる基礎的情報についてさらに確認していこう。その全体像を把握する上で、近代の贈位対象者の網羅的な小伝集である『贈位諸賢伝』が大きな手掛かりとなる。『贈位諸賢伝』は文部省維新史料編纂室事務局の田尻佐によって昭和二年（一九二七）に刊行された。田尻は明治四四年（一九一一）に『贈位諸賢事略』において明治元年から明治四三年までの贈位対象者九六〇余人の伝記をまとめているが、『贈位諸賢伝』には刊行時点までの約一二〇〇名の小伝をおさめている。同書成立の背景は明らかではないが、近藤は、田尻が勤務先での研究の必要からまとめたものであろうと推測している〔近藤 一九七五：八七四〕。田尻は昭和四年（一九二九）に没するものの、贈位は第二次大戦の終戦間際まで行なわれていく。その間、つまり昭和三年（一九二八）から昭和一九年（一九四四）までの贈位対象者を補足したのが、近藤によって昭和五〇年（一九七五）に刊行された『増補版贈位諸賢伝』である。本章ではこの増補版に依拠しつつ数値データを算出する。

『贈位諸賢伝』を構成する各小伝と贈位年表について、田尻がどのような調査によって執筆にあたったのかは明らかではないものの、「贈位（引用者注―対象者の）出身地の各府縣知事官房　郡役所　町村役場　或は遺族故舊者に照會し　或は實地に就き示教を」請うた旨が例言にみえる（田尻 一九七五上：三）。一方、近藤による増補は宮内庁所蔵の「贈位台帳」をもとに各種歴史学文献によって贈位対象者の事績の調査にあたったという（近藤 一九七五：八七五～八七六）。当初、田尻の『贈位諸賢伝』は巻数を一、二と数字で示していたが、近藤の増補版では近代の贈位は完結しているという判断により、上・下巻になっている。

さて、『増補版贈位諸賢伝』に基づいて、近代の贈位を数量的に把握しておこう。『増補版贈位諸賢伝』所収の贈位年表と小伝の目次が数量算出の手掛かりとなる。算出にあたっては、明治元年（一八六八）から昭和一九年（一九四四）までの間に贈位された人物の総数、同期間の贈位の総件数、同期間の贈位の機会の総数を区別した。というのも、同期間中に複数回贈位された人物が存在するため、贈位対象者数と贈位件数は異なるのである。また、一度の機会に複数人の贈位が行なわれる場合が多く、近代における贈位の頻度を理解する上で贈位の行なわれた機会には注意しておく必要がある。

そのような算出を行なう前に、『増補版贈位諸賢伝』（特に田尻の作業にかかる『贈位諸賢伝』）の資料的問題点についても明らかにしておきたい。先述した「贈位年表」と「小伝」との間で、複数回贈位を受けた人物を除外しても数値に相違が生じてしまうのである。贈位年表においては△の付された人物が二人存在する。内藤秀次と熊澤太郎である。内藤の場合、年表には記載があるが、小伝が欠如している。内藤は奇兵隊の一員として転戦した人物であるが、明治四四年（一九一一）一一月一五日たしかに従五位の贈位を受けている。しかし、『東京朝日新聞』の同年一二月二日朝刊（通号九〇九七）では、その後内藤が東京都下で存命であることが確認されたと報じられている。同紙一二月三日朝刊（通号九〇九八）の続報によれば、内藤の贈位は取り消され、同様の位階を叙位されている。年表における内藤の△印と小伝の欠如はこのことを意味しているものと判断できる。一方、熊澤の場合、明治四四年（一九一一）六月一日に確かに贈位を受けたことが確認でき、年表上の同年の記載にも△印はない。ただし、熊澤は年表によれば大正四年(一九一五)一一月一〇日にも贈位を受けたことになっており、こちらには△印がある。両者の熊澤が同一人物であるか否かも留保が必要であるが、少なくとも小伝には熊澤太郎は一名しか存在せず、そこでは大正四年一一月一〇日に贈位されたとの記載もない。大正年間の熊澤の贈位については、他の資料からの確認もとれておらず、田尻の誤記か、内藤のような取り消しがあったものと推測する。

また、年表と目次とを照合し、かつそれぞれの人物の小伝を悉皆的に検討したかぎりでは、贈位対象者の中には一名の重複が存在している。明治二四年(一八九一)一二月一七日に贈位を受けた豊島太宰少貳なる人物と、大正六年(一九一七)一一月一七日に贈位された豊島泰盛なる人物は同一人物の可能性がある。年表上ではそれぞれの名が記述されてはいるが、小伝中には前者のみが取り上げられ、名を泰盛と記されているのである。しかし、同小伝中には大正年間に贈位を受けた旨の記述がない。ところが、『東京朝日新聞』大正六年(一九一七)一一月一八日朝刊(通号一万一二六五)を参照するに、豊島泰盛はたしかに贈位を受けたと報じられている。また、年表においては明治年間のそれも大正年間のそれも同一の位を授けられている。豊島太宰少貳と豊島泰盛とが別人で後者の小伝が遺漏した可能性も考えられるが、明らかではない。ただし、別人物であるとする場合、本章で行なう算出作業の結果にも影響が生じる。

以上『増補版贈位諸賢伝』の問題点を確認してきたが、△印の二名は除外し、豊島は二度カウントし、複数回贈位された者に関しては初出のみをカウントした贈位対象者総数は二三七一名となる。『増補版贈位諸賢伝』において人物の総数は明示されていないが、田尻は二一六八名を網羅したと記述し、近藤が二〇三名の増補を行なったことを明記している。その合計である二三七一名は、筆者算出の数値とも合致している。ただし、この数値は、同テクストに基づいて数量を算出した高田祐介提示の数値二四一〇名とは異なる。高

表１　明治年間の贈位件数

贈位年月日	件数
M1（1868）8・24	1
M2（1869）6・5	1
M2（1869）11・13	1
M2（1869）11・22	1
M2（1869）12・20	2
M3（1870）4・8	1
M3（1870）10・5	1
M4（1871）1・9	1
M4（1871）1・23	1
M4（1871）4・15	1
M5（1872）6・27	1
M6（1873）9・30	1
M9（1876）11・16	1
M9（1876）12・15	2
M10（1877）5・26	1
M10（1877）8・16	1
M11（1878）3・6	1
M11（1878）3・8	1
M11（1878）5・15	1
M12（1879）4・3	1
M13（1880）7・20	1
M13（1880）7・25	1
M14（1881）5・31	1
M14（1881）6・8	1
M14（1881）9・6	1
M15（1882）6・3	2
M15（1882）8・7	1
M16（1883）2・27	5
M16（1883）8・6	8
M17（1884）2・22	2
M17（1884）4・7	1
M17（1884）4・10	2
M18（1885）2・26	1
M18（1885）3・6	2
M18（1885）7・20	1
M20（1887）1・15	1
M22（1889）2・11	4
M22（1889）2・14	1
M24（1891）4・8	29
M24（1891）4・13	3
M24（1891）7・23	1
M24（1891）11・16	1
M24（1891）12・17	156
M25（1892）11・7	1
M26（1893）1・21	1
M26（1893）1・27	3
M26（1893）7・14	1
M26（1893）12・27	3
M29（1896）5・20	3
M29（1896）9・19	2
M29（1896）11・2	2
M30（1897）4・6	1
M30（1897）4・21	6
M31（1898）3・18	1
M31（1898）4・9	1
M31（1898）7・4	172
M31（1898）10・10	2
M31（1898）10・25	46
M31（1898）12・23	13
M32（1899）9・26	1
M33（1900）3・6	1
M33（1900）5・4	1
M33（1900）5・16	1
M33（1900）7・16	1
M33（1900）11・16	1
M34（1901）5・16	2
M34（1901）5・22	2
M34（1901）7・16	1
M34（1901）8・13	18
M34（1901）8・24	2
M34（1901）11・8	1
M35（1902）4・18	1
M35（1902）6・2	1
M35（1902）7・24	1
M35（1902）11・8	159
M35（1902）11・12	4
M35（1902）11・23	2
M36（1903）6・27	1
M36（1903）8・24	1
M36（1903）10・9	1
M36（1903）11・13	53
M37（1904）3・2	3
M37（1904）3・17	1
M37（1904）4・11	1
M37（1904）4・18	1
M37（1904）4・22	1
M37（1904）5・27	1
M37（1904）10・20	1
M38（1905）4・5	1
M38（1905）5・3	2
M38（1905）11・18	15
M39（1906）9・1	1
M40（1907）5・10	2
M40（1907）5・27	69
M40（1907）7・22	2
M40（1907）10・23	9
M40（1907）11・15	24
M41（1908）4・2	5
M41（1908）9・9	28
M41（1908）11・13	5
M42（1909）3・11	1
M42（1909）4・17	1
M42（1909）5・29	1
M42（1909）6・8	1
M42（1909）8・25	1
M42（1909）9・11	26
M43（1910）4・2	1
M43（1910）11・16	19
M43（1910）12・1	1
M44（1911）3・13	1
M44（1911）6・1	45
M44（1911）8・15	3
M44（1911）11・15	53
M45（1912）2・26	42
総件数	1130

※〔田尻 1975〕所収「特旨贈位年表」をもとに作成。
※但し、表の数値は贈位の件数であり、複数回贈位を受けた人物についてもその都度カウントしている。また、先述の重複者、小伝欠如者もカウントに加えている。以下、表２・３に関しても同様である。また、贈位年表では明治 45 年２月 26 日は大正元年と記述されているが、大正元年は７月 30 日以降であるため明治 45 年に修正した。

表2　大正年間の贈位件数

贈位年月日	件数
T1（1912）11・19	15
T2（1913）11・17	14
T3（1914）11・19	13
T4（1915）3・19	1
T4（1915）9・?	1
T4（1915）10・24	9
T4（1915）11・10	367
T5（1916）4・11	9
T5（1916）8・3	1
T5（1916）11・3	1
T5（1916）11・15	26
T5（1916）11・21	1
T5（1916）12・28	76
T6（1917）5・15	1
T6（1917）11・10	1
T6（1917）11・17	44
T7（1918）8・23	1
T7（1918）11・18	129
T8（1919）5・16	2
T8（1919）11・15	100
T8（1919）11・27	1
T9（1920）11・18	1
T9（1920）12・22	1
T10（1921）11・18	1
T11（1922）3・23	1
T11（1922）9・1	1
T11（1922）9・7	2
T11（1922）11・1	1
T13（1924）2・11	239
T14（1925）9・？	2
T14（1925）9・22	1
T15（1926）9・17	1
総件数	1064

※〔田尻 1975〕をもとに作成。
※数値に関しては表1と同様。

表3　昭和20年までの贈位件数

贈位年月日	件数
S2（1927）4・30	1
S2（1927）6・15	2
S3（1928）11・10	168
S5（1930）7・8	1
S5（1930）10・20	1
S5（1930）11・22	1
S6（1931）5・4	1
S6（1931）8・22	3
S6（1931）9・23	1
S6（1931）10・20	4
S6（1931）10・21	1
S6（1931）11・6	1
S6（1931）12・21	2
S7（1932）10・14	1
S8（1933）5・26	1
S8（1933）9・9	1
S8（1933）10・7	1
S9（1934）1・30	1
S9（1934）5・3	1
S9（1934）11・12	1
S10（1935）5・8	1
S10（1935）5・11	1
S10（1935）7・25	2
S10（1935）12・6	1
S11（1936）6・3	1
S12（1937）5・12	1
S13（1938）11・19	1
S14（1939）5・8	1
S14（1939）8・1	1
S15（1940）4・20	1
S15（1940）11・28	1
S17（1942）12・21	1
S18（1943）4・9	1
S18（1943）8・19	1
S19（1944）7・4	1
S19（1944）11・11	1
総件数	211

※〔田尻 1975〕をもとに作成。
※数値に関しては表1と同様。

田の数値は贈位件数（複数回贈位対象者をその都度カウントした数値）を指すものと思われるが、筆者算出の総贈位件数は二四〇五件（△印二名を含む）である。

贈位を年号ごとに表に整理しておこう（表1〜3参照）。近代の贈位の機会の回数は明治期一一四回、大正期三二回、昭和戦前期三六回、計一八二回である。これらの数値を前提に、次節では、特に贈位の機会について新聞記事を手掛かりに検討を加えていく。この点に注意することで、贈位がどのように為されるものであったのか、おおまかな傾向をつかむことが出来る。

（二）贈位の機会

維新殉難者への贈位

贈位はどのような機会になされる傾向にあったのだろうか。表1～3を見るに、特に贈位の集中する機会があることがわかる。まず、一〇〇件を超える大量贈位を抽出し、その検討を主軸として贈位が行なわれる機会について考察を加えていく。

・明治二四年（一八九一）一二月一七日　一五六名
・明治三一年（一八九八）　七月四日　一七二名
・明治三五年（一九〇二）一一月八日　一五九名　…　陸軍特別大演習（熊本）
・大正四年（一九一五）一一月一〇日　三六七名　…　大正天皇即位記念
・大正七年（一九一八）一一月一八日　一二九名　…　陸軍特別大演習（栃木）
・大正八年（一九一九）一一月一五日　一〇〇名　…　陸軍特別大演習（兵庫）
・大正一三年（一九二四）　二月一一日　二三九名　…　皇太子成婚
・昭和三年（一九二八）一一月一〇日　一六八名　…　昭和天皇即位

まず、明治二四年および三一年の大量贈位は、維新殉難者の遺漏なき顕彰を急ぐ風潮を反映したものと考えられる。明治三一年の贈位に関しては資料を入手し得ておらず明らかではないが、明治二四年のそれについては同年七月二〇日の『読売新聞』朝刊（通号五〇六六）の記事によってその背景を推し量ることが出来る。すなわち、以下の記事である。

維新の大業に與ツて力ありし泉下の名士に贈位の御沙汰あるべしとの事ハ過日來の紙上に記せし處なるが其筋にても其の人名の取調に付頗る困難と感ぜらるゝ由にて一ハ重なるもの十名位に止めんと云ひ又た一ハ身命を国家の犠牲に供し殉難の最後を遂げながら遂に聖恩の之に及ばざるハ遺憾千萬の次第ゆゑ此際漏れなく御贈位あるこそ明治の御世たる所以ならんと云ふにあり未だ何れとも確定せざる由なれども若し後説の方に決するときハ五六十名の多きに及ぶならんと云ふ然れども其の人多きほど取調上の困難なるハ勿論ゆゑ公然發表あるハ中々此一二ヶ月の中にあらざるべしと聞く

明治二四年七月の段階では、それまでの総贈位件数はわずかに九一件で、同年四月に山口藩士を中心とする二九名の維新功労者への贈位があったとはいえ、まだ十分に功労の顕彰が行なわれていないという認識が抱かれていた。同記事にもそのような認識が現れている。『読売新聞』明治二五年（一八九二）二月四日朝刊（通号五二三四）においても「過般來二回まで贈位の御沙汰ありしが（引用者注―明治二四年四月および一二月の贈位を指す）何分にも維新前の事に属し今より之と取調ぶるにハ頗る困難の事情もありて猶遺漏の向も尠から」ずと記される。いずれにせよ、明治二〇年代はまだ贈位による人物顕彰が開始されて間もなく、維新殉難者の幅ひろい顕彰を急ぐべきであるという認識が大量贈位の一因であったと考える。ここでは、明治三一年（一八九八）七月四日の大量贈位も同様の機運の現れであったと理解しておきたい。

天皇の行幸と陸軍特別大演習

次に、贈位の為される機会として天皇の行幸を挙げることが出来る。天皇の行幸に際して、当該地方の人物に贈位が行なわれる例は相当数確認出来る。例えば、明治一三年（一八八〇）七月二一日の楠木正成への贈位は「御巡幸の節丸岡式部助兼一等賞典を湊川神社に差向られ」て贈位が行なわれたものである(『読売新聞』同年七月二八日朝刊〔通号一六五七〕)。また、明治二〇年(一八八七)の旧大垣藩執政・小原是水への贈位は「此度京都に行幸ありて還幸の途次大垣を通御の節其舊訓を思し召され忝けなくも」贈位の沙汰があったという(『読売新聞』同年二月二四日朝刊〔通号三六三四〕)。また、明治三四年(一九〇一)の伊達政宗への贈位は『読売新聞』同年一一月九日朝刊(通号八七五五)において「大元帥陛下今回仙臺の大演習地へ行幸あらせられたるに付舊青葉城主我戦国時代の傑物獨眼龍伊達政宗へ左の如く贈位の御沙汰ありたり」と報じられる。国家の最高権力者である天皇が赴いた先々の人物を評価していくという構図は、帝国の「可視化」の一つの手法であったといえるだろう〔原二〇〇一〕。

政宗の例にも見えたように、天皇は各地で行なわれた大演習の統監に臨んでいるが、それに際して贈位を行なうことが慣例化されていた。大量贈位の機会にも、大演習が三件含まれている。明治三五年(一九〇二)一一月八日の大量贈位は、天皇の熊本行幸における陸軍特別大演習の統監に際して行なわれたものである。表1および2において、明治中期以降、一一月中にまとまった数量の贈位が行なわれていることを確認することができるが、その多くは陸軍大演習に際するものである。ただし、陸軍大演習にともなう贈位は大正九年(一九二〇)頃を境に廃止される。『東京朝日新聞』大正九年(一九二〇)九月二四日朝刊(通号一万二三一二)では「大演習と贈位　行幸なき爲未定」と題して以下の記事が掲示される。

天皇陛下には毎年陸軍特別大演習行幸に際し其附近なる各府縣下勤王志士碩学鴻儒等に對し贈位又は位階追陞の恩命を下し給ふ御恒例にて本年も亦大分縣下を始め近縣より詮衡調査書を内閣に申達し來りたるも行幸あらせられざる事に御決定相成りたる関係上目下内閣及び宮内省□に於て種々協議打合中の

趣にて従来大演習挙行の爲御沙汰ある御趣旨にあらず大演習地行幸の機會に於て其附近の功労ありし故人に賜る御事なれば目下の所未定（以下略）

結局、大正九年の陸軍大演習地には天皇は行幸せず、贈位は行なわれなかった。そのことを報じる『東京朝日新聞』同年十月二日朝刊（通号一二三三〇）には、大演習と天皇統監の歴史が以下のように紹介されている。

因に大演習は明治二十三年來毎秋挙行され陛下には親しく御統監せらるゝ事となり三十五年初めて贈位の例を開かせたるものなり

先述の明治三五年の例が大演習における大量贈位の慣例のはじまりであったといえる。そして、『東京朝日新聞』大正一〇年（一九二一）一一月五日朝刊（通号二万二七一九）には「大演習に今後贈位はない」との見出しで同慣例が取りやめとなったことが報じられる。すなわち、以下の記事である。

陸軍特別大演習賜宴の當日、参加師團関係地方の勤王家學者其他公益上功績顕著なものに對し贈位又は位階追陞の御沙汰あるを恒例とするが今度内閣で種々考慮の結果此二つを全然分離して扱ふ事となり本年も贈位は行はれないことに決定此程地方長官へ通達された從来とても大演習以外に憲法発布や今上陛下即位の大典に際し、多数贈位並に位階追陞の御沙汰はあつたが特に近年は演習の規模が擴大して関係地方も多く各地方長官から内閣に進達する候補者の申請書が數百通にも達し現今では全國に亙つて可

なり多数に上つた、今後は別に皇室或は国家の祝典若しくは先徳者個人の年忌年祭等に此の恩典を行はせらるゝに決定したのである

陸軍大演習が、明治後期から大正年間にかけて大規模な贈位の機会となっていたことを確認した。ここからは、大演習が行なわれた地域だけではなく参加師団の地域の人物が贈位を受ける傾向にあったことも確認できる。いずれにせよ、これ以降の一〇〇名を超す大量贈位は国家的慶事に限定されたようである。表2・3からも明らかなように大正一〇年以降、大量贈位は極端に数を減じ、皇太子成婚と昭和天皇即位にのみ大量の贈位が行なわれている。

慶事と記念

国家的慶事に際する贈位は、大量贈位にも三例が確認できるほか、なんらかの皇室行事に際しても小規模な贈位が行なわれていることが資料からはうかがえる。例えば、明治三〇年（一八九七）四月二一日の六名への贈位は「先帝三十年祭」および「英照皇太后御百日祭」における贈位である（『東京朝日新聞』同年四月二三日朝刊（通号三八一五））。また、すでに引用記事に見えたように、贈位は皇室の慶事のほか、国家的な記念の機会にも行なわれた。明治二二年（一八八九）二月一一日の西郷隆盛の大赦および贈位、藤田誠之進（東湖）、佐久間修理（象山）、吉田寅次郎（松陰）らへの贈位は明治憲法発布記念の恩典である。

さらに、人物の側の記念すべき機会にあわせて贈位が行なわれる事例を示しておこう。紀貫之は明治三七年（一九〇四）四月一八日に贈位を受けているが、これは当年が貫之没後一〇〇〇年にあたるためである（『東京朝日新聞』同年四月一九日朝刊（通号六三七〇））。このような没後〇周年、〇年忌といった記念の贈位は無

数に見出すことができる。また、人物が関与した出来事に関する記念の機会にも贈位は行なわれている。昭和六年（一九三一）一〇月二一日『東京朝日新聞』夕刊（通号一万六三三五）によれば、元寇・弘安の役に殊勲をたてた草野経永・河野通時・平景隆ら三名への贈位は元寇六五〇年祭にあたってのことであるという。

贈位を請願する人びと

以上、贈位の行なわれる機会に検討を加えてきた。そこでの贈位の対象者は全国各地にわたるが、それらはどのように選出されているのであろうか。明治期までは贈位に未だ「遺漏」があるという認識が表出する傾向はすでに指摘した通りであるが、そのような「遺漏」を熱心に主張し、贈位実現にむけて活動する者の姿が新聞記事には散見される。『読売新聞』明治二四年七月四日朝刊（通号五〇五〇）の「贈位の御沙汰」なる記事には、「優渥なる天恩地下に及びたること屢々なるも尚御調べ漏れの分なきにあらねばこれ等遺漏の分に対しても贈位若くハ賜金の御沙汰あらんことを望み熱心に奔走し居れる向も少からぬ趣」との記述がある。贈位の背景に、このような請願運動があったことには注意しておく必要がある。『読売新聞』明治一五年（一八八二）二月三日朝刊（通号二一〇八）には以下の新聞記事がある。

農事に心を盡せし故佐藤信淵へ贈位の御沙汰有りたき旨を秋田縣士族羽生氏熟氏より昨日太政官へ出願されし由なるが翁が事蹟は昨年御巡幸の折り秋田縣令石田君より親しく上申されたる事ありと云へバお聞済みになる事で有りませう

佐藤信淵への贈位を求める秋田県士族の活動があったことが報知されているが、先年の巡幸に際してすでに佐藤の事績はアピールされていたようである。記事と同年の六月三日、佐藤は正五位の贈位を受けている。『朝日新聞』明治二〇年（一八八七）一一月一七日朝刊（通号二六二三）における真木泉州（保臣）の贈位請願をめぐる記事では、真木が「猶未だ贈位の榮を荷はざるを遺憾の事とし追々此等の歎願なさん目的を以て明後十九日京都祇園町裏の有樂館に同郷人の一集會を開き以て小祭典を執行する筈にて久邇宮も御臨會あそばさるゝ旨を約し玉ひたりといふ」と、同郷の人々の活動を報じている。

また、『東京朝日新聞』明治二一年（一八八八）九月一五日朝刊（通号一一三四）の契沖の贈位請願をめぐる記事を以下に示す。

大坂府下東成郡餌差町圓珠庵を開基せし契沖阿闍利ハ寛文二年壇越の請に依て生玉曼陀羅院の住職たりし人にて博く儒典詩文章に渉り且國史舊記を読むを好み發明する所殊に多く其碩徳後世沙門の亀鑑たる事ハ世人の知れる所なるが維新の後荷田春満本居宣長平田篤胤等の人々ハ夫々贈位の沙汰ありしに獨り契沖の之に洩れたるハ甚だ遺憾なりとて圓珠院の住職を兼る中僧正上田照遍氏及信徒數名連署にて此程贈位あらん事を請の書面を大坂府を経て内務大臣に差出せし由（後略）

契沖に関係する寺院及び信徒によって請願が行なわれているが、その際の論理として、既に贈位を受けている近世知識人らへの競争意識が表出していることは興味深い。第二部第一章でも言及することになるが、このような意識は神社創建や歴史上の人物をめぐる評価の局面でその他の人物に関しても顕在化している。ここでは一例のみ、頼山陽への贈位に関する『読売新聞』明治二四年（一八九一）七月一五日号（通号五〇六一）の記事を引用しておく。

（前略）今回愈々其筋に於に頼山陽に贈位の件と決定相成りたるやに聞くがこの事に付き山陽の生国なる廣島縣人中にハ種々説を爲すものありて贈位の件ハ誠に有り難き限りにして唯り山陽一人の名誉のみならず縣民一同の榮と稱すべき程なれども若し其贈位にして不相応に卑き様の事ありてハ却て山陽の名誉を傷くるの虞れありよしまた其光彩を減ずるまでに至らざるも爲めに山陽なる人物に人為の相場を付くることとなり甚だ不快の感を與ふることとなきを保たず要するに贈位の御沙汰あるハ感涙に堪へざる所なれども餘り卑き位なれば却て頂戴せざる方ましならめ云々と語り合ふもの少なからずと云ふ

贈位が人物の序列化であるということが、当時の人々にとっても十分に意識されていたことがわかる。「我らの偉人」が不当な評価を得たり、相場がつけられることに不快感を覚えるという声のあったこともまた、人物をめぐるローカルな価値観を有す人々の競争意識の顕在化である。

贈位を請う職業集団

贈位の請願を行なう主体は、人物に対して地縁的な関係性を見出す人々のみではない。明治二六年（一八九三）、間宮林蔵没後五〇年の記念に東京地学協会が間宮の地理学上の功績を主張し、宮内省に贈位の申請を行なった。間宮林蔵は一一年後の明治三七年（一九〇四）に贈位を受ける。贈位記および沙汰書が東京地学協会に下賜されたことから、同学会の贈位請願の結果と考えて良いだろう。地学協会では間宮の子孫に伝達するとともに、地学協会の第二五年総会において奉告式を挙行し、間宮に関する講演や遺物の展示を行なっている（『東京朝日新聞』明治三七年四月二四日朝刊（通号六三七五）、同二五日朝刊（通号六三七六））。ここで請願の母体となっているのは、間宮林蔵の学問的事績を「偉業」として認識する、地理学関係者とその学会組織であり、人物との間に職業的関係性を見出す人々である。ちなみに、同会は明治四〇年(一九〇七)にも贈位申請を行なっている。これを報じる『東京朝日新聞』同年一月一三日朝刊(通号七三三〇)の記事は以下の通りである。

地学協會に於ては北門経営の功労者たる最上徳内、松田傳十郎、近藤重蔵其他數氏の勲功を追頌して樺太記念號を編成すると同時に間宮林蔵の例に準じ贈位の申請を其筋に提出する由なるが贈位の沙汰は別として同じく北門経営者たる大石逸平、高橋寛光、同一宅、和田兵太夫、高橋景保、本多利明諸氏の経歴に就き未だ缺く處尠からざれば若し先記故人後裔にして現存するものを識る人あらば同協會に宛詳細の通告を望み居るとなり

贈位の請願に関する新聞記事は枚挙に暇がないが、当然ながらこうした請願がすべて受理されたわけではない。『読売新聞』明治三一年(一八九八)七月一四日朝刊(通号七五四二)には佐倉惣五郎について、「千葉縣前代議士大塚常次郎四宮有信氏を始め佐倉町近傍村民より第十三回議會に向つて贈位の請願に及ぶ由」との記事がみえる。しかし、佐倉惣五郎はその後贈位を受けてはいない。惣五郎は近世に芸能世界で盛んに取り上げられて以降、近代には民権思想や忠君愛国思想等、多様な価値観のもとで偉人化されていた人物であるが、一方で、戦後児玉幸多によって土地台帳にその名が見出されるまで、実在が疑問視されていた(児玉一九五八)。贈位が為されなかったのは、そのあたりのことが問題化したためと推測する。また、近松門左衛門や大石良雄といった人物についても贈位の請願が為され候補者にあげられたが、事績調査の結果贈位は実現しなかった。大石良雄については、第三部第二章で論じるように、四十七士の筆頭として近代の忠君思想の

もとで顕著に英雄化されていたにも関わらず贈位は為されなかった。その理由としては、天皇・皇室に関する事績の有無、近代法制度下における復讐への評価が影響を及ぼした可能性が考えられる。

以上、本節では贈位に関する基礎的事項を確認すべく、特に贈位がどのように行なわれたのかを確認してきた。その具体的機会は、①天皇の行幸（陸軍特別大演習を含む）、②国家的慶事、③人物個人の年忌・年祭等の三点に整理することが出来る。その背景としては、近代的な中央集権国家の演出のために行なわれたという行幸に、地域的偉人の評価を組み込むことで一層の効果が期待された可能性が高い。加えて、初期には維新功労者・殉難者の顕彰を急ぐ機運がつよく、しばしば顕彰の「遺漏」を叫ぶ声があがっていた。また、ここで特筆すべき点は、そのような「遺漏」を叫ぶ請願者らの活動があったことである。とりわけ、人物に対して地縁的・職業的関係性を有す人々の請願運動には注意を払っておきたい。

贈位の請願が個人ないし集団によって運動されたものである一方、大量贈位の機会においては、演習実施地方ないし師団関係地方の長官が地域の候補者を選出し提出されたことが確認できる。地域を単位として人物の贈位請願・申請を行なう例はすでに示した記事に多く見受けられたが、さらに一例を示しておこう。『東京朝日新聞』大正一一年（一九二二）五月五日夕刊（通号一二九〇〇）における記事は、東京「府下の住人で国家に功労のあつた故人中まだ贈位の御沙汰に浴しない人達のため今後皇室の御慶事とかその人達の祭典を行ふ場合等の機會に贈位を奏請するため之が調査を岡田有邦氏に依囑してあつたが此程右調査を完了して府知事にその報告書を提出した」と報じる。贈位は国家による人物顕彰であり、ナショナルな価値観の中に人物を位置づける営為である一方、そのようなナショナルな価値観のもとでの評価に向けて、各地方でも人物の発掘やアピールが行なわれた。贈位を焦点に据えることで、ナショナルな価値観とローカルな価値観の交錯する局面の具体的様相がここに浮き彫りになるだろう。

次節では贈位へのリアクションとしてどのような現象が生起したかを確認すべく、策命使参向の過程と贈位を祝う式典に目を向けてみたい。

三節　贈位決定後の過程と対応の諸相

（一）贈位決定後の過程

策命使と位記宣明

贈位が決定するとどのような手続きが取られるのであろうか。一般に策命使が贈位記と沙汰書を携え、墓前や当該人物を祭祀する神社の神前等で策命文を読み上げ、遺族・子孫等に位記を下賜する、といった流れが確認できる。また、それを祝す催しが贈位祭・贈位祝賀会・贈位記念会等の名目で開催されている。

まず、それらの一般的な傾向を新聞資料から例示していく。和気清麻呂は明治三一年（一八九八）三月一八日に贈位を受ける。同年の『東京朝日新聞』三月二二日朝刊（通号四二一二）によれば、「爵位局の辻属一昨日和気公への贈位宣命を携へ来り知事に傳達す知事ハ来る廿三日高尾山に参向せん筈」と報じられ、その続報、同二四日朝刊（通号四二一三）では「和気公贈位宣命使内海知事ハ今朝九時馬車にて高尾山墓所に向ふ」と記す。ここからは政府関係部署から届けられた贈位記・宣命文（策命文）を当該地域の県知事が宣命使（策命使）として墓前に携えていくという一つのプロセスが明らかになる。多くの事例において、策命使を担当するのは県知事であるが、掌典が務める場合もある。

ローカル新聞では策命使参向の様子をより詳細に記述している。やや長くなるが、ここでは武田信玄の贈位策命に関する大正五年（一九一六）四月一三日の『山梨日日新聞』（通号一万二九二二）の記事「策命使参向」

写真１　恵林寺の信玄の墓。2008 年筆者撮影。

を引用する。

東山梨郡松里村恵林寺境内なる武田信玄公墓前へ贈位策命使として参向仰付られたる添田知事は昨日午前九時十分白根理事官及小林伊藤の二属並に小林福間三富長田の四警部を随へて甲府駅を発し九時半日下部駅に下車し小川東山梨郡長及岡村松里村長の出迎へを受け夫より腕車を駆りて加納岩日下部の二村を経て松里村に入り恵林寺黒門前なる三日市場組雨宮権四郎方に入りて休憩したり同家は策命使旅館に充てられたる故入口には幔幕を張廻らし路次には浄めの白砂を盛りて策命使を迎へたり策命使は同家に入りて小林伊藤の二随員と与に衣冠束帯に改め小林福間の二警部を前駆とし三富長田の二警部を後駆として同家を発し腕車に乗りて黒門赤門を越江山門前にて下車勅使門を入りて本堂西上段の室の休憩室に入りたり信玄公の塋域内には白根理事官小川東山梨郡長岡村松里村長東側に整列し妙心寺派管長圓山玄魯師向嶽寺派管長勝部敬學師等及武田信任氏未亡人は西側に整列し檀家総代及名取甲府市長並に各新聞記者等は柵外に整列して策命使の参入を待受けたるに添田策命使は恵林寺住職棲梧宝嶽師の先導にて休憩室を出で勅使門を抜け信玄公の霊廟を迂回し粛々として塋域内に参入したるが随員小林属は辞令及位記を捧持し同伊藤属は策命文を捧持して之に従ひたり策命使は墓前に禮拝して小林随員の捧げたる辞令及位記を案上に奠して伊藤随員の捧げたる策命文を奏し再び禮拝して棲梧住職に導かれ

小林伊藤の二随員を従へて退下し夫より参列諸員順を逐ふて退下し策命使は上記の旅館に入りて其の式を終れり時に正午を過ぐること三十分なりき

（中略）

尚恵林寺にては贈位策命使贈位の式を終りたる後即ち午後二時半より公の墓前に於て焼香の式を行ひ添田知事は随従諸員と與に靈廟を参拝したる後墓前に焼香し夫より東裁判長名取甲府市長濱師範學校長其他武田浪士擔信徒等順次焼香を爲したるが昨日は策命使参向の爲め非常に多忙を極めしゆゑ遂に法要を営まず本日更に之を虔修する都合なりと（後略）

この資料からは策命使参向の具体的行程、列席関係者の所属などが明らかになる。信玄への贈位それ自体は大正四年（一九一五）一一月の大量贈位の中で行なわれているので、贈位策命使の墓前への参向は命日に合わせたものらしい。第二部第一章で取り上げるように、恵林寺は近世以来信玄命日に法要・祭礼を執行しており、後略の部分では興行物や煙火の打上によって盛況だったことが記されている。

策命使参向が贈位後ただちに行なわれるわけではなかったことも含め、贈位後の位記宣命のプロセスは個別事例によって多様なものであったと考えておくべきである。特に付言しておくべきことは、策命使参向の場は墓前とは限らないことである。

贈位が要請する「場」

武田信玄の場合、頓挫を繰り返していた神社創建運動がこの贈位を契機として再燃し、大正八年（一九一九）に創建を達成する（第二部第一章参照）。したがって、贈位の段階では正規の神社は存在していなかったわけであるが、すでに祭神化している人物の場合、策命使は神前に参向する場合もあった。『朝日新聞』明治一六年（一八八三）八月二四日朝刊（通号一三五四）には「本月六日名和長年、菊地武時、脇屋義助、結城宗廣諸公へ贈位ありしに付各勅使を参向せしめらるゝに依り去る十七日山田鳥取縣令にハ名和神社へ富岡熊本縣令にハ菊池神社へ石黒福井縣令にハ藤島神社へ岩村三重縣令にハ結城宗廣墓所へ勅使として参向仰付られたり」との記事がみえる。

以上から明らかなのは、贈位策命文はそれを読み上げる「場」が必要であったということである。すなわち、墓所ないし神社という、当該人物の霊にアクセスすることのできる装置の所在が明らかである必要があった。

明治一九年（一八八六）三月一九日『朝日新聞』朝刊（通号二一二二）では、明治一六年（一八八三）八月に贈位を受けた南朝の忠臣・児島範長の墓所をめぐる記事が掲載されている。すなわち、以下のものである。

當時君の墳墓判然せざりしかば宣旨下附に及ばざりし處今度兵庫縣下播磨国印南郡阿彌陀村大日寺境内に君の墳墓の在ること確然したるを以て去る二月廿日同寺を兼務する同村時光寺の住職多田祥空氏を印南郡役所へ喚び出して右贈位の宣旨を下渡されたりとぞ依て同村の有志者数名相計りて本月十四日君の墓前に於て鄭重なる祭典を執行し尚ほ社殿をも新築せんと目今其計畫中なりと

墳墓という祭祀の「場」の発見が、贈位記の下付に結びついている。

贈位が要請する「末裔」

贈位に際しては人物を祭祀する施設が必要とされるものであったことを確認したが、同様に贈位記を下付するためには、当該人物の正統の子孫の存在も必要とされる。

再び武田信玄の事例をとりあげてみよう。武田信玄の正統の子孫は、贈位段階では不明とされていた。その考証に関わった渡辺世祐の文章を以下に提示する〔渡辺 一九七一：二四三〕。

宮内省から出された位記宣命が信玄の正統なる子孫に伝達せらるるというので、これが伝達をなすべき当面の官衙なる山梨県庁に対して、子孫と名乗り出でた者が少なくなかったのである。県庁でもその取捨に困られたと見えて、各子孫と称するものから提出した材料を東京帝国大学史料編纂掛に提供せられて、決定を依頼せられた。

近代の贈位においては、対象人物の子孫が断絶していたため贈位記を下付することができなかった場合や、その逆に、人物の経歴のためにその子孫であるとの伝承を有す家が無数に存在する場合もあった。『東京朝日新聞』明治四二年（一九〇九）九月二〇日朝刊（通号八二九四）記事「贈位記と子孫」を参照してみよう。

木下、室、稲生、黒川、本多各贈位者の贈位記御沙汰書は十七日宮内省より到着木下、黒川、本多の分は夫々交付するも稲生、室両氏の子孫所在不明に付縣廳に留置ことゝなりたり十八日早朝より来着せし前田侯爵家近藤編集の談に據れば室鳩巣の系統は東京に在りしも絶え仙臺にも末家ありと云ふ東京府下大塚村の百姓が當時徴兵免れの爲室鳩巣の戸籍を買取り自分室を名乗つゝあり然るに岡山縣にも末家あり室又四郎と云ふ現に東京市史編纂委員たり東京の學者間には鳩巣の墓が音羽の護國寺の傍儒者捨場に在りて保存行届かざるが爲め又四郎に大塚の百姓より室を繼続せしむる希望あり又四郎は右百姓に戸籍取戻しの交渉中なりしが最早此談纒まりしやも知らず亦佐賀藩大地彦衛門と云ふ當時鳩巣の従弟たるものありしが其系統は子孫に傳へられ金沢賢阪辻にあり故に贈位記は又四郎に渡るや大地に渡るやは疑問なるも先づ決定まで當市に交付し然る後雙方の協議に任せては如何（後略）

武田信玄の場合、子孫を称す人々の提出した資料では不十分と判断され、位記・沙汰書は恵林寺に保管されることになる。しかし、この処置に対し、各地の信玄の子孫を称する人々は納得しなかったらしい。再び、渡辺の記述を参照してみよう〔渡辺 一九七一：二四三〜二四四〕。

信玄の子孫と呼ぶ人々は各地方に多くて県庁のこの仮処分に服さず、しばしばその位記宣命の下付を願ったのであるが、遺憾ながらいずれもその材料不備であったので何とも致し方がなかったのである。そのうちに年月は経過したのであるが、県庁でも何とか正統の処置をしなければならぬという議もあり、また一方では米沢市において往昔上杉景勝に庇護せられた武田家の子孫をば正統なるものとして有志の人々が提唱せられ、材料を提供せられて位記宣命の下付を県庁に申し出られた。そこで県庁では、これを決定するの議を史料編纂掛に申し出られた。

米沢武田家は信玄の七男（六男ともされる）信清が、勝頼の滅亡に際して姉婿・上杉景勝を頼り、その傘下に加わったことで成立した家系である。渡辺は、米沢武田家は「信玄の子孫ではあるが、系統の順位より言って正統ならず」、「先年提供せられた材料のうちで東京市芝区内に住んでおられる武田よう子という婦人の出されしものは、たぶん正統ならん」と答えたという。武田容子の系統は、信玄の次男・竜宝の子孫である。竜宝の系統は近世期に大久保長安の事件に関わり大島に配流されているが、後に幕府から高家の処遇を受けている。すなわち、第二部第一章で言及する恵林寺での信玄の法要に参加していた武田信興の家系である。その後、再調査をふまえて武田容子が正統と認められ、容子の養子・信保が正統の認定を受ける〔渡辺一九七一：二四三〜二四四〕。昭和二年（一九二七）四月二九日天長節を記念して山梨県議会議事堂で、武田信保に対する贈位御沙汰書の伝達式が執り行なわれた〔武田神社 一九八九：六八〕。位記は後に武田神社に寄託されている。現在の武田神社祭礼にはこの際に正統と認定された家系の子孫が参加しているし、第三部第四章でとりあげる武田家家臣末裔の会である武田家旧温会の顧問も務めている。

以上、贈位後の策命使参向の様相を確認しつつ、贈位が墓所や正統の子孫の発見・選定を促すものであることを明らかにしてきた。

次に、贈位を祝う活動の種々相に検討を加えていく。

（二）贈位を祝う場と人々

贈位祝賀の式典

贈位が決定すると、贈位対象者の墓前・神前において、奉告式等と称して、その霊に贈位の沙汰を告げる式典が挙行された。以下、その様相を新聞資料から確認していこう。

まず、贈位を祝う会が行なわれる場に注目してみる。ここまで検討してきた事例にもうかがえたように、贈位記が授与され、策命文が読み上げられる場がそのまま祝典となる場合がある。すなわち、墓〔寺院〕ないし神社が祝典の舞台となるのである。『読売新聞』明治一六年（一八八三）六月七日朝刊（通号二五一二）には以下の記事がある。

羽後國秋田の八橋公園内へ一昨十四年中同地の山中新三郎その他の有志者が盡力にて平田篤胤翁の神祠を建られしが今度同翁へ贈位ありしに付き先月二十七八の両日臨時祭を執行なひ翁の遺墨著書等を展覧せしかバ秋田山形宮城其他の近縣より國學篤志の人々が來集し歌を献じ物を捧げいと盛んなる祭典なりしとぞ

平田篤胤の場合、すでに創建されていた祭祀施設において贈位を祝う臨時祭が催されている。しかし、贈位を祝う会は墓所ないし神社のほか、なんらかの施設・飲食店においても催されている。特に、贈位対象者と出身地を同じくする在京者によって東京府内で贈位式典が催される場合、そのような贈位対象者とは無関係の施設が利用される。もっとも、祭壇を設けるなど、会場の設えには宗教的形式が取り入れられている。『読売新聞』明治二二年（一八八九）三月一二日朝刊（通号四二五三）記事にみえる、佐久間象山の贈位祝祭は、両国中村楼において催されている。象山の後室、側室、現当主らが列席しているが、その祝宴のさなか、生地であり後に象山神社が創建される松代でも祝祭が行なわれているとの電報が届いたと同記事では報じられている（写真1）。両国の会場に象山の親族が列席していることから、松代の祝宴は地縁的関係性の意識ゆえに象山を思慕する人々が中心を担ったものと推測する。

同様のことを、明治二四年（一八九一）四月八日に贈位を受けた高知出身者四名の祝祭を報じる同年の『東京朝日新聞』五月一〇日朝刊（通号一九三三）記事に確認してみよう。

高知出身の人々ハ去月八日特旨を以て位階を贈られし故土州藩士武市半平太、阪本（ママ）龍馬、中岡慎太郎、吉村寅太郎四氏の爲めに一昨八日麴町區富士見町富士見軒に於て祝祭を行ひたりその模様ハ楼上に祭壇を設け又別室に四氏の遺物を陳列したる

（中略）

扨當日來集の人々ハ佐々木伯、土方、田中、清岡の諸氏岩村、石田の諸氏山内候、後藤伯、板垣伯、山地子、中島議長等百二十餘名にして板垣伯島本北洲氏等ハ祭文を朗讀し終て立食の饗應ありたるよし

同祝祭も東京府内で同郷者らによって執行されているが、同年八月九日には地元高知の大島岬神社（高知藩の維新殉難者を祀る。後の高知県護国神社）でも近似した内容の祝祭が行なわれている（同年八月一五日『読売新聞』朝刊（通号五〇九二））。これら四名については、この後記念碑の建設計画も立ちあげられている（同年八月一〇日『読売新聞』朝刊（通号五〇八七））。なお、近代における高知藩の維新殉難者の顕彰については高田の議論を参照されたい（高田二〇〇七・二〇一〇）。

写真１　松代町の象山神社。2009年筆者撮影。

祝典に集う人びと

贈位を祝う会の催される「場」に注意を向けてみたが、ここまで検討してきた事例からは、祝祭を行なう主体として在京の同郷

者の存在が浮上してくる。本章で取り上げた事例の随所にうかがえるように、贈位は地域を単位として請願され、祝われる側面があった。とりわけ、旧藩という共同性に基づいて当該地域内外で贈位祝祭を行なう例は資料中に多く見出すことが出来る。『東京朝日新聞』明治二五年（一八九二）三月二六日朝刊（通号二一九五）は、同一三日、大村藩士・松林廉之助（飯山）の贈位祭が旧藩主家・大村伯爵の発起で行なわれ、在京の旧藩士五〇名余の参加があったと報じる。明治三三年（一九〇〇）三月六日、旧佐賀藩主・鍋島直正（閑叟）が従一位を贈られると「鍋島家にてハ近日各分家舊藩臣等を會して大祭典を行ふ」（『東京朝日新聞』同年三月七日朝刊（通号四九〇七））旨が報じられる。次いで、同年一一月一六日の徳川光圀への贈位を祝す会の広告記事をみることにしたい。すなわち、「源義公御贈位被爲在候に付舊水戸藩人申合來る十二日午後三時祝宴會相開候間御参會可被下候」（『東京朝日新聞』同年一二月六日朝刊（通号五一七五））というものである。光圀贈位に関しては、同広告と並んで以下の広告も掲示されている。すなわち、「今般義公様御贈位被爲在候に付來る八日正午十二時より午後四時迄御廟御開扉有之候間御参拜相成度此段舊水戸藩人諸君に告ぐ但し御参拜の方ハ洋服又ハ羽織袴着用の事　本所區新小梅町　明治卅三年十二月四日　徳川侯爵家扶」というものである。旧藩士・藩人らは旧藩主の贈位祝祭に主体的に関わり、あるいは、関わるよう呼びかけられている。ちなみに、光圀の贈位祝祭は同一六日に光圀を祀る常盤神社でも挙行されており（『東京朝日新聞』同年一二月一七日朝刊（通号五一八六））、複数の場でくりかえし行なわれたことがわかる。さらに、恒例行事化したものか否かは未調査であるが、一年後の明治三四年（一九〇一）一一月一六日は「義公贈位記念日」として常盤神社境内で臨時祭典と園遊会が挙行され（『東京朝日新聞』明治三四年（一九〇一）一一月一七日朝刊（通号五五一二））、これを記念して茨城県図書館の設置が県会で提議され、満場可決している（明治三四年（一九〇一）一二月一三日『東京朝日新聞』朝刊（通号五五三七））。

また、在京の同郷会が主体となったらしい事例もみえる。『東京朝日新聞』明治二五年（一八九二）二月一三日朝刊（通号二二五八）によれば、同一一日、仙台同郷会が東京府内で林子平（明治一五年［一八八二］六月三日贈位）・三好監物（明治二四年［一八九一］一二月一七日贈位）の贈位祭を執行している。さらに、『東京朝日新聞』同年六月一〇日朝刊（通号二三六〇）においては、一九日、山梨県の山縣大弐・藤井右衛の贈位祭が山梨県人青年懇親会を兼ねて東京府内で行なわれる計画であることが報じられる。

以上、贈位祭と地縁的集団との関係を検討してきたが、贈位請願においてそうであったように、贈位祭の主体もまた地縁的関係性の意識を抱く人々のみではない。

明治四〇年（一九〇七）一一月一五日に贈位を受けた杉田玄白の場合は職業的関係性を有す集団が主体となった。『杉田玄白先生贈位祝賀會紀事』によれば、杉田玄白贈位祝賀会の発起は奨進医会および若越医学会であり、医学博士たちを委員とし、明治四〇年一二月二二日午後一時半から東京医科大学法医学講堂に於いて行なわれた。講堂壇上正面には杉田玄白夫妻の肖像を掛け、その左右には玄白の自筆画讃二幅、その前には香花をそなえ、右側下方に演壇を設けたという。杉田玄白は小浜藩医であり若越医学会は同郷の関係性を有しているが、会合の性格としては医師たちの集会というニュアンスが強い。祝賀会には玄白の子孫・杉田武も列席しているが、杉田は「今日は私如き者も遺族であると云ふ廉を以て斯様な諸先生の御會合の席に御招きを戴きましたと云ふことは實に私の光栄之より大なることはありませぬ、私の家族一同先祖一統に代りまして諸先生の祭典を擧げられましたことを深く謝します」と述べており、祝賀会において主体的な立場にはない（杉田玄白先生贈位祝賀会 一九〇八：一二）。もっとも、明治四一年（一九〇八）一月一八日『東京朝日新聞』朝刊（通号七六九〇）によれば、医師らの贈位祝賀会が「遺族は関係せず單に醫學者間の催しなりしを以て」、一八日、遺族親縁の人々で東京府下芝三縁亭で奉告祭を挙行している。ちなみに、医師たちは明治四四年（一九一一）三月四日にも同会場において医学の「先哲」宇田川槐園、宇田川榛齋、箕作阮甫の贈位祝賀会を開催している〔『東京朝日新聞』同年三月七日朝刊（通号八八二七）〕。

以上、贈位を祝う会合について、それが催される場所と関与する人々に焦点をあてつつ検討してきた。贈位を祝う会合が、墓・神社など人物の祭祀施設において開催される一方、東京府下の同郷人や職業的関係性を有す人々によっても挙行されていることを確認した。府内でも贈位が祝われていたことについては、近代以降華族に列せられている藩主家が東京府下在住であったこと、地域出身者が中央政府の要職についていること、近代以降府下をはじめ諸都市に結成が相次いだ同郷者による集団の存在も視野に含めておく必要があるだろう〔松崎 二〇〇六〕。

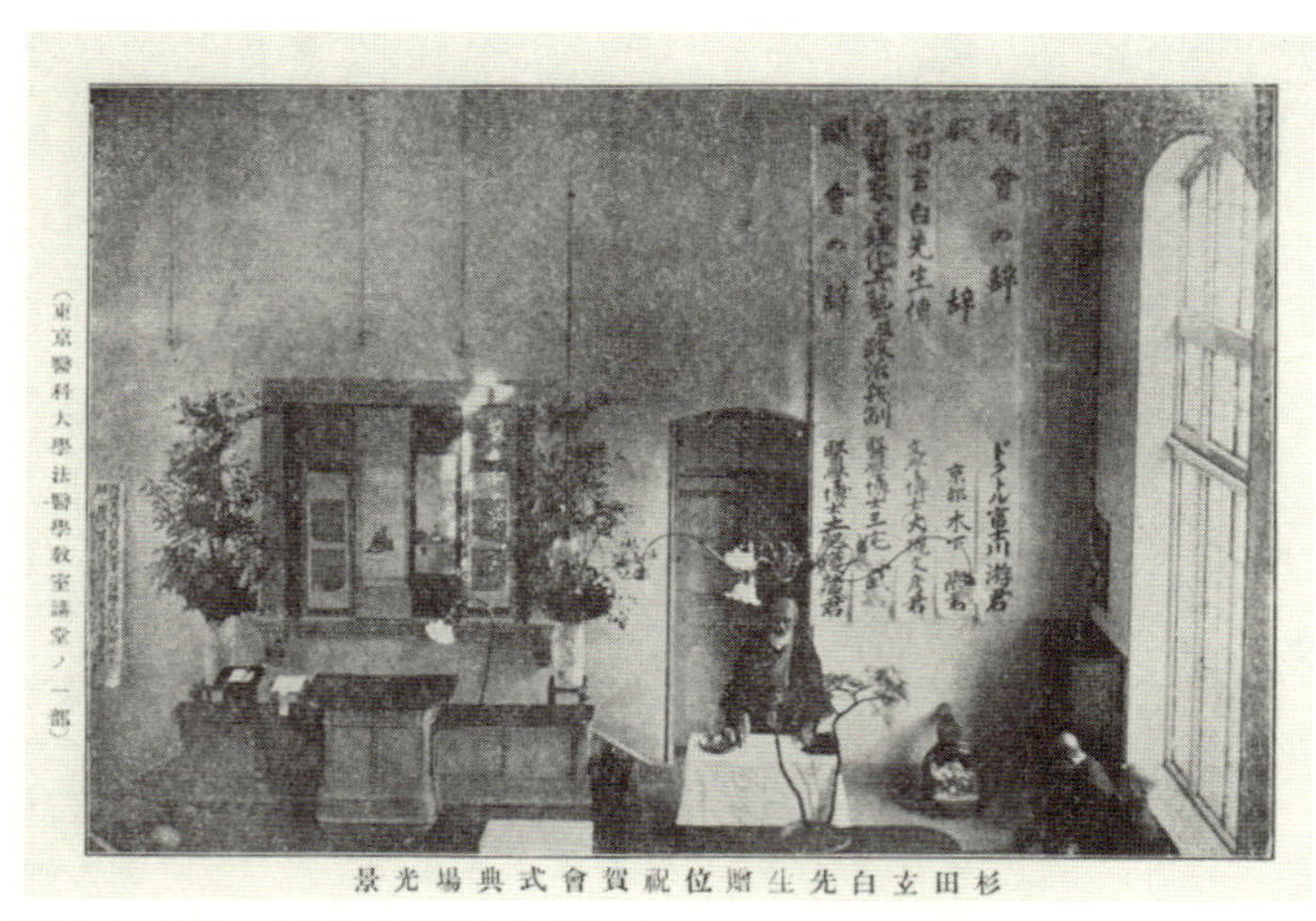

写真２『杉田玄白先生贈位祝賀會紀事』より会場の光景。大学の講堂に玄白の肖像や木像が安置されている。

結びにかえて

本章では、人物をめぐるローカルな価値観に対してナショナルな価値観が作用する局面として近代の贈位を捉え、新聞資料を素材に贈位をめぐる基礎的事項を確認しつつ、若干の考察を行なった。具体的には、贈位の為される機会、策命使参向の過程、贈位を祝う会について種々相を確認してきた。最後に本章で行なった指摘を整理しておく。

本章ではまず贈位の歴史的経過を明らかにした。当初は維新功労者の顕彰を急ぐ機運も手伝い、天皇の行幸等の機会を利用しながら多くの贈位が行なわれたが、後には贈位候補者の申請が膨大を極めるなどの問題を生じ、国家的慶事と人物の年忌・年祭等へと機会が限定されていった。一方、贈位は上からの一方向的な死者の評価であるだけではなく、ローカルサイドの積極的な申請や請願があったことが明らかとなった。また、贈位の行なわれることを想定し、あらかじめ地域内の偉人の探索・考証が行なわれていたことも確認できた。ここで資料とした贈位に関する新聞記事が膨大な数量にわたることも、世人の贈位への関心の高さを物語っている。本章の議論をふまえるかぎり、全国各地で大規模な死者の偉人化を促したものとして、少なくともその想起を促し、表象状況に変化を及ぼしたものとして、贈位はより注目せられてよい。

贈位は死者の神格化とも無関係ではない。贈位は死者の祭祀施設の創建・整備のきっかけとなった。神社の祭神が贈位対象者から選ばれた例も見受けられる。北海道札幌市に鎮座する開拓神社の祭神三六柱（後一柱合祀）は、開拓の功労者の中でも贈位対象者の中から選定されている（幸前一九八四）。贈位対象者の中から祭神が選ばれた理由は、「神々は生前開拓功労者として非難なきのみならず人格性行上立派な方々であること」が求められ、宮内省の詳細な調査・考証を経た贈位対象者から選ぶことが妥当と判断されたためであるとされる（幸前一九八四：六（但し原典当該頁にノンブルなし））。ある人物が贈位されたことは「人格性行上立派」であるがためと理解されていたことに注意を促しておきたい。贈位とは国家が死者に与えた偉人たることの認定であったのである。

さらに、本章からは贈位が死者をめぐる環境の固定化に関わったことも指摘できる。贈位に際しては、策命使参向・贈位記下付の必要上、人物の祭祀施設の所在や正統の子孫の存在が明らかにされる必要があった。そのための調査・選定・考証も行なわれる。人物の中には、祭祀施設が伝承にゆだねられて無数に存在する場合や忘れられた史蹟になっている場合もある。人物の子孫においても同様である。それらの史蹟や末裔の明確化、「正統」化による固定化を贈位は促す結果となった。同時に、それは歴史学の関与により、各家・各地の伝承を通して信じられていた歴史性や正統性が「史実にあらざるもの」「あいまいなるもの」として否定される結果ともなったであろう。伝説には合理化の作用が指摘されているが、近代以降の歴史学的考証とそれをふまえた国家による承認という過程は、それ以降の「自由な」合理化を許さぬものになった点で、固定化であったといえる。

最後に、偉人への贈位を望み、またそれを祝った人々の傾向性からは、地域アイデンティティや職業集団のアイデンティティとの関連が指摘できる。人物の贈位はその出身地域と分かちがたく結びついていた。また、職業的関係性の意識に基づく先行者への敬慕や尊崇の感情が介在していたといえる。前章での議論をふまえて思想的背景から指摘するならば、水戸学思想の中で胚胎し、日本人の根底的思想として一般化され、また涵養されていった敬神崇祖の意識が、職業を機縁とする近代的社会集団においても祖ないし歴代の先達への崇敬として発現したものと見なし得るであろう(1)。

注

(1) 近代的国民道徳における祖先崇拝の位置づけについては矢野敬一の整理を参照されたい〔矢野二〇〇五〕。

第二部　神格化と偉人化の実態

第一章　郷土の偉人の変容
――山梨県における武田信玄祭祀の近世と近代

はじめに

武田信玄は、山梨県という地域と密接な関係を有す存在として価値づけられている人物である。県下の様々な事象・事物が武田信玄に由来するものとされ、信玄のパーソナリティが山梨県民の性情を規定しているかのように語られる場合も多い。多くの戦国武将と同様、観光資源化されて県外にもＰＲされている。もっとも、人物によっては観光資源としての発見が地元での思い入れに先んじるケースも散見されるが、信玄の場合、対外的にＰＲ可能な価値物であるより以前に、地域内で特別な思い入れの対象とする人々が存在していた。本書第一部第二章で言及したように、信玄は大正四年（一九一五）に従三位の贈位を受けているが、その時点で偉人として発見されたのではなく、あらかじめ地域との関連で特別視されていたのである。ただし、そのような傾向もまた歴史の構築物であり、その形成と変遷をおさえつつ、今日の状況も過程的なものとして理解する必要がある。本章では、以上の問題意識のもと、山梨県（甲斐国）における武田信玄の祭祀史あるいは表象化の様態を捉え、人々の意識における信玄への志向性の形成過程を明らかにする。

なお、本章では分析する時代を近世と近代に限定する。その理由は、近世と近代の過渡期に、信玄に対する志向性が変容を迫られるような一つの契機があったと考えられるからである。

山梨の近代と信玄

明治五年(一八七二)、山梨県において「大小切騒動」なる事件が勃発した。同事件は、近世期まで甲斐国で行なわれていた「大小切税法」なる地域法の廃止に対して地域住民が抵抗したものであり、一揆にまで展開する。同税法の詳細は後述するが、これは武田信玄が定めたとの伝承を有し、近世期にも改廃騒ぎを経験していた。結局、騒動は県政府によって鎮圧され、関係者は処罰を受け、大小切税法は廃止されるに至る。近代化の過程で発生した摩擦の一つであったわけだが、その際の様子を記す明治二一年(一八八八)刊行の『峡中沿革史』によれば、当時の県知事は「武田信玄の冥域たる東山梨郡恵林寺に臨み不動佛の前へ萬力栗原両筋の村役人百姓代等を召喚十分信玄を詰」り、税法の廃止を言い渡したとされている〔望月 一九三三:三六二〕。萬力・栗原両筋は一揆の中心となった地域である。また、恵林寺の不動像は信玄が自らの姿を写し、毛髪を塗り込めたとの伝承を有すものである(写真2)。信玄の肖像画に不動明王の牙が描き込まれる場合のあったこともふまえれば、本人を前にしてその神性を否定しようとしたとも理解できるだろう。同書の注によれば、信玄を詰ったのは「信玄を神佛の如く信じ信玄の威霊に依て税法を存せんと欲し

写真1　甲府駅前の武田信玄像。2012年筆者撮影。

居るか爲めならん」とされている（望月一九三三：三六二）。ここにおいて否定されているのは信玄のみではない。それまでの近世的文脈で武田信玄を崇敬すること、信玄との「関係性」を権威として地域法に固執する人々の発想、すなわちそれまでの信玄への志向性である。同様のことは、明治六年（一八七三）三月刊『峡中新聞』八号の記事からもうかがえる。すなわち「武田ハ云々信玄ハ云々彼ハ馬場ノ裔是ハ山形（ママ）ノ族ナト喋々シク唱ヘ出テ他州ノ人ニ誇ルモノ多シ貫属神官或ハ元浪士ナド云フモノ其癖尤モ甚シ開化ノ民タルモノ斯ノ如クニシテ可ナランヤ」というもので、なにかにつけて武田時代を持ち出す人々が批判されている。信玄に固執することは開化的ではないと位置づけられたようであり、それまで信玄との「関係性」を主張することが有していた意味が解体されようとしていることがわかる。それにも関わらず、県下では明治一〇年代から信玄を祭祀する神社の創建が計画されていくのである。

写真２　武田不動尊。2015 年筆者撮影。

　これらのことは、この近世から近代への移行期に、人々の武田信玄への志向性のあり方が変容した可能性を暗示する。『山梨県史』における有泉貞夫の「解説」によれば、当初「県官は信玄を悪人として貶めることで県民の武田氏追慕を払拭しようと謀った」が、後に「各地の偉人崇拝を否定するよりも、それを尊重する姿勢を示すことで地方名望家たちが政府を信頼するように仕向ける方向に転換した」という（有泉二〇〇二：一二九〇〕。この転換は、各地の偉人崇拝の形式の再編をも意味したものと推測され、ナショナルな価値観が、歴史上の人物をめぐるローカルな価値観に作用する局面の一つとしてきわめて興味深いものである。本章では対象とする事象と年代を限定することで、特にこの間の信玄への志向性の変化に注意を向けてみたい。

具体的作業としては、まず、近世期の信玄公岩窪墓所の整備史と、信玄命日に行なわれていたという祭礼に分析を加え、武田神社創建以前の信玄祭祀の様相を確認する。次いで近代における武田神社創建のプロセスと創建前後に発せられた顕彰の言説に検討を加え、近世と近代の事例の間に見受けられる差異について若干の考察を行なう。

一節　研究史の整理と対象の概要

（一）研究史の整理と問題の所在

武田信玄認識をめぐる諸議論と課題

山梨県における武田信玄認識をめぐる研究史をここで整理しておきたい。草薙聡志は近世から近代までの信玄に関わる言説を収集し、山梨県における信玄イメージの歴史を描きだしており、本章も草薙の成果から多大な示唆を受けている〔草薙　一九八六〕。もっとも、著作の性質上、草薙のそれは論証的ではなく、明確な結論も示されていないという難がある。山梨県において武田信玄とは「〝関数〟的イメージであって、近世以降、つねに何かとの〝かかわり〟において意味をもち得た」との一文がもっとも総括的であるが〔草薙　一九八六：二三四〕、あらゆる「意味」は対象に内在するものではなく、絶えず「何かとのかかわり」において「見出される」ものである。草薙の総括をふまえるかぎり、山梨県下で顕在化する信玄への思い入れが何によって規定されているのかを分析的に明らかにしていくことが課題となる。

また、石川博は山梨県で信玄への関心が高い理由を近世期の甲斐国の政治形態に求め、「精神的な支柱、あるいは国のシンボル的存在」を信玄にもとめた結果であると結論している〔石川 二〇〇二：三四三〕。近世から近代にかけて各地に誕生した「人神」には、藩という支配形態と密接に関係するものが多くある。甲斐国は近世のほとんどの期間幕府直轄領であったため、藩祖にあたる存在が武田信玄に求められたという主張であるならば、石川の主張は説得的である。しかし、旧藩士や領民らが藩祖や歴代によせる思い入れ、ないし、そのシンボル化を通して現れる「旧藩士」ないし藩出身者という集団の一体性と、甲斐国の人々が武田信玄に寄せる思い入れとそのシンボル化を通して現れるなんらかの一体性とは、近似したものでこそあれ、同一のものと捉えるべきではない。近似しつつもどのように異なるのかを問うていくべきであろう。また、石川の論考は、伝説と川中島合戦をめぐる文芸作品の分析を行なうものであり、先述の指摘も事例に即して示されたものではない。この点については結論を急がず、分析的かつ歴史的な視点から信玄への思い入れの顕在化と見なし得る事例を幅広く検討していく必要があるものと考える。

(二) 対象の概要

信玄と甲斐国

次いで、武田信玄という人物と武田神社、その鎮座地についての概要を確認しておく。

甲斐武田家第一九代・晴信は甲斐国を本拠とした戦国大名である。信玄は入道してからの名であり、道号を機山ともいう。信玄は戦上手の武将であっただけでなく領国支配・民政に秀でていたとされ、信玄堤と俗称される治水施設の築造や新田開発、甲州金、甲州枡などの度量衡の統一や金山開発など、その事績と伝えられる施策は数多い。武田氏は信玄の子・勝頼の代に勢力としては滅ぼされ、近世の甲斐国は一時期をのぞいて幕府直轄地とされたが、その間、甲斐に特有の諸制度は存続されていた。武田に由来するという伝承のためにこれらを「武田遺制」と称す向きもあるが、とりわけ「甲州三法」とも称される「大小切（大切小切）税法」「甲州枡」「甲州金」は三位一体で貢租の収取の場に作用していた。このうち、本章の内容に関わる「大小切税法」と「甲州枡」に簡単に触れておこう。大小切税法は甲斐国の国中三郡（山梨・八代・巨摩）で施行されたローカルな税法であり、「田畑を合わせた貢租高のうち三分の一」を「金一両につき米四石一斗四升替えで金納」するものを「小切」といい、籾納・米納の残り三分の二を「大切」とするものである（飯田一九八七：七二〇）[1]。一方、甲州枡は同三郡および周辺で使用された地方的公定枡であり、一升枡であるが京枡の約三倍の容積がある（室月一九八四：三八〇）。これらローカル法は貢租に関係するため人々の利害に直結し、近世を通じて改変・改廃騒ぎのたびに存続請願の運動が立ちあげられている。一方、近世には武田信玄の言行を伝えるという『甲陽軍鑑』が軍学書として流布し、文学・演劇等にもしばしば取り入れられる。信玄は甲斐国の内外を問わず一般に認知度の高い人物であったといえる。

武田神社とその所在地

武田神社は大正八年（一九一九）、甲府市古府中町の躑躅ヶ崎館跡に創建される。信玄の命日である四月一二日に例大祭が行なわれ、創建以来、武田信玄とその家臣団を模した「武田二十四将騎馬行列」が神輿とともに市内を練り歩く（第三部第一章参照）。武田神社は創建と同時に県社に列せられるが、その後もさらに上位の社格である別格官幣社への昇格を目指す。しかし、社格奉進運動は実を結ばないまま終戦を迎え、社格制度自体が解体されることとなる。

神社の鎮座する躑躅ヶ崎は信虎・信玄・勝頼の三代が居住した館跡で、勝頼が新府城に拠点を移すまで武田家の政治拠点であった。周辺には家臣団の居館跡が密集し、武田にゆかりの寺院や史蹟も数多い。信玄を火葬にした地と伝えられる信玄公岩窪墓所も神社付近に存在するが、当該地は武田家家臣である土屋右衛門尉昌続の屋敷跡にあたる。武田滅亡後も躑躅ヶ崎館跡には当地の為政者が居住したが、文禄三年（一五九四）甲府城（舞鶴城）が落成すると、政治的中心のみならず躑躅ヶ崎館跡周辺の民戸も城下に移された。文化一一年（一八一四）に成立した『甲斐国志』によれば、その際館跡周辺に残った人々によって古府中村が形成されたという〔松平 一九七四a：五五八〜五五九〕。家臣の館跡群は開墾され、周囲は農村地帯となっていった。武田神社の元神職によれば、甲府駅から武田神社にいたるまでの区画が今日のように整備されたのは昭和後期のことであり、戦後しばらくの間は市街地としてはややもの寂しい場所であったという。躑躅ヶ崎館跡も、近世の随筆類には、樹木の鬱蒼と茂った場所として記されており、武田神社創建運動まで整備が為されたらしい様子はない。(2) とはいえ、このことは信玄の祭祀が行なわれていなかったことを意味しない。近世期には主として寺院と墓所を中心とする祭祀が執り行なわれていたのである。

二節　武田神社以前の信玄祭祀

（一）信玄公岩窪墓所の整備活動をめぐって

柳沢氏と岩窪墓所

近世期の武田信玄祭祀にはどのような性格がうかがえるだろうか。信玄の墓所は複数存在するが、ここでは甲府市岩窪に存在する信玄公岩窪墓所の整備史を検討することで、この点を考察する。具体的には、墓所

表１　岩窪墓所整備史

年代	出来事	備考
宝永３年（1706）	柳沢吉保の菩提寺建立に伴う墓所整備	
享保４年（1719）	松平源忠位寄進の石灯籠	
安永５年（1776）	甲州枡騒動	
安永６年（1777）	墓所の発掘	甲州枡騒動の関連〔秋山 2005〕
安永８年（1779）	内藤正助らの墓碑建立	墓所の発掘をきっかけとする。
天保６年（1835）	岩窪村名主らによる整備の陳情	柵もなく、牛馬などの不浄のものを捨てる者があったため。
天保11年（1840）	玉垣の完成	
安政３年（1856）	東郡の浪士らが堂宇の建立を企画	

※〔武田神社 1989〕および〔秋山 2005〕より作成。

整備に関わった人々に焦点を当てる。同墓所をめぐっては、秋山敬がその歴史をトレースしている〔秋山 二〇〇五〕。秋山の成果を参照しつつ、その歴史をたどってみよう。

表1は『武田神社誌』および秋山の論稿をもとに作成した近世期の岩窪墓所の整備史である。史料から確認できる最も早い動きは、宝永三年（一七〇六）の柳沢吉保による整備である。『甲斐国志』所収の柳沢吉保撰文による「穏々山霊台寺碑」の碑文には、「機山之荼毘所、在㆓巽二百歩㆒而近、蓋百歳之後、公之神之所㆓居而安㆒也」と記されている〔松平 一九七四b：一六六〇〕。吉保の整備は『甲斐国志』の別の項目において「松平美濃守永慶寺建立ノ時ハ此處寺域ニ接近ナレバ護柵ヲ設ケ崇祀セリト云」とも記される〔松平 一九七四a：五六二〕。霊台寺は柳沢氏の菩提寺として建立されたもので、後に永慶寺と改称する。吉保が菩提寺建立に際し墓所の整備に着手したことがわかる。柳沢家は、宝永元年（一七〇四）から享保九年（一七二四）まで吉保・吉里二代にわたって甲府藩を支配した。同家は甲斐源氏を出自にもち、武田家家臣団・武川衆の一角を為す一族とされる。吉保は墓所整備のほか、武田の菩提寺・恵林寺の外護と法要の執行、武田家子孫の庇護など、武田氏に対して力を尽くし

ている。また、表にみえる享保四年（一七一九）の石灯籠寄進については、これも柳沢氏の支配時代のことであり、松平源忠位なる人物の父は吉保の家臣であったことが明らかにされている〔秋山 二〇〇五：四六〜四七〕。柳沢家支配時代は、信玄の祭祀が手厚い時代であったと理解出来るであろう。この点との関連で、『甲斐国志』にみえる柳沢吉里の国替え後の風説を紹介しておきたい〔松平 一九七四a：五七二〕。

吉里國替ノ台命ヲ蒙リシハ三月十一日ニテ去ル天正壬午勝頼忌日ニ當レリ永慶寺ヲ毀チシハ四月二日ニテ織田家ノ兵士亂妨シテ慧林寺ヲ焼キタリシ日ナリ保山ノ改葬ハ四月十二日ニテ信玄ノ忌日ナリ如何ナレハ刻日三件マデ符号セルニヤト時人ハ言ヒアヘリトゾ

吉里の国替え、永慶寺の解体、柳沢吉保の改葬がいずれも武田時代の大事件と重ねて語られている。このことからも、当時の人々が柳沢時代をどのように捉えていたかが明らかである。また、勝頼滅亡後に甲斐国に圧政を敷いた織田方の部将河尻秀隆は、信長の死後、甲斐国の人々に殺害されているが、柳沢支配時代、その墓は以下のように取り扱われた〔松平 一九七四a：五六二〕。

又府ノ河尻町圓成寺ニモ秀陸（ママ）ノ石塔アリシニ寶永ノ頃夜中何者カ來リテ奪レ之土ヲモ掃削リテ遥ニ荒何（ママ）ノ河原ニ捨タリト云事ヲ雑談ニ傳ヘタリ

当時の人々の過去をめぐる意識の所在を物語る一件といえよう。武田時代の再来とまではいかずとも、柳沢時代は武田時代と重ねて捉えられていた可能性がある。

柳沢支配以後の岩窪墓所

柳沢家の支配後、甲斐国が幕府直轄地になると、岩窪墓所は再び荒涼とした情況になったようである。安永六年（一七七七）以前、同地は「魔縁塚」と呼称されていたという。明治三五年（一九〇二）の阿部弘蔵による山梨県の旅行記である『入峡記』には「甲州魔縁塚縁起」なる文献が引用されている〔阿部 一九〇二：四三〜四四〕。同縁起の原典は所在不明であり確認し得ていないが、阿部の引用によって同墓所が侵せば祟りのある地として恐れられていたことがわかる。[3] そうした状況下で、甲府代官・中井清太夫が発掘調査にあたり、石棺・炭末・骨灰を発見し、幕府に届け出を行なう。これにより、当該地が信玄の火葬所・墓所であると正式に認定されたという。この発掘調査をきっかけに、安永八年（一七七九）には内藤正助らが武田家旧臣縁故の者に呼びかけて資金を集め、五〇余名もの協力を得て墓碑を建立したとされる。秋山によれば、中井による墓所発掘は武田遺制の改廃騒ぎである甲州枡騒動の係争中のことであり、信玄の遺徳を強調することで勝訴を得ようとしていた名主らにとって、同地が信玄を祭祀できる確実な場と認定されることに大きな意味があったとして、その戦略性を推測している〔秋山 二〇〇五：五三〜五四〕。

しかし、安永年間の整備以降も、墓所は必ずしも丁寧には扱われていなかったらしい。天保六年（一八三五）、そこが牛馬などの不浄のものを捨てる場とされていることを見かねた岩窪村名主が代官・井上十左衛門に石垣築造の陳情を提出している。この陳情の経緯について「天保十年二月武田信玄廟所玉垣取建方内目論見帳」には「当国浪人幷由緒之者共甚相歎候間、右之者共出金、同村ニ而世話」した旨が記され、地元名主のみならず「浪人幷由緒之者」が関わったことがわかる〔甲州文庫所蔵、秋山 二〇〇五：五六〕。同石垣は天保一一年（一八四〇）に完成し、その後、石垣の門の鍵は名主らが預かり、由緒ある人の参詣に備えたという。次節で論じる信玄命日の墓所の活況が文献に記されるのはこの時期以降のことである。例えば、安政年間から文久年間（一八五四〜一八六三）にかけて執筆された「並山日記」には、「山もとの畑中にて松の木六七株たてる墳なり、中央に石の卒塔婆を立てゝ、石の玉垣しわたしたり」と岩窪墓所の様子が記され、四月一二日の信玄の命日には、「こゝにもけふはまうてくる人おほかり」と記している〔黒川 一九三二：一八一〕。また、ここに現れた「浪人」とはいわゆる武田浪人と呼ばれていた人々である。武田浪人は、安政三年（一八五六）に堂宇建立を計画しているが、これは実現しなかったとされている〔秋山 二〇〇五：五七〕。

写真３　信玄公岩窪墓所。2008 年筆者撮影。

墓所整備に関わる人びと

以上、岩窪墓所の整備史に検討を加えてきたが、整備の主体となった人々は、およそ三種類に整理することができるようである。第一に、柳沢吉保など、信玄および武田氏に対し、その家臣の末裔という「関係性」をもつ人々である。武田家家臣の中には幕府や諸大名の家臣に組み込まれた者も多く、柳沢家や大久保長安のように近世期に活躍した人物も多い。第二に挙げられるのは、村の名主層をはじめとする地域の農民たちである。彼らは年貢の収取の場において、甲州枡や大小切税法などの武田遺制に直接的に影響を受ける人々である。これらの人々にとって、信玄および武田家は、自身に有利な利害状況を規定してくれた存在であり、また、そうした利害状況を主張する上では権威として参照することのできる存在であったといえる。

第三に挙げられるのは、武田浪人である。武田浪人については山本英二の諸研究に詳しい。それによれば、武田浪人とは「一八世紀に入ってから戦国大名武田氏の家臣に出自するという由緒を主張して、その身分を獲得し、名字帯刀を許されている」人々であるとされ、認可の初出は宝永二年（一七〇五）で、文化一一年（一八一四）をピークに増加傾向にあった〔山本 一九九〇a：一二一～一二二〕。もっとも、武田浪人は幕府や藩から免許状を出されるわけではなく、軍役の負担や扶持の支給もない、「社会的な慣習を積み重ねながら認知された存在」であったとされる〔山本 二〇〇四：九二九〕。山本は、武田浪人の成立契機は二通りに整理することが出来るという。すなわち、「戦国期以来の系譜の明確な村落上層農民が、幕府の歴史・地誌編纂事業などを契機に、自家の由緒と家蔵する古文書の価値に目覚め、浪人となる場合」と、「十七世紀後半に急速に経済成長した新興地主が、偽文書を作製するなどして由緒を粉飾し、浪人となる場合」の二通りである〔山本 二〇〇四：九二九〕。この点については、武田滅亡後、武田配下の武士たちが少なからず帰農し、村の上層農民になっていたという背景に注意しておく必要がある。したがって、先述の第二の人々についても、家臣の子孫という関係性の意識がもたれていた場合も考えられる。一方、第一にあげた武田家家臣の子孫と第三の武田浪人との相違についてであるが、ここでは第一の人々は武士身分を保持していた人々、第三の武田浪人らは由緒の真偽はともかく、武田との「関係性」を強調することで農民身分からの脱却をはかり、郷士的ふるまいを達成していた人々であると理解しておきたい。山本は「もともと百姓身分である武田浪人は、郷士という身分状態にある以上、あくまでも武士としての扱いを様々な場面で要求し」たという〔山本 二〇〇四：九三〇〕。すなわち、武田浪人とは、百姓ではないことを武田家との関係性に基づいて事あるごとに主張する（必要のある）人々であったということができ、武田家家臣から幕府・諸大名傘下に組み込まれた武士たちとは異なる来歴をもつ人々であった。したがって、第一と第三の人々の間では、信玄ないし武田家との関係性は、また異なる意味をもったものと推測する。

このように岩窪墓所の整備史を検討することで立ち現れてくる墓所整備の主体に注意してみると、いずれも武田家ないし信玄に対してなんらかの「関係性」を見出している人々であることが明らかになる。第一・第三の人々は血縁的・系譜的に信玄との関係性が意識されており、第二の人々にとっては武田遺制を媒介とした関係性がそこに意識されている。また、第二・第三の人々が武田家ないし信玄との間に見出す関係性には、なんらかの戦略性が付帯していることにも注意をむけておきたい。これらの人々にとって、武田家ないし信玄との「関係性」は、自身の身分や特権、利害状況を規定してくれる権威として強調されている。すなわち、信玄との「関係性」が権威たり得るような社会状況の中で、これらの人々の活動があったということができる。

図１　国中・河内・郡内の位置関係。

ところで、ここで述べた信玄祭祀に関わる人々は甲斐国一円に広がっていたわけではない。武田遺制と称せられる地域法は郡内（都留郡）では行なわれていなかった。また、武田浪人らは国中（山梨郡・八代郡・巨摩郡）を中心に存在したとされ、郡内と河内（南巨摩郡）には僅少であったという（山本一九九〇a：一二二）。甲斐国といっても、郡内は

「別ニ一國ノ様ニ覚ヘテ、三郡（引用者注：山梨・巨摩・八代）ヲサシテ甲州ト云ナリ、三郡ノ人モ亦三郡ノ甲州ト云テ、郡内ハ甲州ニアラズト思ヘリ」と青木昆陽が述べるように〔青木 一九七四：三八三〕、あるいは『甲斐国志』が「都留郡ノ人ハ三郡ヲ指シ甲州ト唱ヘ兒女輩ニ至リテハ他州ノ如ク覺エタル」と記すように、互いに別地域のように意識されていたようである〔松平 一九七四a：五八四〕(4)。武田信玄への感情や信玄との関係を主体的にアピールする人々は、近世期の甲斐国内において地域的にも偏っていたと理解しておくことが出来るであろう。

次に、信玄命日の祭礼の様子を確認していくことで、ここで指摘した点についてさらに検討を加えていく。

（二）信玄命日の法要

恵林寺での法要

すでに柳沢吉保との関連で触れたように、恵林寺では近世期から信玄の法要が執り行なわれていた。『恵林寺略史』および広瀬広一の『武田信玄伝』等をもとに、以下、恵林寺における年忌法要の軌跡をたどっていく。

寛文一二年（一六七二）に荊山玄紹和尚の手で修された一〇〇回忌が近世期における信玄の法要の初めである。この一〇〇回忌には武田家旧臣の裔孫五九二名が寄進に応じたとされ、その際の寄進帳である「信玄公百回忌奉加帳」が、昭和五〇年（一九七五）に発見されている〔野沢・城 一九八〇：一〇四〕。この時の寄進によって再建されたのが現在恵林寺に存在する信玄の墓である。「信玄公百回忌奉加帳」によれば、一〇〇回忌総奉行は武田家家臣の末裔にして大名になっていた曲渕一郎左衛門吉貨、奉加奉行には後に駿河城代を務める三枝摂津守守俊、土浦藩主土屋兵部少輔之直らが名を連ね、このほか幕臣あるいは御三家・諸大名に仕える武田家家臣の子孫が参加している〔山本二〇〇八〕。

後、柳沢吉保が甲斐に入国すると、宝永二年（一七〇五）四月には、甲府着任の奉告のために恵林寺に代参を派遣、同年が信玄の一三三回忌にあたるため、その法要が行なわれた。この時、吉保の庇護を受けていた信玄の次男・竜宝の子孫である武田織部信興も資助にあたっている〔広瀬一九六八：一六九〕。柳沢吉里もまた享保八年（一七二三）に信玄の廟堂の改築を行なうとともに、一五〇回忌を発願している。享保九年（一七二四）以降、甲斐国は幕府直轄領となるが、恵林寺においては明和五年（一七六八）に二〇〇回忌（予修・本来は安永元年である）、享和元年（一八〇一）に二三三回忌（「辻家日記」参照）〔山梨県二〇〇二：五七〇〕、文政四年（一八二一）に二五〇回忌（予修・本来は文政五年）が行なわれ続けている。また、近代に入っても、明治五年（一八七二）に三〇〇回忌が修され〔広瀬一九六八：一五九～一七七、著者不詳二〇〇四：四七～四八〕、さらに、大正八年（一九一九）四月八日の『山梨民友新聞』（通号四六）によれば、同年四月七日から一三日まで信玄の三五〇回忌（予修・本来は大正一一年）が修されたことが確認できる。これは武田神社の創建にあわせたものと推測される。

写真４　恵林寺の柳沢吉保の墓。2008年筆者撮影。

以上、武田の菩提寺である恵林寺における年忌法要について言及したが、近世における信玄命日の催しは、恵林寺における法要のみではなかった。武田にゆかりの諸寺院においても、例年なんらかの催しが行なわれていたらしいのである。

信玄命日の各寺の活況

若尾謹之助は大正五年（一九一六）稿の「御祭礼及び縁日」で、県下の年中行事に触れる中で「機山公祭」なる項目をたてている。すなわち、以下の記述である（若尾 一九三五：二六五）。

〇機山公祭　恵林寺・大泉寺、昔は舊四月十二日、今は新四月十二日
當日は甲斐国一般の祭なり、前晩已に各所より浪人寄集り當日は朝早くより寺に來り機山公墓所に香資を捧げて参詣す、寺よりは一枚づつ札を送りて香資の受取書とせり、毎年之を求むるもの頗る多く此の受取書を澤山に藏するは浪人間にて非常なる尊敬を受けたり、凡て各村より一人の浪人代表として出ずるを例とし、其當番に當りたるは非常に之を名誉となし、如何なる貧困なるものなりとも如何にかして香資を調へたり、頂き來りし札は一時之を村中掲示場に掲ぐるを例とす、而して村を代表し來りし浪人ならずんば此札與へられず、普通の参詣人は決して之を受くる能はざりしなり、甲府より東は恵林寺に、西は大泉寺に詣ずる一般の風習とせり、此日集りたる浪人は弓馬劍槍の仕合を試む、維新以後儀式全く廢れ今は祭の日ただ恵林寺に弓仕合ありと雖も當時の盛なる面影の一端をも止むるに至らず、現今恵林寺に於ける弓小屋は往時その儘の者なりとか

ここでの記述は近世後期の状況を記すものと判断できる。「機山公祭」なる用語はこの他の文献には確認できず、固有名詞ではない可能性が高い。さらに、若尾の記述からは、信玄命日の祭礼が、恵林寺と甲府の大泉寺を中心とするものであったこと、武田浪人らにとって非常に重要な機会であったことがわかる。大泉寺は信玄の父・信虎の廟所であり、信玄・勝頼の木像も祭祀されている。

以下、近世文献から信玄の命日の様子を探ってみよう。前項で引用した「並山日記」は大泉寺の模様を「をりしもけふは法性院機山大居士（武田大膳大夫晴信入道信玄）の正日とてまゐり下向の老若なんによたかきいやしき市をなして道もさりあへぬはかり」と記述する〔黒川 一九三二：一七八〕。武田浪人のみならず、多くの一般参詣者をも集めたことが読み取れる。嘉永三年（一八五〇）刊行の「甲斐の手振」には、この日の様子は以下のように記される〔宮本 一九三五：一一六〕。

四月十二日機山公信玄卒去の日とて愛宕町北の方法華宗妙音寺にて機山寺本尊の観音像、日蓮筆掛物並角燈籠、二ツ珠の簾丈二間幅三間程香氣高し、これらを諸人へ拜せしむ、同日上府中先禪宗大泉寺参詣群集、信虎・信玄・勝頼三大将の木像、其什寶物多出、院の庭に出る迄悉く縦覧せしむ、此日寺内諸商人・見世物等おひたゝしく群集

恵林寺と大泉寺のみならず、この日に開帳を行なう寺院があったことが明らかとなる。

武田遺制の改廃と祭

では、信玄の命日はどのようなプロセスを経て活況を呈するようになったのだろうか。寛政一〇年（一七九八）発行の「信玄公忌一国本願記録」からは、この時期に祭礼が開始されたことが明らかとなる。同資料は、先述した安永五年（一七七八）から天明四年（一七八四）にかけての甲州枡騒動に勝利したいきさつを記し、以下のように記述する〔山梨県 二〇〇四：一四二〜一四三〕。

是偏に（平出）太守玄公御遺法の著き故なりと国中の貴賤歓喜の眉をひらき、其恩恵を報ひ奉らんと
三郡一致して祭祀を崇め、礼奠を厚しておほん徳沢を拝謝せんと題すといへ共、終に其願を遂す半なら
すして廃れぬ、猶再興の輩絶たるを継き、其所願を成就せん事を希かふと云爾、于時寛政十年歳次戌午
夏四月　願主某等稽首再拝惶言

巨摩
八代　三郡惣願主
山梨

甲州枡騒動勝利の折、祭礼が計画されたが実現しなかったこと、その計画の続行を呼び掛ける声のあった
ことがうかがい知れる。同文書はこの後「右者先年出府之衆中（平出）不動尊江宿願之子細ニ付、此度国中
相御相談ニ而、信玄公御祭礼四月十二日三郡一円之祭ニ取究申候」と記し、信玄にちなむ祭礼を行なうこと
に決まったことが明かされる。また、ここに都留郡（郡内）が含まれていないことに注意を向けておく。
さて、「信玄公忌一国本願記録」には、甲州枡騒動勝利の折に信玄にちなむ祭礼を計画した者のあったこ
とが記されていた。武田遺制の改廃騒ぎが信玄命日の祭を活発化させるものであったらしいことは、その他
の記録にもうかがえる。慶応三年（一八六七）、先述した大小切税法の改廃騒ぎが生じたが、幕府滅亡により
存続となった。その際の信玄命日の様子が「甲斐国見聞日記」にみえる。同書は著者不詳であるが、明治維
新期の甲斐国の様子を記述する文献であり、「四月十二日武田信玄之法事眞田相勤候に付三門其外江六文銭
幕張家老上下着用其外陣羽織着用に而家來共大泉寺門々厳重に相固警衛いたし候焼香相濟岩窪村信玄公墓所

江佛參之事此辰年十一月中是迄仕來り候大小切金御廢に相成至當之相場を以上納可致旨被仰付甲斐國百姓一同難澁に付歎願いたし候處當六月下旬大小切金是迄通りと御下知有之候に付此度信玄公之廟所江甲斐国村々より玄公御靈前と申幟立甲斐浪人麻上下着用に而供物差出し其外村々百姓夥敷參詣之事」と信玄命日の様子を記す〔著者不詳 一九三三：三一九〕。

以上、かぎられた資料からではあるが、信玄の命日に行なわれていた祭礼について検討を加えた。すでに近世前期から武田家家臣に出自をもつ武士らによって恵林寺における年忌法要が執行されていたが、例年の祭礼行事としては、近世後期から恵林寺および大泉寺を中心とする法要・墓参の行事として恒例化したと理解することが出来る。(5) 祭礼には多くの一般の人々が集まっていたことがうかがえるものの、特に、武田浪人らにとって、武田家との「関係性」をアピールできる重要な行事であったといえる。また、地域法の改廃騒ぎがここでも関わっていたが、こうした出来事は信玄が人々の意識に浮上する機会だったと理解でき、平素に比べて一際盛況を呈したことが予想される。また、ここでも郡内は視野に含まれていなかったことを再度確認しておきたい。

さて、ここまでの内容からも明らかなように、近世期に武田信玄に対して見出されていた「関係性」の意識およびそれに基づいて行なわれる祭祀は、近世的な制度と密接な関連を有すものであった。しかし、冒頭で触れたように、そうした近世的諸制度は明治維新によって解体され、偉人崇拝の発想も改変を迫られる。近代の山梨県下で武田信玄に対して見出される関係性や思い入れがどのように表現されようとしたのかを次節で検討する。

三節　武田神社の創建と信玄の顕彰

（一）武田神社創建運動
社務所型武田神社

本章冒頭で述べた方向転換の後、武田信玄祭祀は県下政財界・言論界の人々を中心に、近代的価値観に接合する形で計画されていく。近代に行なわれた神社創建を企図する動きを年表に整理しておこう（表2）。史料からは「機山公霊社建設運動」「武田神社社格奉進運動」「武田神社奉建運動」の三度、運動が行なわれたことがわかる。ここではこれらを総称する場合、「武田神社創建運動」の語を使用する。さて、それぞれの運動に言及する前に、確認しておくべきことは、一連の運動にさきがけて明治一〇年（一八七七）頃、躑躅ヶ崎館跡に有志らによって武田神社が創建されていた事実である。同神社は社格を有さない私的で小規模な施設であったらしく、『武田神社誌』では「社務所型」と表現されている。維持・管理にあたっていた有志らは「武田会」という団体で、武田家家臣・栗原氏の流れをくみ県下第十銀行頭取を務めていた栗原信近をはじめ（佐藤 一九七〇、北巨摩郡先覚顕彰会 一九四三）、県下の名士たちで構成されていた。この有志らによる武田神社についてはは残念ながら詳細不明であるが、写真5に掲げたように明治四四年（一九一一）刊行の『甲府案内』に社務所型武田神社と思しき写真が確認できるほか（甲府商業会議所 一九一一）、山中笑（共古）の「影守雑記」に有志らの武田神社に関するものらしき記載がうかがえる（山中 一九八五：二〇五）。栗原信近や武田会は以後の武田神社創建運動に関わ

写真5　『甲府案内』掲載の武田神社の写真。

表２　武田神社創建運動史

	武田神社創建運動史	関連の出来事
明治 10 年（1877）頃	有志らで武田神社創建	
明治 13 年（1880）		明治天皇山梨県巡幸
明治 14 年（1881）	機山公霊社建設運動	
明治 35 年（1902）		上杉神社別格官幣社奉進
明治 36 年（1903）	「古城址ヲ武田会へ寄付スルノ建議」提出	
明治 38 年（1905）〜42 年（1909）	武田神社社格奉進運動	
大正 4 年（1915）	武田神社奉建会設立	武田信玄従三位追贈
大正 6 年（1917）	内務省に神社創建請願、認可	
大正 8 年（1919）	武田神社創建	
昭和 8 年（1933）	機山公史談会結成	
昭和 16 年（1941）	武田神社神徳顕彰会	

※〔武田神社 1989〕より作成。

る史料の中にもその名がみえる。以後の運動と有志らによる武田神社創建がどのように関わるのかは不明であるが、少なくとも両活動が同様の機運の現れであることは指摘できるだろう。あるいは、有志らの武田神社は、武田神社の準備施設のように把握されていたのかもしれない。

機山公霊社建設運動

以下、一連の武田神社創建運動の契機となった出来事に注意することで、近代の武田信玄祭祀の性格を浮き彫りにしていこう。明治一四年（一八八一）の「機山公霊社建設運動」は、先述の栗原や武田浪人の子孫という依田道長ら県下の名士が中心となって開始されたもので、その契機となったのは、明治一三年（一八八〇）の明治天皇の山梨県巡幸である。天皇一行は六月一七日に入峡し、二三日までの六日間山梨県内を巡り、甲府には三日間滞在した。その際、天皇が信玄の敬神・崇仏の事績に感銘し、武田にゆかりの社寺の保存を命じている。『明治天皇御巡幸紀』の記述を示しておく〔山梨県 一九四〇：二八七～二八八〕。

是日（引用者注―六月二一日）。故大膳大夫兼信濃守武田晴信の敬神崇仏の事蹟を追思あらせられ、所縁ある山梨県下の社寺保存に付き御内旨あり。御巡幸宮内省御用掛より其御沙汰あり。

其管内武田信玄所縁之社寺保存之御詮議有之候に就而者由緒顕著証跡判然取調右保存方法見込相添具状可有之此段申入候也

明治十三年六月廿二日

御巡幸御用掛

山梨県令　藤村紫朗殿

後に、保存金が山梨岡神社、恵林寺、善光寺（甲斐善光寺）、長禅寺、円光院、大泉寺、華光院に下賜されている〔山梨県 二〇〇二：九四三〕。

また、この巡幸には三条実美が同道しており、栗原の第十銀行を甲府での宿泊所とした。この時、栗原と三条との間で、「やがて信玄公をまつる神社が創建されたおり、信玄公と三条夫人とのゆかりにより、同家に伝わる名刀『吉岡一文字』を神社創建の記念として寄進したらどうか」との話合いがなされたという〔武田神社 一九八九：四二～四三〕。引用部の「ゆかり」とは、信玄の正室が三条家の出身であることを指している。

これらのことが契機となって、信玄の祭祀施設の創建を目指す「機山公霊社建設運動」が立ち上げられる。同運動は、『山梨日日新聞』によって県内に報知され、建設手続書及び募金趣意が示された。しかし、その後幹事会を重ねるうちに主要メンバーである栗原と依田の間で、方向性に関して意見の相違を生じ、進展をみないまま終息してしまう。以後二〇年以上、信玄の祭祀施設の創建が取り組まれた形跡はない。明治三一年（一八九八）八月二六日の『山梨日日新聞』（通号・七〇九九）掲載「甲州観察談（某京客の放言）」なる記事は、他郷人からみた甲州人論の一つであるが、「甲州人は忘恩の民なり彼れが如く民政に意を用ひたる機山の其没後は甲州人より殆んど他人扱ひにせられ居るなり其癖甲州人は何かと云へば機山の末孫なりと誇る機山は如此輕薄の人物に非りし也　甲州人は忘恩の民たると共に偉人崇拝の思想に乏しき人民なり」といった論調で、信玄の顕彰・祭祀を挑発的に促している。

謙信の祭祀と武田神社社格奉進会

次に武田神社創建に関わる動きが現れるのは、明治三六年（一九〇三）である。県議会議員田邊富繁が「古城址ヲ武田会へ寄付スルノ建議」を山梨県議会議長に提出する。すなわち、以下のものである（山梨県立図書館蔵「明治三六年山梨県會議事速記録第拾八號」）。

武田機山公ノ遺徳ヲ景仰シ其英靈祭祀ノ方法ヲ設クルヲ以テ目的トシ武田會ナルモノヲ組織セルアリ抑モ我ガ縣人トシテ機山公ノ英靈ハ夙ニ之ヲ祭祀セザルベカラズ是レ縣人ノ誼ノミ情ノミ然ルニ今日ニ至ル未ダ此途ノ圖ラレザルハ縣人ノ心トシテ窃ニ愧ヅルナキヲ得ンヤ機山公當年ノ好敵手タル不識庵ハ盛ンニ其縣人ニ祭祀セラレ社格ハ進ンデ別格官幣社ニ列ス機山公如何ト顧レバ雑社ノ中ニモ機山公ヲ祭祀セルモノナシ縣人ノ情誼トシテ豈ニ耻ナキヲ得ンヤ他日武田會ニシテ成立ヲ告グルアラバ縣有ノ一部ニ在ル機山公ノ古城趾ハ擧ゲテ之ヲ同會ニ寄附シ社殿造營ノ地ニ充テシムベシ

同建議書は、神社建設を目指す集団・武田会に躑躅ヶ崎館跡の地を寄付することを提唱するもので、当該建議は採択された。ここにおいて特に注意すべき点は、信玄の好敵手・上杉謙信が祭祀され、社格も別格官幣社であるのに対し、信玄は遅れをとっているという意識が表出している点である。上杉謙信を祀る神社は、建議の前年である明治三五年（一九〇二）に別格官幣社列格を果たしている。田邊は、何故こうした謙信の祭祀状況への対抗意識を抱いたのだろうか。「明治三六年山梨県會議事速記録第拾八號」には以下のような田邊の発言が記録されている。

写真6　米沢市の上杉神社。2014年筆者撮影。

本員ガ数年前新潟ニ参リマシタ際、不識庵上杉謙信ノ祭ラレテアル春日社ヘ参拝イタシマシタ、其時ニ不圖念頭ニ浮ビ出デマシタコトハ、當年ノ好敵手デアツタ所ノ我ガ山梨縣ノ祖先、機山公ノ遺徳ハ如何様ニ表彰サレテアルカト云フコトニ考ヘ及ボシマシテ、憮然トシテ感慨ニ堪エナカツタノデゴザイマス

他地域の動向を実見することで自地域の状況が意識化されている。また、祭祀施設の不備は「縣人」の問題とされている。信玄を祭祀することとの関係で上杉神社の動向が意識され、かつ祭祀の不備が地域の問題として語られる例は多数見出すことができる。明治四四年（一九一一）刊行、読売新聞記者・町田源太郎（柳塘）の著作『武田信玄』の記述を提示してみよう（町田一九一一：三二五）[6]。

甲越の両雄は、世に並称せらるるも米沢の上杉神社、別格官幣社に列するに引替へ、機山公の遺跡は空しく寒煙蔓草の中に鎖れて香火冷かに訪ふ人の痕も稀である。公の遺孫たる人々は勿論、公の遺澤を蒙る甲斐の國人は、如何にもして其功績を顕彰することに心力を盡すが宜い。それはただ公の英魂を慰むるばかりではない。少年子弟の心性陶冶に就て最も必要の事であろう。

この時期から明治四二年（一九〇九）にかけて行なわれた武田神社社格奉進運動は、以上のような歴史上の人物をめぐる地域間の対抗意識に促されて神社創建の機運が活発化されたものと理解される。同運動は、この時期の県知事らが中核を担っており、明治四一年（一九〇八）には「武田神社社格奉進会」なる団体が設立される。社閣創建ではなく社格奉進と銘打たれているのは、既存の有志らによる武田神社に社格を獲得することで正規の神社として位置づける試みであったと解釈できるが、明らかではない。『読売新聞』明治四二年（一九〇九）一月一六日朝刊（通号一万一三六五）には「不世出の英傑武田信玄は本縣に於て社閣を有せざるを以て、今回神社建立の儀成り柳澤伯を名誉會頭に熊谷縣知事を會頭に以下富豪の賛成を得て近々着手すべき筈なるが成功疑なし」と報じられる。しかし、関与した知事の転任が相次ぎ、運動は頓挫してしまう。

従三位贈位と武田神社奉建運動

その後、神社創建運動が再燃するのは大正四年（一九一五）からの「武田神社奉建運動」においてである。運動の契機は、武田信玄への従三位追贈である（第一部第二章）。武田信玄の場合、大正天皇即位記念の大量贈位の対象に選ばれたものであり、治水の手腕や民政が巧みであった点が評価された。この贈位をきっかけに坂本三郎知事らが「武田神社奉建会」を組織する。中心となったのは県下政財界の有志、新聞社の社長ら一八〇余名であった。同会は大正六年（一九一七）、内務省に武田神社創建を請願、同年認可が降り、建設に着手する。大正八年（一九一九）二月二五日本殿立柱上棟祭、同年四月一一日本殿建築工事竣工、鎮座祭が行なわれる。同年同日、武田神社は社格昇進し県社となり、翌日四月一二日には鎮座祝祭並びに例大祭が行なわれた。神社創建をとげた武田神社奉賛会は、和歌山県高野山内の信玄・勝頼らの墓所を修復、同年九月に事業のすべてが完了したとして解散をむかえる。

以上、武田神社創建までのプロセスを記述しつつ、神社創建の機運の活発化を引き起こした諸契機について確認してきた。武田神社創建運動は、近代日本の神社制度やナショナルなレベルでの価値体系の中での位置づけが強く意識され、そのため必然的に他地域の動向が視野に入っていた。ナショナルなレベルの歴史＝国史をふまえた武田信玄のポジションが意識されることは、他の歴史上の人物に対する競争意識としても顕在化する。

写真７　祭礼で賑わう武田神社の社頭。2008 年筆者撮影。

これらの点は、創建後の武田神社が近代社格制度内での更なる成功を目指して別格官幣社奉進を目指していくことからも例証される。別格官幣社奉進は、信玄に「勤皇」の事績が乏しいことを理由に、認可を得ることはできなかった。県側では昭和八年（一九三三）に「機山公史談会」、昭和一六年（一九四一）に「武田神社神徳顕彰会」といった信玄の事績の調査団体を組織し、帝大史料編纂所の渡辺世祐に考証を依頼しつつ国会に働きかけたが、成果を上げられないまま終戦を迎える。[7]

なお、近代の信玄の祭祀には郡内地方も関わっていくことになる。武田神社創建運動の過程では県下各地から寄付金が募られた。その事務局は郡内地方にも置かれ、創建後には地区の総代も設置されている〔武田神社 一九八九：八〇〜八一、堀口 一九二三：三九〜一〇五〕。無論、住民の感情としても郡内と国中が一枚岩になったとは判断できない。現在でも、郡内と国中は互いを別地域のように捉える意識が表出することがあり、郡内では武田神社に初詣に行く人が少ないといった傾向も見出せるという。[8] ここでは武田神社創建が公的な事業であり、一体的なる「山梨県」への包摂が可視的に行なわれたと理解しておきたい。

さて、次項では近代の武田信玄をめぐる言説から、本項で行なった指摘を例証していく。あわせて、山梨県の人々による武田信玄との「関係づけ」のあり方をより具体的に探る。信玄はどのような人物として想い描かれていたのだろうか、あるいはどのように想い描くように求められたのだろうか。これらの問いについてアプローチしてみよう。

(二) 近代の武田信玄をめぐる言説

前項で確認したように、武田神社の創建運動と別格官幣社奉進運動の過程で、地域内外の歴史家をも巻きこみながら、武田信玄の顕彰活動が行なわれていく。武田信玄をめぐる近代の顕彰の言説を以下で検討する。

武田信玄の「勤皇」

まず、前項でも触れた武田信玄の勤皇精神をめぐる言説をとりあげてみる。この種の言説の中で歴史学的な公式見解と見なし得るのは、県の依頼を受けて信玄の勤皇事績探索に携わった渡辺世祐の発言である。昭和四年（一九二九）の著作『武田信玄の経綸と修養』第三章「その勤皇」において、渡辺は信玄の勤皇の事績として「御料進献」「青苧白苧役勤仕」「宸筆心経拝領」の三点をあげているが、「皇室と信玄との関係を徴証するに足るべき資料が、なお相当にあるべきはずと考えるのであるが、何分にも武田氏は早く滅亡してその記録類が皆無である」と述べる〔渡辺 一九七一：二三六〕。婉曲な表現ではあるが、信玄の勤皇精神は歴史学的に論証することが難しいと結論づけられている。こうした考証の結果にも関わらず、武田信玄の勤皇心は盛んにアピールされていく。

昭和一七年（一九四二）刊行の小山松吉の『武田信玄の政治と勤皇』では、信玄の勤皇精神の発露を、信玄の夫人が三条家の出身であることや信玄が天下統一後の統治の計画を語る「帝王様をよく敬ひよくあふぎたてまつり、御下の御公方をしつし申すべき儀肝要なり」、「京都は帝王様への恐あれは城を構へず」といった『甲陽軍鑑』の文言に見出し、「故に信玄も亦勤皇の志厚き武将であつたことは疑ないのである」と結論する〔小山 一九四二：一四〜一七〕。また、県出身の川手秀一の昭和一八年（一九四三）の著作『甲州士魂』の第一節は「武田信玄公の勤皇精神」と題される。川手は、法親王の天台座主の補任に際して信玄が贈った祝辞や、渡辺も指摘する後奈良天皇の宸筆を信玄が甲斐一宮浅間神社に奉納した一事、信玄の読んだ和歌二首に信玄の勤皇精神の現れを見出し〔川手 一九四三：一〜四〕、それらを証左として、信玄の「勤皇心は、楠氏の勤皇精神と同一のものでなくてはならない」とし、「我等は信玄公の此の尊き精神の血脈の流れに居るを幸福に思ふと共に、一層純忠愛國の念を堅固にするものである」と文章を結ぶ〔川手 一九四三：五〕。ここでは信玄は楠木正成と「同一」であることによって価値づけられようとしている。第一部第一章でも触れたように、近代において楠木正成は勤皇・報国の理想的モデルであった。

信玄の勤皇精神を強調する言説を例示してきたが、近代の偉人顕彰の言説は、大なり小なり当該人物の勤皇精神に説き及ぶ傾向にあり、必ずしも武田信玄に固有の現象ではない。したがって、勤皇の事績と精神を語る言説は、近代という時代に偉人の偉人たることを表現する時の一つの形式であったということもできる。もっとも、武田信玄の場合、武田神社の別格官幣社奉進が切望されていた関係上、その勤皇精神のアピールがとりわけ顕著に行なわれたものと判断できる。

悪役イメージの払拭

こうした天皇制的イデオロギーのもとでプラスの評価をかち得ようという動きとあわせて、信玄のマイナス評価を払拭しようとする言説もこの時期に盛んに発せられた。父・信虎を追放して君主の座についた件について、忠孝を尊ぶ儒教的価値観に照らし、信玄には不義の人物という評価が下され、狡猾な策略家という意味づけがなされる傾向にあった。既に引用した町田の『武田信玄』ではこの点への反論に一章が割かれ、その他の部分でも随所で言及される。ここでは同書の諸言を示しておく〔町田一九一一：六〕。

（引用者注—従来の信玄に関する歴史書は）兎角正確のものが少く、英雄中の英雄たる眞の面目を窺ふには物足らぬ心地がする。甚だしきに至つては、軍鑑其他の誤りを承けて、一の奸雄を以て公を目するものもある。父の信虎を逐ひ出して、其國を簒ふた大不孝の人だと云つて、漢学者の頑固説に左袒する没暁漢（マヽ）もあるが、能く其時代と其事實の真相を研究すれば、全く公の人となりを誤解して、憶測を逞しうした誣言である。著者は公のために大に其冤を悲しんで、公の眞面目を発揮する心の切なるところより、此書を著すことゝなつたのである。

写真８　川中島古戦場にたつ「信玄・謙信一騎打ち」の伝説をかたどる像。2009 年筆者撮影。

前掲、小山松吉の『武田信玄の政治と勤皇』においても、謙信に比べて信玄の人気が低いことの原因として、信虎に対する信玄の処置をめぐる人々の誤解が指摘される〔小山 一九四二：二〕。

> 然るに信玄は世間の評判がよくない、川中島戦役の好敵手たりし上杉謙信が義侠の人としてまた武将の典型として好評を博しゐるのに反し、信玄は世人より好感を持たれてゐなかった。それは主として父信虎を追出して甲斐に自立した所謂悖逆問題のためである。

昭和四年（一九二九）の『少年武田信玄伝』における、著者・矢橋三子雄の発言も同種のものである。同書は青少年に対し「良き教訓と感銘を與へる」「修身教育を補ふ國史教育」を志向する書物であるが〔矢橋 一九二九：七〕、矢橋は「近日用ひられつゝある『國史』は、果たして正しいものでせうか。誤謬のあるやうなことはないでせうか」と疑問を提起しつつ、徳川時代の歴史書の偏向を指摘し、「信玄などもこの筆法で書かれてゐますから、近日も非常に誤られて居ります。徳川方の學者に云はせると、非常な悖逆不倫な人物となつてゐます」として、「これは信玄が、父信虎を隠退せしめて、自立したことを云ふものでうが、當時の形式的な道徳に囚はれた儒者には、非常に悪逆不倫に見えたものと見えます」という〔矢橋 一九二九：四～五〕。そして、矢橋は、上杉謙信、今川義元、織田信長らが兄弟を殺しているにも関わらず評価が高いことを示しつつ信玄のみの評価が低いことを批判する〔矢橋 一九二九：五～六〕。

議論の争点とされた信玄・信虎の交代劇については、『甲斐国志』をはじめとして、近世期から信虎が追放されたのではなく、自ら引退したのだという「退隠説」が唱えられたり、信虎が非常に暴虐な君主であったといって追放を正当化するような言説が目立っていた〔松平 一九七四b：一八六二〕。近代の顕彰の言説においても同様の論理による信玄の擁護がはかられる。しかし、信虎と信玄の交代劇を「追放」ではなく「退隠」とみる解釈は、この時期すでに歴史学においては否定されていた。渡辺世祐は大正三年（一九一四）の『歴史地理』二三巻二号所収「武田信虎の駿河退隠に就て」において信虎退隠説を退けている〔渡辺 一九一四：六八～七四〕。しかし、この渡辺の見解に対し、山梨県民の清水博夫は大正五年（一九一六）一月一日の『峡中日報』（通号九七〇五）紙上で反論を試みる。論説冒頭の一部のみここで提示しておこう〔清水 一九一六：二～三〕。

（引用者注―渡辺の見解は）史學上の定説に變更を生じ、一面には信玄に對する悖倫行爲攻撃の火の手を再燃せしむるものなれば、頗る人聽を聳かしたる中にも、余等甲州人は特に痛切の感觸なきを得ず（中略）依て渡邊氏の妄を糾し信玄の爲に辯ずる所あらんとせしも、起草の暇なくして遷延し來れるに、偶ま卽位の盛典に際し御贈位の恩命降下するあり、世人の注意を喚起したれば、此に本篇の起草を思立ち

信玄の倫道に缺くるところなきを論證せんとす

信虎と信玄の交代劇の事実がどのようなものであったのかは本書の関心の範疇ではないが、信玄に下されるマイナス評価に対して盛んに擁護の言説が表明されたという現象は極めて興味深い。時代の推移に伴って評価の浮沈する歴史上の人物は数多い。この点はその他の歴史上の人物の復権・再評価との比較作業が課題となるだろう。

軍国主義と信玄

以上の言説は、近世から連続するものではあったが、前節で指摘したナショナルな歴史の中での武田信玄のポジションを意識する発想の顕在化でもある。ナショナルな価値観との関係において信玄が価値づけられるケースは、軍国主義との関連においても見出すことが出来る。ここでは細かな例示は控え、武田神社の別格官幣社奉進運動を呼び掛ける平林太一議員の発言のみ提示しておこう（山梨県立図書館蔵「昭和十五年山梨縣會議事速記録第三號」）。

公ハ民政ノ上ニ非常ナル識見ヲ以テ仁政ヲ施サレタノミナラズ、特ニ軍事ニ於テハ其ノ戦術兵政ハ、現ニ我ガ陸海軍ガ之ニ範ヲ取ツテ居ルノデアリマス、「甲陽軍鑑」ノ如キハ陸軍ニ放（ママ）テ有力ナル参考書トナツテ居ルノデアリマス、大小ノ差コソアレ今日コソ正ニ世界的戦国時代デアリマス、此ノ秋機山公ノ軍政及ビ民政ナルモノハ如何ニ有力ナル指導力ヲ持ツテ居ルカト云フコトヲ想像シマシテ、吾等縣人ハ正ニ感慨無量デアリマス武田信玄は今なお戦国武将としての「強さ」を讃えながら想起される傾向にある。武田神社の神職氏への聞書きの中でも、そのような風潮が意識されながら、信玄の文化的事績を讃えるという神社の立場が表明された。「軍神」という明確な表象化は見受けられないものの、信玄のイメージは軍国主義のもとで大いに活用可能なものであったといえるだろう。

信玄と山梨県（民）

一方、そのように地域を越えた価値観にさらされた武田信玄は、地域においてはどのように関係づけられようとしていたのだろうか。以下では信玄を山梨県を表象する人物とする言説を検討する。大正一三年（一九二四）刊行、大町桂月の「七面山より駒ヶ岳へ」の記述を参照してみよう。同テクストは南アルプスの登攀記である。県外の人物による言説であるが、県民性論に説き及ぶものである〔大町 二〇〇二：八四八〕。

信玄は甲州の生める最大偉人なると共に、最も能く甲州人士を代表して、其粋を鍾めたり。信玄の気象は甲州人士の気象也。甲州人士の性格は信玄の性格也。信玄は甲州人士の結晶也。甲州人士は信玄の分身也。信玄と甲州人士とは二にして一、一にして二、分かつべからず。

大町は好意的な観点から甲州人と武田信玄を重ね合わせて語る。類例は枚挙に暇がない。昭和二年（一九二七）刊行の『大正山梨県史』では「我武田民族は歳と共にますます膨張発展した」と記述される〔佐藤 一九二七：四六八〕。また、『甲府郷土読本』上巻の「機山公」には以下のような記述がある〔甲府市教育会 一九三八：八五〜八六〕。

機山公は我が甲斐の國人にとつては、あたかも故郷の山河の如く、人々の魂に食入り血潮の色となつて、その生涯に深い感化を與へてゐる。我が国人は公を仰ぐことによつて限りなき誇りを生じ、絶えざる希望に燃えるのである。これは武田氏滅亡の後において、精悍信長の弾壓をもつてしても抜くことが出来ず、知謀家康の懐柔をもつてしても如何ともすることが出来なかつた處であつた。公歿して四百年。思慕の情は愈々深く、景仰の念は愈々厚く、やがて信仰となつて、公の威徳は今や我が国人の上にあまねく示現されてゐる。

地誌や郷土教育の文脈をはじめ、「山梨県」や「山梨県民」が問題となる場において、武田信玄には山梨県を過去において治めた人物であるということ以上の意味が期待されていることがわかる。教育の場との関連でさらに一例を示すならば、大阪山梨県人会の渡邊多喜男氏は、「思い出」なる文章において昭和五年(一九三〇)ごろの増穂小学校の教師の愛唱歌として「武田機山は英雄の、山県大弐は忠臣の、其の血を受けし甲斐男子、ふるへ山梨甲斐男子」という歌を紹介している〔渡邊 一九八八：一九二〕。

シンボルとしての信玄

このような場において、山梨県民の性情を規定する存在として、あるいは、自己や同郷の人々がそうあるべきと要請される規範的存在として、武田信玄は語られている。その際、「魂に食入り」「血潮の色」「民族」「血を受けし」などと、武田信玄と山梨県民との「関係性」は過去における「領主-領民」関係を越えて、「祖-末裔」関係を演出する。山梨県民の「本質」めいたものを想像しながら、信玄のパーソナリティの継承がうたわれるのである。ここでは山梨県（民）という一体的な集団が前提とされているが、近世において、武田信玄への崇敬が必ずしも甲斐国一円を覆うものでなかったらしいことはすでに述べた。また、近代においても、山梨県民のすべてが武田信玄に特別な思い入れを寄せていたとは見なし得ない。言うなれば、山梨県という地域を一体的なものとして想像する際のシンボルとして、武田信玄は据え付けられたといえるであろう。

以上、信玄を地域を表象する人物とする言説について検討を加えてきた。こうした発想や言説は、偉人のシンボル化を通して行なわれる国民の教化と統合、もしくは一体性の演出のローカルな局面として理解すべきものではあるが、こうした表象化それ自体は必ずしも近代に特有のものと考えるべきではない。享保年間（一七一六～一七三六）から宝暦年間（一七五一～一七六四）にかけて執筆された野田成方の『裏見寒話』では「此國の氣質、不直にして人を爭ふて死を忘れ、上は下を愛せず、下は上を敬せず、道理不辨にして、郤て恨を含む、片鄙は心無道にして、人の妻妾を盗み、傍若無人なる事多しと云り、信虎信玄の如き、智勇鳴世なりと雖も、父子の親みを失ひ、多欲驕慢にして、亡國の萌を成す」との甲斐国民評のあることが紹介されている〔野田 一九七四：二〕。野田は「是は、信玄信虎へ、孝道欠けたるより、割り出せし論ならん歟、信玄の事は、意味有事と見へたり」とコメントするが、ネガティブな意味で地域民の気風と歴史上の人物のパーソナリティとを重ねる発想があることもまた、この方面の議論が対象とすべき問題である〔野田 一九七四：二〕。

以上、近代における武田信玄をめぐる言説について分析を加え、近代の山梨県下で武田信玄がどのような人物として想い描かれていたのか、あるいは想い描くように求められていたのかを明らかにした。

結びにかえて

本章では、山梨県における武田信玄志向の歴史的推移を明らかにすべく、特に近世と近代における信玄の祭祀・顕彰の様態に分析を加えてきた。

最後に、近世と近代の信玄祭祀の性格の相違を考えてみることで結びにかえたい。近世期の武田信玄祭祀は、武田家ないし武田信玄に対する血縁的・系譜的関係性の意識と、そのような関係性を主張することが人々にもたらすなんらかの利害状況が重要な動機となっていた。関係性を主張することの利害状況に無縁で、かつ、地域的に差異を見出されていた郡内は武田信玄祭祀とは関係が薄かったことは確認した通りである。武田信玄は、武田遺制の改廃騒ぎに際して担ぎ出されるなど、近世期からシンボル化の過程の中にあったといえるが、信玄への思い入れを顕在化させる地理的範囲は厳密な意味で甲斐国一円ではなかったといえる。

近代の武田神社における祭祀は近世期のそれとは異なり、公的な性格を帯びる。したがって、個人的に武田家との血縁的・系譜的関係性を主張する営為は、祭祀をめぐる場からは後退したかのようである[9]。近代には、信玄との関係性は山梨県（民）全般との間に取り結ばれる。ただし、その関係づけのあり方は、血や民族といった血縁的・系譜的関係性の発想の拡大あるいは応用によって成立する意識であったといえる。そこでは、近世期には存在していたはずの山梨県（甲斐国）内の差異は、少なくとも制度的な局面では山梨県（民）という一体性の中に解消されているかのようである。また、近代の武田信玄祭祀は、ナショナルなレベルでの歴史をめぐる価値規範や神社制度との関係がつよく意識された。近世・近代の信玄祭祀はどちらも地域を越え出ていくようなものではなく、ローカルな現象であったといえるが、近世のそれにおけるローカリティは幕府権力との、近代のそれはナショナルなものとの緊張関係において立ちあげられている。とりわけ後者では、信玄という存在の価値づけにおいてナショナルな歴史知識の中での競争意識が顕在化しており、盛んな顕彰活動を引き起こしている。

特に注意しておきたい点は、ナショナルな価値観の作用は一方向的なものではなく、ここでの議論はローカルからナショナルへという過程を描くものではないということである。ローカルなものは常にローカル外的なものとの関連において、ローカライズされる。また、本章で行なった指摘を以て、寺院から神社へといった信玄祭祀の単線的な変遷を描くことはできないことも強調しておきたい。本章の議論は山梨県における武田信玄認識の歴史的推移を、武田神社という代表的な祭祀施設の創建に焦点をあてることで明らかにするものであった。

以上、本章ではローカル外的なものの影響でローカルな偉人表象が変容する過程をおさえたわけであるが、ローカル外的なものの作用は、ローカルなものをさらにローカライズするのみならず、かつては非ローカル的であったもののローカル化という現象をも引き起こす。すなわち、地域との関係が視野に含まれていなかった歴史上の人物を、地域に結びつけ、アイデンティファイしていこうとするプロセスを生みだす場合もある。そのようなローカルな偉人の「発見」あるいは「郷土の偉人」の創造ないし想像の様相を次章では明らかにする。

注

（1）大切は、のちに貢租高の三分の二の米納から、そのうちの三分の一（貢租高全体の九分の二）の金納を指すものへと変化し、残る九分の四が米納となる〔飯田 一九八七：七二〇〕。

（2）近世の随筆類が躑躅ヶ崎館跡を鬱蒼とした森として記述する一方、同地には天明元年（一七八一）以前から武田法性宮なる小祠が創建されていた。『武田神社誌』ではこれを信玄祭祀の嚆矢と位置づける〔武田神社一九八九：三八～四〇〕。同小祠は現存するが記録が乏しく、詳細は不明である。

（3）この点については『西山梨郡志』にも記載がある〔山梨県教育会西山梨郡支会一九七四〕。また、文政一〇年（一八三〇）刊行の「甲駿道中之記」なる甲斐国外の者による旅行記に「昔此処の土民此地に朱金埋有とて掘りしに俄に疾風起震動す、故に発事不叶恐て止ぬ、後人々家に帰り熱を発し死に至るもの多し」という地元案内人の言葉が記されているほか〔吉田一九七四：四〇〇〕、嘉永から安政にかけて執筆された『真佐喜のかつら』にも、細部の異なる祟りの記述がある〔青葱堂一九六九：一二七～一二八〕。秋山敬はこうした祟りの言説について、再発掘を忌避する措置であろうとして、名主や武田浪人らの「戦略」から理解を試みているが、こうした伝承は岩窪墓所のみならず各地の史蹟や塚にも伝えられるものであり、塚への民俗宗教的態度の表出として理解しておくべきであろう。羽賀祥二は『史蹟論』において、一八世紀から一九世紀という時代にかけて、史蹟を考証・解釈の対象とするような歴史知識の勃興があり、史蹟に向き合う人々の態度が転換していったと指摘している〔羽賀一九九八〕。しかし、このような転換は、全ての人々にただちに共有されるわけではない。また、今日においてすら、史蹟が宗教化されるケースが存在する。いずれにせよ、ここでは、祟りの言説を墓所認識の複数性という視点から捉えたい。

（4）郡内は武田傘下の豪族小山田氏の領地であったが、小山田氏は武田氏滅亡に際し、勝頼を裏切り、死に追いやったとされている。ちなみに、柳沢氏の支配時代の甲府藩の領域も郡内をのぞく三郡であった。

（5）近代の事例ではあるが、大正八年（一九一九）四月九日の『山梨民友新聞』（通号四十七）には「中巨摩郡龍王村慈照寺にては來る十日同寺開山報恩法要並に機山公三百五十年遠諱の豫修法會」の行なわれる旨が報知されている。近世期から、ここで名前のあがっていない武田にゆかりの諸寺院においても法要や開帳が行なわれていた可能性が考えられる。

（6）町田源太郎は同時期に山梨県の勤皇の人物・山県大弐についても著作を出版しており、山梨県の偉人顕彰と関わりのあった人物であると推察できる。

（7）「機山公史談会」および「武田神社神徳顕彰会」の顕彰活動および社格奉進運動については〔武田神社一九八九〕を参照されたい。このほか、当時の県下の新聞記事および県会議事録からも社格奉進運動の様子をうかがうことが出来る。

（8）前田俊一郎氏のご教示による。実態調査は今後の課題としたい。

（9）但し、日常的コミュニケーションの場において、家格説明の文脈で信玄との関係性が権威的に主張されることは近代以降も続いたと考えてよいだろう。事実、現代においては旧家・名家であることの説明に際して武田家との関係性が語られている。

第二章　偉人の発見
――大岡忠相墓所の史蹟化と贈位祭の検討から

はじめに

茅ケ崎の偉人・大岡忠相

第一部第二章で確認したように、近代に行なわれた贈位は各地で死者の偉人化を促し、とりわけ、地域との結びつきを前提とする「郷土の偉人」（ないし類似の表象）の発見や形成に大きく関わったと見なされる。本章ではその具体的様相を探っていくことにする。

現在、神奈川県茅ケ崎市では、江戸の名奉行・大岡忠相が「ゆかりの人物」として位置づけられている。たとえば、茅ケ崎市は平成一二年（二〇〇〇）から平成一五年（二〇〇三）にかけて、普段利用する道に愛着をもってもらうという主旨で「みちの愛称」の公募を行なった。その結果、加山雄三通り、サザン通りといった茅ケ崎市に関係の深い著名人にちなんだ「道」とともに、「大岡越前通り」が誕生したのである。このことを報じる『神奈川新聞』の記事は「『茅ケ崎』感じてあるこう」と題されている（平成一五年六月三日号）。大岡忠相は、地域を「感じる」ことの手掛かりになるような人物ということであるらしい。

こうした忠相と茅ケ崎市との関係性を語る言説は、忠相の墓所が市内に存在するという事実に依拠している。そのような関係性は、毎年四月第三週の土・日に、忠相の遺徳を偲ぶという名目で華やかに挙行されている大岡越前祭という祭礼のなかで、市民にくりかえし確認されることになる。同祭礼は昭和三一年(一九五六)に大岡祭として第一回が行なわれているが、それは大正二年(一九一三)から第二次世界大戦前後まで行なわれていた贈位祭という祭礼を復活させたものとされている。この贈位祭は第一部第二章でみた贈位奉告式が恒例行事化したものであるが、実は大岡忠相が当地に関係をもつことが明確に意識され始めたことに、この贈位が顕著に関わっているのである。

本章では、地域と大岡忠相との関係性が見出され(すなわち、忠相がローカライズされ)、そのような関係性を前提とした祭礼が展開されていく過程をトレースする。この作業は、第一部第二章で確認した全国的な贈位と偉人化の問題を、個別事例において掘り下げる意味も有す。

一節　地域と対象の概要

大岡忠相の実像と虚像

まず、大岡忠相と地域の概要を整理しておく。大岡越前守忠相は、徳川五代将軍綱吉から八代将軍吉宗の治世下で活躍した人物である。著名な業績はいずれも吉宗時代のそれであり、山田奉行[1]、町奉行を経て、大名格を得て寺社奉行にまで昇格している。一般には機知と人情味にあふれた裁きを行なう名奉行として知られているが、「大岡政談」をはじめとする裁判物語の忠相像は必ずしも史実に即したものではない。辻達也によれば、忠相の物語の多くは、古典に源流があったり、その他の奉行の裁判記録をもとにしているという。

すなわち、様々な裁判物語が大岡忠相に仮託されたものであるといい、講談師らが潤色しつつ筆写していく過程で生まれたというのである〔辻 一九六四〕。しかし、裁判物語がフィクションであるにせよ、こうした物語を介して、忠相が人情と既知に富んだ名奉行として庶民に想起されていったことは事実である。

では、大岡忠相の実像とはどのようなものであったのだろうか。町奉行とは今日の裁判官に相当するのみならず、幅広く民政にあたるものであった。忠相の事績は、司法との関連でいえば連座制の廃止や刑罰の軽減などが挙げられるが、火消し制度の確立や防火に優れた家屋建築の奨励、小石川療養所の開設と運営、通貨の安定、新田開発、私娼の取締、甘藷栽培の奨励など、広範にわたる。こうした民政上の功績は忠相の裁判物語からはうかがい知れないものの、防火政策との関わりや甘藷栽培奨励の功績などは近代の顕彰活動以降、現在でも強調されている。

忠相墓所と浄見寺

次いで、贈位祭（大岡越前祭）に関わる寺院と忠相の墓所について触れておく（写真1）。窓月山浄見寺は浄土宗の寺院であり、茅ケ崎市（旧小出村）大字堤に位置している。この地は大岡家二代忠政が知行地として賜ったものであり、慶長一六年（一六一一）の浄見寺の創建も忠政による。元和七年（一六二一）年には、忠政は父・忠勝らの遺骨を取りよせており、同寺が大岡家宗家の実質的な先祖祭祀の場となる。忠相は忠政の四男の家系から三男の家系に養子に入っているが、本家は元禄年間（一六八八〜一七〇四）に断絶している。忠相は最終的に大名にまで昇格したため、子孫は近代に入って子爵に列せられた。ちなみに、浄見寺は現在でこそ墓所をかまえているが、近代まではわずかな檀家しかもたなかったとされる。(2)

同墓所は大正二年（一九一三）年に茅ケ崎駅の名所旧蹟に認可され解説板が設置された。昭和三六年（一九

写真１　大岡忠相墓所。2009 年筆者撮影。

六二）には市の史蹟第一号に指定されている。また、現在目にすることのできる墓所の景観は昭和三七年（一九六二）ころに墓域の拡張を行なうとともに、各地に散在していた大岡家の墓所を当地に集め、各墓の向きを東向きに改めたために出現したものである(3)。なお、大岡家の墓所は三田聖坂の功運寺（現在は中野区上高田）等にも存在したとされる(4)。ただし、同寺の忠相墓所は浄見寺に改葬され、現存しない。

旧小出村と茅ケ崎市

次に、関連地域の概要を整理する。先述したように、大岡越前祭は現在の茅ケ崎市の春の一大イベントであり、その中心地は茅ケ崎駅周辺の商店街と浄見寺である。浄見寺の所在する小出村大字堤は高座郡の一部であったが、昭和三〇年（一九五五）に行谷・下寺尾・芹沢とともに茅ケ崎市に合併された。小出村内の大字のうち遠藤のみが藤沢市に合併される〔竹内 一九八四：三五六〕。

茅ケ崎市は昭和二二年（一九四七）から市制を敷き、小出村の合併は市制一〇周年を間近に控えた時期であった。茅ケ崎市は高度経済成長期以降は京浜地区のベッドタウンとなり、湘南地方の中堅都市として栄えている〔竹内 一九八四：五八三〕。現在では加山雄三やサザンオールスターズとの関連や海水浴のできる地域として高い知名度を得ているが、昭和三〇年代には近隣に藤祭を開催する藤沢、七夕祭りを行なう平塚がある中で、観光客を誘致できる催しのないことや買い物客の市外への流出が問題となっていた。第三部第一章で詳述することになるが、浄見寺および小出村を中心に第二次世界大戦の前後まで行なわれていた贈位祭が、大岡祭(後の大岡越前祭)として復活されたのはこの時期のことである。

以上、大岡忠相という人物と祭礼に関わる寺院・地域の概要を整理した。現在、大岡忠相は茅ケ崎の偉人としてPRされているが、忠相と地域との関係性は近代になって発見されたものである。

次節では、まず忠相への贈位前後の墓所の様子を記述しつつ、地域と忠相の関係性の発見過程を明らかにする。

二節　大岡忠相への贈位

「発見」される忠相

茅ケ崎の郷土史家である鶴田栄太郎は『大岡越前守墓と浄見寺』において、近世文献の浄見寺の記述には大岡忠相への言及がないことを指摘している(鶴田 一九五八:一六〜一七)。また、地域の伝説等に目を向けてみても大岡忠相は姿を見せない。

では、忠相と地域との関係性はどのように発見されたのだろうか。茅ケ崎にゆかりの深い紋章学者・沼田頼輔は昭和四年(一九二九)刊行『大岡越前守』で、「明治四十四年八月二十五日茅ケ崎驛長中島熊吉郎君は、始め(ママ)てこゝに参詣し、越前守の人となりて慕(ママ)ひ、墳墓の顕彰に力を用ゐ、同志を集めて大岡祭を起し」たといい、また「横浜貿易新報記者の萩原輝君も、亦この墳墓の顕彰に力を用ゐ、中島氏を助けて、数々その新聞紙を利用して、これを世に紹介された」とし、さらに「臼井喜代松君は越前守略伝を著し」宣伝に努めたと記す（沼田 一九二九：一九二一〜一九三二）。萩原の手による記事であるか明らかではないが、『横浜貿易新報』紙上の忠相墓所の初出は明治四三年（一九一〇）年一一月二日号（通号三四二六）および同月五日号（通号三四二九）掲載の記事「世に埋もれた名蹟」である。以下に一一月二日号記事の一部を提示しておこう。

大岡越前守といへば大岡政談の名に謳はるゝ名判官として三ツ子も能く知る其の名蹟が縣下に存在するとは甚だ珍らしきを以て詳く記述せんとす茅ケ崎停車場より一里小出村大字堤に浄見寺といふ小やかなる寺あり檀家とて僅かに二三戸あるのみ況して財産殆ど皆無も同様にて到底維持の出来ざるより住職菱科顕順は小學校に教鞭を採り辛くも生計を立て居るが此浄見寺こそ大岡家の名蹟なりといふ菱科氏は此程上京して現代子爵大岡忠綱氏を訪ひ再興の事を謀りしに同家にても大に喜び應分の補助を爲すことを承諾せられしを以て是れより大に世の同情者を募り追ては修理して永く世に傳へんと目下計畫中

当該記事は引用部に続いて大岡家および浄見寺の由緒を記していく。ここからは、忘れ去られていた忠相墓所および浄見寺の再興のために、当時の浄見寺住職が大岡家に協力を求めるなどの働きかけを行なっていたことがわかる。一方、臼井喜代松は茅ケ崎に別荘を構えていた人物である。臼井の著作は後に資料としてとりあげる。

また、鶴田は先述の著作の中で、明治三五年（一九〇二）、一五歳の東京遊学に際して忠相の墓所に参詣した思い出を記し、また、「日露戦争大捷後であったと思う」として、茅ケ崎の有力な商店主であった山本格三と名所旧蹟の絵葉書作成にあたっていた折、山本に忠相の墓の写真を見せると「真実の墓かと問いかえされた」というエピソードを記している（鶴田 一九五八：三九〜四〇）。以上の資料からは、明治三〇年代後半から明治末年にかけて、墓所の存在が認知され、地域と大岡忠相との関係性が自覚されていったことがうかがえる。ただし、それは地域の史蹟とそのアピールに積極的に関心を寄せるごく一部の人々においてであったと理解できる。大岡忠相との関係性が大々的に周知され、顕彰活動が活発化する契機は、大正元年（一九一二）の大岡忠相への従四位贈位であった。

贈位される忠相と奉告式

忠相への贈位は大正元年一一月に挙行された埼玉県での陸軍特別大演習に際して行なわれた。第一部第二章で確認したように、陸軍特別大演習の天皇統監に際する贈位は演習開催地および参加師団の所在地の人物を対象とする場合が多かった。忠相は埼玉県下の旧藩ならびに江戸・東京の人物らと同時に贈位が行なわれている。同年一一月一五日の『横浜貿易新報』（通号四一六八）には、大演習に関する記事と並んで「贈位御裁可濟」という見出しで「來一九日川越大本營に於て舊川越藩、舊忍藩併に舊江戸幕府時代の碩学鴻儒勤王志士に對し贈位の御沙汰あるべきを以て西園寺首相は十三日事歴書を添へ奏上せるに即日御裁可あらせられたる由拝承す」との記事が掲載される。

写真２　西大平藩士建立の碑。2009年筆者撮影。

　さて、近代の贈位に際しては、贈位対象者の墓前・神前で式典が催される場合が多いこと、贈位記は当該人物の正統の子孫に授与されるものであったことは第一部第二章で確認してきた通りである。忠相においても、大正元年一一月二二日、大岡家一統により浄見寺の墓前で贈位奉告式が執り行なわれている。同式は『横浜貿易新報』大正元年一一月二三日号（通号四一七六）の記事において以下のように報知される。

茅ケ崎驛より道程一里を距る高座郡小出村大字堤の浄見寺境内富士を見晴らし松櫻梅等其間にありて風致自ら備はる處に大岡越前守墓所あるも是迄世人の知る事甚だ稀れなりしが一昨年初めて本紙記事に上ぼりしより訪ふ人のあるに至り且米国ヲハヨー州大學總長ビー博士は曾て大岡政談の翻譯を讀みて非常の興味を感じ之を裁判學の参考に供したる關係より本年六月初旬態々同所を訪ひ墓参を遂げたる等の爲め次第に参詣者多きを加へしが今上天皇陛下には大演習御統監の爲め川越行幸を機とし舊川越藩主以下江戸幕府時代の勤王志士に位階追陞の御沙汰ありし其中の一人贈従四位大岡忠相は越前守として其名は三ツ子も克く知る處なるが前記の墓所は即ち忠相奉行を祀れるものにて昨廿二日午後大岡家より贈位奉告使到着せるを以て一村業を休み之れを迎へ且つ布川村長、小學校長、檀徒總代を初め小學校生徒、有志者らも參列したるが其前日は小學校高等科生徒總出にて墓地内外の掃除を爲す等一村挙つて歓迎し同墓地の名を作（ママ）も是より漸く世に傳はるべしとて住職菱科顕順師は特に奔走中也

忠相の贈位奉告式が小出村をあげての歓迎を受けたことがわかる。また、先述の記事に取り上げられてから参詣者が増えていたこと、大正元年（一九一二）六月にビー博士なる人物の参拝があったことも記されている。もっとも、記事の筆致からは、墓所は未だ一般に知られてはいなかったことがうかがえる。ただし、贈位後、忠相顕彰の機運は活発化していった。その証左に、この直後、忠相に関する刊行物が立て続けに刊

行される。たとえば、それまで存在していなかった浄見寺の縁起が贈位の直後に当時の住職・菱科顕順によって作成されている。[5]また、沼田が紹介していた『大岡越前公略伝』も大正二年（一九一三）に刊行され、浄見寺に寄贈されている。[6]

ちなみに、贈位報告式には旧西大平藩士たちの関与があったことを付言しておきたい。現在の忠相の墓前には、この奉告式に際して旧藩士らが建てた石碑が残っている（写真2）。西大平藩は現在の愛知県岡崎市の一部に相当する。忠相が大名に昇格した際に創設された藩であり、忠相は初代藩主にあたる。ただし、管見の及ぶかぎりでは、西大平藩士たちの浄見寺への関与を記す文献資料は存在しない。石碑建立以後は関与しなかったのか、単に記録されなかっただけなのかは明らかでないが、現時点ではこれ以降の西大平藩士たちの関与はなかったものと理解しておきたい。[7]

以上、忠相の墓所が発見されていく過程を確認してきた。では、地域との関連を見出された忠相はどのような人物として想起されていくのだろうか。以下、この点を検討してみよう。

三節　想い描かれる忠相像の性格

忠相の勤皇と民政

贈位は近代的イデオロギーのもとで死者を評価する営為である。では、大岡忠相のどのような事績が評価されたのだろうか。『小出誌』所収、「贈位大祭の記」によれば、大岡忠相への贈位の理由は、①「山陵の修理」、②「式内社の玉垣の修繕」、③「処士に対し自分の知行をさき与えたこと」、④「畿内之地誌を編ましめたこと」であったとされる〔樋田 一九九九：一八二〕。特に勤皇に関わる事績が含まれていること、忠相の名奉行としての側面への言及がないことに注意を促しておきたい。贈位は史実の考証を伴うものであり、大岡裁きの忠相像がフィクショナルなものであることを思えば、当然のことではある。また、「贈位大祭の記」は、贈位の理由が上記四点にあった「と雖も」と記して、以下のように続ける。すなわち、「尚忠相卿の事績としては近日甘藷先生として知られる組下なる青木昆陽に命じて、小石川薬園の内二百余坪を拝借して甘藷を作らしめ、全国に普く種藷を頒布せられしこと、民家の屋根を瓦ふきせしめたこと、消防組の制度を始められし事、大阪堂島に米相場をやる事を許されし事等は主な物なり」という（樋田 一九九九：一八二）。贈位の理由として評価された事績のほかにも、民政にからまる事績の多いことが強調されている。

『横浜貿易新報』大正元年一一月二〇日号（通号四一七三）には、同時に贈位を受けた川越藩主松平齊典、柳沢吉保らと並んで忠相の事績が紹介されている。すなわち、「越前守として治績著しく当時稱して名奉行の第一と爲し後世治民の範として之を仰ぐ曾て其臣青木文蔵に命じ甘藷を薩摩より送致せしめて之を栽培し後武州諸地の農民を導き之を栽培せしめ凶歳の飢餓を救はしむ」というものである。贈位の理由とされた事績ではなく、ここでも民政、特に救荒作物である甘藷（サツマイモ）栽培の奨励に紙幅が割かれ「治民の範」という為政者としての評価が行なわれていること、また虚像的なイメージをふまえて「名奉行の第一」と述べられている点に注意しておきたい。

忠相の名奉行像

先述した『大岡越前公略伝』における忠相の描写も検討しておこう。同書は内容の異なる二つのテクストが存在する。(8) すなわち、国立国会図書館所蔵本と鶴田の『大岡越前守墓と浄見寺』所収テクストの二点である。両者は大岡家および大岡忠相の系統、大岡忠相の業績と人柄、大岡忠相にちなむ場所を記すものであり、大筋において内容に相違はない。両者で共通して大岡忠相の事績として記述している事柄を列挙するならば、甘藷栽培の奨励、米相場の安定、法典の整理と五畿内の地誌編纂、防火制度などである。一方、鶴田筆写のテクストには、このほか重大事に限った駕籠訴の解禁、勤皇の事績との関わりで山陵の修理と式内神社の玉垣修理が挙げられており、大岡忠相の裁判に関わる記述も見える。次いで、大岡忠相のパーソナリティを紹介する項目としては「硬直」「温厚」「恭謙」「清廉」といった表現が並ぶ。それぞれは大岡忠相の逸話から導きだされているが、近世期以来の「大岡政談」等の中で増幅されてきた大岡忠相のイメージが踏まえられているとおぼしきものも多い。たとえば「硬直」という性質に関わる山田奉行時代の徳川吉宗とのエピソードは現在では事実か否か疑わしいとされている〔辻一九六四：八〇～八三〕。

大岡忠相の贈位は「名奉行」としての忠相を評価するものでは必ずしもなかったが、贈位後に出現した忠相をめぐる言説の中では庶民の暮らしぶりの改善に努めるすぐれた為政者としての側面に加え、忠相の名奉行としての側面が記述されるようになる(9)。

史実考証を経て、近代的価値観のもとで評価されたことを契機として地域の中に見出された忠相ではあったが、それが多くの人々に想起される際に参照されるのは、近世以来「大岡政談」等の中で形成されてきた名奉行のイメージであった。数々の民政上の事績は庶民の味方というイメージと背反するものではなく、名奉行的パーソナリティと親和性が高い。近代の偉人崇拝に、天皇中心主義的価値観に基づく評価を見出すことは容易だが、ここからは、そのように国家の認定する偉人像と、実際にローカルな場で想起される偉人像との間には微妙なズレが存在することがみえてくる。すなわち、単純に上からの浸透過程として近代の偉人崇拝を理解すべきではないことが明らかになる。

以上、忠相のイメージについて検討を加えた。贈位後、地元の歓迎ムードの中「贈位奉告式」が挙行されたことに触れたが、同「式」は翌年以降恒例行事化し、「祭」として繰り返し祝われていくことになる。同祭礼は一般に「贈位祭」と呼称されていたようであり、その第一回は「臨時贈位大祭」と銘打たれた。臨時贈位大祭については複数資料が存在するため、次にこれらに検討を加え、贈位祭の性格を考察することとする。

四節　臨時贈位大祭をめぐって

諸記録にみる臨時贈位大祭

臨時贈位大祭は『横浜貿易新報』において事前に報知されている。大正二年（一九一三）三月五日（通号四二七七）の「越前守贈位祭」なる記事で、「土方伯其他の賛助」と小見出しを付しつつ以下の文章が掲載されている。

大岡越前守忠相卿も亦従四位に追陞せられたるを以て若林高座郡長、伊藤茅ケ崎町長、布川小出村長、中島驛長、菊池郵便局長、廣瀬青年會長、菱科住職、鈴木善敏、萩原輝諸氏發起し來る九日午後一時より茅ケ崎驛より北方一里餘小出村大字堤浄見寺に於て贈位祭を擧行する筈なるが茅ケ崎避寒中の土方伯爵、ドクトル加藤時次郎其他及び□阪事務官諸氏多数の賛成あり本縣廳裁判所横須賀鎮守府縣下各學校、官公吏及び辯護士ら參列する由にて既に其申込みありし分のみにても數百人に達し殊に小出村にては村會決議を以て一村總出にて準備し茅ケ崎停車場前有志者も亦之に奔走し尚道路改修には百餘名出で大旗を建てゝ工事中なり當日の餘興には式の初（ママ）まる前有名なる桃川燕林の越前守逸話講談あり其他角力、神樂の催しあるべきか茅ケ崎町伊藤醬油店にては道路改修人夫と監督とを土木請負亀井愛助は砂利数十坪と運搬釜成屋菓子店にては菓子數百個の寄附を申出で鵠沼あづま屋にては若干金を寄附したりと

準備段階において、どのような人々が関わったのかが記述されている。以上は祭礼前の様子であるが、当日の参加者についても資料を示しておこう。沼田の『大岡越前守』における臨時贈位大祭の記述は次の通りである〔沼田 一九二九：一九二〕。

會するもの無慮一萬人、増上寺管長代理石井権僧正は、僧侶二十名を率ゐて導師となり、壯厳な儀式を擧げた。この日参列した重なる者は、子爵大岡忠綱君を始として貴族院議員青木信光君、衆議院議員大岡育三君、神奈川県内務部長、堀信次君、其他衆議院議員縣郡會議員各村長小學校長及び在郷軍人団等で、同地未曾有の盛典であつた。

また、鶴田栄太郎が筆写する浄見寺の「芳名録」においても参加者は一万人余と記述される。この数字をただちに信じることはできないが、盛会のほどはうかがい知れる。「芳名録」にみえる参列者は大岡家一統、衆議院議員・大岡育造、ドクトル・加藤時次郎、伯爵・土方家、子爵・土井家、子爵・青木家、須田令夫人、堀部令夫人、細谷令夫人、山宮藤吉、菊地小兵衛、近衛師団軍楽長・山元銃三郎、増上寺・代、遊行寺・代、県内務部長・堀信次、ほか新聞各紙の記者の名が記されている〔鶴田 一九五八：三二〕。

臨時贈位大祭の主催者・賛助者

これらの資料から、まず地域サイドの中心人物について分析を加えておきたい。先に示した資料からは、郡・町・村長、駅長・郵便局長・青年会長、そして『横浜貿易新報』紙上で忠相墓所の顕彰にあたっていた記者が発起人となっていることがわかる。ここですでに茅ケ崎町の人々が関与しているのは、小出村直近の町場が茅ケ崎であり、浄見寺への当時の最寄駅が茅ケ崎停車場であったことと関わるものであろう。忠相墓所が史蹟として周知され参詣客によって賑わうことは、浄見寺や小出村のみならず、茅ケ崎町の利益にもつながるものと見なされていた可能性が高い。この点は、引用記事（『横浜貿易新報』通号四二七七）の後半に記される茅ケ崎停車場付近の住民や茅ケ崎町の商店の協力体制からも明らかである。

臨時贈位大祭に賛助した人々にも注意を向けてみよう。土方久元、加藤時次郎といった華族・著名人らの名前があがっているが、これらの人々は「避寒中」との記述にも明らかなように茅ケ崎に別荘を構えていた富裕層である。無論、これらの人々を動かしたものは、そのような縁のみならず、大岡忠相の名奉行としての知名度が関わっていると考えることができる。とりわけ、土方久元については、思想的背景から忠相の顕彰に関与したことが明らかである。土方は土佐藩出身で宮中関係の職を歴任し、第一次伊藤内閣では大臣職を務めた人物である。この大正初年には国民教化活動に尽力していたとされ、國學院大學等の学長を務めた経歴もある。ここでは大正元年（一九一二）刊行の『天皇及偉人を祀れる神社』なる著作における土方の序文を引用しておきたい〔土方 一九一二：三～五〕。

本書は則ち、神社に祀られたる天皇の御事蹟、及び偉人の事蹟とその祀らるるに至れる由緒とを明かにし、以てわが國固有の國風たる「敬神崇祖」の意義を普く國民に自覺せしめんとするもの、維新以降、所謂新教育の名の下に、學問技藝一に範を泰西に採りし結果、世人、多くはわが國風たる「敬神崇祖」の眞義を忘れ去らんとする今日、この書を公刊する、必ずしも徒爾ならざるべきを信ず。惟ふに現在の文化は過去の文化の所生にして、過去の文化は過去の偉人の努力奮勵の賜なり。されば、われ等は、われ等をして今日の聖世に遇はしめしこれ等幾多の偉人の恩澤に感謝し、併せてこれに報ゆる所なかるべからず。これをなすの道、他なし、過去の偉人の功業を追懐すると共に、その志を繼承して、以てわれ等が享け得たる精神的財寶を更に增拭し改善してこれを子孫に遺さんことこれなり。この努力こそは、横に繫がりて現在の國民の和衷協同となり、縱に鎖りて敬神崇祖の一大精神たるべし。斯の如くしてわれ等の生活は自利的、個立的、自滅的ならずして、汎愛的、共同的、犧牲的たるを得べく、皇國永遠の勝利は保障せられ、萬民の福祉は彌增すべきなり。本書微なりと雖も、幸に、わが一般國民をして過去の天皇及び偉人の功業を追憶せしめ、以てかの遺風顯彰の一端たるを得ば、啻に編者の本懐たるのみならず、又以てわが大日本帝國の慶事たるを疑はざるなり

偉人に教化上の価値を見出す土方の思想が明らかである。土方が大岡忠相の贈位大祭にどのような思考とともに関わったのかもここからは推測することができるし、土方の経歴を鑑みるにその影響力も大なるものであったとみることができるであろう。

講談と法曹界

次に『小出誌』所収「贈位大祭の記」から臨時贈位大祭の具体的な様子を探ってみよう（樋田 一九九九：一八二〜一八三）[10]。

当日は朝来の快晴により、此の寿典に列せんとて遠近より来たりし者、頗る多く既に正午は山門の内外は全く人を以て埋めらる。その数無慮一万余人と住せらる。午後一時に至や発起人及び有志各宗寺院一二名を先頭として、芝増上寺管長代理石井権僧正は本宗僧二十余名を率いて群衆する中を一時□際行し、本殿に昇り荘厳なる読経の裡大岡家当主忠綱子爵以下参列者の焼香あり。終わって石井導師は大岡家墓所と青年に対する法話、大岡衆院議長はこの日会衆の展覧に借したる越前守の真筆「所宝惟賢」の文字を主題として青年に警告を与え、ドクトル加藤時次郎氏も亦世の腐敗せるを憤慨せられ、大岡越前守の如き廉潔の士を範として青年の奮起を望むと述べられしなど実に痛快なりき。

法要終わって一同墓参、記念撮影をなし、後丘一本松に至って午餐を開く。

（中略）

桃川燕林はこのゆかりある小塚の上に講座を設けて「大岡政談」のとり替え子縛られ地蔵の裁判を講ぜられ、今の裁判官に越前守の如き人物なき為広沢参議の暗殺事件の如き失策を広（ママ）じたるは我が法曹界の一大恨事なりとて、越前守の徳を称えられたり。

その他素人相撲、剣道、里神楽等の余興ありき。

事前の新聞記事にも記されていたように、大祭に際しては余興として講談が催されていた。このことは、当時の人々が「歴史」に触れる主要なメディアの一つに講談があったことと関わる。人々が大岡忠相を偉人として想い描き得るほどに周知していたのは、これらの「歴史」を題材とする文芸作品を介してのことであった。この後の贈位祭においても講談・芝居はしばしば上演される。

また、これらの講談・芝居が大岡忠相にちなむ物語としてだけ享受されたのではなかったらしいことに特に注意を促しておきたい。大岡忠相は人々の規範・模範として参照されているのである。桃川は、法曹界の人々が見習うべき模範的人物として忠相を位置づけ、講談を終えている。もちろん、法曹界の人々と大岡忠相が接点をもち得るには、フィクション世界における「名奉行」イメージを介する必要がある。同様のことは、石井導師、衆院議長・大岡育造および加藤時次郎のスピーチにもうかがえる。死者の事積やパーソナリティに規範・模範を見出す発想は、死者を偉人視するまなざしや死者を偉人化する論理そのものということもできる。また、ここで法曹界への言及があったが、近代に忠相の墓所に関わった人々の一つの傾向として、司法・法学関係者らの関与があった。この点は次節で確認することになる。

五節　贈位祭の盛衰

浄見寺芳名録の資料的性格

本節では贈位祭の経過と同時期の忠相墓所参拝者の傾向を分析する。贈位祭の経過に関しては、鶴田栄太郎が筆写した浄見寺の「芳名録」以外にまとまった資料が存在しない。また、「芳名録」の原典は浄見寺でも紛失している。そこで、まず鶴田筆写の「芳名録」がどのような性格の資料であるのかを明らかにしておく必要がある。

鶴田が筆写した段階で、「芳名録」は「天地玄黄四冊目迄来て」おり、鶴田はそれを「天から順を追って抜き書き」したという（鶴田 一九五八：三二）。「芳名録」の記述が始まるのは明治四四年（一九一一）八月二四日からであり、贈位祭誕生の直前の時期にあたる。したがって、「芳名録」は、既に引用した『横浜貿易新報』紙上における宣伝によって増加しつつあった参詣者に対応するためのものであったと推測する。「芳名録」に記載されている事項は年月日と参詣者の氏名である。参詣者の職業・役職が記載されている場合もある。祭礼時には天候と総参詣者数が記される。

また、資料の性格として注意すべきは、鶴田の筆写が「芳名録」を完全に写し取るものではなく、抄録だったという点である。「一定の標準があっての抜き書ではなく、行き当りばったりで、時々は面倒くさくなると飛ばしたりした」と鶴田自身が述べるように〔鶴田 一九五八：三二〕、筆写される文言は鶴田によって選択された可能性がある。原典との照合が不可能な状態であり、どの程度信頼に足る資料であるのか、あるいは鶴田が写し取らなかった部分になにが記されているのかを確認することはできないが、いくつかの出来事については「芳名録」以外の資料によって裏づけをとることが出来る。加えて、鶴田筆写の「芳名録」には鶴田の補足コメントが書き加えられている。鶴田は忠相墓所および贈位祭とも関係の深かった人物で、自身も「芳名録」に登場している。鶴田の書き加えるコメントもそうした当事者の立場からのものであり、これは、同資料の特質として興味深い点といえる。なお、鶴田のコメントは、その時期の参詣者の目立った傾向や面識のある人物に関する述懐、鶴田自身の行動といった内容である。

贈位祭以前～関東大震災

以下、鶴田筆写の「芳名録」をもとに、贈位祭の推移と墓所参詣者の傾向を推し量ってみたい。ただし、鶴田の筆写するすべての参拝者に言及するわけではない。どのような人物であるかが明らかであり、かつ、参拝者の傾向に関わると判断された者にかぎって言及する。また、贈位奉告式および臨時贈位大祭についてはすでに触れているので、それらについても略すことにする。「芳名録」のはじまる明治四四年から臨時贈位大祭（第一回贈位祭）の行なわれた大正二年までの期間については、明治四四年八月二四日に子爵・花房義賢とその夫人、八月一五日（筆者注―前出沼田の記述をふまえるかぎり、二五日の誤記か）に茅ケ崎駅長・中島熊太郎、八月二八日に男爵・菊地大麓とその夫人、明治四五年（一九一二）七月一九日に高座郡長・若林良之と高座郡視学・井上連作、大正二年（一九一三）二月二二日には茅ケ崎駅周辺の商店主である伊藤円蔵・山本格三・米山迂学、臨時贈位大祭直後の三月二八日は子爵土井家の子息が墓所に参拝している（鶴田一九五八：三二）。以下、「芳名録」から、大正三年（一九一四）年以降の贈位祭と墓所参拝者の様子を探っていく。

大正三年（一九一四）三月一五日、第二回贈位例祭が挙行される。参詣者は一五〇〇人とされ、前年の臨時贈位大祭の記述に比べ参詣者は各段に減少している。同年七月八日のこととして、鶴田は「大審院判事尾佐竹猛博士が参拝されたというが芳名録に見当らぬ」と記す（鶴田一九五八：三三）。言うまでもなく、尾佐竹は著名な法学者である。尾佐竹の参拝については沼田も言及している。すなわち、「現大審院判事法學博士尾佐竹猛君も、深く越前守の人となりを慕ひ、大正三年七月八日、越前守の墓に參詣し、越前守の碑文を□拓し（引用者注―□は判読不能）、一幅の懸軸に仕立てられ、爾來恒例として越前守の冥日には必ず祭壇を設けてこれを掲げ、法學生を招いて祭典を修せられることを聞いた」というもので、尾佐竹が墓所に参拝し、自宅でも個人的に越前守を祭祀していたことが知られる（沼田一九二九：一九二）[11]。

同年八月一八日には海老名小学校長・中山毎吉の名が記されている。中山は郷土史家でもあり、相模国国分寺跡の国指定史蹟認定にも関わった人物である。

第三回贈位祭は大正四年（一九一五）四月一五日、参拝者二〇〇〇人余であった。この第三回以後、例祭の日は四月一五日に固定されたらしい。ちなみに、変更前後とも、例祭の日取りは忠相の命日とは関わりがない。また、第三回祭礼においても「小燕林による講談あり」と記される（鶴田一九五八：三三）。同年一一月四日には法学者・穂積陳重の参詣が記録されている。穂積は大岡忠相を崇敬していたらしく、その著作『法窓夜話』には穂積の参拝の様子を撮影した写真とともに、忠相と板倉重宗の逸話が紹介されており、忠相らの事績に「其心を平静にし、注意を集中して公平の判断を爲やうとする精神」を見出し、「司直の明吏が至誠己を空うして公平を求めたること」と評価している〔穂積 一九一六：一〇七～一一〇〕。また、翌年一月二〇日には「特命全権公使安達法学博士」の名が見えるが、後に国際司法裁判所の裁判官となる安達峰一郎のことであろう。

第四回例祭は大正五年（一九一六）四月一五日、雨天であったと記録され、参拝者は一五〇〇人余とされる。大正六年（一九一七）四月一五日の第五回例祭も雨天であったが参詣者は三五〇〇人とされる。大正七年（一九一八）四月一五日の第六回例祭については天候・参詣人数の記載はないが、ここで「お祭の発起人世話人は、山本格三、米山迂学、伊藤円蔵、伊沢吉五郎、水沢善之助の諸氏であったと思う」と鶴田のコメントが記される〔鶴田 一九五八：三三〕。すでに言及した人物も含まれているが、これらの人々はいずれも茅ケ崎町の商店主である。加えて、鶴田は「此の頃長野県人多数記帳。他府県よりの参詣者引きもきらず」と記している〔鶴田 一九五八：三三〕。この時期、墓所が史蹟として県外まで周知されていたことがうかがえる。

大正八年（一九一九）四月一五日の第七回例祭は参詣者二〇〇〇人、大正九年（一九二〇）四月一五日の第八回も参詣者は同様である。大正九年（一九二〇）一二月二三日には「祖先墓所結婚儀奉告式」が行なわれ、当時の大岡家次期当主・忠輔の結婚報告が墓前で行なわれている。列席しているのは茅ケ崎町の商店主と小出村長、小出小学校長、浄見寺檀徒総代らである。大正一〇年（一九二一）四月一五日の第九回例祭は天候は晴、参拝者三〇〇〇名、大正一一年（一九二二）四月一五日の第一〇回例祭は快晴で、節目の年のためか参拝者は七〇〇〇名と急増する。同年八月二二日には茅ケ崎町長・伊藤里之助、一〇月九日には南湖院の高橋誠一なる人物が参詣している。南湖院は茅ケ崎にあったサナトリウムである。大正一二年（一九二三）四月一五日の第一一回大祭は、天候・参拝者の記述はないが、大岡忠綱とその家扶ほか「忠相会員一同」「大岡講員一同」という記述がみえる。ここから、大岡忠相を奉賛するなんらかの団体が結成されていたことが推測されるが、その実態は不明である。

贈位祭の復活、再びの休止へ

これ以後、昭和六年（一九三一）まで祭礼は休止していたらしい。たびたび引用している沼田の文章は昭和四年（一九二九）に執筆されたものであるが、そこでは贈位祭について「惜しい哉震災以後遂に廢んで了つた」と記され、大正一二年（一九二三）九月一日の関東大震災によって数年間祭が休止していたことがわかる〔沼田 一九二九：一九二〕。この震災によって浄見寺の堂宇が倒壊していたらしい。「芳名録」によれば、昭和五年（一九三〇）四月二〇日に上棟式が執行され、施設の再建が実現したことがわかる。同式には東都火消多勢の参列が記録されている。この点は、忠相が火消し制度の考案者であることとの関連を指摘できる。後に触れるが、火消し関係者は戦後の祭礼にも例年参加している。同年一〇月一九日、遷仏式および除幕式が執行され、大審院長・牧野菊之助、控訴院長・和仁貞吉、検事総長・小山松吉、横浜地方裁判所長・宇野要三郎といった司法関係の名士と左団次（二代目市川左団次か）の参列が記される。なお、小山松吉は第二部第一章で言及した信玄の勤皇精神を讃える書籍の著者と同一人物であろう。このときの発起人は阪谷芳郎、岸清一、山宮藤吉らである。阪谷は大蔵大臣、東京市長、貴族院議員を務めた政治家である。岸は言うまでもなく「近代スポーツの父」と謳われた人物であるが、法曹界の重鎮でもあった。山宮藤吉は引用資料にすでに姿を見せているが、地元に関わりの深い政治家である。山宮が地元側の発起人代表であったのだろう、鶴田は「山宮藤吉氏の努力によりて本堂復興再建墓地修理が行なわれた。氏には特別感謝すべきだ」と記す（鶴田 一九五八：三四）。このほか、大岡家の人々や沼田、広瀬小出村長、実業家・政治家の岡崎久次郎の名も見えている。同式には朝野名士約五〇〇名、その他参拝者一万二〇〇〇名が集まったという。午後五時から一一時までは余興として芝居が上演されている。演目は明らかではないが忠相にちなむものであったことは想像に難くない。また、同年一一月一二日には司法大臣を務めた渡辺千冬、翌年二月一八日には後の横浜市長平沼亮三の参拝が記録されている。もう一点、この時期の出来事として触れておくべきことに昭和五年五月の「大岡忠相公廟宇塋域修築の碑」（裏面は「大岡忠相公頌徳碑」）の建立がある。背面の「頌徳碑」については篆書・内閣総理大臣・浜口雄幸、撰・文学博士・沼田頼輔、書・衆議院議員・山宮藤吉の漢詩文が記されている。ここでは前面の碑文を掲げておこう（塩原 一九九一：一七）。

贈（ママ）四位大岡忠相公廟宇塋域修築記念碑／司法大臣従三位勲二等

子爵渡辺千冬篆額

大岡越前守人となり聡明睿知夙に将軍吉宗の信任を受け江戸町奉行の要職に就き聴訴公平／断獄明敏大岡裁判の称今日嘖々たるものあり又防火策を講じて町火消の制を創定し後寺社／奉行に任ぜられ科条類典公事方定書の制定に参与し或は墾田の業を起し或は甘藷人参の栽／培を企て其他古文書の蒐集を実行する等立法行政司法の各方面に亘り幕政に参与すること／五十年享保の治蹟因て以て挙る宝暦元年十二月十九日江戸に卒す享年七十五領地神奈川県／高座郡小出村浄見寺に葬る諡して松雲院殿興誉仁山崇義と号す実に今を距ること百八十年／なり明治維新以降寺運漸く傾き維持頗る困難を極む偶関東地方の大震災に遭遇し廟宇崩壊／し墓碑傾倒し偉人の名跡空しく煙滅に帰せんとす住職菱科顕順師大に之を慨し

男爵阪谷芳／郎富谷鉦太郎横田秀雄小山松吉山田三良岸清一高木益太郎諸氏の賛同を得越前守廟宇塋域／復興会を起し子爵渋沢栄一男爵三井八郎右衛門男爵岩崎小弥太原嘉道小泉又次郎岡崎久次／郎伊東長次郎諸氏竝朝野法曹帝都及地方消防組有志其他篤志家多数の援助を得浄財を募り／昭和四年十一月復興工事に着手し翌五年五月竣成す嗚呼是独故公偉業の追慕欽仰の為のみ／に非ず故人公遺徳の致す所と謂べきなり

昭和五年（一九三〇）五月

大審院長判事　従三位　勲二等　牧野菊之助　撰

前衆議院議員　勲四等　山宮藤吉　書

昭和六年（一九三一）四月一五日の祭礼は復興第一回大祭と銘打たれ、天候最可、参拝者は一万人と記される。「芳名録」に記載される参列者は山本、伊藤、水沢、伊沢ら茅ケ崎の商店主であり、ここでも芝居が上演され、俳優らの名前が記されている。同年五月七日には作家・子母沢寛が、同年一一月一五日には県会議員で劇作家でもあるという山崎小三が参拝している。昭和七年（一九三二）に復興第二回の祭礼から祭典日を四月三日に改定する。大岡忠綱・忠輔父子、山宮、沼田、そして寒川町長を務めた木島粼の名が見える。そのほか、近郷御詠歌衆二〇〇名が参加し、御詠歌の奉納が行なわれる。同年九月二三日には沼田夫妻と小出村大字遠藤の青木卓が参列している。青木は鶴田とともにあしかび叢書の著者として名前が見えており、郷土史に関心をもつ人物であったと推測できる。昭和八年（一九三三）四月三日の第三回大祭には小出小学校児童団体、御詠歌衆七〇名の参加が記載される。同年、四月八日には先述の中山毎吉と加山可山なる人物の名が見える。加山可山は、本名を道之助といい、郷土史研究者であり、横浜史談会の組織者である〔平井二〇一一：六〕。昭和九年（一九三四）四月三日の第四回大祭には、堂宇復興功労者の追弔が行なわれ、雨天にも関わらず三〇〇〇名の参加者を数えた。鶴田によれば、この頃、秋田県・新潟県・群馬県・茨城県・大阪府などからの団体参拝客が頗る多かったとされている。同年四月二二日には神奈川県史蹟巡り会が浄見寺を訪れており、郷土史家で武相高校の創立者でもある石野瑛をはじめ、七〇名が参加している。なお、鶴田も同会のメンバーであったらしく、機会を同じくして参拝している。

昭和一〇年（一九三五）は祭が行なわれた形跡が見られない。この時期以降、時局の関係からか祭が衰退の兆しをみせはじめる。昭和一一年（一九三六）には「祭はなけれど」との鶴田のコメントがあるものの、四月三日には山本ら茅ケ崎町の人々の名が見えている。昭和一二年（一九三七）には祭があったことは記されるが、総参拝客数の記載はない。なお、昭和一〇年から昭和一二年例祭の期間の平日にも参拝者が絶えたわけではない。詳細の明らかな人物だけとりあげるならば、政治家・教育者の内ヶ崎作三郎、県会議員・磯崎貞序、横浜在住の日本画家で俳人の飯田九一、神奈川県の植物学関係者・松野重太郎、駿河銀行茅ケ崎支店長・重田景次らの名が記されている。また、昭和一三年（一九三八）から昭和二一年（一九四六）も祭が行なわれた形跡はみられない。昭和一三年一一月四日に枢密院議長・平沼騏一郎、昭和一四年（一九三九）には後の初代茅ケ崎市長・添田良信、昭和一五年（一九四〇）には南湖院の院長・高田耕安の名が見える。このほか特筆すべき参拝記録としては、昭和一六年（一九四一）三月九日に『耀く神奈川県』なる写真集のための撮影に先述の石野、鶴田ら三名が浄見寺を訪れているほか、同年四月一三日には横浜徒歩会なる団体一三名が参拝し、これにも鶴田が同行している。同年六月八日にも、神奈川県史蹟巡り会と明朗の茅ケ崎会なる団体が合同参拝を行なっており、参加者数は九四名と記される。「明朗の茅ケ崎会」は、当時発刊されていた小冊子『名朗の茅ケ崎』に関わる団体と推測される。こうした史蹟見学の団体には郷土史家らが多く関与しており、石野・鶴田もそうしたメンバーの中核的な人物であった。

贈位祭の戦後

戦後、昭和二二年（一九四七）の大祭は四月二〇日に執り行なわれたが、参拝者数は不明である。茅ヶ崎町商店主の山本と米山秀作ほか堤在住の人物の名が見えている。昭和二四年（一九四八）四月三日は、祭の名が「甘藷祭」に改められている。これは鶴田が中心になって行なわれたものらしく、「戦前・戦後を通じ甘藷でからくも命をつないで来たこと」を背景に〔鶴田 一九五八：三八〕、甘藷栽培に関与した大岡忠相に感謝するという趣旨であったらしい。茅ヶ崎タイムズ、茅ヶ崎市、寒川町、小出村各当局、各農協その他有志が甘藷感謝祭に関わり、浄見寺でも新に甘藷感謝祭という札をこしらえたという。忠相の甘藷栽培奨励の事績と戦時下の食糧難を支えた甘藷への感謝をからめて祭を挙行したものと推測される。贈位祭という名称が戦前的雰囲気を留めるものと認識された可能性もあろう。当日は雨天、参加者は五〇〇人程度であったとされる。同祭がそれまでの「贈位祭」に連続するものと見なせるのか否かには留保が必要であるが、この時期には、恒例行事としての「贈位祭」はほぼ終息しようとしていたことがうかがえる。

以上、鶴田栄太郎筆写による浄見寺「芳名録」を手掛かりに、贈位祭の盛衰の過程と参拝記録をたどってきた。贈位祭は関東大震災によって断絶し、昭和初期に一度復興するが、昭和一〇年代には途絶しがちとなり、昭和二二年例祭あるいは昭和二四年「甘藷祭」を最後に終息したものと判断される。また、鶴田の筆写過程で選別が行なわれた資料に依拠するとはいえ、ここでの作業からは参詣者のおよその傾向もさぐることができる。ここで顕著に現れてきたのは、名奉行・忠相を崇敬する法曹界・法学関係者らの存在である。(12)

鶴田は「芳名録」に漏れている事柄として「平日　法学博士弁護士花井卓造を筆頭に法曹界の権威者十数

名」の参拝があったことを記している〔鶴田 一九五八：三八〕。忠相は職業上の先人としての関係性が見出され、模範とすべき人物としてこれらの人々に意識されていたものと推測される。また、文学・芸能関係者の名が見えるのは、しばしば講談・芝居が演じられたことも含めて、忠相の文学・芸能における人気の高さと関わるものであろう。一方、地域の側では小出村の人々はもちろん、初期から茅ケ崎の名士、商店主、県下の郷土史家らが関わりをもっていた。茅ケ崎市の名士・商店主らについてはすでに触れたので再論しないが、郷土史家らは、近代のローカルな歴史知識を管理していた人々であり、墓所の史跡化過程および発見された忠相との関係性に積極的に「意味」を与える立場にあった人々であるといえる。鶴田は明治末期以来、駅の名所案内に忠相墓を掲載するよう駅長に請願を行なうなど史蹟の周知に取り組んでいたし〔鶴田 一九五八：三二〕、同墓所を参拝する団体の案内・講話を務めていた〔鶴田 一九五八：三八〜三九〕。

小出村民にとっての贈位祭

では、小出村の一般の人々にとって贈位祭はどのようなものとして受け止められていたのだろうか。贈位祭を経験した人の語りは今ではもうほとんど聞くことができなくなっている。『大岡越前祭五十回記念誌』は、贈位祭は村内が賑わう楽しい機会であったと紹介しつつ、少年時代を小出村で過ごしたという石井作氏の回顧を掲載している。すなわち、「浄見寺の桜の木の下に座って漫才を見たのを今でも覚えている。当時小出村に住む子どもにとって、贈位祭は心弾む賑やかなお祭りだった」という〔大岡越前祭実行委員会 二〇〇五：一四〕。無論、地域内のすべての人々が大岡忠相のパーソナリティに強い関心を抱いていたと考えることはできない。当該地域において、大岡忠相は「ゆかりの人物」でこそあれ、実感的に強い感情を投影し得るような明確な関係を持たないからである。贈位祭も、花見も兼ねた祭として楽しまれていた可能性が高い。

しかし、忠相の墓所で多くの著名人を集めつつ行なわれた祭礼は、くりかえし人々に忠相との関係性を想起させ、また、印象づける装置として機能したと理解することも出来る。

以上、限られた資料からではあるが、近代の贈位祭について、その発端から終息までの過程を検討してきた。また、忠相がどのような人物として意識され、どのような人々に、どのような動機や経緯から崇敬・祭祀されていたのかを明らかにした。

結びにかえて

本章では、贈位を契機として歴史上の人物が特定地域の偉人として価値づけられていく過程を明らかにすべく、高座郡小出村における大岡忠相のローカライズの過程および贈位祭の盛衰過程を明らかにした。章題の如く、本章の議論は「郷土の偉人」の言わば「発見」論であり、「創造」論である。大岡忠相は、当該地で生まれ育ったわけではない。当該地になんらかの善政を敷いたわけでもない。それゆえに、地域においてはほとんど記憶されておらず、浄見寺は忠相を想起する場としては認知されていなかった。この点は前章で取り上げた山梨県の武田信玄表象と対照的な事例として捉えることができるだろう。

また、第一部第二章では贈位がナショナルな価値観とローカルな価値観とが交錯する機会であることを指摘した。すなわち、それは必ずしも上からの価値観の押しつけではなかったわけであるが、大岡忠相に関してもそれは同様である。とりわけ、そこで想起される忠相のイメージに関しても、贈位の前提となった評価と人々が忠相に見出す魅力との間には相違があることが見えてきた。すなわち、近世以来のフィクショナルな世界で構築され流布していた名奉行・忠相のイメージが根強く想起され続けたということができる。ただし、架空の「名奉行」イメージは近代の性格を刻印された形での想起をも導いている。土方久元の思想にうかがわれたように、歴史上の偉人は国民教化の範としての意義を見出された。また、この風潮は法曹界の人々による墓所参拝という興味深い現象をも発生させている。これらの人々において、忠相は同業の先行者として想起されたということであろう。ただし、終息してしまった贈位祭は昭和三一年（一九五六）に大岡祭として復活を果たすが、戦後の祭礼に法曹界の関係者が参加したという記録はない。この点については、敬神崇祖の思想が社会の前面から後退したことも理由として大きかったと思われるが、よりふみこんだ議論を行なうには、法曹関係の業界史を視野においた分析が求められるであろう。また、贈位祭には火消し関係者の参加も見出せた。この点は第三部第一章で、再度大岡祭（大岡越前祭）を取り上げつつ、言及することにしたい。

注

（1）山田奉行は遠国奉行の一つであり、伊勢神宮の守護・修理、その祭礼・遷宮、門前町の支配等を管轄する役職である。
（2）古くからの檀徒は、大岡氏に従って当地に移り住んできた人々の子孫ではないかとの説があるが、各家でも伝承はわからなくなっている。
（3）それ以前の景観は『郷土茅ケ崎』所収の図から推測することが出来る〔茅ケ崎郷土会 一九七三：二七〕。
（4）ちなみに、高野山内にも大岡忠相のものと称する墓碑が存在する。また、東京赤坂の豊川稲荷は大岡家宅内の稲荷を移転したものであり、昭和五三年（一九七八）に戦災から復興した折、境内に忠相の廟所が築かれている。
（5）同縁起は〔鶴田 一九五八〕に筆写されている。

（6）本文中でも言及するが、『大岡越前公略伝』には、国会図書館所蔵本と鶴田が「大岡越前守畧伝」として筆写する『大岡越前守と浄見寺』所収本の二つのテクストが存在する（春秋居士 一九一三、鶴田 一九五八：一九〜二八）。前者は著者名を春秋居士としているが、これを筆者は臼井の筆名と判断した。鶴田の筆写本は浄見寺に寄贈されたものを書き写したのでないかと推測されるが、浄見寺寄贈本は紛失しており確認の術はない。なお、内容に相違が発生している点については、後者が鶴田の筆写であり、同様に鶴田の写す「浄見寺縁起」に「原文のまま」との注記があること（すなわち、その他の部分は原文のままではない部分があるということ）、同じく鶴田が写す浄見寺の「芳名録」が抄録であることなどから、筆写の過程で鶴田が補足改訂を加えたためと判断する。

（7）もっとも、沼田は西大平藩の歴代藩主が「いずれも越前守の遺訓を守り、領民を労はつたので、領民は深く舊主を慕ひ、維新の初大岡家のために、土地を購入して邸宅を寄進し、別荘に供した」と記す（沼田 一九二九：一九〇）。旧藩士らが関与し続けていたとしても不思議はない。

（8）前掲注（6）を参照されたい。

（9）無論、多くの人物と同様、忠相にも勤皇・尊王の行動があったことが強調されている。鶴田筆写の「大岡越前守畧伝」に「勤王」の節があったことは本文中で触れたとおりである。また、沼田も忠相の事績を紹介する中で、「尊王心の発露」という節を設けている（沼田 一九二九：七五〜七九）。

（10）このほか『横浜貿易新報』大正二年三月九日号（通号四二八一）および三月一〇日号（通号四二八二）によっても臨時贈位大祭の様子をうかがうことができる。なお、同紙三月一〇日号は、「同地未曾有の賑ひ」と報じつつも参詣者は五〇〇〇人としている。

（11）尾佐竹の大岡忠相観は、沼田の著書『大岡越前守』に寄せられた序文からもうかがうことができる（尾佐竹 一九二九：一〜四）。

（12）本資料が鶴田による任意の抜書きであることから、特に強調すべき著名人や名士、また、鶴田自身と交際関係（郷土史家関係の人物や茅ケ崎における知人）にあった人物がピックアップされやすかった可能性も視野にいれておく必要がある。

第三章　伝説にみる偉人の神秘化と権威
――信玄・家康伝説を中心に

はじめに

本書第二部第一章では山梨県の武田信玄を事例に、近世から近代にかけての偉人化と神格化の過程を明らかにした。その際、信玄が近世から甲斐国で特別な感情の対象とされてきたことも確認したが、前近代的な文脈における偉人表象のあり方が未だ課題として残されている。本章では「伝説」を素材としてこの点に迫ってみたい。

具体的作業としては、まず、山梨県下の武田信玄伝説の中でも樹木に関するものにしぼって分析を加える。議論を先取りして言えば、山梨県下の信玄伝説に権力者との関係性を強調する意図が垣間見えることを明らかにする。そして、一時代の最高権力者であり、かつ、長期間に渡る領有によって駿河・遠江と濃密な関係をもった徳川家康の伝説をあわせて検討し、前近代的な偉人表象の様態を分析する。

一節　研究史の整理と問題の所在

柳田的伝説研究と信玄

民俗学における伝説研究は、ながらく人々の歴史意識を問題としてきた。ここではおおまかな伝説研究の流れをおさえつつ、信玄伝説の研究史を位置づけていく。口承文芸研究史の中でとりわけ確認しておくべきことは、本書が関心をよせるような偉人をめぐる伝説は、その初期において軽視されていたという事実である。それは、柳田國男の伝説研究が、固有名詞を重視しない立場をとったことに起因している。柳田の目的とするところは信仰史ないし神話の復元であった。伝説研究の記念碑的著作である『日本伝説名彙』において、柳田は「是まで傳説の中心人物となつて、あたかも其人の逸話を傳へるため、生まれたかと思はれて居た歴史上の名士が、實は中世以降になつて、ただ無造作に取つて付けられたといふこと」を明らかにする戦略を表明し、そうした作業は「長い長い神巡歴の古傳」が「破片」になって今日に伝わっていることを明らかにする目的に基づいている旨を明言している（柳田 一九五〇：一三〜一四）。無論、伝説における固有名詞を、地域史的なリアリティに即した合理化（あるいは歴史化ないし文芸化）という視点から理解することは、今日の伝説研究においてもなお有効な方法である。問題は、初期民俗学における信仰史・神話史的関心のもとでは、それらの「合理化」を可能とした背景が必ずしも重視されなかったことであろう。例えば、柳田的な関心のもとで編まれた昭和二八年（一九五三）の『甲斐伝説集』の中で、土橋里木は収集した五九二話に及ぶ事例から、山梨県下の伝説の中で登場頻度の高い人物は第一に武田信玄、第二に日蓮、第三に日本武尊とし、以下弘法大師や武田勝頼が続くという集計結果を示しながらも、「本県に信玄の事績や日蓮の廻国譚が多いのは不思議はない」としてそれ以上の言及を行なっていない（土橋 一九五三：一八六〜一八七）。

伝説研究の経過と信玄伝説

やがて、柳田の伝説研究は、「コト」の研究から「コトバ」の研究へ、というスローガンのもとで乗り越えられていくことになる〔福田 一九八二〕。すなわち、伝説と文学の関連を問うアプローチが主要な一角を占めるにいたり、必然的に、歴史文学や英雄の逸話の類が視野に含まれるようになる。武田信玄にかぎって言えば、信玄を曾我五郎の転生とする誕生説話に大泉寺における唱導の影響を指摘する堤邦彦の研究が注目に値する〔堤 一九九六〕。偉人・高僧の誕生譚については、第一部第一章でも偉人の仏教的神秘化の一例として言及した。また、柳田以後の伝説研究の集大成的成果である『日本伝説大系』の五巻において、宮田登は、弘法大師と同工異曲の伝説が山梨県の武田信玄にも見受けられることについて「信玄と甲斐国といった特定された地域との関連の密度の濃さを物語」ると評価し、また、各地の伝説の主人公に地域の小王のイメージを読み解く文脈から、信玄にもそのようなイメージがうかがえるとの指摘を行なっている〔宮田 一九八六：四一〇〕。王のイメージとはやや象徴論的に過ぎる議論ではあるが、そのような解釈が導かれてくるところの「特定された地域との関連の密度の濃さ」の実態については、第二部第一章で明らかにした通りである。

石川博もまた、第二部第一章で触れた「伝承の中の武田信玄」において、軍記物などにおける信玄像の形成・推移を論じながら信玄の伝説に言及している〔石川 二〇〇二〕。石川の議論では伝説と文学との関連が必ずしも明らかではないものの、英雄の伝説は、まずそのすばらしさ、常人とは異なるイメージが形成され、次に、身の回りの事物が英雄に結び付けられていくものであるといい、県内では信玄が「権威づけ（由緒の正しさの証明）に利用される傾向にあり、県外では信玄を山梨の象徴とする認識がもたれている」とする〔石川 二〇〇二：三五二〕。石川の英雄伝説の形成論を受け入れつつ本章の関心を明らかにするならば、本章は偉人が伝説として事物に関連づけられる様態に注意することで、人々の偉人観の性質を考察するものである。

民俗学的歴史意識論からみる信玄

一方、口承文芸研究の潮流とはややベクトルの異なるアプローチとしては、昭和四三年（一九六八）の「山梨県の伝説の主人公たち」における福田アジオの議論がある〔福田 一九六八〕。福田は「各地域の住民の歴史意識にいわゆる歴史上の人物がいかに映ってきたか」という本書とも近しい問題意識のもとで、県下に信玄の伝説が多い理由として①「具体性をもった歴史上の人物」であり、②「幕藩体制下における農民たちの体制に対する不満」と「その前段階の支配者たちに対するなつかしさ」があったためと述べている〔福田 一九六八：一〕。①は「甲斐のいかなる所でも、彼の支配下にあったから、彼が来る可能性はあったし、それだけに真実性」があったことを意味し、「民政の上手だったことの伝承」が②を強めたとしている〔福田 一九六八：四〜五〕。①は、伝説に作用する合理化の問題を想起するかぎり首肯すべき指摘である。武田信玄を付会することは山梨県・甲斐国という領域においてリアリティを獲得しやすかった。しかし、前章で議論した武田信玄の近世期の祭祀状況をふまえるかぎり問題はリアリティのみではなく、福田の指摘②についても首肯することはできない。武田信玄との関係を語ることは、一定の利害関係と結びついていた可能性が高く、ときに闘争的性格を帯びたとはいえ、問題を現体勢への批判とそれ以前への懐古にのみ回収することは適切ではない。また、伝説の主人公に期待される真実らしさには、史実に即した妥当性に加え、当該人物のパーソナリティに伝説の主人公としての適切性が求められると見るべきであろう。伝説への歴史上の人物の付会、すなわち合理化は、したがって歴史上の人物の表象論との兼ね合いで捉えるべきものと言わねばならない。

信玄伝説研究の現在と由緒論

信玄の伝説に言及した最近年の成果としては、平成一五年（二〇〇三）刊行『山梨県史』民俗編における山田厳子の「信玄伝説」がある〔山田二〇〇三〕。山田は、従来の郷土史研究的立場から文献を渉猟することで編まれた伝説集では、伝説が語られた場や文脈が見えてこず、さらに、県下に固有の伝説として「信玄伝説」がアピールされる傾向にあったとし、近年の民俗調査によれば、信玄の伝説は伝説全体の中で大きな役割をもつものではないと述べる〔山田二〇〇三：七四九〕。また、山田は、県下のその他の人物の伝説との相関関係、および県下に数多い武田氏一族や家臣団の伝説にも目配りすべきことを主張する。これらについては、「史実として信玄を持ちだすのが無理な場合も、『武田家家臣』とあれば、史料で確かめる術もなく、史実と矛盾せずに『話』を歴史化することができよう」と、やはり地域史的なリアリティの観点からその意味を考察している〔山田二〇〇三：七五六〜七五七〕。本章ではこの山田の指摘をふまえて、山梨県下において、伝説という形式で信玄が想起される場、そこに作用する力学を浮き彫りにしてみたい。

さて、最後に伝説研究の先端的な状況として由緒論との接合という問題を指摘しておきたい。伝説が定型をもたない過去についての説明的な語りであるとするならば、伝説と縁起・由緒との関係は古典的な主題であるということもできる。しかし、意識的な研究実践として伝説と由緒とを同一のパースペクティブのもとで取り扱うアプローチが活発化したのは近年のことである。平成一七年（二〇〇五）の民俗学の口承文芸研究者を中心とする『国文学　解釈と鑑賞』八九三号の特集「創られる伝説――歴史意識と説話」の諸論考はその端的な現れであろう。歴史学的な由緒研究は一九八〇年代後半以降隆盛し〔山本二〇〇〇：七七〕、民俗学においても、書承あるいは文字・文書の力をめぐる議論が活発化する中で「系図」や「家譜」「由緒書」「職人巻物」等への関心が高まっている。近年の議論では、縁起・由緒の創出やその生活における使用、その社会的機能や政治性への関心に加え、人々の歴史意識が究明課題として明確に意識される傾向にある（例えば〔武井二〇一三〕）。由緒論における戦略的な歴史利用をめぐる知見は、すでに信玄の祭祀史・表象史を検討し終えている本章において、伝説の中で信玄が語られることの意義を探る上で大きな手がかりとなる。ただし、本章の主要論点は伝説論・由緒論にはない。伝説群の中での信玄の取り扱われ方を分析し、前近代的形式における偉人想起の一様態を明らかにすることが第一の目的であることを再度強調しておく。

二節　武田信玄と山梨県の樹木の伝説

(一)「お手植えの樹木」の伝説

信玄の樹木伝説の諸相

武田信玄の伝説にはどのようなものがあるのだろうか。笹本正治は、近世の随筆地誌類、近代の郡町村誌、民俗調査の成果、読み物を博捜し、県下の信玄及び一族・家臣ほか、遺跡・戦跡の伝説を『山梨県の武田氏伝説』に集成している〔笹本 一九九六b〕。まず信玄あるいは武田氏の伝説には、一書を編み得るほどに膨大な事例があることを確認しておきたい。このことは笹本の『長野県の武田信玄伝説』をあわせ読むことでさらに痛感されるところである〔笹本 一九九六a〕。ただし、両書の中には、武田一族のパーソナリティや武田家の政策、軍事施設に関する古文献上の異伝なども含まれ、口承文芸研究における分類概念としての「伝説」と、歴史的事実の異伝・諸伝との境界領域にあるような事例も数多い。山梨県のそれに関して笹本は明確な傾向の析出を行なっていないが、口承文芸研究における伝説の分類を念頭においた山田厳子の分析によれば、信玄の伝説で最も多いのは祠堂の伝説で、石・水の伝説が続き、樹木の伝説がこれに次ぐという〔山田二〇〇三：七五四〕。本節ではこの中でも樹木の伝説に絞って分析を加えてみたい。

笹本の伝説集から信玄の登場する樹木伝説を抽出したものが表1である。一見して明らかなように、同一の伝説と判断されるものもピックアップされているが、これは笹本の伝説集がテーマ別に章を設け、同一の伝説を複数回掲載していることに起因している。そのことを念頭においた上で、おおよその傾向についてコメントしておこう。まず、その分布については信玄の樹木伝説が郡内（北都留郡・南都留郡）に僅少で、国中（中巨摩郡・北巨摩郡・東山梨郡・甲府・東八代郡）に固まっていることがわかる。このことは、第二部第一章で確

表1　武田信玄の登場する樹木の伝説

伝説	話数	樹木	地域	所在地
旗掛	4話	松	北巨摩郡長坂町日野春	駅東端
		松	同上	駅東端
		松	韮崎市竜岡町坂の上	塚
		松	北巨摩郡高根町	不明
鐘掛	2話	松	南都留郡河口湖町船津	不明
		松	富士吉田市	街道筋
楊枝	3話	梅	北巨摩郡双葉町竜地	屋敷内
		梅	同上	屋敷内
		杏	甲府市岩窪	円光院
八房梅	1話	梅	甲府市岩窪	廟所
駒繋	2話	柏	甲府市国母	屋敷前
		柏	同上	同上
御手植	8話	松	北巨摩郡長坂町	越中原
		桜	北巨摩郡高根町村山西割	大聖寺
		桜	韮崎市大草町上条東割	南宮神社
		桜	中巨摩郡若草町加賀美	法善寺
		桜	東八代郡一宮町一の宮	浅間神社
		梅	甲府市塚原	恵運院
		梅	甲府市古府中町	大泉寺
		不明	甲府市若松町	信立寺
箸立	1話	杉	東八代郡一宮町東原	不明
計	21話			

※〔笹本 1996 b〕より作成。

認した近世期における武田信玄崇敬の偏りを視野において理解する必要がある。また、これらの伝説の樹木の所在地に目を向けるならば、寺院との結びつきが強いことがわかる。山田も信玄の樹木の伝説は「多くは寺社にある木の奇瑞の由来譚」であるとしている〔山田 二〇〇三：七五四〕。しかし、それが樹木の奇瑞を説くものであるか否かに注意してみると、全二一話中、武田信玄の「お手植え」の樹木の伝説なるものが看過できない数量を示していることがわかる。以下、この「お手植え」の樹木の伝説の性質を推し量るべく、いくつかの事例を検討してみよう。

木を植える信玄

甲府市の大泉寺にある信玄手植えの白狐梅について、寛政六年（一七九四）刊行の「甲府巡見記」には以下の記載がある〔著者不詳 一九七四：三八二〕[1]。

信玄手植
白狐梅　古木花同境内に有之
此木下に夜々白狐來り臥居候に付斯名付たり今は親木枯根より若木二本生立

これに先立つデータとして宝暦二年（一七五二）の自序をもつ『裏見寒話』には「梅香四方に薫して濃色妖嬈たり、花を愛て毎夜白狐來るといふ」と記し、信玄の手植えという要素は欠落している〔野田 一九七四：六六〕。あるいは、文化一一年（一八一四）成立の『甲斐国志』にもやや異なる記述がある〔松平 一九七四：九〇八〕。

白狐梅　庭前ニ在リ　信玄手植レ之云奮稲荷社地ヨリ遷セリ所二神惜一有二白狐一夜々来臥二樹下一信玄聞レ之花色極メテ白ケレハしろいなりト云レシヨリ後人名二白狐梅一

信玄が稲荷の社地より手ずから移してきた梅を神が惜しみ、神使が出現したというのである。これを聞いた信玄が、花の色が白いので「しろいなり」と発言したのは狐が「白い也」と「白稲荷」の洒落でもあろうか。これによって、その樹木が「白狐梅」の名とともに記憶されることになったというのである。わずかに三件の事例であるため、宝暦年間には存在しなかった「お手植え」の言説が、寛政年間には付与され、文化年間にいたって詳細化した、という解釈には禁欲的でありたい。この白狐梅は戦災にかかり現存していないが、植え継がれた若木が存在する。この大泉寺が信玄と密接な関係を有す寺院であることはすでに第二部第一章で確認した通りであり、また同寺が信玄の誕生譚を戦略的に活用して布教にあたったという堤の指摘にもすでに言及した〔堤 一九九六〕。白狐梅も、同寺と信玄とのつながりを想起せしめるべく喧伝された可能性は高い。

もう一例、韮崎市大草町上条東割の南宮大神社の事例を示そう。慶応四年（一八六八）に甲府寺社総轄職に提出された『甲斐国社記・寺記』には、「右社地ニ八囲ほどの神代杉と称大樹在之候得共今ハ枯ニキ武田晴信手植桜在之此処天神宮勧請」との記載がある〔山梨県立図書館 一九六七：八四三〕。近世末の情報と判断されるが、南宮大神社では戦前に枯死したとされる新羅三郎義光お手植えの桜についての記録も残されている。『山梨県神社誌』によれば南宮神社は旧郷社、甘利郷きっての大社で、新羅三郎義光が甲斐任国の際に崇敬して社壇を造営し、武田信義や一条次郎忠頼以後、武田一条氏の崇敬を集めたという〔山梨県神道青年会 一九八五：二八〇〕。また、信玄の崇敬も篤かったとされ、ここも武田氏との関わりの深い神社である。

表２　『山梨県の武田氏伝説』所収のお手植えの伝説

人物	話数	伝説	地域	所在
新羅三郎義光	3 話	お手植えの桜	韮崎市大草町上条東割	南宮神社
		お手植えの桜	東山梨郡三富村徳和	吉祥寺
		お手植えの八本杉	山梨市北	八幡宮
武田信成	1 話	お手植えの松	東八代郡八代町	清道院
計	4 話			

※〔笹本 1996 b〕より作成。

これら「お手植え」の伝説は、それ自体に奇瑞のエピソードが編み込まれているわけではなく、その樹木が宗教的畏敬の対象であるようなケースは僅少であろうと考えている。すなわち、既存の樹木伝説を意識しつつ創出された、人物の関与それ自体をメッセージとして媒介する記念碑的樹木（記念樹）に類するものとして理解すべきものであろう。寺社が自らの「歴史」や権威との関連を、寺宝などとともに演出する道具立てであったと考えられる。

武田氏のお手植えの木伝説

この点を考察するために、山梨県下のその他の人物が登場する「お手植えの樹木」を検討してみよう。表2は笹本の伝説集から武田氏関係者が樹木を手ずから植えたという伝説をピックアップしたものである。武田氏の祖とされる新羅三郎義光の例が、先述の南宮大神社を含めて複数例あることが注意を引く。新羅三郎の伝説は、武田氏と同地との古くからの関係を物語るものといえるだろう。このほかは一三代信成の手植えの松が、夫人の菩提寺であり境内地が居城跡にあたる清道院にあるのみである〔笹本 一九九六b：三九〕。もちろん、このほかの武田家歴代が社寺と関わりを持たなかったわけではない。樹木の伝説の常として、樹木が枯死して後、記録化されないまま忘却された可能性は捨てきれない。しかし、枯死と忘却にさらされる可能性は信玄が関わる樹木も同様である。信玄以外の武田家歴代にお手植えの伝説が僅少であることからは、信玄の伝説が単に甲斐国をおさめた領主であるという一点のみを以て語られているのではないことがうかがえる。すなわち、強調すべき人物の選択が働いた結果、武田家歴代領主の中でも信玄の「お手植えの樹木」が数量的に充実していると理解する必要がある。その選択を促すものとは、後世の歴史記述において武田家歴代の中で信玄が突出化したこと、そして信玄との関係が権利・利害と結びついた近世の社会状況であると考えられる。

山梨県下のお手植えの木伝説

この点の検証をすすめるべく、さらに山梨県下のお手植えの樹木の伝説を示していく。表3は土橋里木の『甲斐伝説集』から武田信玄以外の人物が登場する樹木伝説をピックアップしたものである。このうち、「お手植えの伝説」は日蓮の「年越の松」、日本武尊の「神代桜」、良純親王の「鳳凰梅」の三話のみである。このことは「お手植え」の樹木の僅少性を意味しているのではなく、オーソドックスな伝説観においてはこの伝説が神話性や信仰との結びつきが希薄であるがために、積極的な評価の対象とはされなかったと理解すべきであろう。例えば、『日本伝説名彙』には、群馬県吾妻町の日本武尊手植えの「神代杉」のように、神話とともに名づけられた樹木は記載されているが、その他のお手植えの樹木には目配りが及んでいない。山梨県関係の近世文献を読みこむ限りでは、『日本伝説名彙』および『甲斐伝説集』には採られなかった無数の「お手植え」の樹木を見出すことができるのである。

『甲斐国志』の神社部第十四には市川大門の二ノ宮明神に「吉備公手植ノ松トテ蒼翠愛スヘキアリ」という樹木の記述がある〔松平 一九七四a：八三九〕。吉備公とは何者であるか判然としないが、日本武尊の東征に際してともに当該地を訪れた吉備武彦と推測される。県下には日本武尊伝説は数多いが、当該地では随行者

表３『甲斐伝説集』所収の樹木の伝説

人物	話数	伝説	地域	所在
日蓮	6話	年越の松	南巨摩郡静川村切石	善妙寺
		杖桜	北巨摩郡若神子村穴平	遠照寺
		逆さ銀杏	南巨摩郡下山村	上沢寺
		逆さ竹	中巨摩郡宮本村高町	
		蔦木	北巨摩郡鳳来村	敬寛院
		妙法桜（神代桜）	北巨摩郡武川村山高	実相寺
日本武尊	5話	鉾の木	東八代郡花鳥村竹居	
		神代桜（妙法桜）	北巨摩郡武川村山高	実相寺
		杖立朴	東山梨郡大和村初鹿野	諏訪神社
		箸杉	東山梨郡松里村小屋敷	松尾神社
		褥桜	東山梨郡松里村	松尾神社
源頼朝	4話	幕木	南都留郡鳴沢村	
		矢立杉	北都留郡笹子村黒野田	
		むち藤	西八代郡六郷村落居	藤尾寺
		箸檜	西八代郡山保村	子安神社
弘法大師	3話	弘法杉	甲府市愛宕山	
		弘法栗	北巨摩郡清里村樫山	
		石芋	甲府市湯村町	塩沢寺
徳川家康	2話	旗立松	北巨摩郡朝神村	
		御詞松	西八代郡市川大門町	弓削神社
源為朝	1話	旗掛松	北巨摩郡神山村	
北条氏直	1話	旗立松	北巨摩郡安堵村	
西行	1話	西行松	南巨摩郡万沢村西行	
日有	1話	杖銀杏	西八代郡富里村杉山	有明寺
夢想国師	1話	逆さ梅	西八代郡市川大門町	白雲寺廃跡
良純親王	1話	鳳凰梅	北巨摩郡武川村	高龍寺
親鸞	1話	箸杉	東山梨郡勝沼町等々力	万福寺
武田勝頼	1話	旗立松	東山梨郡大和村田野	
新羅三郎	1話	鞍掛松	中巨摩郡甲西町塚原	御崎明神境内
計	27話			

※〔土橋 1953〕より作成。

写真１　大聖寺の新羅三郎手植えの欅。2008年筆者撮影。

写真２　大聖寺の信玄手植えの紅梅。2008年筆者撮影。

の土地への関与を証する樹木がかつて存在したといえる。「蒼翠愛スヘキ」なる言説からは、この樹木が畏敬の対象であるよりは観賞の対象であることが推定できる。また、同書佛寺部第三の天龍山慈雲寺の記述では「夢窓手植ノ西湖梅トテ高貳丈五尺餘圍壹丈七尺餘ノ老樹アリ」との記述がある〔松平 一九七四a：九五〇〕。この梅は夢窓疎石開林の庵の至近にあった模様である。同書巻之七五・佛寺部三の恵林寺の項目にも千代桜と称して夢窓疎石のお手植えの樹木の記述がある〔松平 一九七四a：九六七〕[2]。さらに、筆者の調査のかぎりでは都留市金井にある桂林院には格智禅師なる僧侶のお手植えの桜が存在し、甲西町鮎澤の古長禅寺にはやはり夢窓疎石のお手植えの白檀が、身延町身延の日蓮宗総本山・久遠寺には日蓮のお手植えの杉が複数株存在し、同町下山の本国寺にも日蓮のお手植えの銀杏が存在する。僧侶以外については、南巨摩郡中富町八日市場の大聖寺に新羅三郎義光のお手植えの欅が存在したが〔写真1〕、先年伐採された。また、同寺には信玄手植えの紅梅も植わっている（写真2）。

『甲斐伝説集』記載の「お手植え」の樹木の事例についても掘り下げておきたい。「年越の松」は、節分に立ち寄った日蓮が自ら植えた樹木であるという。現在は枯死し、切り株のみが保存されている（写真3）。日蓮宗寺院における日蓮とのつながりの空間化は、当該寺院の歴史性と格式を強調するものといえるであろう。また、「神代桜」は、日本武尊が植えたものであるが樹勢が衰え、後に日蓮の祈願によって復活したものであるといい、「妙法桜」とも称される。

写真３　山梨県・善妙寺の日蓮の年越し松。2008 年筆者撮影。

「お手植え」という言説の位相

ところで、良純親王の鳳凰梅は、実は杖を立てたものが樹木に生長したという伝説であるが、一方で「お手植え」の梅とも呼ばれている。良純親王は江戸前期の皇族で、甲斐国に配流・蟄居の生活を送った人物である。このこととの関連で、気にかかる出来事が日蓮の樹木伝説の調査過程で発生した。日蓮宗の寺院・上澤寺には「毒消し銀杏」「逆さ銀杏」「お葉つき銀杏」などと称される銀杏の古木が存在する。写真４からも明らかなように平成二〇年（二〇〇八）段階で樹勢はなお盛んのようであった。当該樹木には以下の伝説が語られている（土橋一九五三：八）。

日蓮上人が身延入山の頃、穂積村小室山の善智法師（真言宗）が上人と法論をして負け、それを恨んで弟子に命じて日蓮を上沢寺に招じ、毒の萩餅を出した。日蓮は庭に遊んでいた白犬に餅を一つ投げ与えた所、白犬はそれを一口食べて、黒血を吐いて悶死した。両僧は隠し切れず前非を悔い、宗旨を変えて日蓮に帰依し、その弟子となつた。日蓮は身代りに死んだ犬を憐み、寺の境内に葬つて、その上に持つていた銀杏の杖を突き立てた。その杖に根が生えて成長したのがこの大木で、枝が下を向いているから逆さ銀杏とも、または毒消し銀杏とも呼んで、この木に触れただけでも、身体の毒が消えるといわれている。

写真４　上沢寺の銀杏。2008年筆者撮影。

またここに含まれていない情報として、現地の解説版には「『お葉付いちょう』の実は白犬の牙の形をしており、霊木の葉と実は諸病に効く霊薬として古来有名である」との文言がみられた。以上は日蓮についてしばしば語られる法難伝説の一つであり、日蓮の当該地への働きかけのレベルでみれば、これは高僧などの地に挿した杖が樹木に成長したという「杖立て」の伝説であるといえる。そして注意すべきことは、この樹木についてインフォーマントに聞書きをする中では、これは「日蓮上人お手植え」の樹木であると語られた事実である。

しばしば言われるように、伝説はその発話にきまった形式をもたない。このことは、それぞれの発話の主題に則して構成や修辞に改変が生じることをも意味する。上澤寺における伝説は、そのような発話の多様性、とりわけ発話における主題の多様性を示している。例えば、樹木の不可思議な形状を主題化した名称が「お葉つき銀杏」であり、実のなり方の不思議を主題化した名称が「逆さ銀杏」、不可思議な樹木の霊験を主題化した名称が「毒消し銀杏」であるとするならば、その樹木の不思議を存在論的に解説するのが「杖立て」のエピソードである。また、この樹木の存在は、日蓮が経験した度重なる迫害と、奇蹟的にもそれを乗り越えて日蓮宗の礎を築いたという日蓮および「日蓮宗」の宗教的な正統性の物語としても解釈可能である（日蓮の法難伝説については〔北村 一九九二〕を参照されたい）。では、そのような無数の主題選択の力学の中で、「お手植え」という言葉が選びとられたのは、発話におけるどのような主題化の力学によるものであろうか。ここで「お手植え」という言葉が表象し得ている内容とは、日蓮の当該地への「関与」そのもの、「日蓮が植えた」という事実以外のなにものでもない。ここからは、伝説が、発話者の関心やコミュニケーションの文脈に規定されつつも、形式選択の自由に委ねられていることが改めて理解される。「お手植え」の語は、伝説の本当らしさの強調（歴史化）を導くものであり、伝説の樹木の霊性をコミュニケーションにおいて強調しない言説選択である。すなわち、各地の「杖立て」などの伝説も、その奇瑞性を強調されない場合には「お手植え」という言説の中に回収されてしまう可能性を、この例は示している。

記憶装置としての樹木

このように検討してくると、あくまでも伝説の物証というかたちではあるが、西洋的な記念碑文化に先行して、「樹木」による記憶化の文化が日本にもあったということができるだろう。そして、実は、「お手植え」の樹木は、現在でも生産され続けている。各地の寺社や名所には天皇・皇族、あるいは著名人の植樹した木々が、解説版とともに来訪者に強調されている（写真5）。樹木の存在が天皇・皇族、著名人の来訪という過去を記憶化する装置として働いているといえる。

この点からは、樹木が記憶を媒介するものたり得るだけの社会的・文化的背景への問いが導かれる。なぜ、巨樹でも名木でもない偉人の植えた樹木が、その他の大多数の木々と峻別されるのだろうか。この背後には、近代的な記念植樹の文化のみならず、貴人が訪れて、当該地の樹木に痕跡を残した、あるいは当該地に樹木によって痕跡を残したという「関与のあり方」が、伝説的想像力の中で慣習となり、自明化されてきたことが大きいと筆者はみている。つまり、記念植樹の文化の受容を考える上では、伝説の合理化によって信仰対象の巨樹に実在の偉人が付会され続けてきた、日本文化の歴史的経緯を視野におく必要があるといえよう。岡本貴久子もまた近代以降の記念植樹の背景に「樹木に霊性を認める樹木信仰」を想定し、『霊木・神木をつくる』行為」として記念植樹と霊木・神木文化を連続的に捉えている〔末木・岡本 二〇一二：九三〕。

写真５　栃木県足利学校内の「孔昭潤氏手植」の楠。孔昭潤氏は孔子 71 代の末裔であり、同樹は昭和 10 年に植えられた。2010 年筆者撮影。

さて、偉人が樹木を手ずから植えたという伝説が語るものは、樹木の存在する場と人物との関わり、ないしその深さである。「お手植え」の伝説の主人公は、当該社寺ないし宗派の歴史上特筆すべき宗教者や在地の権力者である。そのように見れば、人物と自身との関係性を説くことの社会的・政治的意味を推測すべきことになるし、そのような関係性が説かれることの効果が期待される社会状況下で当該言説が生成され、喧伝されたであろうことも推察される。すなわち、信玄の樹木伝説は、高度に「由緒」的用法の中で語られていた側面が見えてくる。

(二) 奇蹟を伴う伝説と武田信玄

山梨県下の奇蹟を伴う樹木伝説

一方、表1および表3を対照して気付かれるのは、宮田登が「弘法大師と同工異曲」と表現した、武田信玄が樹木に対して、もしくは樹木によって当該地に超自然的に働きかけたという伝説の存在である。ここで、信玄が奇蹟を起こしたという伝説が山梨県下のどのような伝説分布の中にあるかを可視化するために、登場比率を示してみたい。表4は表3の事例群の中に表1の信玄の事例を差し込んだものである。なお、表1における重複事例は削除し、またお手植えの伝説も除外した。お手植えの伝説を含めれば、県下の樹木伝説の圧倒的過半数をお手植えの樹木が占めることになるからである。しかし、このような整理からだけでは県下の伝説分布の傾向が不分明である。弘法大師らの伝説との関連性を視野に信玄伝説の位置を析出するためには、主人公の働きかけの結果として、通常では考えられないような樹木の生育や変化が生じたという伝説と、その他の伝説とを峻別する必要がある。つまり、杖立てや箸立ての伝説と旗立てのような伝説とを区別してみる必要がある。無論、いずれも神遊行の物語に人物が付会された結果と解釈されてきた伝説であり、それら伝説の樹木は尋常の樹木とは区別され、宗教的な畏敬の対象とされていた可能性は高い。ここでの弁別は、人物表象の様態への関心から、伝説中の人物の行動ないしその帰結を析出するためである。

仮に、杖や箸を立てたものが樹木になったり、不可思議な力によって樹木の形状に変化を生じせしめたという伝説群を「奇瑞譚」とし、その他を非奇瑞譚とした時、表4の三四話は表5のように整理することができる。そして、表5から奇瑞譚への人物別の登場回数を示すならば、武田信玄四話、日蓮五話、日本武尊三話、源頼朝二話、弘法大師三話、日有、夢窓疎石、良純親王、親鸞がそれぞれ一話となる。一方、非奇瑞譚への人物別の登場回数は信玄六話、源頼朝二話、徳川家康二話、武田勝頼一話、新羅三郎義光一話、源為朝一話、北条氏直一話ということになる。仮にここにお手植えの伝説を含めるならば、非奇瑞譚における信玄の登場回数がさらに増加し、日蓮などの僧侶もここに登場することになる。ここからその傾向性を読み解いてみるならば、山梨県下の伝説中で奇蹟の主体として振る舞うのは日蓮や弘法大師らの名高い僧侶たちが多

表4　山梨県の樹木伝説の分布表

伝説	話数	人物	話数
杖立	9話	日蓮	4話
		日本武尊	1話
		弘法大師	1話
		日有	1話
		夢窓疎石	1話
		良純親王	1話
旗立（掛）	7話	武田信玄	3話
		徳川家康	1話
		武田勝頼	1話
		源為朝	1話
		北条氏直	1話
箸立	7話	日本武尊	1話
		源頼朝	1話
		親鸞	1話
		武田信玄	1話
鐘掛	2話	武田信玄	2話
楊枝	2話	武田信玄	2話
鞍掛け	1話	新羅三郎	1話
駒繋の柏	1話	武田信玄	1話
八房梅	1話	武田信玄	1話
御詞松	1話	徳川家康	1話
鞭立	1話	源頼朝	1話
鉾立	1話	日本武尊	1話
矢立	1話	源頼朝	1話
幕木	1話	源頼朝	1話
石芋	1話	弘法大師	1話
弘法栗	1話	弘法大師	1話
褥桜	1話	日本武尊	1話
樹勢祈願	1話	日蓮	1話
計	36話		

く、神話上の英雄である日本武尊や、実在の為政者である武田信玄や源頼朝らがそこに登場している、という構図を見ることができる。お手植えの伝説を除外した場合の非奇瑞譚には、僧侶らの登場はほとんど見られない。『甲斐国志』には必ずしも奇蹟の発現がうかがわれない休息村の立正寺における日蓮の袈裟掛け松伝説が見えるが〔松平 一九七四a：九三七〕、このような『甲斐伝説集』に漏れた伝説を視野においてもこの傾向はゆるがず、分布上の数量は実在の為政者や武将らの登場頻度が顕著である。以下、それぞれの伝説に検討を加えていくことにしたい。

表５　山梨県の樹木伝説の人物別分布表

	奇瑞	非奇瑞	不明
武田信玄	楊枝梅	旗掛け松	
	楊枝杏	旗掛け松	
	八房の梅	旗掛け松	
	橋立大杉	鐘掛け松	
		鐘掛け松	
		駒繋ぎ柏	
日蓮	杖桜		
	逆さ銀杏		
	逆さ竹		
	蔦木		
	妙法桜		
日本武尊	杖立朴		褥桜
	箸杉		
	鉾の木		
源頼朝	むち藤	矢立杉	
	箸檜	幕木	
弘法大師	弘法栗		
	弘法杉		
	石芋		
徳川家康		旗立松	
		御詞松	
武田勝頼		旗立松	
新羅三郎		鞍掛け松	
源為朝		旗掛け松	
北条氏直		旗立松	
日有	杖銀杏		
夢窓疎石	逆さ梅		
良純親王	鳳凰梅		
親鸞	箸杉		

八房梅伝説

まず、信玄のそれを例示していく。甲府市岩窪の「八房梅」は『甲斐伝説集』においては以下のように記述されている〔土橋一九五三：一二〕。

川中島の戦のとき、信玄公は喉が渇いたが水の用意がないので、従者が梅を差上げた。信玄公がそれを噛むと実は八個に割れ、それを捨てたのが発芽し生長して、一個の花に八つの実がなるようになつた。後に岩窪に移されて、今も機山公の墓には八房梅というものがある。

現在も八房梅は岩窪の信玄墓所に存在しているが、伝説の樹木であることは必ずしも強調されていない。この「八房梅」という伝説の性格は、他地域のそれを視野において理解すべきものであろう。福井県足羽郡麻生津村中荒井の八房梅については、大矢真一の「福井縣傳説集」に報告がある〔大矢一九三八：二二〕。

親鸞上人越後流罪の時、途中此處で教を説かれ、食事の際の梅干の種を地に蒔かれ、此の種から芽を生じ成長したら吾が法も盛んになるしるしであると言はれた。その言の如く芽を生じ成長して果を結んだ。

また、『日本伝説名彙』には、新潟県北蒲原郡加治村の八房梅について、以下のように報告されている〔柳田一九五〇：九二〕。

一つの花で八つの実を結ぶ梅がある。これは親鸞聖人が越後へ下ったとき、小島村で佐五郎という者が、上人に梅干飯を饗した。この梅干の核を庭に埋めたものが、成長したという。いまここには梅護寺という寺がある。

『日本伝説名彙』にはこのほか、愛知県宝飯郡赤坂町の事例として聖徳太子「手植え」の八房梅が安産および病気平癒の利益を伝えているという伝説や〔柳田 一九五〇：九一〕、和歌山県日高郡塩屋村の事例として蓮如上人が命名した八房梅に、民家に植えると祟りを生ずるとの伝説があることを記載している〔柳田 一九五〇：九一〕。また、先述の大矢の報告に見えた困難な事業の達成祈念というモチーフに関わるものであろう、兵庫県明石市の月照寺には大石良雄と間瀬久太夫が仇討の祈願の折、間瀬が植えたという八房の梅が存在する。信玄の八房梅伝説の場合、「困難な事業の達成」を占うモチーフは伴わないが、少なくとも「八房梅」は神秘的な現象の結果として語られ得るものであることは知られるし、何らかの信仰習俗と結合する場合のあったことは、愛知県や和歌山県の例から明らかである。

橋立大杉の伝説

次に、信玄の「橋立大杉」の伝説を紹介しておこう。これは「橋」立とは記述されるが、立てた「箸」が樹木に生長したというものである。当該樹木は昭和二八年（一九五三）に枯死したが、「信玄がここに立寄った際、昼食に使った杉の枝をさしたところ」大樹になったというものである〔笹本 一九九六：八一〕。箸が大木になったという伝説は山梨県下では親鸞、日本武尊、源頼朝にうかがわれる。親鸞の「箸杉」に関わる『甲斐国志』巻之七五、佛寺部第三における等々力山萬福寺の存古堂の記述を紹介しておこう〔松平 一九七四

a：九三四）。

傳云親鸞遊化ノ日喫飯終リテ其箸ヲ挿レ地誓ヒテ云我法末世ニ流布セハ當レ生ニ枝葉一トアリシカハ杉ノ箸忽チ青芽ヲ發シ歴レ年枝葉茂リ喬木トナレリ大五圍許因稱ニ杉ノ院一又云ニ杉ノ坊一寛延中寺炎上ノ刻其杉モ焼枯レヌ乃チ集ニ餘燼一収ニ置之庫中一聊存レ古ノミ因テ名ツクト云

ここでも親鸞は宗教活動の成功を祈念し、箸は忽ちのうちに生長したという。柳田の『日本伝説名彙』においても、箸の異常な生長を語る伝説は複数の類例が示されている。その主人公のみ抽出してみると、子の聖（埼玉県飯能市）、黒姫山の権現（新潟県西頸城郡青海町）、泰澄（福井県大野郡五箇村上打波、新潟県糸魚川市）、弘法大師（長野県北安曇郡白馬村三日一場・堀之内・飯田、奈良県宇陀郡榛原町、山辺郡山添村）、理源大師（京都府醍醐）、西行（大阪府羽曳野市）、太田道灌（埼玉県岩槻市）、親鸞（新潟県北蒲原郡水原町、西頸城郡青海町）、彦山の神（福岡県甘木市）などがあり、神や高僧が目立つ。このほか、国主（埼玉県入間郡元狭山村二本木）や出雲の観音の信者（岡山県久米郡大倭村）など、人物が明確ではないものもある（柳田 一九五〇：四八～五〇）。このうち、祈念のモチーフを伴うものは、子の権現、太田道灌、出雲の観音の信者らであるが、『日本伝説名彙』が参照した原典によって欠落した可能性も高い。というのも、『日本伝説名彙』所収の萬福寺の親鸞の箸杉の記述には祈念のモチーフが欠けているからである。祈念のモチーフが後から加えられた可能性も含めて、留意が必要である。

楊枝梅／楊枝杏の伝説

次に信玄の「楊枝梅」および「楊枝杏」を検討する。それぞれ『甲斐伝説集』から引用する（土橋 一九五三：一二]。

樹齢四百年程の梅の大樹があり、楊枝梅という。昔武田信玄公出陣の際この地で休んで辨当を食べ、梅干に楊枝をさしたのを一つ残された。それが発芽して大木になつたもので、この木の実は今も種子に小さい孔が残つているが、これはその時楊枝をさした孔であるという。

昔信玄公が円光院を訪れ、出された杏を食べる時、小楊枝で杏を刺したものを一個寺の庭に捨てた。その杏が芽を出し成長して実を結んだが、その木の実に限つて悉く小穴が貫通しているという。

土橋の記述では欠落しているが、楊枝梅はその他の資料では永禄年間（一五五八〜一五七〇）ないし天文年間（一五三二〜一五五五）の信州侵攻の途次に捨てられた梅であったという〔笹本 一九九六：八〇〕。現在は県指定の天然記念物となっている。管見の及んだかぎりでは、これらに類似する伝説は他地域に見出せないようであるが、これは楊枝を突き刺した痕跡のような穴を有すという特殊な形状の梅の希少性が関わるものと思われる。偉人が食事に際して捨てた箸や楊枝が大木になったという伝説の亜種ないし関連事例として理解してよいものであろう。

以上の信玄の伝説には、信玄が当該地に立ち寄ったことに関する合理的な説明として、「信州侵攻」や「川中島合戦」など戦争に関わるものが見受けられる。この点は、地域史の知識や軍談・講談の中で再生産され続けた、戦国武将としての信玄像が前面に出ているといえるかもしれない。ただし、ここであげた伝説は、為政者の軍事行動を記憶化するものではなく、不可思議なる樹木の解説に歴史上の人物が結びつけられたものと理解すべきである。その点において、お手植えの樹木などとは説明している事柄の位相が異なる。そして、多くの場合、そのような不可思議なる樹木は、徳の高い僧侶らの宗教性に根拠をもつ不思議な力や神仏の加護によって生育するものであった。では、不可思議なる樹木の解説に信玄が登場するという事実はどのように理解すべきものであろうか。

山梨県の頼朝伝説・信玄伝説・家康伝説

その手がかりは、「弘法大師」と同工異曲と称された信玄の伝説分布が、実は頼朝にも見受けられるという点を重視することで理解可能であると考えられる。頼朝が山梨県内の樹木の伝説に登場する場合、その多くは「富士の巻狩」に関連づけられる。伊藤堅吉の『道志七里』にある「的さま」なるものについての記述を提示しておこう〔伊藤 一九五三：二三三〜二三四〕。

こゝは源頼朝富士巻狩の砌り、この地に武道錬成の日を過したが、字的場の地に高櫓をしつらえ、櫓上にやおら豪弓を携え立つた頼朝は、遥か見はるかす室久保谷奥沢床にある標的に向つて一矢を酬いんとした。何とこの間実に一里余の距離を隔てゝいたのである。

ところが相憎この矢通りみちには、檜・椹・椿・樫等の巨木が枝を交え、梢を重ねて薄暗く生い繁つていて標的の在所すら見通すことは出来なかつたのである。こゝにおいて頼朝公は

「暗かろうぞ！」

茂り合う樹装をはつたと睨みつけたものであつた。そこはそれ四海天下に名だゝたる頼朝公のことである。四色の樹梢は威光に恐れ縮み上り、葉は萎び、枝は折れ下り軀幹は傾き悉く枯れ果てゝしまつた

のであつた。公はさもありなんと豪弓を放つたことは云うまでもない。

今でも室久保沢筋には不思議や檜・椹・椿・樫の木を見ることが出来ないのである。

「的さま」とはこの時頼朝が狙った的であり、岩壁の紋様である。的さまは神聖視され合掌する者があとを絶たなかったというが、近世期、ある材木問屋の雇用人がこれを軽視して足蹴にしたところ忽ち祟りを生じ、その者は足の激痛に襲われた。材木問屋では石祠を設けて的さまを祀り、神罰を鎮めたという。なお、的様は雨乞いの神ともされている。

ここで引用した伝説の前段は地域の植生を説明するものであるが、そのような植生をもたらしたものは頼朝のなんらかの威力の発現とされている。また、頼朝が的とした紋様もまた祟りを発し得るほどの霊威を見出されている。実は、武田信玄にも視線の力で自然に改変を加え、威力によって岩石を割ったというエピソードを伴う自然説明伝説ないし地名伝説が存在する。

信玄がはなたてというところで眺めた場所には、柏の木が一本もない。信玄が眺めなかった所にはある〔笹本 一九九六：二二二〕。

山梨郡の鶉は昔、武田信玄にまじないをかけられてから鳴くことがない。この郡を境にして道一筋へだてると、他郡の鶉は皆鳴くという〔笹本 一九九六：七三〜七四〕。

昔信玄公が駿河に向う途次この峠に休息し、大刀を抜いて樹を切り道を開かれた。その際傍の百貫石が、御威光に怖れて二つに割れたので、それ以来この峠を割石峠と呼ぶ〔土橋 一九五三：八四〕。

山梨県の地域史をふまえるかぎり、関係づけの根拠に乏しい頼朝の伝説が信玄に比して僅少であることに不思議はないが、その登場の様態には近似したものが感じられる。では、両者の共通性とは何であったろうか。筆者はそれを排他的に跪拝されるべき権威であると理解したい。すなわち、威信への期待を高度に満たす権力者であるというパーソナリティに求められるであろう。信玄に期待される権威性についてはたびたび言及してきたので略すが、一方の頼朝は鎌倉幕府の最高権力者である。頼朝が各地において人々の利害状況の根拠としてしばしば参照される人物であることは後述する。すると、甲斐国を訪れた経緯もある徳川幕府の最高権力者・家康にこの種の伝説が見出せないのかという問題が浮上するが、僅少ではあるが似たものを見出すことができるのである。『甲斐国志』巻五二、古蹟部第十六上には、勝山村の「東照宮御宿陣跡」について、以下の記述がある。

東照宮御宿陣ノ跡トテ其篠原ノ中ニ方四尺許自然ニ草生セス拂ハズシテ塵ナキ所アリ毎歳一度此地ニ奉幣スル事神主ノ家例タリ按スルニ天正十七年當郡御入輿ノ事アレハ其時若シクハ御宿陣ノ事モアリシニヤ〔松平 一九七四a：六八〇〕

不思議なことに常に草木が茂らず清浄に保たれている区画が存在し、神主らの祭祀の対象とされているというのであり、家康が滞在した場所と推測されている。つまり、家康はその滞在地に神秘的な痕跡をとどめたというのである。家康の場合、その滞在地に東照宮が祀られるケースが多く〔高藤 二〇一二：四〕、山梨県下でも信玄や頼朝とは異なる伝説分布を示すが、少なくとも、頼朝・家康は一時代の最高権力者として、信玄はローカルではあるが高い影響力をもつ権力者として、パーソナリティに共通性を見出すことができる。

次節ではこの点を掘り下げるために、人物の「権力者」性を重視する由緒的伝説を検討する。その際、山梨県における信玄のように特定地域との緊密な関係をうかがうことのできる静岡県下の家康伝説を中心に取り上げてみたい。

三節　神と人の間——静岡県下の家康伝説

(一)　由緒的世界における偉人

三駿遠地方の家康敗走伝説

まず、静岡県下に徳川家康の伝説が濃密に分布することの歴史的背景を確認しておく。徳川家康は、三河国(愛知県)岡崎の出身であり、後に江戸幕府の初代征夷大将軍となる。織田信長が今川氏を退けて以降は、信長との同盟下で駿河・遠江(静岡県中西部)に勢力を拡大し、豊臣政権下において江戸に移った。徳川家康は比較的長期に渡って静岡県下に拠点を置いていたのであるが、この時期は、家康の人生において、甲斐の武田氏との戦闘(三方原合戦や長篠合戦)など、軍事的行動が際立つ時期でもある。このことは、軍談・講談等の歴史物語の中で「静岡県下に拠点をもつ家康」の姿が繰り返し語られてきたことも意味している。

以上の事情により、静岡県下には徳川家康の伝説が特徴的な分布を示している。とりわけ、天竜川下流域の家康伝説の特徴を整理した中山正典は、その性格を「報恩」「褒美」「姓の由来」「敗走」「長者」「その他の由来」(村町・土地・坂・山・野原・森・谷・岩石・木の名)といった要素に分解して整理している(中山 一九八九〕。報恩、褒美、姓の由来、長者等は、それぞれ関係し合うものであって、中山の整理は必ずしも成功していないようではあるが、家康伝説の特徴はある程度明らかになる。当該地域では、家康は戦からの「敗走」過程で地域に関係すると語られ、その際、地元の人々の援助に接する。そして、後に天下をとった家康からの「報恩」として、「褒美」や「姓」を授かり、結果として「長者」になったというものが多いのである。すなわち、ある一族の富や繁栄、長者としての由緒を語る伝説の中に、それを授ける主体として家康が登場し、その理由は敗走過程を救われたことへの恩返しとされる。加えて、大島善孝によれば、静岡県下の家康伝説には「文書を残す」という特徴があるという。すなわち、褒美として特権を認めたという証拠の文書である。このことから、家康伝説の特徴がより明確になる。すなわち、文書発行の根拠として家康の敗走伝説が語られているのであり、由緒と伝説の本来的な関係の密度が垣間見える。例えば、以下の伝説がある〔土橋 一九五九：一〕。

大家（オウヤ）と呼ばれる財産家の先祖は、桶屋半兵衛という貧しい桶屋であつた。ある日半兵衛が庭先で据風呂桶（スイロコガ）を結つていると、一人の武士が敵に追われて逃げて来て、ぜひ隠まつてくれという。桶屋はその武士を結いかけの風呂桶に入れ、桶を地に伏せて、トントンとタガを締めていた。大勢の敵が追つて来て尋ねるが、桶屋が知らぬと答えると、追手の衆は桶屋の家をさがした末帰つてしまう。桶屋が武士を風呂桶から出してやると、武士は「いまに俺が天下をとつたら、何なりと望みをかなえてやる」という書きつけを与えて立ち去つた。その武士が実は徳川家康で、後に将軍になつたので、桶屋は貰つておいた書きつけを証拠に江戸城へ申出た。家康に逢うと、武士に取り立ててやるといつたが、桶屋はそれを辞退し、自分の庭で見える限りの地所をくれというと、家康は承知の旨のお墨つきを書いてくれた。桶屋はそれをもつて村に帰り、村の附近の畑や山林を全部支配し、明治維新のときも、静岡県令（県知事）からそれを承認して貰い、当主竹川氏は今もなお麓の大家と呼ばれて繁栄している。

この事例の中では二度文書の発行が行なわれている。この文書によって、竹川家は広大な土地を所有し、維新以後も権勢を誇ったというのである。また、静岡県令に土地所有の根拠としてこのような由緒を語ったらしいことも事例からは見えてくる。

一方、大島善孝によれば、このような文書が存在したものの、すでに失われてしまったということを具体的な紛失の経緯も含めて伝える事例が静岡県内外に存在するという〔大島 一九九五：一三六〜一三八〕。すなわち、静岡県大井川町下小杉（現・焼津市）の事例である〔大井川町史編纂委員会 一九八四：五三二〕。

> 家康敗北ノ際下小杉ノ漁夫（名ヲ逸ス）背ニ負ヒテ川口ヲ渡ス。其ノ欲スル所ヲ問ハレテ、何レノ地ニテモ漁業ニ従事スルヲ許サレタシト乞フ。家康許可スヘキ旨ヲ記シ石上ニオキテ逃ル。漁夫手ヲ洗ヒテ、コレヲ取リニ行カントスル間ニ風ノ為メ海中ニ飛ハサレ、后天下徳川ニ皈スルニ及ンテ大ニ之レヲ惜シメリト云フ。

この事例の場合、発給されたその場で文書が失われている。想像を逞しくして言えば、当該事例は家康が発行したという文書の由緒としての効力が相応に周知されている状況下で、何らかの漁業権の主張を行なうために語られたものと推測できるが、実態は不明である。

このような家康の敗走を助けたために「職業上の権利」を認められたという由緒的伝説は、同業者集団による信仰にまで展開している場合もある。理容業者による藤原采女助と徳川家康の祭祀については松崎憲三による分析があるが〔松崎 一九九八・一九九九〕、理容業者と家康の関係も静岡県下で敗走過程にあるところを援助した逸話がともなっている。以下、雑賀貞次郎の紹介する髪結い職の由緒「壱銭職由緒書」を要約しておこう〔雑賀 一九三一：二八～二九〕。藤原采女亮は鎌倉時代の人物であり、父・晴基が天皇の宝物を紛失した際に、父とともに諸国を旅して宝物を探索するが、その際、山口県下関で父とともに武士たちの髪結を行なって生計をたてたため、髪結いの始祖とされるにいたった。その子孫は代々髪結を業とするが、一七代・北小路藤七郎の時、三方原の戦いに敗れた家康の天竜川渡河を手伝った褒美として笄ないし脇差と銀一銭を授かったという。これにより、近世期は髪結を一銭職と称し、また、髪結い職は職祖・采女亮と家康に対する信仰を有したというのである。[3]

家康はなぜ敗走するのか

このような家康の敗走伝説について、中山は「天下人となり、覇者として君臨する神々しい存在である家康は、遠州の人びとにとって、若干弱々しい浜松城主の家康のイメージの方が親近感があった」、あるいは「伝説上の家康は、必ず恩に報いる。敗走する家康を救う者は、長者になる。困窮した者を助ける者は報われるという道徳律がここにはある。そして裏返せば、民衆の望んだ為政者像もここに見ることができる」といった解釈を提示している〔中山 一九八九：六九八〕。中山への反論を可能とする資料として、家康以外の人物の敗走伝説があることを指摘することができる。例えば、小島瓔禮は神奈川県真鶴町の頼朝敗走伝説を報告している〔小島 一九五九：一〕。

むかし、頼朝が石橋山の合戦に負けた時、この村に逃げて来て、五味の先祖の桶屋に助けを求めた。そこで桶屋は、頼朝を桶の中にかくまつてやつた。おかげで、頼朝は、房州へ落ちのびることができた。これに感謝した頼朝は、後になつて、ゴミだらけのところで助かつたというわけで、五味の姓を贈つたのだという。

頼朝が逃げて来て、シトドの岩屋にかくれているとき、五味の先祖が握飯をもつていつてやつた。五つの味がするほどうまかつたので五味の姓を賜つたとか、握り飯にゴミがついていたので五味だとかいう。

家康と同様に頼朝も桶屋に救われていることの理由を考えてみる必要があるが、ここではさらに他地域の敗走伝説を紹介しておく。田中新次郎の報告する鳥取県三朝町字片柴村の伝説である〔田中 一九五九：二〕。

南城家の羽衣石城が吉川に攻められて落城したので城主は逃げて来て、助けてくれといつて片柴で桶屋をしている家に入りこんだ。すぐ追手がくるので桶屋の仕事している桶の中に入らせて仕事をつづけた。追手は家中をさがしたが見当らず去つたので城主は命が助かつたので首尾よく都へ落ちのびることを得たので、後ほど御礼に来て何でも望むことをするといつたら山村で塩が入手難だというと、それで塩を毎年十二俵宛送るといつて、明治維新廃藩になるまで続けて送つて来た。

敗走伝説に登場するのは家康のみではないのであり、「敗走」の意味を家康の弱々しさへの愛情、理想の為政者として捉える眼差しに還元することは適切ではない。ここで注意すべきことは、家康・頼朝がともに一時代の最高権力者であり、それに先だって敗走の史実をもつという両者の共通点である。敗走の史実は、当該人物を援助する機会を人々に与えるもの、すなわち伝説の合理化に動員可能な逸話である。ここで、敗走伝説に関する小島瓔禮や大島善孝の指摘が意味を増す。すなわち、小島は「神を助けた話も同様、尊い身分の方を助けることによって恩賞を受けたということが、わが家系わが職業のほこりであり、賜姓伝説は、その端的な現れであり、新しい形式であった」と敗走伝説を説明づけ〔小島 一九五九：一一〕、「古風な、神を助けた話」が「軍談系の語り」の影響で変化したものという〔小島 一九五九：一二〕。大島もまた、「神を助けて恵みを与えられるという」モチーフの存在を指摘しつつ、「家康の敗走の内容を検討すると単に敵に追われるという例のほか、三方原の戦いで武田信玄に追われる、本能寺の変を逃れるというように具体的な事件の名称が登場する例が多いが、このことは講談などを通じて得られた家康の伝記に関する知識が影響したことを推測させる。そして、講談などでは、印象的な場面として、三方原の戦いや本能寺の変が特に好まれて語られたのではなかろうか」と述べている〔大島 一九九五：一五〇〕。すなわち、形式としての「神を助けた話」をベースに、参照可能な歴史知識によって合理化された伝説だというのである。その際、小島は「わが家系わが職業のほこり」という精神的価値に重きをおいている。しかし、敗走する権力者を助けた話は、家康においてて文書とともに身分・権利の保障とむすびついていたように、権力者との関係性を語ることが意味をもつ社会状況の問題としても理解する必要がある。とすれば、当該伝説は軍談の影響によって合理化されたとみる以上に、由緒としての歴史の利用の文化の中で捉え返す必要があるであろう。

先に「壱銭職由緒書」に言及したが、世俗的な権力者から、なんらかの理由によって身分や権利、恩賞を賜ったという筋書きは、各種の由緒書きのストーリーでもある。ここではさらに河原巻物を検討しておこう。

河原巻物とは、各地の被差別部落に伝承される由来書の総称であり、既得権益の動揺に際して、自身の権利の正統性を強調する文脈で使用されたものである（盛田 一九七八）。その河原巻物の一つ「河原細工由緒記」には頼朝に言及するくだりがある（慶應義塾大学図書館蔵。ここでは盛田の翻刻から引用した〔盛田 一九七八：三三一〜三三三〕）。

> 爰ニ江府矢野彈左衛門儀者、
> 往昔、頼朝公於二豆州一旗上之砌、平氏之討手ヲ引受、石橋山ニ敗レ給ひ、朽木ニ隠レ、梶原ニ被二見遁一、夜分入而矢野村之河田ニ忍ひ給ひ、数日逗留被レ遊二材（在）府一、然御酒之酌ヲ在所ニ媚美女ノ在シニ為レ採給ひ、終ニ妾ト被レ成レ候處、妊身（娠）ト相成、生二男子一、生長（成）シテ鎌倉ニ出府シ、官訟（ママ）ヲ也、頼朝公之御機嫌も相應し姓名被レ下、矢野彈左衛門尉源頼兼と名乗申けり、尚、随二御軍一ニ任二戦功一数ゝ之恩賞被レ下候、就中貳拾九座之手下ヲ定メ被レ為レ下（以下略）

なお、弾左衛門は頼朝発行と称す朱印状の偽文書を所持していたという。ここでの記述は、弾左衛門を頼朝の妾腹の子であるといい、家康の敗走伝説とは若干の相違を有してはいる。しかし、先述の桶屋の伝説と同様に石橋山合戦の敗走過程で庶民との間に接点をもったという点、彈左衛門家がそれを機縁として今日の特権その他の状況をゆるされるに至ったという筋書きに相違はない。家康の例に立ち戻るならば、桶屋にこの種の伝説が多いということも、中・近世の職人文化あるいは社会的位置づけを想起するかぎり、これがきわめて由緒的な性格の語りであることを浮き彫りにしている。

由緒と信玄

由緒的文脈での人物の引用は、家康や頼朝といった最高権力者のほか、先述の羽衣石城のようにローカルな権力主体にも見受けられる傾向にあった。ひるがえって検討すべきことは、前節で検討した山梨県下の武田信玄に、このような事例が見られるのか否かという点であろう。管見の及ぶかぎりでは信玄にも砥石崩れ等敗戦の史実はあるが、敗走伝説は見出せない。もっとも、石川が述べるように、また第二部第一章でもうかがえたように、信玄は様々な県下の事物を権威づける際に引用される傾向にあり、それは今日の観光の文脈にも引き継がれている。戦後、「ほうとう」に信玄起源説が誕生したことは端的な事例である〔影山二〇〇三〕。あるいは、頼朝や家康にうかがえたような権利主張の由緒としては『裏見寒話』に「信玄の御朱印所持にて、凡て當國にて芝居、其外觀覽物興行の者」が「幕を借るを例とす」とされる豊後太夫なる者や、「信玄の御朱印にて、他國に替り乞食より穢多迄も支配すと云、惣して浄瑠璃語り祭文讀等の類、甲州へ來」った場合は皆指図を仰いだという善九郎なる者の記述があることを紹介しておきたい〔野田一九七四：一一三〕。信玄発行と称される文書を根拠にこれらの人々の権益が主張され、また保証されていたと考えられる。

以上、歴史上の人物の権力性を前提とする由緒的伝説ないし由緒書そのものを、徳川家康の敗走伝説を主軸として検討してきた。家康と頼朝がともに敗走を救われる形で由緒の世界に姿をあらわすことをおさえつつ、敗走のモチーフをもたないものの、信玄にもそのような由緒的文脈での例があることを確認した。

ここにおいて、前節まで検討してきた信玄と頼朝の伝説への登場形式が問題となってくる。山梨県下の伝説で、信玄・頼朝はその威力によって自然環境に改変を加えるような奇蹟を発生せしめており、一部家康にもそのような伝説が存在したわけであるが、実は、静岡県下の家康伝説にも同様のものがみえるのである。

前節の内容を意識し、家康の樹木伝説を検討してみよう。

(二) 家康の樹木伝説

家康のお手植え伝説

まず、山梨県下において信玄に特徴的に顕在化していた「お手植え」の伝説が家康に見出せるか否かを検討する。静岡県周智郡森町三倉には、家康の敗走伝説として以下の記録がある〔静岡県女子師範学校郷土史研究会一九三四：一八九〕

> 家康が信玄と戰つて負けて三倉の方へ逃れて來た。敵の兵はどん〳〵と迫つてくる。そこで仕方なく、此の三倉村の一農家に頼んで隠してもらつた。馬の鞍三つを使つてその下に隠れてゐると、敵兵はそのまゝそこを通過ぎてしまつた。その御禮として家康が言ふのに「もし私が後日天下の政権を得るに至らば、目通りか或は十萬石かどちらかをやらう」と。そこで目通りを貰つて、その土地の大富豪として、明治維新後迄續いたといふ。今は衰へてその邸はない。その邸の跡は（中略）かやの木と黒松があつた。徳川家康の植ゑたものであるといふ。

敗走途上にある家康を救ったために広大な土地を授かり、有力者となった家の伝説である。伝説が記録された段階で同家はすでに絶えていたが、その後も家康が植えたという樹木が屋敷地に生えていた様子である。この樹木の伝説が説明していたものを推測するならば、それは同家に繁栄をもたらした同家と家康との関係性そのものであったといえるだろう。このほか管見の及んだかぎりでは、駿府公園内のお手植えの蜜柑、静岡市安養寺のお手植えの蜜柑、清見寺のお手植えの桜、由比町のお手植えの松が見出せる。また、家康の出生地・愛知県岡崎市に視線を投じれば、さらに複数のお手植えの樹木を確認することができ、家康の生涯における行動範囲に応じて各地に同様の伝説の樹木が存在することがわかる。

奇蹟を伴う樹木伝説と家康

一方、信玄や頼朝と同様に、家康を奇蹟の主体として語る伝説も存在する。徳川家康の「三度栗」ないし「再栗」の伝説を例にとってみる。これは一年に複数回実を結ぶという不思議な栗で、静岡県下に複数例存在している。静岡県小笠郡三浜村の三度栗は以下の内容である〔田中 一九五七：一三〕。

家康が落人となって来て、老婆の家の栗飯を食って、お礼にこの木を念じて行ったという。遠州七不思議のひとつとなっている。

同地の伝説が興味深いのは、これに家康ではなく弘法大師を主人公とするバリエーションがある点である〔山田 一九七七：二三〕。

三沢の里中程、丸山墓地の一郭に弘法堂があり、その傍らに栗の原木がある。この栗は南谷の原野から移植されたもので、田植の頃花が咲き三度なる不思議な木で、遠州の七不思議の一つとして言い伝えられている。昔弘法大師様が全国を歩いてまわられたとき、三沢の里に通りかかった道すがら子供達が栗をとってたべていた。大師様は急に空腹を覚え「一つわたしにも下さらんか」という。子供達は喜んでたくさんあげ、大師様はおいしい、おいしいとたべ、そのお礼に毎年三度づつ実がなるようにしてあげると言うて又旅に出たのであります。

あるいは、これと同じものか否か明らかではないが、再栗なるものが同地に存在する。これも弘法大師を主人公としている〔静岡県女子師範学校郷土研究会 一九三四：一三二〕。

三澤と云ふ所に、お坊様が托鉢に來た。或家で栗をお盆にのせて出した。お坊様は大變喜び「良くかうしてくれた。その代りにこの栗の木に、一年に二回ならしてやらう」と言つた。その爲、今でも三澤には、一年に二回なる栗の木があると云ふ。その坊様は弘法大師であつたと云ふ。

では、三浜村の家康の三度栗の事例は、インフォーマントの記憶違いに起因するものであろうか。そうとも言い切れない証拠として、静岡県袋井市大谷の事例を提示する〔所 一九七七：九〇〕。

大谷の里から山を越えた幕ヶ谷という谷間の部落に、六月、八月、十月に花が咲いて実をつける三度栗という珍しい栗の木があります。徳川家康が、風林火山の旗をなびかせて遠征して来た武田方の大軍と戦っている時、この地で弁当を食べようとしましたが箸がなかったので、傍の栗の木の枝を切って、間に合わせの箸としました。食べ終わってから、その箸を地にさして「自分は今こうして苦戦を続けているが、幸いに武運が開かれて、天下統一の志を遂げることが出来たら、三度実を結べ」と言ったといいます。家康の天下統一の大業が成就したので、ここの栗は三度実を結ぶようになり、幕を張って陣を構えた所だから幕ヶ谷の地名がつけられたと伝えられています。

ここでの家康は、さきほど親鸞の伝説において指摘したのと同様に、天下統一という困難な事業の実現を植物の奇跡的生長に託している。

同じく、静岡県周智郡森町の例をあげてみよう〔御手洗 一九六八：三一九～三二〇〕。

昔、徳川家康が戦争に敗けてただ一人、周智郡の森町、昔の園田村に逃げて来た。遠い道程を走って来た彼は、空腹でたまらなかった。「ああ、腹がへった」ふと見ると傍に農家がある。彼は思わずも飛び込んだ。家の中には老婆が一人いた。「おい、お婆さん、なにか食べるものはないかい」「さあ、なにも――」「なんでもいいよ、腹さえふくれれば」「では、栗でよろしかったら、少しございますが」「いいとも」老婆は、大きな箱に一杯、栗の実を持ってきてくれた。（略）家康はでがけに、残った栗の実を一つ、その家の門前の土にうずめて、「おれの食べた分を、早く実ってやってくれ」といって、右足で軽くふみつけていった。その後、家康の蒔いた栗は芽がでて、六月、九月、一一月と、三度づつ花が咲いて実のなる、不思議な栗の木となったということである。

ここで注意したいのは、武田信玄のケースと同様に、同じモチーフの伝説に家康と弘法大師とがともに登場するという事実であり、弘法大師と同工異曲の伝説を有すのは山梨県における信玄のみではないことが明らかである。(4) 家康にかぎっていえば、彼はその死後すぐに東照大権現として祀られており、神仏のような霊威を見出す眼差しが向けられても不思議はない。しかし、神社において神格化されていたという家康のパーソナリティの故に、このような伝説が存在するわけではないことは明らかである。それは宮田のいう「地域との関連の密度の濃さ」を前提とする「権威跪拝」の心意、あるいは日本における神・人の間隔の近しさが生んだ伝説であったといえるであろう。すなわち、世俗的高次者は、常人には困難な事業を達成し、人々の暮らしに富や権利を与え保障するという形で関与することも関わって、宗教的高次者と近似する存在として表象され得たと理解したい。

伝説からみる偉人と神

関東各地には頼朝を奇蹟の主体とする伝説が存在する。頼朝の「遊覧伝説」という枠組でこれを分析する入江英弥は、頼朝の挿した楊枝が樹木に生長したとする伝説について、「頼朝の偉大さを説くのとともに、この木が威力のある木であることを表わすために、つま楊枝が成長したという非現実的な話が選ばれた」との見解を示している〔入江 二〇〇七：六四〕。頼朝の偉大さは「非現実的な」出来事を引き起こし得るものとして想念されたということであろう。また、入江は頼朝お手植えの樹木がある神社について「時の為政者の来訪を語って自らの社を権威づけようとする意図」、「歴史上の人物が訪れるような格が高く、古い社であることを印象づけるためにこの伝説が語られてきた」、「頼朝が当社に来訪したことが事実であることを主張するため」などと、当該樹木の所在地や所有者の歴史性や権威・格式を具体化・可視化する措置として理解しており、筆者も首肯するところである。しかし、入江は頼朝が奇跡の主体足り得ることの理由にまでは踏み込んではいない。本書の議論をふまえるかぎりでは、これは家康や信玄、そして頼朝という個別のパーソナリティの問題に加えて、権威的存在に注がれる眼差しの問題が関わっている。すなわち、偉人化と神格化の近接的状況の故に発生し得たものと考えたい。「すぐれたるもの」に向けられる人々の眼差しは、そこに

「人を超えたもの」をも読み込んでしまうのである。

ただし、これらの伝説がかつての社会においてどの程度リアリティを持ち得たのかという問題には、残念ながら説き及ぶことはできない。しかし、権力の行使によって人々に恩恵を与えることが期待されるかぎりにおいて、同様にそのような恵みを与えてくれる「神」や「仏」に類する表象形態が導かれるらしいことは想定することができる。非業の死者であるという要件を満たすことなく、人は「神のようなもの」として表象化され得たといえるのである。

結びにかえて

本章では前近代的な偉人表象の形式を伝説の中に探った。以下、本章の議論を整理する。

第一に、「お手植えの樹木」の伝説の検討から、世俗的偉人としての信玄との縁故を歴史化しようとする社寺の戦略を読み解いた。自身と為政者の権威を関連づける言説は、文字化されれば由緒書という現出形態をとり、しばしば偽文書として処理されるが、系譜伝承のように口頭で伝えられたり、あるいは何らかの物にも託される。各地の社寺の「お手植えの樹木」の類は、寺社の由緒の空間的表現であるといえるのである。

第二には、生業活動の中で権威として参照される人物の伝説に、地域内外で宗教的偉人が引き起こしたと語られるような奇蹟譚があることを確認した。そのような伝説に信玄のみならず頼朝や家康といった権力者も登場することを手がかりに、前近代的社会における世俗的高次の存在と宗教的高次の存在の近接性、すなわち「すぐれたるもの」への眼差しと神仏を仰ぐ眼差しとの近接性の様態が、伝説における人物表象からは把捉できることを確認した。

日本における神・人の間隔の近さは、大多数の人々においては為し得ない事績を可能とし、人々に無数の恩恵を与える「権威」への想像力にも影響を及ぼした可能性が高い。無論、そこに無時間的に存在する「神・人」間の不変の関係観や権威観を読み込むことは不可能であるが、世俗的存在と宗教的存在をめぐる眼差しの分かち難さは、相応に歴史的現象であり、それ自体について、言わば偉人崇拝の変遷史あるいは権威跪拝の変遷史を構想してアプローチすべきものと言えるのではないだろうか。

注

（1）筆者の参照した『甲斐叢書』版の「甲府巡見記」は寛政六年の刊行とされながらも本文中に天保年間（一八三〇～一八四四）への言及があり〔著者名不詳 一九七四：三八二〕、ここでの記述がいつのものかは慎重に吟味する必要がある。

（2）『裏見寒話』にみえる「山門の左右の櫻貳本植へ、りやうしゆう（両袖）と名付く、此櫻あらん限りは、惠林寺長久ならんと、夢窓国師申置るゝと也」とあるものと千代桜とは同じ樹木か、植え継がれたものと推測される〔野田 一九七四：六四〕。

（3）理容業者の由緒の内容については佐々木美香の資料紹介を参照されたい〔佐々木 一九九一〕。

（4）樹木伝説ではないが、山梨県西八代郡市川大門町の手形石の伝説は、その主体として弘法大師と武田信玄の両名が登場した可能性が高い。すなわち、「高田村源昌寺の境内に高さ三尺ばかりの自然石があり、この石に掌の形を押した跡がついている。これは弘法大師がつけたといい、あるいは武田信玄だともいうが、このあたり三、四十戸の部落には、今も印沢（オシテザワ）の名がある」というものである〔土橋 一九五三：一七〕。ただし、当該地の解説版は弘法大師説を採っており、かつては存在し得たであろう武田信玄説が今後語られる可能性は低い。

第三部　現代社会における神と偉人

第一章　神・偉人の観光資源化と祭礼・イベント
――大岡越前祭と信玄公祭り

はじめに

歴史上の人物の偉人化や神格化に注意しながら現代の世相を見渡すとき、ひときわ顕著に観測されるのは観光振興の目的で地域史上の人物を活用しようとする動きである。本章では、歴史の資源化による観光客誘致の取り組みの中でも高い一般性を示すイベントおよび祭礼を取り上げる。

歴史を主題とする「祭礼」「イベント」研究

この種の祭礼について包括的かつ分析的視点からアプローチを行なった成果としては、阿南透の「『歴史を再現する』祭礼」がある（阿南 一九八六）。「歴史を再現する」祭礼とは、大名行列や歴史性を組みこんだ行列行事を都市祭礼研究の観点から把捉するために設定された概念であり、「その都市の歴史に登場した人物の姿をパレードで示すもの」と定義される（阿南 一九八六：二三）。当該議論において、阿南は京都の時代祭や名古屋の名古屋まつり・郷土英傑行列、甲府の信玄公祭り・甲州軍団出陣を事例としながら、それらの祭礼の意図が「対外的には観光客の誘致、対内的、つまり市民に対しては、『コミュニティ』意識、そして市民意識の強化」にあり、対内的な共同性のシンボルに歴史的な道具立てが用いられていること、つまり、歴史上の人物の提示によって、共同性のシンボルとしての歴史が象徴化されているという〔阿南 一九八六：三〇〕。また、注意すべき指摘として、阿南はこれらの祭礼の分析を通して「先行者たちの存在・行為によってわれわれの在り方が規定されている」という「歴史観」、「先行者による自己規定」という歴史認識の存在を読みとっている〔阿南 一九八六：三二〕。一方、新谷尚紀は都市祭礼の創造性および歴史の資源化論の文脈でこの種の現象に言及している〔新谷 二〇〇五・二〇一〇〕。とりわけ後者については、歴史学者ひいては広義の歴史学であるところの民俗学者が取り上げるべき問題として史実の情報化ないし資源化の通史的理解の必要性を提起しているが〔新谷 二〇一〇：四七三〕、偉人化という視点から死者への価値付与とその公共化の側面を議論する本書の作業は、新谷の構想を実現化させたものとして位置づけることができるであろう。

序章でも触れたように、本書の視座は近年の記憶論をふまえている。そこでの議論の一つの傾向は、記憶の共同化（共記憶化）に伴う集団の統合への関心であり、人物に焦点をあてて言えば、死者の社会資源化ないし政治資源化の側面が強調されてきた。阿南の議論は、当該観点を祭礼に焦点化したものといえる。無論、歴史観や歴史意識という問題へのアプローチは祭礼論のみで完結するものではない。ある死者（あるいは歴史）がシンボルに足り得るようになっていく経緯・過程へのまなざしが重要であり、そのためには祭礼のみならず、当該地域の歴史や当該人物に関する認識と実践一般に視野を広げてアプローチをする必要がある。すなわち、歴史の内実やその取り扱い一般を捉える作業である。本書では、すでにいくつかの事例において、ある人物が特定の地域で特別視されるにいたる過程をおさえてきた。ここにおいて、今日挙行されている祭礼に検討を加える用意が整ったといえるであろう。

「祭礼」・「イベント」と「祝祭」

なお、本章では神社祭礼とイベントという、一般的には属性の相違する二つの催しを取り上げる。これらについても先行する議論にふれておく。都市祭礼やイベントを宗教性の有無や濃淡の次元で対象化する場合、祝祭研究の知見をおさえる必要がある。民俗学ないし隣接諸学における「祝祭」概念の使用は必ずしも統一のとれたものではない。薗田稔は、いわゆる「祭」の非日常性を、festivityとritualの複合として捉える観点を示しており〔薗田 一九九〇〕、前者においては限られた時空間において世俗社会における価値の積極的否定行為がふるまわれることに眼目がおかれている。この点、非日常性をどのように理解するかによって、festivityは拡大解釈される傾向にある。例えば、有末賢は、都市空間の諸事象に祝祭的なるものを見出しているが〔有末 二〇〇〇〕、そこからは、イベントはもちろん、暴動の類や各種の余暇活動も「祝祭性」なるものとの連関で捉え得ることになる。鈴木謙介の「カーニヴァル化する社会」論も同様の視点に立つものであろう〔鈴木 二〇〇五〕。一方、和崎春日は「祝祭からも乖離したイベントは、商業目的つまり『カネ儲け』が目標となっている場合もある」と述べ、祝祭を限定的に捉え、商業的イベントとの間には異質性が見出されている〔和崎 二〇〇九：八五七〕。筆者もまた、祝祭性理解の無軌道な拡大には慎重であるべきと考えるが、少なくとも本稿では、以上の状況をふまえ、祝祭という語の使用を差し控える。ただし、祭であれ、イベントであれ、時間的・空間的な境界づけとともに、当該境界内に特定の意味を付与する現象であるということはできる。そのような領域は非日常的時空間として体験され得るし、体験されることを要請するものである。そして、本章の関心は、そのような特別な時空間の設定に「歴史」、とりわけ特定の人物が関連づけられるケースにある。議論を先取りして言えば、実際にそれらの祭礼のいくつかに調査を行なって気付かれるのは、世俗的な目的のもとで宗教施設と関連なく行なわれるような神不在の「イベント」であっても、そこで表象化される歴史上の人物には神であるかのような表象化、あるいは擬似的・一時的な神格化とでも呼ぶべき現象が生じているという点であり、非宗教的な事物・事象が、なんらかのコンテクストのもとで宗教的な事物・事象として意味付与されるという事実である。この点について考察することは、人と神との間隔を問題とする本書において、重要な論点を提起するものと認識している。

形式感覚と再現志向という視点

本章では、本書第二部で取り上げた武田信玄と大岡忠相に関する祭礼とイベントを取り上げるが、先行研究の整理をふまえるかぎり、二つの問題に取り組む必要があるといえる。

第一の問題は、祭礼における偉人表象の宗教性についてである。つまり、世俗的行事の中での「郷土の偉人」の取り扱いに宗教的敬礼行為の形式が選択されているという状況について分析を加えるが、その際、ドイツ語圏の民俗学の説話研究における「形式感覚」という概念を敷衍させて用いることにしたい。

フィンランドの民俗学者ラウリ・ホンコは『メルヒェン百科事典』(Enzyklopädie des Märchens) における「ジャンル問題 (Gattungsprobleme)」をめぐる記述の中で、形式感覚 (Formsinn) という語を使用している〔Honko 1987: 762〕。それは発話行為の中に経験的事実として存在する感覚であり、これにより、人々は自身の語りや他者の語りが、どのようなジャンルであるのかを識別することができる。平易に言えば、それは語ろうとする「なにか」を、その「なにか」として伝わりやすく語る際に動員される感覚であり、耳にした「なにか」が、当の「なにか」であるか否かを識別する際に動員される感覚といえる。

アルブレヒト・レーマンは、ホンコの議論を参照しつつ自身の提唱する「意識分析」という手法を解説するが、それはコミュニケーションにおける自己陳述や心象の表明には、あらかじめ何らかの慣習的・文化的拘束性、あるいはそれへの誘いが及んでいることを前提として、その選択された形式の媒介源と媒介過程を探るというものである〔レーマン二〇一〇〕。本章ではこの「形式感覚」を、発話のみならず、あらゆる社会的・文化的な表現行為、表象行為およびそれらの認識に際する分節化や対処の適切性をめぐる感覚として使用したい。すなわち、世界のあり方や自他のふるまいに関する自明な形式性をめぐるセンスとして理解する。人々の常識の感覚的次元であり、日常において生活世界を分節化する際に参照される、諸カテゴリーに関する自明性や適切性へのセンスと言いかえることもできるだろう。それは、物事が「らしくある」か「らしくない」かを感じ取るセンスであり、自身やその表現対象が「らしくある」ことを求め、促すものでもある。つまり、コミュニケーションの中で適切なふるまいによって他者に承認されたいと願う時、状況において適切な行動をとろうとする際の参照枠組へのセンスであり、状況や事物に関して共有されていることの見込まれるなんらかの観念に即して、ふるまいの適切性や行動の妥当性をはかる際に依拠されるのが形式感覚であるといえる。

仮に、空間に現れた「なにか」を「場」違いなものとして認識するのは、その「なにか」および「場」をめぐる、主体の形式感覚が働いている。あるいは、自身の行ないや考え、製作物を人々に理解してもらおうとする際にも作用することになる。例えば、めでたさを演出し、主人公との親しさを演出しつつ、かといってどの程度の「ばか騒ぎ」が許容されているかを慎重にはかりながら、婚姻との関係で不吉ないし不適切な表現を排除しつつ、エンターテインメント性を確保せねばならない結婚式の余興は、高度の制約性をもつ(と感覚されている)。結婚式の余興において失恋ソングを歌うことは適切ではない。この適切性を感じ取るセンスが形式感覚にほかならないのである。

第二の問題は、過去の再現性についてである。阿南の議論をふまえるかぎり、祭礼およびイベントにおいてどのような歴史提示が行なわれているかに検討を加えることも重要な課題と言わねばならない。これについては、歴史を題材化する催しが、演目を通した過去像の提示を志向することを「再現志向」として捉え、そのような志向性の結実であるところの演目が、なにを現前化させているのかを分析する。

以上、本章では世俗的催しにおける人物の取り扱いに擬似神格化とでも呼ぶべき状況が見受けられることを「形式感覚」という概念で論じ、「再現志向」という概念によってこの種の祭礼において現前化される歴史像ないし人物表象の質に踏み込むことになる。

一節　大岡祭の誕生と展開

第二部第二章において明らかにしたように、戦前の神奈川県高座郡小出村堤において贈位をきっかけに大岡忠相との関係性が発見され、「贈位祭」なる祭が誕生した。同章ではその盛衰の過程に言及したが、今日、茅ケ崎市で挙行されている「大岡越前祭」（平成六年［一九九四］に大岡祭から改称）は、この「贈位祭」を復活させたものとして位置づけられている。では、そのような「復活」は、どのような経緯で為されたのであろうか。

贈位祭の復活、大岡祭の誕生

すでに確認したように、小出村堤は昭和三〇年（一九五五）に茅ケ崎市に分村合併されている。これによって、当時、地域間の軋轢が高まっていたとされている。そのため、浄見寺住職ほか有志が中心となって贈位祭を復活し、地域の団結を回復するべきことが唱えられていた。一方、茅ケ崎市では目前にせまった市制一〇周年に際して、何らかの催しを企画しようという機運が高まっていた。加えて、地元商店会や行政は、買い物客の市外への流出に頭を悩ませていた。周辺地域に、藤沢の藤祭や平塚の七夕祭といった華やかで大規模なイベントがあるのに対し、茅ケ崎には多数の観客の動員を見込めるような催しがないことも問題となっていた。こうした背景から、茅ケ崎市サイドでも、戦前まで賑やかに執り行なわれていた旧小出村堤の贈位祭が注目されることとなる。大岡忠相の知名度の高さから、集客の多さも見込まれた。『大岡越前祭五十回記念誌』掲載の、当時の商工会議所役員である石坂圭二氏の回顧談には「茅ケ崎の市制十周年と小出村の合併というふたつの出来事が重なって、これは何か大きなイベントを立ち上げるチャンスだという気運が地元商店街にも商工会議所の中にも高まっていました。そこで、小出村の祭りであった贈位祭を茅ケ崎の街全体の催しとして取り上げてはどうかというアイデアが、当時の役員であった小島芳太郎さんや武藤良策さん、山口吉蔵さんなどから提案されたのです」という発言がある〔大岡越前祭実行委員会二〇〇五：一六〕。

小出村や茅ケ崎在住で贈位祭に積極的に関わっていた人々やその子息、郷土史家らも健在であり、贈位祭の記憶や祭礼への意欲も薄れてはいなかった。第二部第二章で資料とした浄見寺の「芳名録」の筆写者である郷土史家・鶴田栄太郎も、この贈位祭復活に積極的に関わったようである。鶴田の『大岡越前守墓と浄見寺』には、大岡祭の企画段階の様子が以下のように記述されている〔鶴田一九五八：六二〕。

昭和三十年も押しつまった或る日であった。林屋百貨店の山本銀三氏からの伝言は「大岡祭を復活したいと思うにつき、計画を立ててもらいたい。金銭上の御迷惑は断じてかけぬ。万事お任せする」というのであったが、その年も暮れ筆者が林屋を訪問したのは明けて三十一年春正月となった。その話は商工会議所の戸塚会頭と打ち合わせてあるからとのことで、山本氏は戸塚氏に電話をかけたけれど不在で同氏とは会見出来なかった。そんな訳で最初の日は山本氏だけと語り合い、その後日を改めて三人で懇談した。すっかりプランをつくり、発起人として市役所に集って貰った人々に、忠相公は大名に取り立てられたので何より先きに大名行列、いろは四十八組の火消の制度を創めた人だから、消防団の纏と木遣行列、これを骨子として賑やかな色彩の濃い絵巻を繰り展げる。甘藷との関係を説いて農協に片棒をかついで貰う。白州の場面を考えて、県警のブラスバンドを呼ぶこと、捕物作家クラブ　メンバーが捕物行列をする段になると、東京にも聞えて写真班や何か続々来るようになる。捕物作家クラブは先年浅草で遠山金さん祭をしてあてたことがあるのだから。遺品展と公讃美の短歌俳句募集。これも肝心。大岡裁判などを取題した芝居講談映画、訴状を青竹の先にはさんでバトン代りにするリレー競走（大岡越前墓前を決勝点にする）それと当日の写真撮影コンクール、要するに全市を越前守一色にぬりつぶして効果を百パーセントにせり上げるのが最良の策と考えると筆者は説明に当り、戸塚会頭がそれぞれ要路の人にその擔当をしきりに依頼したのであった。

大岡忠相にからめて様々に創意工夫を凝らした構想が提示されている。これらのアイディアの大半が、その後の大岡祭において実現されることになる。

また、第一回大岡祭準備段階の活動を『大岡越前祭五十回記念誌』は、「大岡祭運営の主体となった茅ケ崎商工会議所では、戸塚辰五郎会頭以下役員が一丸となってイベントの準備に奔走し、出口肇市長をはじめとする市側や赤間芳山市議会議長を筆頭とした市議会側の賛意も得て、いよいよ機は熟した」と記述する〔大岡越前祭実行委員会二〇〇五：一八～一九〕。大岡祭の担い手は、茅ケ崎の地元商店街、商工会議所と行政へと移行したことがわかる。やがて、これらの人々によって「大岡越前祭実行委員会」が結成される。そして、祭礼の立ち上げは「要するに全市を越前守一色にぬりつぶして」という鶴田の発言や、石坂の「小出村の祭りであった贈位祭を茅ケ崎の街全体の催しとして取り上げてはどうか」といった発言が示すように、茅ケ崎という「市」の祭を志向するものであった。贈位祭の中心であった浄見寺では、現在でも祭礼に際して墓前法要が行なわれ、また市長を会長とする「大岡越前守奉賛会」が結成されているとはいえ、あくまで「大岡越前祭に協力している」という立場をとっている(1)。

大岡忠相は、地域宥和と振興を企図する主体において、戦略的に活用可能な茅ケ崎市の「資源」として、再度見出されたといえる。もちろん、忠相は贈位祭の時代から資源化され、戦略的に活用されていた。浄見寺には寺院復興という目的があったし、当時の茅ケ崎町の人々にも地域振興の意識を見出すことはできる。新たな展開といえるのは、大岡忠相の資源化に地域社会の統合という目的が加わった点であろう。また、寺院のみの行事ではなくなったことによって、開催主旨そのものに、経済的効果への期待が介在するようになる。『大岡越前祭五十回記念誌』の巻頭に掲げられた第五〇回祭礼実行委員長・田中賢三氏の挨拶でも、その目的が「産業振興」と明言されている(大岡越前祭実行委員会 二〇〇五:六)。忠相の資源としての価値は、メディアの中で再生産される「名奉行」としての人気によって担保され、構想された祭礼の演目も、そうした忠相の人気に基づいてショー的な要素の強いものとなる。

初期の大岡祭の状況

以上のような経緯で、昭和三一年(一九五六)四月七日から九日の三日間、第一回の大岡祭が行なわれた。昭和三一年四月一〇日の『朝日新聞』(神奈川版)は、「さっそう出口市長越前守」と題して、以下のように記す。

茅ケ崎市の第一回大岡祭り大名行列は九日昼過ぎ、マトイ行列の消防隊を合せて一行二百人が、映画のロケそのままのいでたちで、茅ケ崎小学校に勢ぞろいして街を練り歩いた。馬上姿の越前守にふんした出口市長がこの日の人気を呼び、近在からの見物人で学校から駅前にかけ、茅ケ崎署は車馬の通行止めをして交通整理するほどのにぎわいだった。

第一回大岡祭は大成功をおさめ、恒例行事化していく。記事からも明らかなように特に耳目を集めたのは、江戸時代の衣装に身を包んだ大名行列であった。「忠相公は大名に取り立てられたので何より先に大名行列、いろは四十八組の火消の制度を創めた人だから、消防団の纏と木遣行列」と鶴田が述べていたように、大名行列は忠相のパーソナリティに題材を求めつつも、茅ケ崎市における往時の忠相を再現するものではない。茅ケ崎市に大岡忠相が足を踏み入れたことがあるか否かという点も不明なのである。では、この行事が現前化させるものは何であるのか、という問題は本章末で考察する。

第二回祭礼についても、昭和三二年四月一五日の『朝日新聞』（神奈川版）の記事「市長さんは『越前守』を提示しておこう。

茅ケ崎市の大岡祭は、十四日昼過ぎ県警ブラスバンドを先頭に大名行列、城昌幸ら捕物作家行列、消防まとい、木遣行列が市内を行進、近在から約六万（主催者側推定）の見物人が出てにぎわった。呼び物は市議会議員と有力者八十八人の大名行列で、内田市長の越前守、石井千賀江市議の奥方という組合せは恐妻家らしく見え見物人を喜ばせた。

表1　2009年度大岡越前祭演目一覧

日程	時間	演目	会場
16日	18時30分～	アクアマリンコンサートin茅ケ崎	市民文化会館
17～19日		手工芸作品展及びチャリティーバザー	市民文化会館
		盆栽展示会	農協
	各10時～	錦鯉展示会並びチャリティバザー	農協
	11時・14時	大江戸時代コメディ「大岡さばき」	市民文化会館
	13時	邦舞会（古典）	市民文化会館
18日	9時30分～	弓道大会	体育館
	10時～	土井隆雄宇宙飛行士手形モニュメント除幕式	ペデストリアンデッキ
	11時～	茶会	大岡越前祭祭典本部
		茅ケ崎産野菜直売	浄見寺
		駅前コンサート	ペデストリアンデッキ
	11時～15時	文教大学・慶應大学コラボイベント	浄見寺
	13時～	野点	浄見寺
	15時～	墓前法要	浄見寺
18～19日		ちがさき産業フェア	市民文化会館
		越前守遺跡写真展	市民文化会館
		ちがさきモーターショー	市役所駐車場
	各10時～	茅ケ崎ブランドバザール	駅北口ヤマダ電機東側歩道
19日	9時30分～	記念柔道大会	体育館
	10時～	春の市民祭り	中央公園内
		春の農業まつり	中央公園内
		みどりフェア茅ケ崎	中央公園内
	10時45分～	カラオケ大会・水田竜子ショー	市民文化会館
	12時～	日舞春の会	市民文化会館
	13時～	ビッグパレード	茅ケ崎駅周辺
		神輿巡幸	茅ケ崎駅周辺
25～26日	各10時～	湘南祭	サザンビーチ
26日	10時～	俳句大会	コミュニティホール

※2009年度広告より作成

表２　2009 年度ビッグパレードの構成

演目	参加団体
ハーレーダビットソンパレード	湘南茅ケ崎ハーレークラブ
鼓笛バトンパレード	湘南台高校吹奏楽部
	茅ケ崎バトン協議会 A 隊
	鵠沼高等学校マーチングバトン部
	茅ケ崎バトン協議会 B・C 隊
	湘南ドルフィンズマーチングバンド
	SUN マーチングスクール
	大磯マーチングバンド
オープンカー	スマイル茅ケ崎
	大岡家
	ゆかりのまち岡崎市
祭りばやし	円蔵祭りばやし保存会
よさこい鳴子踊り	湘南茅ケ崎若華会
祭りばやし	下町祭りばやし保存会
稚児行列及び子供神輿	明るい社会づくり運動
祭りばやし	堤太鼓保存会
きやり・まといパレード	茅ケ崎鳶工業組合
虚無僧行列	茅ケ崎市役所尺八部
越前行列	
銭太鼓流し	茅ケ崎地区婦人団体連絡協議会
民踊流し	茅ケ崎市レクリエーション民謡協会
一輪車パレード	茅ケ崎一輪車協会
神輿パレード	湘南連合神輿保存会
	南湖
	暁禊睦会

※ 2009 年度広告より作成。

参加者は六万人を越えたと推定され、贈位祭からの明らかな規模拡大をうかがい知ることができる。なお、鶴田の『大岡越前守墓と浄見寺』は昭和三三年（一九五八）刊行であり、好調にすべりだした大岡祭の熱気の中で執筆されたものといえる。

これ以後の大岡祭の展開をおさえるに先立ち、まず、現在の大岡越前祭の様子を確認しておきたい。近年の観客動員数を行政の「年度別入込み客調査」から算出すると、平成年間は安定して六～一〇万人の観客動員を達成していることがわかる。二〇〇九年度（第五四回）の観客動員数は九万二〇〇〇人であった。その第五四回祭礼の構成を広告資料から整理すると表1のようになる。中心行事とされる墓前法要・ビッグパレードのほか、駅とその周辺商店街を中心に様々な協賛行事が営まれていることが確認できる。多彩な演目から読み取れることは、大岡越前祭という祭礼が、大岡忠相にちなむ行事であることに加えて、茅ケ崎市の産業のPRと振興のための場とされ、市内の文化サークルの披露の場としても位置づけられていることである。こうした現状は、同祭礼が地域宥和、地域振興、産業振興を目的として、地域の人々の多様な関わり方を受け入れていることと関係している。このように、市民参加型の祭礼を志向している点は、祭礼の中心であるビッグパレードの構成にも影響している。二〇〇九年度の同パレードの構成も表に整理しておこう（表2）。ビッグパレードとは大名行列（越前行列）も含めて、大岡越前祭における行列行事を包括的に表現した演目名である。これらの全参加団体が市内小学校校庭に集結し、表に提示した順に出発していく。神輿パレードのみ、ビッグパレードとは別のポイントから出発し、別ルートをたどる。パレードの中心は「越前行列」とされているが、一見して地域の人々の多様な参加のあり方を受け入れていることがわかる。

大岡祭から大岡越前祭へ

さきほど、祭礼復活にあたって大岡忠相にちなむ催しが様々に工夫されている様子を確認したが、地域振興と地域宥和のために市民参加型の祭礼が志向されることは、大岡忠相とは関係のない多くのイベントが盛り込まれていくことの原因ともなり、演目の多様化とそれに伴う祭礼の肥大化をもたらした。祭礼の回数を重ねていくうちに、この点が茅ケ崎市の人々に問題として意識されるようになっていった。平成六年（一九九四）の大岡祭から大岡越前祭への改名は、この祭礼の肥大化と関係して起こった出来事である。すなわち、この改名は祭礼の方向性の転換を目的とするものであった。

平成五年（一九九三）に、茅ケ崎青年会議所理事長を中心に大岡祭活性化委員会が結成される。そこでは、「大岡祭が大岡越前守の祭りであることが伝わりにくいこと」「大岡祭としながら催しがありすぎること」が問題として指摘された〔大岡越前祭実行委員会 二〇〇五：七七～八〇〕。市民に開かれた祭礼であることが関わって、多様な催しの中で、大岡忠相にちなむものが目立たなくなっていたことが問題とされたのである。また、それとも関わって、祭礼が春の行事であることから、大岡祭が「桜花祭」と勘違いされるような出来事もあったようである。大岡祭活性化委員会での議論の結果、翌平成六年（一九九四）の第三九回祭礼から、祭礼名は大岡祭から大岡越前祭に改められる。また、「大岡越前祭」は墓前祭、ビッグパレード、駅前会場の仮設礼拝所の設置等を以て構成されるものとされ、その他の協賛行事は後夜祭である「湘南祭」に整理された。ここでの改革は、市民の参加と大岡忠相にちなむ祭礼であるという主旨を両立させるためにとられた手段であったといえる。運営者側の志向として、商業振興・地域振興の祭礼と明確に意識されつつも、祭礼の無軌道な規模拡大をおさえ、大岡忠相に関わるものに祭礼の範囲を限ろうとする意識があったのである。

大岡越前祭の現状

さて、大岡越前祭の演目が大岡忠相にちなむものに限定されたことを確認したが、それらについて概略を示していこう。

墓前祭は浄見寺の大岡忠相墓前で取り行なわれる法要である（写真1）。写真にもうかがえるように、墓前法要には祭礼関係者のほか、一般の参拝客も参列する。あわせて、祭礼期間中は茅ケ崎駅前に忠相の仮設位牌所が設置される。これは、祭礼の中心が浄見寺から茅ケ崎駅前に移行するに伴い、浄見寺の参拝客が減り、以前に比べて損失の出ることが運営者側で懸念されたための措置であり、第一回以来続いている。同位牌所で回収される賽銭は全額浄見寺に奉納されることになっている。また前掲の表1にもうかがえるように、二〇〇九年度祭礼では浄見寺周辺で「文教大学・慶應（ママ）大学コラボイベント」「茅ケ崎産野菜直売」「野点」といった催しが行なわれ、浄見寺への集客が図られている。

写真1　墓前法要の光景。2009年筆者撮影。

もっとも、浄見寺としては、祭礼に協力しているという立場をとっていることは既に述べた。また、墓前法要においては、江戸火消し保存会によって木遣が奉納される。江戸火消し保存会は、火消し制度の考案者として、つまり始祖としての関係性を忠相に見出している。[2] また、火消し関係者らは昭和三六年（一九六一）には浄見寺門前に「大岡越前守菩提所」の石碑を建立し、平成元年（一九八九）には忠相墓所境内に「大岡忠相公御生誕三百十二年記念」と記される石碑を建立している（写真2）。前者については、碑の台石などに異なる年度を刻んだ石板が設置されており（たとえば「各区仲好会創立八十五周年記念」「平成二十一年」と刻む石板が台石の側面に設置されている）、火消し関係団体の記念すべき機会に奉納が行なわれていることがわかる。ちなみに昭和三六年の記載は石碑本体裏面に刻

写真2　火消し関係者建立の碑。2009年筆者撮影。

印されている。

次に、越前行列（大名行列）について言及する。越前行列は先述したように第一回祭礼以来、祭礼の目玉として位置づけられている。越前行列の構成は、大岡忠相を中心に、先払いの奴、重臣、与力、供侍、姫や腰元などであり、ビッグパレードとともに駅周辺商店街をめぐる。パレードの具体的な順路については初期のものを確認できる資料を発見し得ていないが、近年は道路事情・交通規制の関係から範囲の縮小が行なわれている。

第一回越前行列で大岡越前役を務めたのは出口肇市長、供侍は市の助役、市会議員、商工会議所の役員や老舗商店主らが加わったとされる。ごく初期の大岡祭では忠相役は市長に限定されていたようであるが、現在は市長・市議会議長・商工会議所会頭が廻り番で大岡越前役を務めることになっている。筆者が調査を行なった二〇〇九年度は市長が忠相役を務めた（写真3）。また、供侍役は当初一般には開かれていなかったが、近年では一般参加者も受け付けている。大岡祭第一回以来、贈位祭に引き続いて大岡家末裔が参加しており、越前行列に参加したこともあったが、近年では表2にあるようにオープンカーによってパレードに加わっている。

こうした市内政財界のトップが大岡忠相役を務めることから、そのパーソナリティに規範を見出し、自らを重ねるような言説が発せられることもある。第四一回祭礼において根本市長が行なった「行政に携わる者にとって大岡さんは心の中のオンブズマン」との発言が平成八年（一九九六）四月二〇日の『神奈川新聞』に掲載されている。また、第五〇回で忠相役を務めた市議会議長・山下孝子氏の「感慨無量です。二二万の茅ケ崎市民が安全に、そして安心して暮らせる街づくりに貢献したい」とのコメントも、同様のものとして理解することが出来るであろう。これらの市政関係者が、戦前における法曹関係者のように先人としての思慕を寄せているか否かはともかくとして、祭礼に際して忠相に扮することは市政に携わる立場から名君としての忠相を想起し、模範・規範として参照することを導いている。

写真３　2009年度の越前行列。筆者撮影。

マスメディアと大岡越前祭

ところで、この種の祭礼を理解する上では、大岡忠相のイメージを方向づけるマスメディアとの関係にも目配りを要す。第二部第二章で確認したように、大岡忠相は近世以来、フィクショナルな物語世界で人気を得てきた人物である。とりわけ、贈位祭が成立したのは、近世以来の講談が最盛期を迎える一方で、講談師のオーラルな芸が新聞や講談本などの活字メディアに取り上げられるようになっていた時期である。たとえば、『横浜貿易新報』において、明治四四年（一九一一）七月一六日から一〇四回にわたって「大岡政談・後藤半四郎」が連載されている。同年七月一五日の広告記事を提示しておこう。

大方家庭の好讀物として歓迎されし「水戸黄門公」の後を承けて見參の新講談は、大岡政談　後藤半四郎の一代記より、大岡越前守の名を聞だに天晴れ名奉行の機知頓才を思ひ浮べらるゝが、殊に此後藤半四郎は三大裁判の一として謳はれ半四郎が鐵杖を提げ義骨を敲いて天下を濶歩せる天晴れの男振りより、其の関係せる幾多忠臣、節婦の物語に亘り、遂に越前守の白洲に大波瀾を惹起す舞臺の曲折は天一坊以上の痛快なる讀物たるべし、乞ふ十六日の此面に注意あれ、第一回の序幕は我社獨特の挿畫と共に開かるゝなり。

贈位祭が行なわれた当時、忠相の物語はすでにマス媒体によって発信されるようになっていた。そして、講談などの伝統的物語群やその中の群像は、近代以降、文学化・映画化され、戦後にはテレビ化という経過をたどる。このようなメディアほか世相の推移にともなって忘却されていく人物がある一方、今日まで根強い人気を博す人物、あらたに主人公として発掘される人物も少なくない。

大岡忠相の映画化状況を『松竹七十年史』から探ってみると、表3のようになる。忠相は戦中期をのぞいてコンスタントに映画に登場していたことがわかる。また、その他の映画会社の作品における忠相の登場状況は表4に整理しておく。脇役としての作品も含め、大岡忠相は昭和三〇年代には毎年のように銀幕に登場していた。

また、表5は把握し得ているかぎりで、大岡忠相のテレビドラマをピックアップしたものである。テレビドラ

表3　大岡忠相の松竹映画一覧

タイトル	年代	原作	監督	主演
『徳川天一坊』	大正11年（1922）		吉野二郎	沢村四郎五郎一派
『徳川天一坊』	昭和4年（1929）	藤原忠	小石栄一	阪東寿之助ほか
『大岡越前守と天一坊』	昭和5年（1930）	額田六福	広瀬五郎	阪東寿之助・嵐徳三郎ほか
『大岡政談・隼組捕物帳』	昭和7年（1932）	水門王吉	星哲六	高田浩吉・尾上栄五郎ほか
『天一坊と伊賀亮』	昭和8年（1933）	衣笠貞之助	衣笠貞之助	林長次郎・市川右太衛門・坂東好太郎ほか
『大岡越前守切腹』	昭和10年（1935）	谷村真吉	大下宗一	尾上栄五郎ほか
『大岡政談・白州の花嫁』	昭和16年（1941）			大河内竜・辰巳好太郎ほか
『怪塔伝』	昭和26年（1951）	角田喜久雄	丸根賛太郎	鶴田浩二・月形竜之介ほか
『魔像』	昭和27年（1952）	林不忘	大曾根辰夫	坂東妻三郎・山田五十鈴ほか
『のんき侍大暴れ』	昭和31年（1956）	高木彬光	倉橋良介	中村賀津雄・北上弥太郎ほか
『江戸群盗伝』	昭和33年（1958）	柴田錬三郎	福田晴一	近衛十四郎・北上弥太郎・名和宏ほか
『大岡政談・謎の逢びき』	昭和33年（1958）		福田晴一	名和宏・北上弥太郎・松本幸四郎ほか

※〔松竹株式会社 1964〕より作成。

マとしては、このほかに昭和五三年（一九七八）から平成一四年（二〇〇二）まで放送された『暴れん坊将軍』にも脇役として忠相が登場しており、メディア上での登場頻度の高さがうかがえる。テレビによって、大岡忠相をヒロイックに想起する人々は拡大し、また再生産され続けたといえる。したがって、ドラマの終了あるいは時代劇への若年層の関心の後退は、忠相の知名度に顕著に反映している。筆者が平成二二年（二〇一〇）に都内某女子大で大岡祭に関するレクチャーを行なった際には、ほとんどの学生

表４　各映画会社の大岡忠相の登場する作品一覧

映画会社	タイトル	封切年度
大映映画	『大江戸七変化』	昭和24年（1949）
	『阿修羅判官』	昭和26年（1951）
	『駕で行くのは』	昭和30年（1955）
	『裁かれる越前守』	昭和37年（1962）
東宝	『大岡政談・将軍は夜踊る』	昭和25年（1950）
	『エノケンの天一坊』	同
新東宝	『大岡政談・妖棋伝（前編）白蝋の仮面』	昭和29年（1954）
	『大岡政談・妖棋伝（後編）地獄谷の対決』	同
	『黄金奉行』	昭和33年（1958）
	『生首奉行と鬼大名』	昭和35年（1960）
東映	『旗本退屈男・八百八丁罷り通る』	昭和28年（1953）
	『大岡政談・黄金夜叉』	昭和30年（1955）
	『大岡政談・血煙り地蔵』	同
	『かごや太平記』	昭和31年（1956）
	『大岡政談・幽霊八十八夜』	昭和33年（1958）
	『丹下左膳』	同
	『丹下左膳・怒涛編』	昭和34年（1959）
	『お役者文七捕物暦・蜘蛛の巣屋敷』	同
	『大岡政談・千鳥の印籠』	同
	『蛇神魔殿』	昭和35年（1960）
	『大岡政談・魔像篇』	同
	『浪曲権三と助十・ゆうれい駕籠』	同
	『丹下左膳・妖刀濡れ燕』	同
	『丹下左膳・濡れ燕一刀流』	昭和36年（1961）
	『江戸っ子奉行・天下を斬る男』	同
	『八百万石に挑む男』	同
	『きさらぎ無双剣』	昭和37年（1962）
	『丹下左膳・乾雲坤龍の巻』	同
	『血文字屋敷』	同
日活	『大岡政談・人肌蝙蝠』	昭和30年（1955）

※『一般社団法人日本映画製作者連盟』HP（http://www.eiren.org/）から作成。

が大岡忠相という人物を知らなかった。

テレビ作品の放送は大岡祭にも具体的な影響を及ぼしている。例えば、TBSテレビドラマ『大岡越前』の忠相役・加藤剛が複数回越前行列に参加し、評判を呼んでいる。加藤が越前行列に参加したのは、記録から確認できるかぎりでは第一五・一六・三〇回祭礼である。第一五回祭礼が行なわれた昭和四五年（一九七〇）は、テレビドラマ『大岡越前』の放送が開始された年

表５　大岡忠相のテレビドラマ一覧

タイトル	放送局	放送期間
『大岡政談　池田大輔捕物帳』	NHK	昭和41年（1966）4月8日～42年（1967）3月31日
『大岡越前』（第1部）	TBS	昭和45年（1970）3月16日～9月21日
『大岡越前』（第2部）	TBS	昭和46年（1971）5月17日～11月22日
『大岡越前』（第3部）	TBS	昭和47年（1972）6月12日～48年（1973）1月15日
『姫君捕物帳』	NTV	昭和47年（1972）7月1日～9月30日
『白獅子仮面』	NTV	昭和48年（1973）4月4日～6月27日
『大岡越前』（第4部）	TBS	昭和49年（1974）10月7日～50年（1975）3月24日
『大岡越前』（第5部）	TBS	昭和53年（1978）2月6日～7月31日
『危うし！大岡越前・お春捕物帳』	フジ	昭和57年（1982）1月15日
『大岡越前』（第6部）	TBS	昭和57年（1982）3月8日～10月11日
『大岡越前』（第7部）	TBS	昭和58年（1983）4月18日～10月24日
『大岡越前』（第8部）	TBS	昭和59年（1984）7月16日～60年（1985）1月21日
『大岡越前』（第9部）	TBS	昭和60年（1985）10月28日～61年（1986）1月2日
『大岡政談』	朝日	昭和62年（1987）8月20日
『大岡越前』（第10部）	TBS	昭和63年（1988）2月29日～9月5日
『大岡政談』	フジ	平成元年（1989）12月27日
『大岡越前』（第11部）	TBS	平成2年（1990）4月23日～10月15日
『大岡越前』（第12部）	TBS	平成3年（1991）10月14日～4年（1992）3月30日
『大岡越前』（第13部）	TBS	平成4年（1992）11月16日～5年（1993）5月10日
『大岡越前』（第14部）	TBS	平成8年（1996）6月17日～12月2日
『炎の奉行　大岡越前守』	ＴＶ東京	平成9年（1997）1月2日
『大岡越前』（第15部）	TBS	平成10年（1998）8月24日～11年（1999）3月15日
『名奉行　大岡越前（1）』	朝日	平成17年（2005）4月18日～6月20日
『大岡越前』（2時間スペシャル）	TBS	平成18年（2006）3月20日
『名奉行　大岡越前（2）』	朝日	平成18年（2006）4月18日～7月18日

※各局HPその他から作成。

にあたる。番組制作サイドの宣伝行為の側面もうかがわれるものの、祭礼に「歴史ファン」「時代劇ファン」を呼び寄せる効果もあった。このほか、初期の大岡祭にはミス大岡祭として松竹のニューフェイスが派遣されており〔大岡越前祭実行委員会二〇〇五：五九～六〇〕、新人のアピール効果も期待されていた。大岡祭は映画・テレビ業界との結びつきが深かったといえるであろう。現実に典拠をもち、また現実世界を舞台とする歴史系の映像作品の登場は、史蹟に活況をもたらし、またロケ地という、空間の新たな観光化を生みだした。また、近世演劇からの流れではあるが、俳優の風貌や演技を通して偉人を想起することも拡大していった。俳優と人物の適合度が作品の評判とともに語られるのみならず、人物のイメージにも俳優のキャラクターが影響するようになる。

最後に、以上の点と併せて、越前行列に岡崎市からの来賓が参加していることにも注意を促しておきたい。岡崎市がパレードに参加しているのは、昭和五八年（一九八三）に愛知県岡崎市と茅ケ崎市の間に「ゆかりのまち」の協定が結ばれたためである。この点について『神奈川新聞』昭和五八年（一九八三）七月二日号は、「縁組にも名裁き」「大岡越前が取り持つ　市民レベルで永く交流へ」との見出しで以下のように記している。

「ゆかりのまち」制度は、徳川家康を生んだ岡崎市が〝家康ブーム〟にあやかろうと、今年度から始めたもの。大岡越前守忠相公の先祖が、家康の祖父、父の時代に直参の家柄で、忠相公の知行地が現在の岡崎、茅ケ崎両市にあったことなどから、岡崎市が茅ケ崎市にモーションをかけ、この縁組が実現した。

岡崎市からの働きかけによって交流関係が結ばれたことがわかる。岡崎市の働きかけもまた、大河ドラマ『徳川家康』（昭和五八年［一九八三］）をふまえた歴史上の人物の資源化の動きとして理解することが出来る。茅ケ崎市が交流の対象に選ばれたのは、第二部第二章で触れたように、岡崎市の大平町は忠相が治めた西大平藩であり、かつ、大岡家が徳川家の古くからの家臣であったことによる。

以上、本節では戦後の大岡祭誕生の経緯とその後の展開および祭礼の演目について検討を加えた。

二節　武田神社祭礼と信玄公祭り・甲州軍団出陣

第二部第一章で検討した武田信玄の山梨県における偉人化過程もまた、戦後になって「信玄公祭り・甲州軍団出陣」なる華やかな観光イベントを生みだしている。

武田をめぐる二つの行列

山梨県下には、武田信玄に関する行列行事として、大正八年（一九一九）の武田神社創建以来例大祭に際して行なわれている「武田二十四将騎馬行列」が存在する。同行事は神社の神輿に従う形で、武田信玄および著名な家臣二四名に扮した人々が騎馬姿で甲府市中を練り歩くものである。昭和四一年（一九六六）、この武田神社祭礼と昭和二二年（一九四七）以来実施されていた「桜祭り」とが結合され、「甲府信玄祭り」が生み出される。この時期、道路交通事情の改良に伴い、山梨県に旅行客を呼び込むべく、武田信玄の観光資源化が進められていたという（新谷 二〇〇五：一六〇～一六二）。同祭礼もまた多様な催しを盛り込み、「県内の新旧行事を寄せ集めた総合イベント的な内容」となっていき（新谷 二〇〇五：一六二）、昭和四三年（一九六八）には武田二十四将騎馬行列を中心化する形で祭の整理が行なわれており、大岡越前祭の展開と相似する。当該祭礼は、昭和四五年（一九七〇）に「信玄公祭り・甲州軍団出陣」と改称し、規模拡大を実現する。甲州軍団出陣は、神輿巡幸に従う武田二十四将騎馬行列とは別の催しであり、川中島に向けて信玄と二十四将率いる武田軍団が進発する様を「演じる」ものである。注意すべきことは、武田家でその名の知られた二十四将は、実はそれぞれ活躍した年代が異なり、全員が一堂に会したことはないという事実である。言わばドリームチームのようなメンバーであり、「武田二十四将図」等の群像型肖像画でしばしば描かれるものであるが、二四名の構成自体も資料ごとに異なる。

信玄公祭り・甲州軍団出陣

ここではまず、平成二一年（二〇〇九）以来継続している調査をふまえて、現在の「甲州軍団出陣」の様子について報告しておこう。ミクロな視点でみれば、祭礼は毎年工夫をこらし、変化を続けているが[3]、それらへの言及は必要最小限にとどめる。

まず、現在の甲州軍団出陣を担うのは「武田風林火山隊」と称される「風」「林」「火」「山」の四大隊で（当該編成は平成七年以降）、各隊はさらに六部隊に細分化される。それぞれの六部隊は、風の一番隊、風の二番隊などと番号が付されるが、このそれぞれの部隊を二十四将が率いる。このほか、大井夫人、三条夫人、湖衣姫らの率いる小隊が「武田時代行列」と称して行列に加わり、最後に信玄らの率いる本陣隊が出陣する。甲州軍団のそれぞれの部隊を構成するのは、県下自治体および企業の人々である。近年の甲州軍団出陣の参加自治体・企業を表6にまとめておく。二ヶ年間の対比ではあるが、参加企業・自治体および部隊編成に微細な変化があることがわかる。本陣に信玄の長男・武田義信が加わったのは平成二一年度からである。義信は嫡男でありながら謀反を企てて誅せられた人物であり、観衆の中には義信隊の編入には首をかしげる者もいる。また、平成一九年度までは武田家の先祖である武田義清の部隊が軍団構成に一時的に含まれていた。これは甲斐武田氏発祥の地・ひたちなか市からのゲストが参加していたものである。

このうち、それまで県職員が務めていた武田信玄には平成七年（一九九五）以来、山本勘助役には平成一八年（二〇〇六）以来、芸能人・著名人を招くことが慣例化しており、毎年人々の関心を集めている。

出陣に先立ち、甲州軍団のうちのいくつかの部隊は武田神社において「軍団出陣奉告参拝」を行なう（写

表6　平成20・21年度　甲州軍団出陣・部隊一覧

行列名	行列の中心人物／大将	平成20年（2008）	平成21年（2009）
大井夫人行列	大井夫人	南アルプス市	南アルプス市
三条夫人行列	三条夫人	一般公募	一般公募
湖衣姫行列	湖衣姫	東京セキスイハイム株式会社山梨営業所	東京セキスイハイム株式会社山梨営業所
武田四郎勝頼隊	武田四郎勝頼	甲州市（大和中学校）	甲州市（大和中学校）
風の一番隊	飯富兵部少輔虎昌	身延町	忍野村
風の二番隊	小山田左兵衛尉信茂	富士吉田市	大月市
風の三番隊	横田備中守高松	東日本旅客鉄道株式会社八王子支社　甲府地区	東日本旅客鉄道株式会社八王子支社　甲府地区
風の四番隊	板垣駿河守信方	甲州市	甲州市
風の五番隊	土屋右衛門尉昌次	東京電力株式会社　山梨支店	東京電力株式会社　山梨支店
風の六番隊	甘利備前守虎泰	韮崎市	韮崎市
林の一番隊	小幡山城守虎盛	日立山梨グループ	日立山梨グループ
林の二番隊	山県三郎右兵衛尉昌景	ＮＴＴグループ	ＮＴＴグループ
林の三番隊	穴山玄蕃頭信君	松下電器グループ	パナソニックグループ
林の四番隊	真田弾正忠幸隆	山梨市	山梨市
林の五番隊	馬場美濃守信春	アルソアグループ	富士急行株式会社
林の六番隊	武田典厩信繁	株式会社山梨中央銀行	株式会社山梨中央銀行
火の一番隊	高坂弾正忠昌信	笛吹市	笛吹市
火の二番隊	武田刑部少輔信廉	サンスター技研株式会社	サンスター技研株式会社
火の三番隊	小幡豊後守昌盛	ＮＥＣグループ	ＮＥＣグループ
火の四番隊	一条右衛門大夫信龍	山梨県リコーグループ	リコーグループ
火の五番隊	真田源太左衛門尉信綱	コニカミノルタグループ	コニカミノルタグループ
火の六番隊	多田淡路守満頼	朝日生命保険相互会社　甲府支社	朝日生命保険相互会社　甲府支社
山の一番隊	三枝勘解由左衛門尉守友	北杜市	中央市
山の二番隊	秋山伯耆守信友	甲府市（大里地区自治会連合会）	甲府市（羽黒地区自治会連合会）
山の三番隊	原隼人佑昌胤	甲府市(青少年育成甲府市民会議育成部会)	甲府市(青少年育成甲府市民会議育成部会)
山の四番隊	内藤修理亮昌豊	甲府市（観光協会・工業協会）	甲府市（観光協会・工業協会）
山の五番隊	原美濃守虎胤	甲府市（社団法人・甲府青年会議所）	甲府市（社団法人・甲府青年会議所）
山の六番隊	山本勘助晴幸	国際興業山梨グループ　一般公募	国際興業山梨グループ
本陣	武田太郎義信	×	株式会社　エイチ・アイ・エス
本陣	武田信玄	山梨県・一般公募	山梨県・一般公募

※祭礼パンフレットから作成。

真4）。祈禱を受けた各隊は社頭で勝鬨の声をあげる（写真5）。なお、かつてはこのような出陣に先立つ参拝は行なわれていなかったが、甲州軍団出陣の成立後、信玄公祭りが武田神社と没交渉に行なわれることを憂えた人々からの提案により実施されるようになったという。

また、全ての部隊は一四時頃から市内各所にもうけられた陣屋に待機し、観光客の記念撮影などに応じている。例年、時間にバラツキはあるものの、およそ一五時半頃に陣屋を出立、一六時には甲府市駅前に集結し、出陣の式典を開始する。戦勝祈願の巫女舞、兜装着の儀、三献の儀が執り行なわれるが、その際、各隊の大将（武将役）のみ駅前ロータリーに設けられたステージ上に集結する。

出陣は風の一番隊からスタートする。「風の一番隊、飯富兵部少輔虎昌隊、出陣」などと、進行役の人物が力強い声で指示を伝達し、当該人物の解説、およびこれに扮する団体の概要がアナウンスされる。二十四将役の者は、ステージおよび観客席の正面で「いざ出陣」「勝鬨をあげよ」などと部下たちに号令をかけ、勝鬨をあげて駅前ロータリーから平和通りを行進していく。出陣に際して勇ましく号令をとばせる者がいる一方、声をうまく張れないなど、「さま」にならない者もいる。部隊長が勇ましく号令をとばした時には、筆者も歴史ドラマの一幕を見るかのようで気分が高揚するのを感じたが、多くの観衆においてもここが一つの見せ場になっているようである。

出陣した部隊の大半は、一定の距離を行進した段階でそのまま解散となる。この点は、同行事が、その名の通り、行列そのものを主題とするのではなく、出陣の様を演じることに主眼があることを如実に物語っている。出陣した部隊のうち数隊のみ、一九時頃から舞鶴城公園にて行なわれる帰陣式にのぞむ。川中島合戦は一般に勝敗が決しなかったとされているが、ここでは戦勝が祝されるとともに、戦没者への黙禱がささげられる。戦勝祝賀の趣向は翌日の催しにも見出すことができる。

信玄公祭り・甲州軍団出陣は、世界でもっとも鎧武者の集結する祭として、平成二四年（二〇一二）帰陣式において、ギネスブックに登録された。きわめて大規模であり、この種の催しとしてもっとも成功をおさめている事例の一つであることが社会的に認められたといってよいであろう。[4] しかし、信玄公祭りも、昭和五一年（一九七六）の経済不況にともなう中止、翌年からの自治体を中心とする祭への再編（この時期、経済的負担のため、企業の参加が取り止めとなった）、有料観覧席の設置とその問題化など、幾多の紆余曲折を経ている。

写真４　軍団出陣奉告参拝。2010 年筆者撮影。

写真５　軍団出陣奉告参拝後の勝鬨。2010 年筆者撮影。

有料観覧席に関しては、駅前の公道を観覧席として有料化することに批判が寄せられたが、その後さらに徹底され、平成二四年（二〇一二）には駅前ロータリーが背の高い幕で覆われ、一般客や通行人には出陣の様子が閉ざされることとなった。通行人が立ち止まることで駅前が混雑するのを回避する目的もあるが、催しの公共性は狭められたといえる。金銭を支払った者だけが出陣式を肉眼で観覧できるのであり、多くの通行人は、駅ビルに映し出される映像によってしか出陣式を見ることができない。駅前の混雑緩和は安全上の問題もあり重視されるべきことはもちろんだが、祭礼の公共性をどのように確保していくかは運営サイドの今後の課題とされるべきであろう。(5)

武田二十四将騎馬行列

また、イベントと祭礼あるいは宗教の関係という点に検討を加えておこう。今日の甲州軍団出陣は、いくつかの部隊が出陣に先だって神前で戦勝祈願を行なうとはいえ、神社の祭礼ではない。四月一二日の武田神社の例大祭では、「甲州軍団出陣」とは異なる「武田二十四将騎馬行列」が神輿とともに市内を巡幸している。同行列の参加者は一般に公募されているが、神輿ほか巡幸の奉仕者は武田神社創建当時の相川村（現・甲府市）の人々である。武田神社は崇敬神社であり氏子をもたないが、祭礼に関してのみ、周辺地区の人々の奉仕が行なわれている。大正八年（一九一九）の創建から数年は相川村青年団が奉仕を務め、そこに甲府市青年団が関わった際には騒動が発生したという記録もある〔武田神社 一九八九：一四四〜一四五〕。旧相川村の人々としては、武田神社に関わることをある種の矜持とするような意識をもっているようである。しかし、現在は、神輿の担ぎ手は減少傾向にあり、甲府市からの参加もない。旧相川村の人々と、山梨大学の学生がこれに奉仕している。なお、神輿を担ぐことを趣味的に愛好する人々を迎えようという意見が出たこともあったが、旧相川村域の人々からは自身らで担っていきたいとの声があがったという。

なお、神輿の巡幸路は、戦前までは拡大状況にあった。創建当時は、武田神社を進発し、八幡神社、山梨県庁、稲積神社を御旅所として甲府市の中心市街地をめぐっていた（武田神社 一九八九：一三八）。大正一三年（一九一四）には巡幸は二日間となり、御旅所も穴切神社、新紺屋小学校などが増加し（武田神社 一九八九：一四二）、昭和一〇年代には三日間にわたる巡幸へと大規模化した。しかし、現在では巡幸は武田神社と遊亀公園（稲積神社）との間を往復するのみとなり、往時に比して縮小されている。

写真６　二十四将騎馬行列の信玄役の男性。2012 年筆者撮影。

さて、先ほども確認したように、甲州軍団出陣は川中島への「出陣を演じる」ものであった。各部隊はそれまで市内各所の陣屋で観客とのふれあいを楽しんではいたが、出陣式にあっては、観客はテレビや舞台をみるように各部隊長に手をふることは表立って行なわれない。一方、「二十四将騎馬行列」は、どのような歴史上の一コマをも演じようとするものではなく、騎馬武者たちは沿道の観客たちに笑顔で手を振りながら通り過ぎることがあらかじめ求められている（写真6）。そして、観客たちは、この行列に対し、手をふり、カメラを向け、あるいは行列に加わっている神職から武田神社の神札の頒布を受ける（写真7）。平成二四年（二〇一二）の筆者の観察に際しては、白地に赤く武田菱をプリントした手旗が沿道の人々に配布され、人々はその旗を振りながら行列を見送った（写真8）。手旗を振って行

写真７　神札の頒布を受ける様子。2012 年筆者撮影。

写真８　行列を見守る人々。手には武田菱の旗がある。2012 年筆者撮影。

列を歓迎することがいつ頃から行なわれているのかは明らかではないが、近年開始されたものではないという。

　では、武田神社祭礼における「二十四将騎馬行列」は、時代装束に身を包んで市内を練るだけの催しなのであろうか。おそらくそうではない。信玄の御魂をうつした神輿と行路を共にする「二十四将騎馬行列」は、山梨県の総鎮守である神・信玄が、お膝元であるところの甲府市内を、領民に笑顔を向けながら練り歩く、旧領主＝郷土の神の巡幸を視覚化したものといえる。信玄とその部将たちを、日章旗を想わせる旗で見送るように求めるあり方は、この行列がどのように「観られる」ことを求めているかを如実に反映しているように思われる。その仕草が「国民―天皇」的な構図を演出しているとすれば、信玄の霊と二十四将の巡幸は「領民―領主」的な関係性において「観られる」ことを求めているといえる。

崇拝対象化される銅像

一方で、甲州軍団出陣を中心とする信玄公祭りが、まったく信玄に付与されている神性とは無関係に挙行されているのかといえば、そうではない。信玄公祭りの開催期間中、甲府駅前の信玄像前には写真9のような線香立てが設置される。ここに線香を献じてその煙を浴びることで信玄の知恵と勇気が授かるという。無論、そのような習俗が信玄公祭り、あるいは信玄の銅像をめぐってかつてから存在したわけではない。開始年度は不明だが、新たに創出された擬似宗教的な信玄への礼拝の形式であろう。平成二一年（二〇〇九）には写真10の下部にうかがえるように賽銭箱が設置されていた。信玄公祭りという観光イベントの期間中、地域史上の人物の銅像に突如として宗教色が付与されているわけであるが、その要因としては以下三点の可能性が複合していると考えることができる。まず、①「イベントで主題化される人物が死者であることに起

写真9　線香立て。2012年筆者撮影。

写真10　銅像前の賽銭箱。2009年筆者撮影。

因して、文化的に共有されてきた死者への敬礼行為がイベントの中で踏襲された可能性」である。次に②「あらかじめ神として参照される回路の用意されている人物であるからこそ、同人物を主題化する場において、銅像への宗教的敬礼が発生し得た可能性」である。あらかじめ神格化されている事実は、像や遺品を介して当該人物を神として参照することをも自然化する。

そして、③「観光イベントであれ、『祭』を銘打ち、非日常的な時空の編成を志向することそれ自体が、そこに違和感なく宗教性を包摂してしまう、あるいはそのような宗教性の獲得を求めてしまうという可能性」である。これはいわば、「祭」の形式感覚とでも呼ぶべきものの存在を示唆する。この点は後に詳論するが、議論を先取りして言えば、祭という場で焦点化される個性的存在とは「神」以外の何者でもない。以上の①と②は表象対象に関わる形式の問題、そして①〜③は、いずれも、「祭」的なる場と関わるものであるが、本章ではここにさらに二点の可能性を加えたい。すなわち、「祭」的なる時空間を取り払ったとしても同様の現象は発生し得るのである。

付け加えるべき点の一つ目は、「山梨県」という場の問題である。すなわち、④「山梨県という場だからこそ、郷土の英雄化されている信玄の銅像が特殊な取り扱いの対象となり得た」というものである。例えば、写真11に示す信玄坐像は、双葉サービスエリアに特別展示されていた。サービスエリアという場所柄であろう、数珠にさわって交通安全祈願を行なうことができるとされている。当該地に信玄が祭祀されてきた歴史はない。また、同坐像への宗教的態度は信玄が集中的に想起されるべき時空間において現出しているわけでもない。かと言って、信玄の姿を象ったあらゆるものが神像的に取り扱われるわけでもない。サービスエリアという場を考慮におくならば、そこは他地域から観光客等の多くの人々が行き交い、商品や展示物に土地の特色を出すことが要請される空間ということができる。信玄を偉人視し、実際に神格化してきた経緯のある山梨県という空間では、信玄像はつねに宗教的な敬礼対象として眼差される可能性を潜在させているということはできるだろう。とりわけ、山梨県の特色を強調すべき空間だからこそ、そのような可能性が現実化したものということができるかもしれない。ただし、山梨県下であっても、すべての信玄像がこのように取り扱われるわけではない、したがって、④は①~③の可能性に相乗的に関わるものということができる。

次に付け加えるのは、⑤「銅像という存在の形態が、仏像ないし神像への対応を転用することを自然化する可能性」である。そこに象られている「なにか」ではなく、なにを象るものであれ、銅像という存在の形式そのものが、この種の現象を発生せしめることがある。

各地で非宗教的な銅像類が宗教的態度の対象となっている状況を目にすることができる。筆者の把握している限りでは、八甲田山における後藤房之助伍長の銅像には賽銭箱が設置されている。あるいは、受験シーズンには早稲田大学の大隈重信像に賽銭が投じられることがしばしばあるという。また、境港市における水木しげるロードの妖怪ブロンズ像「べとべとさん」の口の中にお賽銭をあげていく観光客がいるというのも、存在を形象化した像がしばしば賽銭を投じるべき神仏に擬せられることから導かれた行動であると理解すべきであろう。同様の例として、株式会社サンライズのある西武新宿線上井草駅前のガンダム像にも、賽銭箱が設置されてい

写真11　双葉SAの信玄坐像。2010年筆者撮影。

ることにも触れておきたい。無論、すべての像は、なんらかの文脈とともにそこにあり、それへの宗教的行動も特定の文脈のもとにある。早稲田大学だからこそ大隈重信像があり、早稲田大学に合格したいものだからこそ、そこに賽銭を投じる。仮に、それが大隈重信の「絵画」や「ぬいぐるみ」であったとすれば、同様の現象は発生し得たであろうか。いずれにせよ、像という形式そのものが宗教的態度を導く可能性があることがここからは示唆される。

以上、形式感覚という視点から①~⑤の可能性を想定することで信玄の銅像の宗教化を捉えることを試みた。銅像の宗教化が自明化する理由を、表象対象、表象される時空間および場、表象する媒体から検討したわけであるが、これはそのどれかが正解であるという類のものではなく、こうした可能性の複合によって現象を成立せしめているとみなすべきものであることを再度確認しておきたい。いずれにせよ、ここでの作業は、偉人を想起する場と神を想起する場について、人々がそれらをいかに混同し(得るか)、いかに弁別し(得)ているかを捉えようとするものであった。この点は本章三節で再度包括的に分析する。

「信玄公祭り・甲州軍団出陣」とマスメディア

最後に、「信玄公祭り・甲州軍団出陣」とマスメディアとの関連を検討しておく。同イベントの形成・展開過程には明確に大河ドラマの影響をうかがうことができる。昭和四四年(一九六九)の大河ドラマ『天と地と』は、県下における武田信玄の観光資源化にさらに拍車をかけた(新谷 二〇〇五:一六三)。信玄祭から信玄公祭りへの改称は、そのようなブームを受けたものである。大河ドラマが各地の観光状況に影響をあたえることは今日では自明化している。李受美によれば、大河ドラマが「ご当地ブーム」を引き起こしたのは昭和四一年(一九六六)放送の第四作『源義経』、それが過熱したのが昭和四四年(一九六九)第七作『天と地と』であるといい、『天と地と』がいかに注目すべき現象を引き起こしたのかが知られる（李 二〇〇六：一六二～一六三）。もっとも、その萌芽はそれ以前にもうかがうことができる。昭和三八年（一九六三）放送の第一回連続時代劇（後の大河ドラマ）『花の生涯』の主人公・井伊直弼にゆかりの彦根市は、放送直後から観光客が増加したらしい。昭和三九年（一九六四）五月一五日の『朝日新聞』一四頁の「舟橋氏に彦根名誉市民」なる記事を以下に提示しておこう。

彦根市議会は十三日、「花の生涯」の作者舟橋聖一氏（五九）に名誉市民の称号を贈ることを決めた。同市の十三代城主井伊直弼を主人公とした「花の生涯」が一昨年四月から昨年十二月末までＮＨＫテレビで紹介されてから〝大老ブーム〟を呼び、彦根城への観光客が倍増した。この彦根の名を全国に高めた原作者を長く〝恩人〟としてたたえるためで、六月三十日の市民会館開館式に舟橋氏を招き、井伊家十六代目井伊直愛市長から名誉市民章と賞状を渡す。

また、信玄公祭りへの直接的な影響としては昭和六三年（一九八八）の大河ドラマ『武田信玄』（あるいは厳密に言えば新田次郎の原作）の影響も重視されねばならない。新田は信玄の側室であり勝頼の母である諏訪御料人に「湖衣姫」という作中名を与えたが、平成一五年（二〇〇三）以来、信玄公祭りには「湖衣姫コンテスト」が盛り込まれ、選ばれた湖衣姫は武田時代行列の中で甲州軍団とともに市中をパレードする。この諏訪御料人は平成一九年（二〇〇七）の『風林火山』（原作・井上靖）では由布姫と命名されるが、同年の信玄公祭りでは「由布姫（湖衣姫）コンテスト」と大河ドラマと連動して催しの名が改められた。また、先述のように『風林火山』と前後して山本勘助役への芸能人の起用が開始されるなど、マスメディアにおける信玄ほか家臣団・関連人物の表象状況を意識することで集客をはかろうとする姿勢がつよい。無論、これは信玄公祭りにのみ特徴的な現象ではない。大河ドラマが人物のゆかりの地に相応の経済効果を生むことが、近年は強く意識されている。各地では大河ドラマの誘致運動が展開され、放送が決定されるや、人物の関連史跡が注目をあつめることを見込み、地域サイドでも様々なイベントを企画する。既存の祭・イベントには、ドラマを意識した工夫が凝らされるわけである。大河ドラマの影響による観光客の増加は短期的な現象に過ぎないが、人物の資源的価値への意識が急激に高まる現象としてきわめて興味深い。人々の歴史への態度は、常に流通する「物語」からのなんらかの拘束性のもとにあるといえるだろう。

以上、「信玄公祭り・甲州軍団出陣」および武田神社例大祭における「二十四将騎馬行列」について概要をおさえ、そこで「演じられているもの」および世俗的イベントにおける宗教性、マスメディアとの関係について議論した。

三節　形式感覚と再現志向

祭をめぐる形式感覚

本節では、本章で取り上げた大岡祭（大岡越前祭）および信玄公祭り、武田神社祭礼二十四将騎馬行列をめぐる調査成果に対し、あらためて「形式感覚」および「再現志向」という視点から若干の考察を行なう。

本章冒頭で確認したように、「形式感覚」とは、言わば「らしさ」をめぐる私たちの感覚である。「祭」というものに付き物の事物や情景を私たちは連想することができる。「神輿が出る」、「出店が並ぶ」などという一般性の高さが推定される既知の諸要素の複合によって、「祭とはこのようなものである」という感覚的ビジョンを私たちはそれぞれ有している。あるいは、体験の蓄積を前提として嗅ぎ分けられるムードのようなものであるかもしれない。商店の売り出しイベントやネットコミュニケーションにおける興奮状態に「祭」の名が冠せられ得て、多くの場合、そのことに私たちが奇異の念を抱かないのは、祭という場の形式をめぐる感覚の作用がある。祭と名づけられつつ分節化された時空の中に、なにか新たな事物なり趣向が加えられた時、それに奇異の感を抱かず、状況に即して違和感のないものとして受け入れる際に（あるいは違和感を抱く際にも）、私たちの「形式感覚」が無意識的に作用する。一方、それはある新しい文化（新しい祭やイベント）を作り上げる時にも作用する。どれほど新奇な取り組みで耳目を集めようとしても、それがどのような催しであるかを理解される上では、共有されている形式感覚から大きく逸脱することは許されないためである。さらに言えば、生活・文化の諸変化に際し、先行する世代から表明される違和感も「形式感覚」の相違に起因するものと捉えることが可能であろう。

この形式感覚について殊更に議論を行なうのは、繰り返すが、この点が日本における偉人化・神格化の複合的状況を導く要因の一つと考えられるからである。すなわち、偉人とからめた世俗的なイベントが宗教的祭礼であるかのように体験されたり構想されること、碑が墓石のように、銅像が神像や仏像のように敬礼の対象とされるような状況を理解する上では、形式をめぐる慣習化された感覚への目配りが有効と考える。日本人の感覚として、神と人とを近しいものとして想念する傾向を吟味する際に、偉人を想起する場と神を想起する場の共通性ないし相違をふまえた上で、擬似神格化とでも呼ぶべき状況を捉えることが重視されるべきことを主張したい。

大岡祭（大岡越前祭）の場合、自身の形式感覚を直截に表明していたのは鶴田栄太郎であった。大岡忠相を主題化する観光祭を構想するならばどのようにあればよいかを述べた本章一節の引用部分で、鶴田は大岡忠相のパーソナリティと贈位祭という前史をふまえつつ、華やかな催しを案出し、「忠相公は大名に取り立てられたので何より先に大名行列」と述べている。鶴田のこのような発想は、同時代の人々はもちろん、後世の私たちにおいても「共感」されるか、少なくとも理解不可能なものではない。しかし、「大岡忠相が大名であること」と「忠相にちなむ祭で大名行列が行なわれること」の間には、それ自体としてはへだたりがある。鶴田や私たちにおいて、このへだたりが埋められているのは、そこに祭をめぐる形式感覚の共有があるからにほかならない。すなわち、祭には神輿や山車などの様々な行列が練り歩くものであり、とりわけ歴史にちなんだ祭の場合、歴史的な装束に身を包んだ行列行事が実施されている場合が多いという、直接・間接の知識をふまえた感覚に導かれて、鶴田はこのような行事を構想し、私たちもそれを祭らしきものとして感覚するのである。

一方、「信玄公祭り」は、武田神社祭礼の観光化によって形成されてきた前史があるとはいえ、非宗教的な催しである。しかし、自らを「祭」として組織し、提示することは、「祭」的雰囲気の演出に向けて、「祭」を構成すると了解されている諸要素を取り込んでいくことになる。例えば、高知・北海道のヨサコイ系祭は神不在のイベントであるが、これに特化した神社を創り出している〔矢島二〇〇〇：一六六〕。とりわけ、本書で関心を寄せるような、すでにこの世にない人物を主題とするイベントとなれば、「祭」という形式感覚が想定する「神的」存在が、そこで主題化されている人物に求められることは、特段奇異なことではない（かのように私たちには感覚される）。銅像の類が宗教的対応の対象となることも、その適切性を厳密に判断するならば首肯され得ないものであるが、理解可能な範疇に属すものであり、少なくとも、思いもよらない奇異な行動ではない。

像をめぐる形式感覚

とりわけ、像をめぐる形式感覚は、日本において碑表・形像という存在の形式がしばしば宗教的造形物であったことに起因すると考えておきたい。ここからは近代の造形文化、記念碑文化への受容論的視点の有効性が導かれてくる。丸山泰明は銅像・記念碑という西洋的記憶化の手法が輸入されて間もない頃、記念碑が鎮魂のために建てられるような受容のあり方があったことを指摘している〔丸山二〇一〇：一八五〕。一方、忠魂碑は宗教装置たり得るとする箕面市忠魂碑訴訟をふまえ、照沼好文は理念的検討から碑表・形像等を宗教施設ではないと論じているが〔照沼一九八三〕、宗教家や建碑の主体、すなわち記憶化の主体の意図がどのようにあったとしても、事実として碑表・形像は神や偉人、あるいは死者の想起を促す場と「なり得る」し、造形化されている存在は宗教的敬礼の対象となって「しまい得るの」である。さらに、そこに「祭」的な形式によって特定の存在を主題化する時空間が設定されたならば、当該人物を神であるかのように位置づけることはいっそう自然化「され得る」。この「しまい得る」「され得る」という発現可能性〔理解可能性・感覚可能性〕を用意するものこそ、慣習的に共有され、人々の意識を感覚的に規定する文化である。もちろん、イベントは必ず祭礼化し、石造物は必ず宗教化するわけではない。形式感覚は普遍的事実を解明するための概念ではなく、人々の解釈的実践を説明する概念である。したがって、多くの精神文化・心意伝承と同様に、それが日常世界の分節化に際して発現される以前には、選択を方向づける「可能性」として存在するということができる。

以上、神格化と偉人化の分かち難さの例証に関わる問題として、祭や像をめぐる形式感覚の存在に注意を向けた。

再現志向がむすぶビジョン

次に、この種の行列行事の「再現志向」について考察を加える。歴史にちなんだ祭礼の行列行事というパフォーマンスが、なんらかの情景なり物語を私たちの前に現前化させているとすれば、それが「なにをどのように現前化させようとしているのか」、「なにがどのように現前化されていると理解されているのか」を注視する必要がある。多くの担い手や観衆においても、そこで現前化されようとしているものは過去の情景であると認識されているであろう。しかし、そこで「過去の情景の現前化」と認識されているものの質に踏み込んだとき、そこで現前化されている「過去の情景」は必ずしも史実によって強く拘束されてはいない。歴史とは過去の出来事を構成した物語に過ぎない。そして、それを再構成する媒体が物語のあり方を規定するものであるならば、このような行列もまたメディアの一つとして、それ自体が独得の文法によってメッセージを拘束するものといえる。以下、本章で検討した二つの事例がなにをどのように現前化させようとし、実際に何が現前化されているのかをあらためて確認しておこう。

大岡祭における越前行列は「土地の歴史」を現前化させているわけではない。茅ケ崎市の歴史資源としての大岡忠相は、市町村合併によってもたらされたものだからである。また、小出村においてすら、大岡忠相が当該地に滞在したという記録は見出すことができない。すでに確認したように、越前行列（大名行列）は、祭礼には行列がつきものであるという形式感覚と大岡忠相のパーソナリティとをすり合わせる中で案出されている。越前行列（大岡行列）の演じているものは、過去の具体的場面ではない。仮に、この行列による情景の提示が地域統合の役割を果たし得るものとするならば、そこで現前化されているものは、茅ケ崎市民と大岡忠相との「望ましい関係性」そのものであると言うことができるであろう。「市民に手を振る大岡忠相の姿」がそこで可視化されているのである。その意味で越前行列（大名行列）は、明確にイベント行事でありながら、武田神社の「二十四将騎馬行列」に近しいものと理解することができる。

一方、信玄公祭り・甲州軍団出陣は相応に歴史的事実をふまえている。武田信玄は名だたる臣下を引き連れて川中島に五度出陣している。しかし、甲州軍団出陣は出来事の再現前化ではあるが、史実性への要求を高度に満たすものではなく、演じられる行列に過去の特定時点ないし特定の出来事への関連づけが行なわれているに過ぎないのである。二十四将という幻のベストメンバーで勇ましく出陣し、帰陣後には戦勝を祝う同イベントも「望ましい過去の情景」を現前化させるものと理解することができる。

以上の二例に共通するのは、「再現」という行為を通して達成される「理想」の現前化である。それが阿南の議論するように集団統合と集客の効果をもつとすれば、集団成員のアイデンティティに由来する「望ましさ」と、ショー的催しとしての体裁と工夫に由来する「望ましさ」（見栄えの良さ、盛り上がりへの配慮など）とが、相互の緊張関係の中で現前化されることにこの種の行列行事の特徴があると理解せねばならない。

本章ではわずかに二つの事例を取り上げるに留まったが、戦後社会で続々と生起した各地の「歴史の資源化」現象における史実からの拘束の程度は実に多様である。例えば、阿南が取り上げる京都の「時代まつり」は史実へのこだわりが強いという〔阿南 一九八六：二六〕。祭礼において活用されるシンボルとしての歴史像をも、動態として理解しようとするならば、この種の行事が現前化しようとしているビジョンが、どのような過去をどのように表象したものであるのかを、人物の表象史とあわせて検討する必要があるといえる。

結びにかえて

本章では大岡忠相と武田信玄を観光資源化する祭礼・イベントについて報告し、「形式感覚」および「再現志向」という観点から分析を加えた。「形式感覚」によって、歴史を題材とする世俗的イベントや、銅像・記念碑のような世俗的装置の類が宗教的装いをおびてしまう擬似神格化現象を説明し、本書の主題である神格化と偉人化の複合的発現が今日の社会においても発生し得ることを指摘した。また、「再現志向」からは、この種の祭礼がしばしば有す歴史的情景を現前化させることへの志向が結ぶ過去像について分析し、それらは「望ましい過去像」あるいは「望ましい関係性」の現前化であり、そこには集団の成員の歴史意識に由来する「望ましさ」とショー的催しとしての「望ましさ」の双方があることを指摘した。

次章では別様の資源化の様態として偉人・神と教育との関係に目を向けることになる。

注

(1) 「大岡越前守奉賛会」は昭和三二年(一九五六)、第一回祭礼の後に結成され、代表は歴代市長が務めている。鶴田の筆写する「名奉行大岡越前守奉賛会規約」をここに引用しておこう。

第一条　本会は名奉行大岡越前守奉賛会と称し事務所を茅ケ崎市堤浄見寺に置く。

第二条　本会は大岡忠相公の人格を追慕鑚仰しその功績道徳を顕彰し人心の昂揚に加護を得ることを目的とする。

第三条　本会は目的達成のため左の事業を行う。

一、忠相公の墓域、浄見寺の整備維持をなす。

二、忠相公の銅像を建立する。

三、記念館を建立して忠相公に関する文書、遺物を蒐集陳列する。

四、毎年一回追善供養の大法要を営み大岡祭を挙行する。

五、その他目的達成に関する事業。

第四条　本会の目的に賛同し入会の申込をなしたる者を以て会員とし普通会員、特別会員の二種とする。

第五条　茅ケ崎市内各部落に支部を置く。
第六条　本会の運営並びに事業遂行のための経費として会員は左の通りの会費を納める。
　一、普通会員　会費は年額　金百円以上とする。
　二、特別会員　会費は一時　金壹万円以上とする。
第七条　本会の役員は左の通りとする。任期は二ヶ年とする。但し再選を妨げない。
　一、会長　一名
　二、副会長　三名
　三、幹事　若干名
　四、支部長　若干名
　五、会計　一名
　六、監査　二名
　七、書記　一名
第八条　役員は会員の互選により詮衡し本人の承諾を得て決定し欠員を生じたる時は役員会の議を経て本人の承諾の上決定する。
第九条　会長は本会を代表し副会長はこれを助く。幹事は本会の運営事業の企画をなし役員会を招集する。支部長は支部との連絡に当る。会計は会計事務を担当し、監査は会計を監査し、書記は事務を担当する。
第十条　役員会は幹事会の企画を審議し決定事項につき分担推進する。
第十一条　役員会の推薦により本会に顧問及び参与を置く。
第十二条　本会の会計年度は毎年四月一日に始り翌年三月三十一日に終る。
第十三条　本会の規約は役員会の議を経て改正することが出来る。
附則
　本規約は昭和三十一年十二月十六日から施行する。

（2）鶴田は、大岡祭のさらなる発展を構想するに及んで、忠相を「消防の神様」とすれば大岡祭を全国レベルの祭礼にすることが出来ると述べている。あわせて、「横浜市の消防に関する展覧会に依嘱されて、公の真筆と公の遺品を浄見寺から出品させると、それらを一番正面の上坐に据えて公が祭られたことを覚えている」と述懐する〔鶴田 一九五八：六三〜六四〕。明確な神格化の契機をもたなかった大岡忠相であるが、展覧会での遺品類の取り扱いは「祭られた」と認識されるような体裁がとられたことがわかる。この点からは、いわゆる祭祀施設のみではなく、愛用の品や直筆の書簡等、死者の痕跡を今日にとどめる諸事物の取り扱いを、人を神に祀る風習研究の文脈で議論する必要性を提起することができる。

（3） 昭和六〇年（一九八五）当時の「信玄公祭り・甲州軍団出陣」の様子を阿南透がスケッチしている。この二〇年間で細部に相応の変化があることが知れるので、参照されたい〔阿南 一九八六〕。

（4） 信玄公祭りの成功を受けたものであろう、県下では「川中島合戦戦国絵巻」（笛吹市）等の類似イベントが誕生している。こちらのイベントは出陣ではなく合戦をモチーフとしている点にオリジナリティがある。

（5） 本章執筆後に調査に臨んだ平成二六年（二〇一四）度の祭以降、出陣式および帰陣式の会場は舞鶴城公園とされ、駅周辺の混雑緩和と祭の公共性確保が実現された。この点は往年の形式への回帰であるが、駅前ロータリーにも見せ場が設けられている。

第二章　教育資源としての神・偉人

――赤穂市における義士教育を中心に

はじめに

元禄一五年（一七〇二）一二月一四日、赤穂藩浅野家の元家臣らが主君の遺恨をはらすべく高家・吉良義央を襲撃し、殺害した。この元禄赤穂事件は『仮名手本忠臣蔵』等の作品によってよく知られている。本章では、まず同事件の中心人物・大石良雄およびこれを含む四十七士の祭祀・顕彰過程を、特に赤穂市のそれに焦点をあてつつトレースする。この赤穂四十七士は近代には楠木正成などと並んで高い規範性を見出された人々であり、その教育への活用（義士教育）は、近代以来、その内実を変化させながら今日も実施されている。本章では、近・現代における歴史の資源化の一様態として、その教育資源化の過程と様態を明らかにする。

一節　研究史の整理と対象の歴史的概要

（一）研究史の整理と問題の所在

忠臣蔵幻想と義士祭

本章との関連で第一に言及すべき研究として、四十七士の表象史を再構成する宮澤誠一の『近代日本と「忠臣蔵」幻想』がある〔宮澤 二〇〇一〕。宮澤は四十七士の価値付与を伴う表象化を、実像をこえた「幻想」と見なし、時代の思想的な背景と照合しつつ、文芸作品や義士論の分析からその変化過程をたどっている。

一方、大石和世は、四十七士の慰霊・顕彰の催しである義士祭を「ひとびとの各々の『忠臣蔵』幻想をかきたてながら、同時に『日本人』に共有された物語へと回収する装置」と捉え〔大石 二〇〇二：三四～三五〕、その共同性生成の様態を明治期の福岡県における義士祭の設立経緯の検討によって析出している。大石は人々が四十七士への崇敬を媒介として統合されるあり方を理解する際に、結集の拠り所として「残念の相続者」という擬似血縁的な共同性・共属的な感情を想定する。義士祭という場で人々が抱く共属的感情は、死者への感情的な寄り添いを前提にすることは十分に考えられるものの、それを「残念の相続」という一点に還元することとなく、近・現代日本の様々な死者の祭祀・顕彰過程、その中での集団の形成・集団性の生成過程を広く見渡した上で議論を組み立てていく必要があろう。

文化社会学の分野では、大野道邦が平成一五年（二〇〇三）の科研費研究報告書『記憶と文化――「赤穂事件」記憶への文化社会学的アプローチ』（研究代表者・大野道邦）収録の「文化としての赤穂事件記憶」（後に『可能性としての文化社会学』に「記憶と文化――『赤穂事件』記憶をめぐって」として収録）で記憶研究の観点から元禄赤穂事件をとりあげている〔大野 二〇〇三・二〇一一〕。大野の議論はM・アルバックスの集合的記憶論をふまえつつ文化と記憶の関係を問う一連の研究の一環をなすものであり、とりわけ赤穂義士祭については、記憶を構成する文化と記憶利用にかかわる文化の析出に取り組んでいる(大野二〇一一：一六六)。特に後者について、赤穂義士祭は「赤穂という地域社会の、対内的アイデンティティ(コミュニティ的同質性)というよりも、対外的アイデンティティ(外部の他者との異質性)を『自己呈示』するために『演出=操作』された表象=文化である」という見解は注目に値する(大野二〇一一：一八六)。ただし、大野のアプローチは記憶の資源化という観点が要請する記憶の可塑性・動態への着目を、文化社会学の理論的課題として留保している(大野二〇一一：一九二)。生活・文化の変遷・動態を記述してきた民俗学のアプローチにおいてはこの点をこそ掘り下げる必要がある。

また、大野が代表を務める科研報告書所収の山泰幸の論文「記憶を祀る」は、泉岳寺・山科大石神社・川崎市の銚子塚という三つの素材から文化的記憶研究における複数のアプローチの可能性を提起するものである。とりわけ、山科大石神社を素材として、山はフィクショナルな忠臣蔵的世界と当該地における大石良雄の神格化との関係性を指摘しつつ「メディア時代の神」という理解を示している(山二〇〇三：九七)。講談・軍記物を含む物語世界での人物表象という古典的主題との関連からも興味深い視点であるが、「メディア時代の神」がメディア社会の状況下で積極的に価値付与される様態のみならず、そのような状況下での祭祀主体の人々の取り組みをミクロな視点から捉えていく必要があろう。

以上、研究史を整理した。四十七士の表象史に対しては、四十七士が様々に関連づけられながら各地で記憶化されている現状をふまえるかぎり、それらローカルな場での四十七士の取り扱いに視点を絞ったインテンシブなアプローチが必須となる。本章の議論はその一環をなすものである。赤穂は四十七士のお膝元であり、四十七士らに対する感情的寄り添いもその他の土地とは異なる様相を呈するであろう。また、本章では赤穂市における四十七士の教育資源化の分析を通して、大野および山の議論に若干のコメントを加えることにする。

（二）対象の歴史的概要

四十七士評と演劇作品

赤穂四十七士の社会的位置づけの推移を簡単に整理しておきたい。

元禄赤穂事件直後から、四十七士の行動を義挙とみるか否かが儒家によって議論されていた。詳細は先行する諸研究の整理に譲るが[1]、賛否がわかれたとはいえ、幕府の公的な対処は罪を問う形だったのであり、公的にこれを顕彰することは困難な雰囲気があった。一方、同事件は発生直後から太平記的世界に仮託しつつ歌舞伎・人形浄瑠璃等に作品化され、民衆からきわめて高い人気を集めていく。四十七士の今日にまで続く英雄化の素地を築いたのは、これら演劇メディアであった。元禄赤穂事件に題材をとった作品は無数に存在するが、「忠臣蔵物」というジャンル形成を確固たるものとしたのは寛延元年（一七四八）の『仮名手本忠臣蔵』である。天明五年（一七八五）刊行の『古今いろは評林』には「忠臣蔵の狂言いつとても大当りならぬ事なき」などと記され〔八もんじや 一九〇八：一一〇〕、「独参湯」としての活況を示す資料は枚挙にいとまがない。近世から近代初頭にかけての演芸への採用状況を表1に整理しておく。

近代の四十七士像

明治維新以後、公的な次元における四十七士表象は大きく変化することになる。明治元年（一八六八）一一月五日、明治天皇は東京巡幸に際し勅使を泉岳寺に派遣し、以下の宣旨を行なう（泉岳寺蔵）。

汝良雄等。固ク主従之義ヲ執リ。仇ヲ復シテ法ニ死ス。百世之下。人ヲシテ感奮興起セシム。朕深ク嘉賞ス（以下略）。

この宣旨は、四十七士が国家的権威によって評価されたことを意味し、これ以後の義士祭や義士会の会合で読み上げられる場合も多い。宮澤が明らかにするように、文明開化期の一時期、近代的法整備の過程で復讐が罪悪視されるなかで風当たりが強くなるのを除けば（宮澤 二〇〇一：三一〜三三）、彼らは近代政府のイデオロギーにおいて忠君愛国の英雄として表象されていくことになる。泉岳寺では義士祭が恒例化し、義士会を称す顕彰団体の成立・大規模化も進んでいく。明治四三年（一九一〇）赤穂町の大石旧邸保存会が全会員に発した書状の中には「年々歳々全国に於て義士会又は四十七士会若くは義士追慕会等の設置せらるるもの頻々として各地に挙行するの趨勢」との文言がみえる（飯尾厳夫先生祝賀会 一九六二：八九）。現在も全国の義士会の中で主導的立場にある中央義士会も大正五年（一九一六）に創立された。同会は義士の慰霊、講演会等を介した武士道の鼓吹、および国民精神の作興を目的として、義士の討入日である一二月一四日と自刃日三月二〇日には毎年のように泉岳寺にて祭典を挙行し、昭和九年（一九三四）からは東京府・東京市と共催、文部省後援のもと「赤穂義士追憶の集い」という講演会を開催していた。昭和一四年（一九三九）一二月一四日に挙行された中央義士会の「追憶の集い」における理事長の挨拶は以下の通りである（亀岡 一九四〇：二〜三）。

我が中央義士会は、恒例に依りまして、本日茲に東京府並に東京市と共同主催の下に、文部省並に国民精神総動員中央連盟の御後援を仰ぎ、国民精神作興の御詔書を奉体し、赤穂義士討入二百三十八回忌記念祭典を挙行し、浅野内匠頭始め赤穂四十七士の在天の英霊を慰むると共に、義士精神の普及徹底を

上演年月	題目	上演地	種別
明和 9 年（1766）4 月	「忠臣後日噺」	大阪	人形浄瑠璃
明和 9 年（1766）4 月	「躾方武士鑑」	大阪	人形浄瑠璃
安永 2 年（1773）7 月	「いろは蔵三組盃」	大阪	人形浄瑠璃
安永 4 年（1775）7 月	「忠臣伊呂波実記」	江戸	人形浄瑠璃
安永 6 年（1777）12 月	「日本花赤城塩竈」	大阪	歌舞伎
天明 7 年（1787）9 月	「廓景色雪の茶会」	大阪	人形浄瑠璃
天明 8 年（1788）2 月	「義臣伝読切講釈」	大阪	歌舞伎
寛政 2 年（1790）7 月	「忠孝両国織」	江戸	歌舞伎
寛政 3 年（1791）9 月	「いろは仮名四十七訓」	大阪	歌舞伎
寛政 5 年（1793）4 月	「仮名書吾嬬面視」	江戸	歌舞伎
寛政 9 年（1797）2 月	「忠義墳盟約大石」	大阪	人形浄瑠璃
寛政 10 年（1798）3 月	「忠臣二度目清書」	江戸	人形浄瑠璃
寛政 10 年（1798）8 月	「忠臣一力祇園曙」	大阪	人形浄瑠璃
享和 3 年（1803）8 月	「仮名手本義士の書添」	不明	人形浄瑠璃
文化 3 年（1806）正月	「いろは歌誉桜花」	大阪	歌舞伎
文政 2 年（1819）8 月	「いろは仮名随筆」	江戸	歌舞伎
文政 4 年（1821）9 月	「菊宴月白浪」	江戸	歌舞伎
天保元年（1830）5 月	「真写いろは日記」	江戸	歌舞伎
安政 5 年（1858）5 月	「仮名手本硯高島」	江戸	歌舞伎
慶応元年（1865）5 月	「忠臣蔵後日建前」	江戸	歌舞伎
明治 4 年（1871）10 月	「四十七刻忠箭計」	東京	歌舞伎
明治 11 年（1878）4 月	「増補忠臣蔵」	大阪	人形浄瑠璃
明治 15 年（1882）4 月	「忠臣蔵年中行事」	東京	歌舞伎

※〔赤穂市立歴史博物館 2012〕から作成。

表1　元禄赤穂事件関係演劇作品一覧

上演年月	題目	上演地	種別
元禄16年（1703）1月	「傾城三の車」	京	歌舞伎
宝永5年（1708）1月	「福引閏正月」	京	歌舞伎
宝永7年（1710）以前	「兼好法師物見車」	大阪	人形浄瑠璃
宝永7年（1710）6月	「鬼鹿毛武蔵鐙」	大阪	歌舞伎
宝永7年（1710）7月	「太平記さゞれ石」	京	歌舞伎
宝永7年（1710）9月	「硝後太平記」	京	歌舞伎
宝永7年（1710）　推定	「碁盤太平記」	大阪	人形浄瑠璃
宝永7年（1710）　推定	「鬼鹿毛無佐志鐙」	大阪	人形浄瑠璃
享保2年（1717）4月	「忠臣いろは軍記」	大阪	歌舞伎
享保10年（1725）7月	「小夜衣二張彎将」	大阪	歌舞伎
享保17年（1732）10月	「忠臣金短冊」	大阪	人形浄瑠璃
元文5年（1740）春	「豊年永代蔵」	江戸	歌舞伎
寛保元年（1741）9月	「粧武者いろは合戦」	大阪	歌舞伎
寛保2年（1742）9月	「忠臣伊呂波文字」	江戸	歌舞伎
寛保3年（1743）9月	「忠臣いろは軍談」	江戸	歌舞伎
延享元年（1744）7月	「今川忠臣伝」	江戸	歌舞伎
延享4年（1747）6月	「大矢数四十七本」	京	歌舞伎
寛延元年（1748）8月	「仮名手本忠臣蔵」	大阪	人形浄瑠璃
寛延元年（1748）12月	「仮名手本忠臣蔵」	大阪	歌舞伎
寛延2年（1749）2月・5月・6月	「仮名手本忠臣蔵」	江戸	歌舞伎
寛延2年（1749）3月	「仮名手本忠臣蔵」	京	歌舞伎
宝暦9年（1759）5月	「難波丸金鶏」	大阪	人形浄瑠璃
明和元年（1764）閏12月	「いろは歌義臣鍪」	大阪	人形浄瑠璃
明和3年（1766）10月	「太平記忠臣講釈」	大阪	人形浄瑠璃

期し、大講演大会を開催致しました（中略）唯私共の学ばんとするところのものは、其の純真崇高なる千古不朽の精神であります。即ち彼等の忠勇義烈の精神であり、又正義を尊び、恩義を重んじ、廉恥を知り、責任を重んじ、或は忠孝一本の精神、一糸紊れざる団結、堅忍持久の意志、私を滅して公に報ずる犠牲の精神等であります。

此の精神、此の信念、此の意志は我が皇国日本に関する限り何時の世に於ても緊要な徳目であると云ふことは申すまでもないことであります。特に、現下我が国内外の情勢は、益々複雑にして深刻を加へつつあります。此の際此の国難を打開し突破する途は、唯義士精神の発揚に俟つ外ないと、私共は確信して疑はぬのであります。玆に於て、私共は一段と義士精神の発揚を強調し、一億同胞と共に一糸紊れず超非常時刻下の国策に順応、国運遂行の上に寄与貢献せむことを祈念している次第であります。

四十七士はその忠節が理想化され、その思想は「義士精神」などと名づけられつつ、軍国主義的な武士道鼓吹の目的で社会資源化されていた。当然ながらこのような状況は第二次大戦後に一変することになる。昭和二〇年（一九四五）GHQは報復を正当化したり、封建的道徳観を鼓吹する映画・演劇・出版を禁止する。「忠臣蔵」はその典型と見なされ、ひときわ警戒すべき物語と認識された〔宮澤 二〇〇一：二二八〕。例えば、日本の戦後統治のために人類学者ルース・ベネディクトによって執筆された『菊と刀』（昭和二一年〔一九四六〕刊）には以下の記述がある〔ベネディクト 一九六七：一八八〕。

日本の伝統は絶えず一般民衆の前に、この復讐の「朝湯」の理想をかかげる。数知れぬ事件や英雄物語――その中で最も人気のあるのは『四十七士』の物語である――が誰にでも知られている。

「朝湯」とは、汚名を忌避する性向をきれい好きの比喩で表現するものであるが、日本人の復讐を美化する国民性の端的なあらわれとして四十七士の物語が言及されている。しかし、歌舞伎界の中村吉右衛門がGHQ中枢にいた芝居愛好家のアメリカ人フォービアン・バワーズに、当該作品は武士道へ反逆する民衆の芸能であるとして働きかけ、昭和二二年（一九四七）には「忠臣蔵」の上演が再開される〔宮澤 二〇〇一：二二九〕。ただし、戦前的な文脈で四十七士を称揚することは、戦後社会では好ましくないこととされたのは言うまでもない。

写真１　泉岳寺義士祭における法要。2010 年筆者撮影。

現代の四十七士崇敬

四十七士の物語は、現在でも歴史物語として再生産され続けている。ＮＨＫ大河ドラマにかぎっても、昭和三九年（一九六四）『赤穂浪士』、昭和五〇年（一九七五）『元禄太平記』、昭和五七年（一九八二）『峠の群像』、平成一一年（一九九九）『元禄繚乱』と、一〇年スパンでコンスタントに放送されている。映画やその他のドラマを含めれば、人々は例年のように新たな忠臣蔵系の作品に触れ得る状況がある。また、新旧の関連作品は毎年討入日が近づく頃にテレビ放送される。マスメディアにおける採用頻度の高さは、その他の歴史上の人物・事件と比べても突出したものと言えるだろう。

また、義士会という崇敬・愛好団体の今日における各地の

ゆかり	平成23年度	第1回	主催団体	備考
昭和28年（1953）高輪泉岳寺から許可が下り分霊、北泉岳寺と改称	第55回	昭和31年（1956）	北海道義士会	以前は砂川・滝川で交互に義士祭を行なっていた
吉良邸跡	第61回	大正14年（1925）頃	両国連合町会	
同上	第40回	昭和49年（1974）	松坂町睦会	
赤穂藩主浅野家菩提寺	—	1909年（明治32）には行なわれていた	義士祭護持会	明治32年から戦後除き昭和50年頃までは春の義士祭を1ヶ月間実施、その後半月の期間を経て現在の1週間になった
赤穂義士堀部安兵衛生家の菩提寺	—	—	武庸会	大正2年（1913）武庸会発足
大石内蔵助隠棲の地	第37回	昭和49年（1974）	山科義士まつり実行委員会	法要なし、自治体で構成、他義士祭との連携なし
浅野家の大阪菩提寺	—	義士37回忌の年に、前身となる遺品展覧会が始まる	大阪義士会	遺品展覧会は昭和19年(1944)まで開催、翌年の空襲で遺品や木像は焼失したが、行事は昭和28年（1953）に義士祭として新たに復活した。行列の順路は決まっていない
赤穂藩所在地	第108回	明治33年（1900）	赤穂義士祭奉賛会	
赤穂義士不破数右衛門の逸話にちなむ	第69回	昭和7年（1932）	古市義士祭実行委員会	戦後一時中断、昭和30年(1955)より子ども会の行事として再開
事件以前に分知された家原浅野家が義士の記念碑を建立	—	昭和2年（1927）	加東市赤穂義士奉賛会	戦中戦後も地元有志により継続して開催
大石りくの出身地	—	—	豊岡義士会	大正14年（1925）義士会発足。赤穂市とは、義士交流大使の派遣など毎年連携がある
浅野藩三がく寺の一つ	—	—	久学寺	昭和57年（1982）に再開、戦前の義士祭は屋台の出店もあった
赤穂義士小野寺十内・小野寺幸左衛門の子孫の菩提寺	—	江戸時代と伝わっている	多聞寺	古文書等の記録物が火災により焼失
阿久利姫の出生地	第27回	昭和57年（1982）	三次ライオンズクラブ	
赤穂義士木村岡右衛門と大高源五の遺髪を埋葬	—	昭和39年（1964）から衣装などを用意し、本格的に開始	末広町内会	
境内に泉岳寺と同形式の四十七士の墓を建立	—	昭和10年（1935）義士会結成と共に開始	福岡義士会	
江戸細川藩邸で義士接待役の堀内伝右衛門が、自分が治める現在の山鹿市杉に十七士の遺髪塔を建立	—	杉の地を守る地元の堀内組が小規模に開始	山鹿温泉観光協会	明治期までは地元から粗末にされていた。堀内夫妻と、細川家に預けられた17人を合わせて慰霊・研究する場として現在は機能している

※〔井上2011〕の表を一部修正した。

表2　全国義士祭一覧

開催地名	行事名	実施日	内容
北海道砂川市北泉岳寺	北海道義士祭	12月14日	法要、砂川市中パレード（滝川は徐々に減員、22年度から巡行中止）
東京都墨田区両国本所松坂町公園	本所松坂町公園義士祭	12月14日	公園内松坂稲荷前で神事
同上	吉良祭元禄市	12月第2土・日曜日	元禄市（露店およそ80店舗の出店、和太鼓協演など）
東京都港区泉岳寺	赤穂義士祭	（冬）12月14日 （春）4月1日〜7日	（冬）墓前法要、義士行列、露店（春）献茶式、寺宝開帳
新潟県新発田市長徳寺	義士祭	12月14日	法要、こども市中パレード
京都府京都市山科区	山科義士まつり	12月14日	義士行列（毘沙門堂〜大石神社）、こども歌舞伎、芝居
大阪府大阪市天王寺区吉祥寺	大阪義士祭	平成22年度より12月第2日曜日	吟詠、奉納武道、奉納太鼓、奉納落語、子どもたちによる義士時代行列ほか
兵庫県赤穂市花岳寺・大石神社・赤穂城	赤穂義士祭	（冬）12月14日 （春）4月第2日曜日	（冬）花岳寺の法要、大石神社の祭典、パレード、各会場での催し（春）献茶式、女人義士行列
兵庫県篠山市宗玄寺	古市義士祭	12月14日	法要、こども義士行列
兵庫県加東市観音寺	加東市赤穂義士祭	12月14日	追善法要ほか
兵庫県豊岡市正福寺	豊岡義士祭	12月14日	法要、霊前奉納、そば会
兵庫県加西市久学寺	義士祭	12月14日	法要、義士うどん
兵庫県加西市多聞寺	多聞寺義士祭	12月14日	法要、近年より観光協会の協力による義士行列も始まった
広島県三次市鳳源寺	三次義士祭	12月第2日曜、14日以前の近い休日	追善法要ほか
愛媛県松山市興聖寺	松山義士祭	12月14日	法要、献句、詩吟、舞踊ほか
福岡県福岡市興宗禅寺	福岡義士祭	12月14日	法要・筑前琵琶・陽流抱え大筒ほか
熊本県山鹿市日輪寺	山鹿義士まつり	2月4日	墓前供養・歴史講話・講談・そばや甘酒のふるまい

分布状況もまた、多くの歴史上の人物の中で類をみない。現在、「北海道義士会」「笠間義士会」「中央義士会」「大阪義士会」「京都山科義士会」「京都義士会」「赤穂義士会」「赤穂義士顕彰会」「豊岡義士会」の九義士会が存在し、それを統合する「全国義士会連合会」が存在する。また、義士にゆかりを見出す市町村では、義士祭ないし類似名称のもとで祭礼が挙行され（表2参照）、平成元年（一九八九）からは、それら市町村によって「義士親善友好交流会議」（通称義士サミット、旧・吉良町の参加以降は忠臣蔵サミットに改称）が挙行されている（赤穂市の呼びかけによる）。

今日、忠臣蔵の物語は、歴史資源として高い価値を有すものとして各自治体で位置づけられている。各地の状況を把捉することも興味深い課題であるが、本章では以上の歴史的経過を前提としつつ、赤穂市における四十七士の祭祀・顕彰過程およびその資源化状況を明らかにする。

二節　大石神社の創建と花岳寺

（一）大石神社と花岳寺の概要

大石神社

赤穂市内には二つの四十七士の祭祀施設が存在する。その一つ、大石神社は大正元年（一九一二）に旧赤穂城趾内に創建された。主祭神は大石良雄以下四十七士と萱野三平である。萱野は浅野長矩の切腹を早馬で赤穂に知らせた人物で、大石良雄の一派に加わるも、討入前に自刃した人物である。また、浅山神社として摂社に祀られていた浅野家三代（長直・長友・長矩）、赤穂神社に祀られていた浅野家以後の赤穂藩主家である森家七代（始祖・蘭丸を含む）も昭和二四年（一九四九）に大石神社に合祀されている。かつて浅山神社の祭

表３　近世の花岳寺における四十七士祭祀史

年	出来事
元禄16年（1703）	大石以下の切腹後、四十六士の合同牌が作られる。
不明	三三回忌ころから浅野領内の村々や追慕者により義士木像の奉納がはじまる。
元文4年（1739）	三七回忌に森家家臣・小林貞真が同志とはかり、花岳寺境内に浅野長矩および四六士の墓を建てる。
寛延3年（1750）	五〇回忌を前に追慕の人々が花岳寺境内に忠義塚を建てる。
享和2年（1802）	一〇〇回忌法要に「義士供養」なる謡曲が奉納される。
嘉永5年（1852）	一五〇回忌に忠義桜の句碑建立。同句は赤穂森藩において義士追慕の句が募られた際に寄せられたもの。
安政5年（1858）	大石良雄邸跡に碑建立。「大石大夫の手栽せし桜樹の纔に存するのみなりしが、欽慕憧憬の士四方より螺集し来りて弔慰するもの少からざる」ため、「邑の大姓三木政利衆と相謀りて」遺跡を明らかにした

※〔花岳寺 1999〕および〔飯尾厳夫先生祝賀会 1962〕から作成。

神に含まれていた山鹿素行は、浅野三代の合祀に及んで摂社・山鹿神社として独立している(2)。

花岳寺

　赤穂市における四十七士のもう一つの祭祀の場である台雲山花岳寺は、正保二年（一六四五）、浅野長直が常陸笠間藩から所替えになった際、菩提寺として創建された曹洞宗の寺院であり、境内には四十七士の遺髪をおさめた墓所、浅野家・森家歴代の墓所が存在する。先述のように、大石神社は近代に創建された神社であり、近世期の四十七士の祭祀はこの花岳寺を中心に行なわれてきた。近世赤穂藩における四十七士祭祀に関わる出来事を表3に整理しておこう。ここからは年忌法要が実施されていた事実とともに、藩主・森家が四十七士崇敬を阻まず、むしろ奨励したかのような様子も推察される。ただし、森家の四十七士への態度についてはさらなる史料の検討を要することを付言しておく。

　以上をふまえ、大石神社の創建過程について掘り下げてみよう。

（二）大石神社の創建過程

釈種仙珪の活動

大石神社創建は二つの出来事が契機となって計画された。一つは先述の明治元年（一八六八）の天皇東幸に際する宣旨であり、もう一つは明治九年（一八七六）のフランス人モヅロベール（神奈川裁判所の書記）の赤穂訪問である。モヅロベールは、日本の歴史に触れる中で四十七士に関心をもち、夏季休暇を利用して赤穂を訪れた。その際の様子を『大石神社五拾年記念史』（以下『五拾年史』と略記）は「義士は我国無比なる事を論じ、何故に日本には（ママ）神として祀らざるかと、他の神々を列挙して其の熱誠溢るるものあり」と記す（飯尾巌夫先生祝賀会 一九六二：三二）。以上の出来事に花岳寺住職・釈種仙珪が感銘を覚え、神社建築を発願する。

明治一五年（一八八二）、仙珪の主唱によって地元有力者による「桜魂社」（事務所・花岳寺）が組織され、必要地の買収の手配とともに、神号・神社号の獲得運動が開始される。仙珪は「夜々小僧に提灯を持たせ、己れは拍子木を叩き辻々に街頭演説を試み、町民の眠りを覚ました」といい、「和尚狂せり」と罵られたというエピソードからもその並々ならぬ努力が推し量れる（片山 一九七六：五）。ここからは四十七士の祭祀・顕彰に必ずしも意欲的ではない人々の姿も垣間見えるが、協力者を得た仙珪によって創建運動は精力的に展開されていく。明治一六年（一八八三）桜魂社の構成員が大石神社創設之儀願を提出し、同年、「大石神社創立義捐金募集概則」を大石神社建築事務所（花岳寺）が発行する。

このように動き出した大石神社創建運動であったが、明治二五年（一八九二）の赤穂大水害が原因で休止を余儀なくされる。しかし、明治二九年（一八九六）には仙珪と赤穂郡長らが建築計画を再発起する。明治三三年（一九〇〇）には大石神社の号を賜るとともに、神社創立の正式な認可がおり、翌明治三四年（一九〇一）三月、仮社殿を築造し、臨時祭典が挙行された。明治四〇年（一九〇七）には大石旧邸保存会が結成される。大石良雄旧邸は神社の建設予定地である。明治四三年（一九一〇）、この大石旧邸保存神社建築会の名で神社が起工され、大正元年（一九一二）大石神社竣成、遷座祭が執行される。戦前の神社は社格制度内での上昇を志向する場合が多いが、大石神社も大正一一年（一九二二）社格奉進の基本金作成方法として崇敬講が組織される。この活動が実を結んだものであろう、昭和三年（一九二八）、大石神社は県社に昇格している。

写真２　花岳寺の四十七士墓所。2012 年筆者撮影。

写真３　12 月 14 日、花岳寺の活況。2012 年筆者撮影。

創建に際する困難

ところで、明治初期から計画されていたにも関わらず、大石神社の創建はかなりの時間を要している。創建過程では「躄の足が立っても大石神社は建たぬ」などという陰口も聞かれたという〔飯尾巌夫先生祝賀会 一九六二：三〇〕。このように創建が遅れたのは何故だろうか。この点については、第一に資金面の問題、第二に神社建設予定地整備の遅延という要因を推定することができる。

資金面の困難ぶりを示す資料は枚挙にいとまがない。明治一八年（一八八五）ごろのこととして『五拾年史』には「この頃、募金集まらず且つ出費多く事務渋滞す」との記述がみえる〔飯尾巌夫先生祝賀会 一九六二：二六三〕。また、大石神社創建過程をめぐって「赤穂人士振ひ立って、其の名も決死隊などと云って拾数人の人々が百両と云ふ大金を出し合って、其の基金を作り、世話人の中には毎月五銭づゝを貯蓄して、建設資金に」あてたとの記述もみえる〔飯尾巌夫先生祝賀会 一九六二：三〇〕。また、明治三六年（一九〇三）五月のこととして「赤穂町長は頼母子講を組織せんとしたるも不許可」とあり〔飯尾巌夫先生祝賀会 一九六二：二六四〕、神社起工後の明治四四年（一九一一）の一二月一四日には大石神社建築期成同盟講なる集会の第一回が開催され、講員三〇名により一口一回の掛け金を二円として資金作成にあたった。様々な方途によって資金調達に努めていた様子がうかがわれる。

次に建設地の整備の遅延に関しては、明治一六年（一八八三）提出の「大石神社創設之儀願」から当時の状況が見えてくる〔飯尾巌夫先生祝賀会 一九六二：三三二〕。

大石良雄なる者の邸址及び手栽する処の桜樹ありて存す。四方欽慕の士、甘棠の想ひをなし此の遺蹟に臨み、弔慰するもの年一年より加はる。既に旧赤穂藩主に於ても、此の忠節義心を欽慕追想の余り、此の遺蹟を永遠に保存し、士気を契励する為碑を建て文を刻し、保存の道全く備れり。以降幾多の星霜を経、維新の盛世廃藩の時運に際し、彼の遺蹟も終に数歩の地を余す他、悉く士族宅地に授与せられしより、漸く変して耕地となり、或は荒蕪に委し、其の跡寥々乎として殆ど湮滅に帰せんとす

近世期は良好に保たれていた邸跡が明治維新後には旧士族の住居に当てられてしまったというのである。この問題は神社創建運動が継続される中でも解決されなかった。『五拾年史』によれば、明治三九年（一九〇六）姫路混成旅団長渡辺水哉少将が赤穂を訪れた際に「大石良雄邸宅は小なれば箱にでも入れて大切に保存すべきものなり、然るに借家として人を住居せしむるは、以ての外なり。（中略）赤穂人士の義気無きを表明するものなりと大に論極」されたことを記している（飯尾厳夫先生祝賀会 一九六二：七八）。大石邸跡の居住者の問題は、神社創建の認可を受け、仮社殿まで建っていたはずの明治三九年段階でも解決していなかった。先述の「大石旧邸保存会」なる団体の設立は、このことを受けて結成されたものである。どのような対処が行なわれたのかは不明であるが、同団体の設立によって大石邸の居住者問題は解決がはかられていったらしい。

以上、大石神社の創建過程をトレースし、創建の進捗を阻害した二つの問題に言及した。次に赤穂における義士会の結成過程を、資料の示すかぎりにおいて明らかにしておきたい。

(三) 赤穂における義士会の状況

慕義講の活動

近代の赤穂には慕義講と追慕会なる団体があったといい、赤穂義士会の前身とされている。花岳寺住職・片山伯仙は「赤穂義士会は、明治時代が『慕義講』、大正時代が『追慕会』、昭和に入って『赤穂義士会』と名称がかわった」と述べている〔片山 一九七七:二〕。

では最初期の慕義講とはいかなる団体であったのか。以下、明治三九年(一八九六)一月の署名がある「慕義講之沿革」なる資料の一部を示す〔片山 一九六七:二四六~二四七〕。

明治四年四月山僧当山ニ新董タリ　仝年七月廿四日久岳院殿二百回忌ニ相丁ル　時ニ諸堂荒廃　庫下最甚シ　屋ヲ改葺セザルベカラズ　是ニ於テ有志ヲ募ツテ寄附ノ為メ西奔東走セシム　之ヲ称シテ慕義者ト云　後チ其称ヲ襲ツテ慕義講ヲ組織シ　一箇金参円ヲ寺納セシム　其ノ方法タル　旧暦二月四日義士ノ忌日　七月廿四日久岳院殿御命日　十二月十四日冷光院殿季月忌且ツ義士復讐ノ日ナルヲ以テ　各其ノ忌日大荘厳大法要ヲ執行ス　殊ニ二月ハ講員祖先年回の別回向ヲ為シ　七月ハ大施餓鬼ヲ修シ　十二月ハ追慕ノ意ヲ表ス　講員ニハ各忌日ニハ一汁二菜ノ斎ヲ供ス　尤モ三円ノ納金ハ一回二十五銭トシ四ヶ年ニ之ヲ皆納セシムルノ法ナリ　今日ニシテ皆納モアリ　未納モアリ　歳月ノ久シキ未納金ヲ徴スルヲ要セズ　而シテ其金蓄積既ニ五百円ニ至レリ　明治二十年ノ頃　其会計主任ハ三木豊治郎　副ハ柴田佐平ナリシガ　其賃与方法鞏固ナラザルヲ以テ　遂ニ還収スル能ハズ　其内金弐百五拾円ハ山僧ノ預カリナルヲ以テ　其利ヲ以テ今日ニ法要等ハ厳然継続セリ(後略)

ここで示した資料からは、慕義講が明治四年（一八七一）頃の結成であること、義士の追慕に際して講員に納金を求めるもので、その目的は、四十七士および関係者の仏教的形式による祭祀の整備であったといえる。同様のことは、明治八年（一八七五）「慕義講結社改正章程」の第一条にも明らかである〔片山 一九六七：二四七〕。

第一条
一人ノ性元と善ナレバ　好ム所ハ忠孝ニ及ブ者ナシ　然レドモ物欲ニ誘ナハレ　忠孝ヲ全フスル者尠ナシ　故浅野ノ臣四十七士ノ如キハ　実ニ忠孝ヲ全フセシ人ト謂フベシ　故ニ皇国ノ人ハ言ヲ待タズ西洋外国ノ人モ亦之ヲ慕フ　況ヤ当地ノ人ヲヤ　之ヲ慕ヒ社ヲ結ンデ堂塔ヲ修理シ　香花ヲ供養シ追福ヲ営ム　因テ慕義講ト称ス

慕義講と追慕会の並存、そして赤穂義士会へ

片山の理解に基づくならば、この慕義講が後に追慕会と名を改め、やがて赤穂義士会へと改称したことになる。しかしながら、『仙珪和尚日誌抄』を精読していくと、そのような直線的な整理は厳密にいえば正確ではないことがわかる。

例えば、『仙珪和尚日誌抄』明治三五年（一九〇二）一月二三日の項目を引用してみよう〔片山 一九六七：一三二〕。

○六時　津田二郎等追慕会員来○七時読経遺教了テ一同焼香○八時一同大石神社へ参詣（当時仮社殿）

○十時一同本堂東ノ間ニテ懐旧談○十一時酒肴雪ノ下等ヲ出ス○三時散会下山（括弧内及び傍線部は引用者、以下同様）

明治三五年段階で追慕会が存在している。そして、この時期にすでに慕義講が追慕会に名称変更をしていたわけではないことも資料からは見えてくる。明治三六年（一九〇三）一月一二日の項目には以下の文章がある（片山 一九六七：一四一〜一四二）。

晴 六時晨鈴○慕義講準備ノ為メ 本堂庫下等百人前ノ膳部調達○九時三十分高等校二百四十人及教員参拝 祭文朗読シ唱歌ヲナシ下山○十時三十分尋常校生徒四百八十人及教員等参拝 同祭文ヲ朗読シ生徒ハ唱歌ス 而シテ下山○十一時殿鐘上殿 観音経ニテ冷光院殿回向 金剛経ニテ講中回向 了テ義士墓参 次ニ講中ヘ斎ヲ出ス 随鷗寺ハ方丈ニテ瓶茶アリ○六時追慕会員次第ニ参集 茲ニ於テ大石神社ヘ一同参詣○帰来殿鐘ニテ一同上殿 献茶湯遺教経ニテ義士回向 了テ東ノ間ニ於テ会員一例（礼）先ツ方丈大石公ハ遺教経信向（仰）ノ理由ヲ演シ 古田庸（赤穂郡長、退職後私塾経営）天野屋利平ノ伝ヲ朗読シ 次ニ村瀬（不明）大高ノ伝ヲ朗読シ 次ニ方丈大高暇乞状ヲ朗読シ 次ニ野呂（不明）山鹿ノ伝ヲ朗読シ 伊藤ハ（伊藤武雄だとすれば、士族、花岳寺檀徒総代、義士研究家）芝居忠臣蔵ノ濫觴ヲ演シ 次ニ橋元（橋本退蔵だとすれば赤穂町役場書記）赤穂城建築徳川氏請願ノ手続ヲ演ス 了テ蕎麦 蜜柑 勝栗鯣ニテ小酌 寺ヨリ雪ノ下ヲ饗ス○十二時散会○一時打眠（誤字訂正の括弧は原典、傍線および但し書は引用者）

慕義講と追慕会が併存している。構成員等の詳細は明らかではなく、両者の関係は判然としない。ただし、片山の述懐によれば、追慕会は一二月一四日に花岳寺のみならず町内の複数会場で飲食・講演・演芸を行なったとされ、かなり大規模に活動をした様子がうかがえる。(3) また、追慕会は赤穂町役場を事務所にしたとされ、役場職員を中心とする花岳寺をこえたレベルの組織であった可能性が高い。片山の言葉から推測するなら、花岳寺の整備資金調達を主目的とする慕義講が大正以降は消滅ないし合併し、中心的な活動は追慕会が担い、その追慕会が赤穂義士会に名称変更していく、という過程を描くことができるかもしれない。残念ながら追慕会から赤穂義士会への名称変更の時期は不明であるが、昭和二年（一九二七）県立赤穂中学校の創立に伴い、武川寿輔陸軍少将が初代校長に赴任した際、義士会が国民精神作興強化団体に指定され、事務局が赤穂町役場から県立赤穂中学校に移されており、この時期には赤穂義士会が成立していたことがわかる。事務同事務局は、武川校長の死没により、昭和一四年（一九三九）に赤穂町役場に戻される〔片山 一九七七：二〕。

終戦と四十七士崇敬

昭和二二年（一九四七）、GHQによる忠臣蔵禁止の影響を受け、義士祭は赤穂まつりに、義士会は赤穂まつり奉賛会へと改称する。義士祭から義士色を脱色しつつ祭礼を継続するための苦渋の決断であった。昭和二三年（一九四八）同会の事務所は商工会議所に移される。「公職にある者はかかる会のお世話は遠慮したほうがよい」という声を受けてのことであった〔小幡 一九六九：一〕。ただし、昭和二五年（一九五〇）には名称を再び赤穂義士会へともどしている。昭和二四年（一九四九）には赤穂義士祭が復活し、昭和二八年（一九五三）には赤穂義士会とは別に祭の実施主体として赤穂義士祭奉賛会が結成される。

昭和四四年（一九六九）には赤穂義士会会長に当時の市長・小幡栄亮がむかえられる。「赤穂義士会という

写真４　義士祭当日の大石神社。2012年筆者撮影。

ような、全国的に関連のある会は、その地の首長になってもらうことが最ものぞましく、昔もそうであったのだから、本来の姿に立ち返る意味に於て」、市長を会長に迎えることが決定された〔小幡 一九六九：一〕。戦後から昭和四四年までは、商工会議所会頭、観光協会会長がその任にあたっていた。また、この時、事務局を市役所内に移している。現在も事務所は教育委員会内市史編さん室に設置されている。

現在の赤穂義士会の目的は「赤穂義士及び赤穂義士に関係する史実の研究並びにその事績顕彰を図り、もって市民の郷土理解に資する」こととされ〔赤穂義士会 一九九〇：二〕、教化団体の側面はない。注意すべきことは、そのような義士会会員の範囲である。昭和四三年（一九六八）『赤穂義士会報』三号掲載の会長・西川蓄夫の文章「着実に進まなん」によれば「赤穂市全戸全会員の実現を図りたい。之は桃井前会長が始めて唱導せられた運動で今はその緒につきつつある」という〔西川 一九六八：一〕。全戸の会員化はあくまで形式的にではあるが実現されている〔大野・大木 一九八二：二二二〕。

赤穂義士顕彰会

また、昭和五〇年（一九七五）に大石神社を母体に「赤穂義士顕彰会」が結成されている。「赤穂義士顕彰会趣意書」によれば、オイルショック以降の「経済面の打撃」と「精神面」における「道義道徳の荒廃」をふまえ「勤勉実直を誇った我が国民の前途」を憂う立場から、「大石内蔵助の秀れた統率力のもとに一致団結して難局を克服し、その目的を達成した義士の事績に範を求めて一大精神運動を展開せんものと」結成されたといい、赤穂義士会に比して精神的感化を重視している（大石神社 一九七六：八）。同会は、昭和五四年（一九七九）段階で第一期事業（資料の刊行、史蹟の整備、史料館の建設等）が完了したことをふまえ、昭和五六年（一九八一）四月に「新発足」を宣言する（大石神社 一九八一：一）。すなわち、昭和五七年（一九八二）、大河ドラマ『峠の群像』の放送が決定されるにおよび、「会則の一部を改正して大石内蔵助良雄公を始め四十七義士をご祭神と仰ぐ赤穂大石神社の御神徳を戴きそのご事績を崇敬追慕して義士を顕彰し奉賛する教化団体として新発足のことと相成った」といい、崇敬会的性格を深めている（大石神社 一九八一：一）。現状、赤穂義士会と義士顕彰会ともに全国義士会連合会に加盟している。

写真５　赤穂義士祭における義士行列。2012 年筆者撮影。

以上、赤穂市における四十七士の祭祀・顕彰過程を明らかにしてきた。次に、このような状況をふまえて、同市における四十七士の教育資源化について検討を加える。

三節　教育資源としての四十七士

（一）義士教育の概要

近代の学校教育における四十七士の取り扱い

仙珪の日誌からも明らかなように、同地における四十七士の教育への活用は戦前から見られた。例えば、明治三五年（一九〇二）一月二三日の項では、すでに引用した部分に先だって以下の記述があった〔片山 一九六七：一三〇～一三二〕。

晴　五時振鈴〇九時高等小学校職員生徒義士へ参拝　前以テ荘厳献供等ナシ　一同ハ本堂ニ入リ　教員焼香祭文ヲ朗読シ了テ　一同唱歌　了テ山主生徒ノ為ニ主税与茂七（右ヱ門）ノ説話ヲナシテ教学ヲ奨励シ了テ下山〇十一時尋常小学校ノ職員生徒五百名ノ参拝アリ　式ハ高等校ト同様〇十二時下山

また、赤穂義士会の事務局が置かれた旧制の県立赤穂中学校は、その創立自体、四十七士の存在を強く意識したものであった。同校は昭和二年（一九二七）四月一日に建学、昭和三年（一九二八）一一月三〇日には校舎を赤穂城本丸跡に移転している。昭和二三年（一九四八）四月一日、学制改革により同校は兵庫県立赤穂高等学校となり、同年九月一日には県立赤穂北高等学校と併合し、兵庫県立赤穂高等学校となる。昭和五六年（一九八一）九月一日、同校は本丸跡から移転し、現在は赤穂市海浜町に立地している。

この赤穂中学校の設立の趣旨が昭和九年（一九三四）刊「大石神社略誌」（『五拾年史』収録）に紹介されている。この事実そのものが同校と大石神社の密接な関係を物語っているといってもいいだろう〔飯尾厳夫先生祝賀会 一九六二：一一〕。

大石良雄公宅趾には大石神社の建設せらるあり、その向ひ側には赤穂城の遺跡と山鹿素行先生の居宅の跡には銅像の建つあり。其の環境も亦教育の地として洵に絶好の地、斯かる地点に於て赤穂義士の生きたる事蹟を教材とし、山鹿素行先生の遺風を紹述して精神教育に最も重を置き、純日本の国士を造らんが為めに中学校を建設するは、方今一部の教育が何れも皆物質文明の弊に流れ、忠孝義烈の精神漸く地を払はんとする際、又一面欧米思想入り来り人心動揺の今日、洵に意義深き事と確信す。

そして、上記趣旨を掲示しつつ、「大石神社略誌」は「学校との関係」なる節を設け、以下のように記す〔飯尾厳夫先生祝賀会 一九六二：一一〕。

其の教育方針を義士精神の涵養とその発揚に置き（略）今や校風全国に異彩を放ち「義士中学」の名は普く世人の知る処にして、神徳またこれに依りて発揚し、義士中学また大石神社や山鹿素行先生在天の霊加護を下して益々前途に赫耀す。（略）更に当町所在の各学校の教育方針を見ても、如何にその指導精神を義士魂に求めつつあるかを察知し得べく、当地中学校女学校小学校幼稚園等聯合して赤穂教育会を設立し、其の目的に曰く「本会は義士精神を啓培鼓吹して国士養成に力め、進んで赤穂の民風を作興し以て義士発祥の地たる所以を明かにし、国家の隆昌に貢献するを以て目的とす」

旧制赤穂中学の建学に際し、四十七士には、そこで学ぶ生徒らへの精神教育的効果が期待された。また、同資料からは赤穂町内の各学校（県立赤穂中学校、赤穂高等女学校、赤穂尋常高等小学校）が神社式典への参列ほか各種奉仕活動を行なっていたこともわかる。これらの学校は花岳寺の行事にも参加している（飯尾巌夫先生祝賀会 一九六二：一二）。赤穂中学にかぎっては、以上に加え、「毎月一日一五日登校第一に職員生徒全校正式参拝」や「毎月数回神社境内外の美化作業の奉仕」等の日常的な奉仕も行なわれていた（飯尾巌夫先生祝賀会 一九六二：一三）。

近代の郷土教育の文脈では、多かれ少なかれ地元の偉人を取り込んだ学習が意識され、敬神崇祖の念を涵養すべく神社への奉仕も実施している場合が多い。しかし、その点を考慮に含めても赤穂の事例はその規模において特徴的な現象であったといえるであろう。

戦後の義士教育

四十七士の教育資源化は第二次大戦の敗戦後、一度は廃止された。戦後の義士教育が始動するのは、昭和三八年（一九六三）赤穂市教育研究所に「義士と教育部会」が設立されてからである。(4) 同会の活動報告書『赤穂義士』（その二）における赤穂市教育長・小林定雄の発言によれば、同部会は「赤穂の風土にあった教育を進め」ることを目的に結成されたといい（赤穂市教育研究所 一九七一：二）、社会科教育の中で地域の歴史教育が重視されはじめたことと連動している。

まず、同部会は教材化に先立って史実の研究に取り組み、その成果を昭和四一年（一九六六）の『赤穂義士』（その一）として発刊する〔赤穂市教育研究所 一九六六〕。昭和四三年（一九六八）には義士教育の学習指導の資料と手引きが完成し、これに基づきつつ義士祭当日に市内小・中学校一斉に一時間の授業が実施された。その後、義士祭当日に二時間の授業を実施する形となったが、現在は社会科の時間と義士祭に先だって行なわれる最低一・二時間程度の特別授業において元禄赤穂事件に関して学ばせ、一二月一四日は児童・生徒らに義士祭の見学を勧めている。(5)

現在の義士教育は、戦前・戦中の教育との断絶を強調している。四十七士の取り扱いをめぐって、昭和五四年（一九七九）の『赤穂義士』（その三）は、「赤穂義士は、かつて国家主義・軍国主義鼓吹の花形であった。このことは、義士指導について現場教師がもつ大きな抵抗感の核心部分」であることを直截に認めつつ、「ゆがめられた義士像」や「作られた義士像」を再検討することによって、そのような理想化の回路を回避できるとし、そのために、「義士演劇がどのように作られ、どのように国民にうけ、どのように影響したかは、そのこと自体わが国の文化（文化史）の問題として更に究明」されねばならないと記述する〔赤穂市教育研究所 一九七九：三〜四〕。また、「お国自慢的な次元ではなく、歴史を生きた義士の新しい人間像を明らかにする」ことで、「民主的な人間形成をすすめるための教材」として四十七士を位置づけ得るとする〔赤穂市教育研究所 一九七九：四〕。

ところで、軍国主義的英雄であったという厄介な過去をもつ四十七士が、なおも教育資源化されるのは何故であろうか。『赤穂義士』（その三）には、以下の記述がある〔赤穂市教育研究所 一九七九：三〕。

わが赤穂はこのような「忠臣蔵のふるさと」であり、国民的影響をもつ義士発祥の地である。そのため郷土赤穂の子どもたちを育てる私たちは、赤穂義士を、かつて軍国主義教育に利用されていた故のみを以て、避けたり無視したりすることは許されないことと考える。

「郷土」としての赤穂を構想する上で四十七士を避けて通ることはできなかった。山は「史実として提示されているものもまた、物語に対する対抗言説にすぎない」と指摘するが〔山二〇〇九：八六〕、否応なく対峙せざるを得ない「歴史」に対し、赤穂市の教育者らが選択した道筋が英雄像に対する「人間像」、英雄的物語に対する「史実」の強調であったといえる。

義士教育の概要

以上の経緯とスタンスによって、義士教育は、学年ごとに段階的に実施されている。小学校低学年の場合、指導の主眼は義士祭に置かれる。一年次は「自分たちの町（市）は全国的に有名な『赤穂義士』の町であり、義士達の行いを讃える義士祭があることを知り、祭りに積極的に参加しようとする意欲を持たせ」ることを目的とし〔赤穂市教育研究所二〇〇五：五〕、二年次は前年度をふまえ、事件のあらましを調べさせ、義士祭の由来を考えさせる。小学校中学年では郷土学習とからめつつ、特別授業と社会科でそれぞれ最低一、二時間程度が割り当てられる。三年次は史蹟に直接触れることが重視され、「義士の町赤穂」というイメージを培い、「郷土に関する関心を高めること」が目的に設定される〔赤穂市教育研究所二〇〇五：八〕。一方、四年次には、史実の学習が徹底され、児童が「自分なりの義士像を持って」いたとしても、それが創作に基づく義士讃美論に傾斜している場合が多いとして、それらを「洗い落したあらまし」を学習させる〔赤穂市教育研究所二〇〇五：一三〕。加えて、四十七士の人気の理由についても考えさせる過程を組み込んでいる。小学校高学年は、元禄赤穂事件についてのより深い理解を養う過程に入る。五年次は、それまでの大まかな経過の学習をふまえ、人物・行動・年代に留意しつつ全体的に事件を理解させる〔赤穂市教育研究所二〇〇五：一八〕。六年次は、それまでの学習を時代背景のもとで捉えさせ、かつ、現代の歴史を活用した町づくりにも目を向けさせる〔赤穂市教育研究所二〇〇五：二五〕。

中学生の学習はより具体的になる。一年次には、四十七士らが討ち入りに及んだ理由を考えさせ、喧嘩両成敗法をふまえつつ、浅野内匠頭への幕府の裁定と討ち入りとの関連に焦点をあてる〔赤穂市教育研究所二〇〇五：三〇〕。二年次は、「赤穂義士事件に対する自分の意見」を発表させ、意見交換を行なわせる。また、討入をめぐる賛否両論を学ばせ、現代と近世との対比をふまえながら、柔軟な思考を養うことが目的とされている〔赤穂市教育研究所二〇〇五：三二〕。そして、義士教育の最終学年である三年次は、『江戸時代』という時代の制約の中で生きた義士達の生き方を現代に投影させ」、「今の時代にも通じる価値観」の発見、自分たちの生き方や生活に活かせる要素の発見が目的とされる〔赤穂市教育研究所二〇〇五：三七〕。(6) 以上は指導要領を整理したものであり、実際には各校・各教師の方針や工夫のもとで授業が実施されている。実践上の反省と工夫が盛り込まれ続けているとはいえ、「義士と教育部」設立時の理念は現在も堅守されているという。

次に、義士教育の内実に踏み込むべく、児童らの感想文に分析を加える。

（二）児童・生徒らの感想文から見えてくるもの

対象資料の概要

ここで分析する感想文とは、例年の義士教育の後で各校が児童・生徒に執筆させているもので、その中から選り抜かれたものが二学期末までに赤穂市教育研究所「義士と教育」部に提出されている。(7) 本章では筆者の閲覧のかなった昭和六三年（一九八八）度の「義士教育感想文集」収録の一七本の作文、および、平成二四年（二〇一二）度の「義士学習感想文」収録の七八本の作文の計九五本を分析する[8]。

授業の感想文であるという素材の性質上、以下の点に注意が必要である。まず、これらの作文は学習内容をふまえたものであるため、そこで行なわれたであろう情報提示のあり方に起因して児童・生徒らの記述には共通点が多い。また、児童・生徒らの、学習に際するふるまいの適切性への意志が反映されてもいるだろう。さらに言えば、今回分析の及んだデータ集が教師らに選り抜かれた作文群であることもまた、教育の主旨にかなったものが集められている可能性を示す。一方で、作文の中には子どもたちの自由な物言いとでも言える部分が垣間見えることもある。当該作文は教師らによって義士教育への評価として参照されており、児童・生徒の自由な発想と表現が重視されている可能性も考慮におくべきである。もっとも、作文の多様性という問題については、同一校同一学年の同一クラスの作文群を分析する必要があり、筆者が参照し得たデータからは立ち入ることができない。

以上をふまえるかぎり今回参照し得たデータから児童生徒一般の意識を抽出することには慎重であるべきではあるが、義士教育の中でなにが学びとられたかに関する児童・生徒による自己陳述であることは疑いない。義士教育が児童・生徒らになにを求め、なにがどのように学びとられた（と表明された）かをうかがい知ることはできるのである。

「義士」および「義士人気」への評価

さて、各作文の内容は、ある程度類型的に整理することができる（以下、括弧内に、昭和［S］六三年度、平成［H］二四年度の別、学校名、学年、児童・生徒のイニシャルを記す）。まず、「義士への評価」とでも称すべき児童・生徒による主観の表明が見受けられる。全作文を通してもっとも言及頻度の高い話題であり、そのほとんどが四十七士への称賛的態度によって貫かれている。そこで称賛されるパーソナリティはほぼ討ち入りという行動に焦点化される。とりわけ、言及が多いのは「なにか（だれか）のために、命を賭して行動する姿勢」をめぐるものであり、「勇気がある」、「信念・忠義を貫いてすごい／えらい」、「自己犠牲の精神がすばらしい」といった評価が伴う。無論、命を捨てることが理想化されているのではない。「誰かの為に必死になれる事は今の私にはとてもむずかしいと思います。私は誰かを助けようとしても、やっぱり自分の方も心配だと思って、なかなか助けられないのかなと思った」（H二四・赤穂東中三・CM）、「私だったら、打ち入りをしても、切腹しないといけないから、自分の命を優先していたと思います」（H二四・城西小四・SM）との記述に明らかなように、「誰かのために行動できる精神」などと現代においても共感できるものへと読み替えられ、また、今日の私たちには困難な事績として位置づけられている。そして、そこから抽象化された四十七士の精神は、人間性学習を基本の一つとする義士教育を通して、児童・生徒らの理想として参照されていく。

自分はこれまで命がけで迷ったことなんてないし、これからもたぶんないと思います。けれど、そういう世界だからこそ、赤穂義士について学ぶべきだと思います。学ぶことでたくさんのことを知ることができると思います。自分は今回、自分に厳しくすることの大変さや勇気を持って行動するむずかしさ、決断することのすごさを学ぶことができました。これからも生きていくうちに、義士のような強い心を持てればいいなと思います。（H二四・赤穂西中三・OH）

私の手本となる人は、きっと、先生や今の大人よりも、大石蔵助（ママ）や、残りの四十六人の人達でしょう。（略）私は後、何年で、大石蔵助（ママ）以下四十六人の人達の様な心を持つのかなあ。後、何年で、大石蔵助（ママ）

の様な、性格になるのかなあ。（S六三・赤穂中一・NA）

大石内蔵助みたいな人になるのはむずかしいけれど、私は人のため、仲間のために力をつくすことはできる。そう思ってがんばっていきます。（H二四・赤穂西小五・YM）

ああ、この人たちのように生きてみたい。そう強く思いました。（H二四・御崎小六・SR）

一方、義士教育の中では、四十七士の物語が社会一般で高く評価されている事実が学習され、その理由について考えさせられる。いわば「義士人気への評価」に言及することが求められるわけだが、児童・生徒らの評価は「不公平なさばきに対して大石内蔵助が命をかけて浅野内匠頭のかたきを討ったからだと思います」（H二四・高雄小四・YH）などと、概ね「義士の評価」と不即不離の関係にあるようである。義士人気の高さの理由を考えさせる課題は、人気の質を考察するよりも、義士への社会的評価に心づかせることに主眼があるといえるかもしれない。その意味で、義士祭をめぐる児童・生徒らの感想も、自地域の祭礼が社会的に評価されていることへの認識を促すものといえる。

私は、義士祭のことをふつうのお祭りのように小さいころは思っていたけど、本当は義士をたたえるお祭りなんだなあと思いました。今日、お母さんといっしょに義士祭に行って分かったことは、いろいろなところから人がやって来て義士をみんなでたたえるお祭りなんだと分かりました。（H二四・御崎小四・OR）

義士教育は、義士祭に関心のない児童・生徒にとって自地域の文化としての気づきを媒介するものでもある。義士教育の結果、「去年とは、ちょっとちがうぎしさい」（H二四・御崎小三・KK）が体験されたり、「学校でならったばめんがありました。学校でおはなしをきいていたのでよくわかりました」（H二四・高雄小一・FN）などと祭礼の細部への理解が導かれている。

継承および周知への意欲

義士祭や四十七士への社会的評価と、それを地域住民としてどのように捉えるかという問題に目を向けさせられた児童・生徒らは義士教育への意欲を表明する。注意すべきことは、これらの中に「これからもっと赤穂について勉強してもっと好きになって、わたしが子供に教えてあげて、このお話をできるだけ長く、たくさんの人に知ってもらいたいです」（H二四・赤穂小四・KK）などと、「継承への意欲」あるいは「周知への意欲」が顕在化する場合があることである。継承との関連で言えば、児童・生徒の中には、家庭で四十七士の物語を教えられているケースも多い。

中にはかつて義士教育を受けた家族から話を聞いているケースもあるものと推測する。データとしては古いが、義士教育開始以前の昭和四一年（一九六五）の義士と教育部によるアンケートでは、中学生（計八〇五名）の四十七士を知ったきっかけの上位は「祭りなどの行事で知った」が二八%、「テレビでみた」が二七%、「父母兄姉などから聞いた」が二一%、「映画でみた」が一七%と、マスメディアの影響とともに赤穂の土地柄が看過できない数値を示している（当該質問は複数回答を認めている）〔赤穂市教育研究所 一九六六：四六〕[9]。また、現在の現職の校長への聞取りでは、年々、児童・生徒らの四十七士への関心や知識が乏しくなる傾向が問題視されていた。その背景には、歴史を題材とするマスメディア作品が児童・生徒の興味をひかなくなったことの影響が大きいという。一方、赤穂市民一般を対象とする調査では、赤穂への来往時期、年齢層、職種によって四十七士への関心に相違があるというデータが存在することにも留意しておきたい〔大野・大木一九八二：二二〇〕。住民の転出入が行なわれ続ける中で、四十七士の物語を媒介する場としての家庭の側面は後退傾向にある可能性がある。(10)

事件への評価

さて、義士教育の中では忠臣蔵の虚構性や事件への評価の多様性も学習される。それは「松の廊下および浅野長矩の切腹への評価」や「討入りへの評価」として表出する場合が多い。依然として「吉良上野介義央は、悪い人だなあと思いました。（中略）わたしが、もしも浅野のとのさまだったら、やっぱり吉良を切ったと思います」（H二四・赤穂西小四・TS）などと吉良を責める意見が多数ではあるが、「私は最初、赤穂四十七士がめっちゃえらくて、吉良上野介はすっごく悪い人なのだろうな、と思っていた。どうやら実際はそういう事でもないらしい」（H二四・赤穂中一年・IA）と、冷静な視点から近世の義士論を整理している生徒もいる。あるいは、「そんなに吉良の方が悪いのでしょうか。（中略）吉良が内匠頭にすごくひどいことを言ったことが事実としても、そこで自分の家臣や領地を捨ててまで刃傷することが正しかったのでしょうか」（S六三・有年中二・FM）、「自分の思い込みだけで、『吉良上野介が悪い、浅野内匠頭が悪い』というのはいけないなと思った」（H二四・有年中一・OH）、「うち入りしたことがよかったかどうかわたしには、まだわかりません」（H二四・塩屋小三・YM）、「きりかからないで、きらこうずけのすけとはなして、なかよくできたらあさのたくみのかみは、くるしいおもいをしなくてもよかったとおもいます」（H二四・尾崎小一・KT）のように忠臣蔵的な善悪の構図にとらわれない視点を獲得しているものもある。一方、四十七士への批判的心象を改めたというケースも見られた。討入りを「単なる逆うらみ」と感じ、「後先考えず切りかかった浅野内匠頭の行為は一藩主としては愚かだ」と理解していた赤穂中学校二年NAさんは、責められるべきは喧嘩両成敗の原則をやぶった幕府であり、大石以下の行動は幕府への仇討ちであったと考えるに至り、義士の忍耐と死を覚悟で仇討ちをなしとげたことを称賛する立場へと変わっている。

郷土「赤穂」への意識

最後に、赤穂という土地をめぐる話題に触れておく。多くの作文は「赤穂」への愛着を語ることで文章を結んでいる。これも教育の意図が反映された結果であろう。そこでは、先述のように四十七士の物語の継承や周知への意欲が顕在化する傾向にあるが、このほかに注意すべき点を指摘しておく。まず、四十七士の物語ではなく彼らの精神性を、一個人としてではなく「赤穂に住まう者」として継承する必要を主張するものがある。例えば以下のものである。

> 赤穂義士たちの精神は時代と共に風化しているように思います。私たち赤穂市民は特に、立派な義士たちの精神を受けついでいかなければならないと感じました。（H二四・赤穂中三・NA）

あるいは、継承・周知への意欲が、集団の成員としての義務感にまで高められて、義士教育を受けることを「赤穂に住む私たちの務め」と表明されるケースもある（S六三・御崎小六・YY）。また、四十七士の存在を赤穂に住まう者として誇りに思うという発言は多数存在する。この誇りには二通りのものがある。すなわち、四十七士の行ないをめぐる評価と、四十七士の物語が社会的に高い人気を有すことへの評価の二通りである。前者には、「赤穂に住む人として、赤穂義士の行いに、わたしは、ほこりに思います」（H二四・城西小四・OY）、「私もこの町の人たちも、義士たちのように、勇ましく友情や思いやりを大切にしようと思いました。義士を、そしてこの町赤穂を私はいつまでも大切にして、ほこり高く思うようにしたいです。私は、赤穂や義士を今以上に好きになることができました」（H二四・坂越中一・HA）のようなものがある。また、後者については、「この時期になるとドラマ、ドキュメント、最近はクイズ番組まで『忠臣蔵』や『赤穂義士』のことを題材にして取りあつかっています。赤穂に住んでいる一市民として、なんとなくうれしくなるのもこの時期です。（中略）やっぱり赤穂人として、この話は誇りに思うべきなんだなあと思いました」（H二四・有年中三・OA）といった発言がある。

赤穂という地域の成員であることを前提に四十七士について語ることは、均質な「私たち」をイメージすること、そのようなイメージが現実性を帯びることへの喜びにも容易に接続していく。ある児童は義士検定試験にクラス全員が合格したことを喜び、以下のように記述する。

ぼくがこだわっていたのは、全員合格です。この町にずっと住み、なじんでいた赤穂の町でみんなが同じことを思い、考え望んでの結果だと思います。そして、赤穂の名を全国に知っていただくためにもおん返しができたと思います。（中略）

僕は、〝赤穂〟が本当に大好きです。そしてこの町に住んでいることにほこりを感じます。赤穂という町とぼくたち赤穂に住む人が一体化できるようにしたいです。そのために、義士の町としてぼくたちが盛り上げ、昔と今現在、それから又ずーっと未来にも語りつがれるような環境をつくり、胸をはってほこれるような町にし、これからもこの町と絆を深めたいです。そういった意識を心に入れながらこれ

からも赤穂の町と日々心と体も大きくなりこの町に住みこの町を大切にしたいです。（H二四・赤穂小六・UN）

以上、義士教育を受けた児童・生徒らの作文に分析を加えてきた。義士教育の主眼は、歴史に対する態度を学ばせることにあると理解して良いであろう。例えば、それは赤穂に住まう者という立場性とともに四十七士のことを考えさせ、また、戦前的回路とは異なる形で人間性・生き方への感化を促し、今日的常識と対比させつつ彼等の心中に思いをはせる機会ともなっている。そこでは四十七士や浅野長矩への批判的視点や忠臣蔵人気に起因する観光資源化の状況、忠臣蔵の虚構性までも学ばれている。歴史の継承主体としての自己（郷土人としての自己）を、社会の状況や反対意見をふまえながら自覚化させる契機を内包している点で、今日的な郷土教育実践としてだけでなく、現代社会における人神の状況を理解する上でも看過することはできない。義士教育の成果として、他地域で赤穂出身者として四十七士の話ができることを誇らしく思ったという経験をもつ卒業生や、行政主導で地域住民のあまり関わらない状況にあった赤穂義士祭に、地域を盛り上げる企画をたてるなど意欲的に関わろうとする赤穂在住の若者も増加しているという。

偉人の想起への方向づけや居住地域へのアイデンティファイの回路を用意するものがどの程度あるかということも含め、各地の郷土教育の状況をおさえることもこの方面の議論における課題として重視されるべきであろう。

結びにかえて

本章では、赤穂市における四十七士の祭祀・顕彰過程をおさえるとともに、そのような歴史的経緯をふまえて同地で行なわれている四十七士の教育資源化について報告し、若干の考察を行なった。

大野のいうように赤穂市における今日の義士祭は、義士祭それ自体としてみた時、「対外的アイデンティティ」の「自己呈示」のために「演出=操作」された表象であることは疑いない。しかし、その義士祭を観客や担い手として体験する主体のレベルで見た時、対外的アイデンティティのために提示される表象は、その他の表象とともに、コミュニティ内の成員がコミュニティの歴史をアイデンティファイしていくための手掛かりとしても活用される。想起主体の問題として赤穂市における四十七士の取り扱いを省みた時、コミュニティ内で四十七士をめぐる物語をどのように継承しようとしているのか、どのような態度で四十七士に向き合うコミュニティ成員を、どのように再生産しようとしているのかという問題を避けて通ることはできない。本章は、そのような問題に対するささやかな試論として位置づけたい。

また、「メディア時代の神」として四十七士をみるならば、歴史上の人物のイメージやそれへの価値づけはしばしばマスメディアの提供する歴史物語の影響を受けるものの、その一方で、そのような歴史物語の受容状況もまた刻々と変化していることに改めて気づかされる。すなわち、忠臣蔵の知名度から前提化されやすいマスメディアの影響ということが、若年層にはさほどの影響力をもっていないようなメディア社会の実相が、教育現場での悩みとして顕在化していた。「メディア時代の神」という視点は、メディア状況と連動する祭神の評価や知名度の浮沈、あるいはメディアによる人物のイメージの改変に対し、それをアイデンティファイする地元ではどのように向き合おうとしているのかといった視点によって深められていくべきものと考える。

一方、マスメディアの媒介する歴史が諸個人の歴史観や歴史愛好にどのような影響を与えているのか、という問題も避けて通ることはできない。次章では、諸個人における歴史上の人物の想起とマスメディアの関係にアプローチしてみよう。

注

（1）例えば、〔八木 一九八九〕を参照されたい。

（2）山鹿素行は近世の軍学者であり赤穂藩で教育活動にあたった。大石良雄もその門弟であったという。元禄赤穂事件後、山鹿流兵学は実戦的軍学と評価されるようになる。

（3）追慕会の様子を片山は以下のように記述する。「一番盛んだったのは、大正末期から昭和初期であったろうか。会場も花岳寺を第一会場とし、公会堂、随鷗寺、浄念寺、高光寺、大石神社、永応寺など六〜七会場を持って、どこども聴衆満員と云う盛況な年も続いた。この間を講師（主として軍人、先生、新聞記者）や演芸の芸人が会場廻りをするので、その送迎の人力車（勿論タクシーなどなし）が、人出をかきわけて通るので、その混雑さは云うべくもなかった。その中でも、目標を花岳寺の会場として来るので、夜の明け方まで本堂は人いきれで寒さを感ずることはなかった」〔片山 一九七七：二〕。

（4）戦後からこの時期までは「苦悶の義士空白期」とされ、戦前的見方から脱却するすべが模索されていた。やがて、元旧制赤穂中学教師で郷土史家の平尾孤城の人間性重視の四十七士観をふまえた戦後的義士教育が計画されていく〔木山 一九七一：一〕。

（5）祭の催しに参加する児童・生徒への配慮である。また、史蹟に日常的に触れづらい校区では、義士祭への参加とともに史蹟を見学するよう指導している。なお、高校では義士教育は実施されないが、赤穂高校生徒は祭にボランティアとして参加し、また、義士行列の大石主税役を生徒会長が務めている。

（6）なお、四十七士の道徳の授業の中での教材化は議論が別れて実現していない。戦前的修身教育への連想、仇討等の殺伐とした事件の教材としての適切性が問題化しているという。この点は今日の社会における地域史の教育資源化一般にも通有する問題ともいえるであろう。

（7）「義士と教育」部は、このほか、義士教育の授業に先だって指導案の提出を求めている。また、教材の製作・提供も「義士と教育」部の業務である。

（8）昭和六三年度のデータは、小学一年生・二本（赤穂小、坂越小）、二年生・二本（城西小、高雄小）、三年生・二本（塩屋小、有年小）、四年生・二本（赤穂西小、原小）、五年生・一本（尾崎小）六年生・一本（御崎小）、中学一年生・二本（赤穂中、坂越中）、二年生・四本（赤穂西中、赤穂東中二本、有年中）、三年生・一本（有年中）である。平成二四年度のデータは、坂越中が中学一年生の作文二本、二年生・一本、三年生・三本の計六本を収録しているほかは赤穂・赤穂西・赤穂東・有年の各中学が各学年一本ずつ（一校あたり三本）で、中学生の作文総計一八本であり、小学生については、赤穂・城西・塩屋・尾崎・御崎・坂越・高雄・有年・原の全一〇校がそれぞれ各学年一名の作文を収録しており、総計六〇本となる。

（9）ただし、教育研究所の木山正親は、ここから演劇講談等の影響の強さを読み解き、史実の教育に力を入れる旨を宣言している〔木山一九七〇：一〕。

（10）若い教員に関してもメディア状況に起因して基礎的知識が乏しくなる傾向にあり、今後を危惧する声が聴取される。ただし、平成二四年度の義士検定試験の受験者の七割が教員であるなど、意欲的に勉強しようとする動きもある。

第三章　歴史上の人物をめぐる想起と語り

――マスメディアと性差という観点から

はじめに

前章までは、主として地域社会における歴史上の人物の神格化や偉人化の動態を把捉してきたが、現代社会における歴史上の人物の取り扱いを理解する上では、マスメディアを介して歴史に関心をもち[1]、観光に出かけたり、歴史に趣味的に関わる多くの人々をも対象化する必要がある。各地で歴史の資源化が行なわれるのは、これらの人々を当該地域に招くことによる経済効果が期待されているからにほかならない。では、これらの人々は、史蹟や人神祭祀施設において、なにをどのように想起しているのだろうか（あるいは想起するように求められているのだろうか）。この点については、それらの人々が情報源とする、同時代において参照可能な歴史知識の状況、「歴史」に対してどのように向き合うべきかという文化的な感覚や常識による方向づけを抜きにして考えることができない。

マスメディアを介した歴史体験への問い

本章では、諸個人の歴史への態度や認識をあぶり出すために、特にマスメディアを通した歴史の体験がどのように人々の歴史観を方向づけているか、という問題に取り組むことにする。加えて、そのようなマスメディアを介した歴史体験において、「女性」が注目される近年の状況を鑑み、性差という観点からも事例を検討する。なお、個別人物の想起をめぐる議論は本書の他の各章で行なってきた。本章では歴史をめぐる世相の問題について、あるいは事例間を横断して観測されるような傾向性の問題について議論することにしたい。

ところで、マスメディアと人々の日常の暮らしはどのような関係にあるのであろうか。民俗学の立場から重視すべきことは、マスメディアが媒介する情報が、人々に知識をもたらすのみならず、事物の認識や想起のあり方を方向づけ（レーマン 二〇一〇）、日常のリアリティを構成しつつ、時として事実・実態に必ずしもそぐわない認識（＝フォークロア）の形成にも作用するという点である（岩本 二〇〇六）。私たちはまったく自由に、ある事柄に対する心象や意見を自身の中に構築することはできない。その事柄に対して知識を得るにいたった過程（あるいは知識を深めるにいたった過程）によって、私たちの意識や感覚は方向づけられていく。そして、そのような知識過程が社会的な出来事である場合、感覚は複数の人々の間で一定程度共有される。ここまでの議論との関係で言うならば、多くの人々にとって楠木正成が英雄として想起され、武田信玄に「悪役」のイメージが読みこまれ、大岡忠相が名奉行と見られ、四十七士と吉良上野介の善悪図式が固定的であるのは、どのようにして可能となったのであろうか。すなわち、人々が歴史上の人物を想い描く際の方向づけはどのようにもたらされているのであろうか。この点を考察することを本章の課題とする。

民俗学はマスメディアをどう捉えるか

以上のように述べたとはいえ、本章はメディア決定論の立場には立たない。支配的なイメージがマスメディアによって形成される側面があることは間違いないとしても、マスメディアによる同時的で広域に渡る情報伝達が、人々に均質な情報をもたらしこそすれ、均質な体験をもたらすわけではないということは、メディア研究においてもはや自明の事柄であろう。

本章と近似した関心から現代的メディアを対象化したアプローチとしては、ローカルな歴史意識との兼ね合いで沖縄に関する大河ドラマ『琉球の風』（平成五年［一九九三］）の制作過程と地元での受容過程を追い、アイデンティティの形成を論じた原知章の「媒介されるアイデンティティ」がある〔原 二〇〇〇〕。原は新聞等の投書を素材に受容の問題を論じているが、「これまで論じてきたメディアにあらわれた『琉球の風』の受容は、沖縄県の視聴者による『琉球の風』の受容の『生きられた経験』を透明かつ中立に反映していたとはいえない」と述べ、「テレビや新聞などのメディアを介して構成された現実」を究明したものとして自身の論を定位している。「生きられた経験」の問題としてメディア社会を対象化することは未だ民俗学における大きな課題として残されている。本章の目的もまた人々のメディアをめぐる体験に迫ることを目指すものである。本章ではいくつかのインタビュー資料を提示することになるが、原の議論をふまえつつ注意しておきたいのは、どれほど精緻に練られた方法によって生の「語り」を収集したとしても、その「語り」には「生きられた経験」が「透明かつ中立に」は反映されないという問題である。フィールドワークにおいて、二者間以上のコミュニケーションの中で調査者が把捉する情報もまた、コミュニケーションの力学の中でその都度構成された現実と考えねばならない。そして、そのような観点にたつかぎり、筆者とのコミュニケーションの中で、被調査者が自身にとっての「歴史」をどのように語ったのか、という点が重要となるのである。そして、それとの関連で、本章は、それぞれの語りを一回的・個別的（したがって事例の数だけ多様な）現象として捉えつつも、いくつかの事例にあらわれる共通性や傾向性を把捉することを重視する、ということも前提として確認しておく。

以上の関心に基づき、次節では、限られた範囲においてではあるが、人々に歴史物語を提供してきた各種メディアの歴史を確認する。

一節　マスメディアの中の歴史

「歴史」に「はまった」契機の諸相

歴史は人々にとってどのように「ある」のであろうか。当然の事実ではあるが、今日の社会において、人々はさまざまな媒体を通して歴史に触れ得るし、人生過程の中で、あるいは日常生活の中で、そのような歴史に触れる機会を無数にもっている。そして、それらの体験を経る中で、深浅は様々ではあるが、歴史への興味を喚起され（あるいは喚起されず）、「歴史」に対する好悪の感情を自身の中に形成していく。では、歴史に対して一定程度以上関心があると認識している人々は、「どのような経緯によって歴史に関心をもつようになった」と認識しているのであろうか。

PR・マーケティング・ブログパーツ・携帯サイト運営を行う株式会社アイシェアが、二〇〇九年に同社の無料メール転送サービスの会員を対象に行ったアンケート調査「歴史好きに関する意識調査」を参照してみよう。同調査は二〇〇九年一月三〇日から二月四日まで行われ、有効回答数四七九名、男女比は男性五一・四％・女性四八・六％、年代比は二〇代一五・二％、三〇代四七・二％、四〇代二九・四％、その他八・一%である（小数第二位で四捨五入）。歴史に「とても興味がある」（二一・三%）あるいは「少し興味がある」（四〇・一%）人々を対象に、同調査は「歴史や歴史上の人物にはまったきっかけ」「好きな時代・歴史上の人物にゆかりのある土地に行ってみたいと思いますか」「好きな時代・歴史上の人物に関するグッズは持っていますか」といった質問を行っている。「とても」ないし「すこし」歴史に興味がある人々が歴史に「はまったきっかけ」は、男性の四七・一%が「小説」、三五・三%が「大河ドラマ」であり、女性の五三・二%が「大河ドラマ」、四四・七%が「小説」であったという（同設問は複数回答を認める）。選択肢にはこのほか「マンガ」「映画」「時代劇」「ゲーム」「学校の授業」「アニメ」「テレビドラマ（大河ドラマ以外）」「知人が好きだったから」「舞台」「その他」などがある。年齢層としては三・四〇代の男女に小説・大河ドラマの比率が高く、二〇代は漫画やゲームの影響が大きかったとされる。年代によって歴史に接する媒体は異なるものの、歴史を題材とする娯楽文化によって、人々は歴史に惹きつけられていることがわかる。

本節では、議論の基礎的情報として、人々に歴史を提供し続けてきた各種媒体の概要を整理しておきたい。とはいえ、あらゆる媒体の歴史を追うことはここでの目的を超えた作業となる。まず、アンケート調査においてその影響力が確認され、また本書各章でも言及してきた「大河ドラマ」およびその類似作品を、それらの前史と目される時代劇等の映画作品の歴史とともに整理する。加えて、若年層が歴史に触れる媒体として注目され、本章の事例にも関わってくる漫画、テレビゲーム等にも簡単ながら言及したい。

時代劇の誕生

鳥山拡によれば、「時代劇」は映画の中で生まれたジャンルであり、大正九年（一九二〇）、松竹キネマが創立されて、従来の旧劇に時代劇という名が、新派劇には現代劇という名が与えられたことで成立したという〔鳥山 一九九三：九九〕。旧派・旧劇、新派・新劇という区分は従来の演劇の区分にほかならないが、日本における映画製作の草創期から「旧派」「旧劇」の名で、後の「時代劇」的ジャンルが存在したことにも注意しておきたい。本章では割愛するが、歴史を題材とした演芸は当然のことながら近世以前からの歴史を有す。楠木正成や四十七士の物語が歌舞伎や人形浄瑠璃の中で好評を博してきたことはここまで確認してきた通りである。また、『大衆文化辞典』における滝沢一の解説によれば、大正一一年（一九二二）、松竹が『清水次郎長』を作成した際に、従来の映画に見られた舞台臭を払拭し、写実的工夫を加味しつつ「新時代劇」の名で宣伝したことが用語としての初出であるという〔滝沢 一九九一：三一〇〕。大正末期に登場した「時代劇」は、以降、マキノ映画で「チャンバラもの」として隆盛をみることになる〔鳥山 一九九三：一〇〇〕。これら歴史を題材とする映画のベースには歌舞伎、講談、小説等の中で好評を博している（博していた）歴史物語が採用される。とりわけ、大正末期は大衆文芸の隆盛期であり、それらをベースとした作品が生み出されていく。もっとも、映画作品としての時代劇は、戦後直後に時代劇ブームを惹起して以降活力を失い、一九六〇年代以降は影をひそめたという〔滝沢 一九九一：三一〇〕。近年でも歴史を題材にとった映画作品は上映されるものの、それがいわゆるチャンバラ活劇であることは稀である。すなわち、映画における歴史物語は、それを時代劇の系譜として把捉するならば、今日まで衰退の一途をたどっているかのようである。一方、映画によって形成された歴史経験のフレームは、のちのテレビ時代劇に踏襲されていくことになる。

テレビの中の歴史物語

家庭で視覚的に歴史物語を楽しむ文化は、当然のことながら昭和二八年（一九五八）の日本におけるテレビ放送の開始以後の発生である。特に重視されるべきは、昭和三八年（一九六三）の大河ドラマ〔当時の呼称は連続時代劇）の放映開始であった。この昭和三〇年代という時代は、昭和三四年（一九五九）の皇太子成婚、昭和三九年（一九六四）の東京オリンピックなどのイベントが続く中でテレビの普及台数が急速に伸び、テレビ番組の家庭における視聴経験が大きく拡大していた時期にあたる。鳥山は、NHK大河ドラマの特徴を、原作が著名作家であること、主人公は歴史上のよく知られた人物であること、出演は大スターであることとしている（鳥山 一九九三：一〇二）。豪勢に構想された映像作品であるわけだが、この三種の有名性に加え、毎週、「家庭の」テレビで視聴できることで、大河ドラマは国民的な位置を占めることができたことも忘れてはなるまい（石月 二〇一〇：一四七〜一四八）。また、『大衆文化辞典』における松尾洋一の解説によれば、大河ドラマと時代劇の相違は「主人公の魅力を描く一方でテーマを『組織と人間』の葛藤に置いている点」であり、主人公の大衆性に加え、「現代社会への暗喩として読み替えて見るサラリーマン層の共感」を惹起するがために人々に受け入れられているという（松尾 一九九一：四五二）。以上を整理するならば、作品・主人公・演じ手の有名性（すなわち大衆性）と大河ドラマそのものの大衆性に加え、「暗喩」としての視聴という体験の形式が、大河ドラマの魅力を支えてきたことがわかる。すなわち、そこに「現代」や「私たち」を読み込みながら体験される作品という側面をもつものといえそうである。

大河ドラマ以外のテレビ時代劇にも言及しておこう。昭和四一年（一九六六）『銭形平次』（フジ）、昭和四四年（一九六九）『水戸黄門』（TBS）、昭和四五年（一九七九）『大岡越前』（TBS）、昭和四五年（一九七〇）『遠山の金さん』（テレビ朝日）、昭和五三年（一九七八）『暴れん坊将軍』（テレビ朝日）などはいずれも長期間放映されたテレビ時代劇であり、多くは一話完結で、かつチャンバラを見せ場としてアクション性を前面に出す傾向にあり、大河ドラマとは別系統の歴史物語として人々の支持を得て来た。これらの物語は、きわめて様式性の高い勧善懲悪的物語である。『水戸黄門』は様式の追求を徹底し、印籠を取り出すシーンが毎回同時刻に設定されていた。これらの作品の経験は、世代的差異はあるものの、ひろく共有されたものであり、国民的な人気を博したといえる作品も多いが、この種の時代劇は、映画はもちろんテレビにおいても近年は低調である。「愛すべきマンネリズム」はむしろ時代劇の成功の秘訣としても語られるが、先述の大河ドラマとの対比でいえば、作者および視聴者が「人間としての複雑性」を作品に投影するには、様式化されたドラマはあまりにもシンプルすぎることがその理由であるだろうか。

その一方で、大河ドラマは作品ごとに評価は相違するものの、相変わらず高い人気を博している。もっとも、大河ドラマも放送開始以来のスタイルを堅持しつつ今日の好評を博しているわけではなく、方向性の転換がある。その一つは、女性の生き方にスポットをあてるなど、ターゲットを女性に求めはじめている点である。[2] 民放でも、平成一五年（二〇〇三）以降立て続けに放送された連続時代劇『大奥』（フジ）のように女性の姿を描いた作品が評判を集めている。

時代小説と歴史小説

映画・テレビの時代劇・大河ドラマを中心に歴史を辿ってきたが、小説をはじめとする出版メディアについても概要をおさえておく。歴史を主題とする小説には「歴史小説」と「時代小説」とがあるが、両者の区分は必ずしも明確ではない（尾崎・清原一九九一：三一〇）。尾崎・清原は森鷗外の理解をふまえつつ、時代小説を「歴史離れ」、歴史小説を「歴史其儘」を志向するものとして整理している。すなわち、史実とフィクションのバランスを焦点として両者に相違を見出している。このジャンルの対応関係は、時代劇と大河ドラマとの対応関係とも近似している。歴史に題材をとった大衆的読み物は近世以前からの過程を有し、講談等に引き継がれていくものの、いわゆる「大衆文学」は関東大震災後のマスメディアの隆盛に伴い登場したジャンルであり、当初は「時代小説」はすなわち「チャンバラ小説」を指していた〔尾崎・清原 一九九三：三一〇〕。時代小説は昭和初期に全盛期を迎えるが、第三部第二章でも触れたように、戦後GHQにより時代小説の一部は禁止される。これは報復を称揚するような物語や武士性への憧憬を導く「チャンバラ」に禁止の目的があり、芸道を主題とするものや捕物帳は刊行され続けた。ここから捕物帖ブームなるものが出現し、一九四〇年代後半から一九五〇年代前半（昭和二〇年～昭和三〇年代前半）には捕物小説の全盛期が訪れる。これ以降、剣豪小説等のブームが続く一方、戦前から胎動していた歴史小説も広く読まれるジャンルとなり、吉川英治や司馬遼太郎などのきわめて高名な作家が登場する。その今日における影響力は、前掲のアンケート調査においても確認することができるであろう。

歴史漫画という形式

また、これとは別の媒体として、漫画作品の影響力にも触れねばならない。活字にくらべ、若年層においては漫画の影響が強いという先述のアンケートの結果は、筆者のインタビュー調査においても実感されるところであるが、それは若者が小説を読まないということではない。多くのインフォーマントは歴史に関心を抱いて以降、複数のメディアによってその関心を満たしている。歴史漫画史について整理する余裕はここではないが、漫画の場合、小説と同様に数世代前に刊行された作品にも読者は触れることができる。手塚治虫、横山光輝等の著名作家による歴史系作品が現在でも影響力をもつ。その一方、歴史に題材をとった漫画も新たに執筆され続けている。例えば、漫画家・井上雄彦は吉川英治『宮本武蔵』（昭和一〇年〔一九三五〕～昭和一四年〔一九三九〕『朝日新聞』誌上にて連載）を原作に『バガボンド』（平成一〇年〔一九九八〕、講談社『モーニング』誌上で連載中）を著し、人気を集めた。また、歴史漫画は少年・青年漫画にかぎらず、少女・女性向けの雑誌でも連載されている。漫画は情景や展開を視覚的に示す、キャッチーなメディアであるとされる。これを教材に組み込んで歴史教育に活かそうとする向きもあり、各出版社の学習漫画シリーズが歴史に関心をもったきっかけだったというインフォーマントも多い。

テレビゲームの主題としての歴史

さらに、若年層に人気の歴史体験の形式としてはテレビゲームをあげることができる。昭和五八年(一九八三)、日本におけるパソコン黎明期であるこの時期に、『信長の野望』(株式会社光栄)がパソコン用のゲームソフトとして発売されている。当該作品は、プレイヤーが戦国武将となって全国を統一する歴史シュミレーションゲームであり、パソコンはもちろん家庭用ゲーム機でも発売され、人気を博した(肥後 一九九六:一六〇)。光栄は『三国志』シリーズ、『三国無双』シリーズ、『戦国無双』シリーズなど、歴史を題材とするヒット作品を制作し続けている。また、『戦国ＢＡＳＡＲＡ』(カプコン)も近年の状況を理解する上では重要な作品である。同作品は光栄の「無双シリーズ」に着想を得たアクションゲームであり、シリーズ第一作は平成一七年(二〇〇五)に発売されている。先行他社作品との相違は、史実へのこだわりが少なく、登場人物は大胆にデフォルメされ、キャラクター化されている点であろう。また、その美化された人物の容貌が若い女性の人気を集めている。筆者の若者を対象とするインタビューにおいても、高い頻度でこれらのゲーム作品の影響が語られる傾向にある。

「女性」を焦点化しようとする歴史ブーム

鳥山は「時代劇はすたれない。そこには作り上げられ、長年練り上げられた幻影の人間像が闊歩しているからだ。そして幻影はいつも心地よい」と述べている〔鳥山 一九九三：一一二〕。しかし、幻影は、同一の主体においてすら、常に心地よいものとして経験されると考えることはできない。歴史を想起する主体そのものが変容することによって、想起して心地よい「幻影」の姿もまた変化するのである。

特に、ここでの作業においては、近年の状況を理解する上で、歴史を愛好する女性の存在が重要性を増していることに注意しておく。多分に「オタク」文化論的な関心をひく傾向にある「歴女」も、そのような歴史表象史・歴史消費史の文脈でとらえる必要があるだろう。歴女とは先述の『戦国ＢＡＳＡＲＡ』をはじめとするテレビゲーム・テレビアニメの影響で「歴史」〔とりわけ戦国武将〕に関心を寄せ、聖地巡礼と称して史跡をまわる女性らに与えられた呼称である。平成二一年（二〇〇九）に「歴女」が驚きとともに世間の耳目を集めたのは、歴史愛好者は男性、特に中高年層であるというこれまでの傾向〔あるいは一般に流通しているイメージ〕に反する現象であったからであり、多分にメディアがこれを仕掛けた面もある。鈴木健司は、このような女性主導の歴史ブームの背景に「ＮＥＯ『ディスカバージャパン』という潮流」を指摘している〔鈴木 二〇〇九：二〇～二一〕。ディスカバージャパン的潮流をここに読み込めるか否かはさておいて、各地の史蹟では女性をターゲットとする観光事業に余念がない。さらに、「歴史の意欲的な消費主体としての女性」が登場したのは近年のことではないことにも注意を促しておきたい。近年の現象は、それ以前との性格的相違もあるとはいえ、第一にこの種の女性らが「社会的に注目を集めた」あるいはそのように仕掛けられていることを意味している[3]。

では、マスメディアにおける歴史消費において、男女差に起因するような差異は存在し得るのであろうか。あるいは、そこに一定の差異が観測されたとして、それを男女差に回収して理解することは適切であろうか。次節以降、この点を検討する。

二節　事績志向と現代の暗喩としての想起

歴史愛好に男女差はあり得るか？

まず、一つの新聞記事を紹介したい。平成元年（一九八九）一二月七日の『毎日新聞』（東京版・夕刊）の記事「いまギャルに信長ブーム」は以下のように記す。

信長のイメージについて同会（引用者注—信長のファンクラブである「グループ信長本陣」）が入会時に行っているアンケートをみると、男性の場合は武田勝頼を破った長篠の戦い（一五七五年）でいち早く鉄砲を導入した先見性や楽市楽座、南蛮貿易の拡大など優れた政治手腕を学び自分の人生に役立てようという人が多い。一方、女性は「現在の人間が失ったひたむきさが好きです」（十八歳、高校生）「あの狂おしい程の激しさ……、たまらなくりりしくて刺激的なのです」（三十六歳、ＯＬ）などと信長の人柄そのものに魅力を感じる答えが目立っており、男性の理想像を求める傾向が見える（傍線筆者）

ここで示されている傾向は、ただちに歴史への態度の男女差として一般化することはできないが、論点として興味深いものと言わねばならない。本節では、ここで男性に固有であるかのように語られている想起の傾向について、事績志向と暗喩的想像力という観点から事例を示しつつ検討を加えてみたい。信長にかぎらず、歴史上の人物の事績から、自身の生活に役立つなにかを導きだそうとすることは、「歴史」に触れる形式や目的として特殊なものではない。男性が自身の人生や職業生活に「歴史」を活用しようとする態度は、やはり筆者のインタビュー調査においても確認している。それはしばしば歴史上の人物の名言やすぐれた行ないを紹介することで、話者自身の心がまえを吐露するものであり、また筆者を鼓舞し、激励するかのような発話の中で確認された。また、企業における訓話的な物言いの中で、職業生活の指針として歴史が参照されることもある。

「歴史」系のビジネス書の論法

職業生活と歴史体験をからめつつ提示するメディアとして、巷間にあふれる歴史を題材にした文庫・新書等のビジネス書がある。このことは、歴史上の人物の事績を自身に役立てようとする意識が、一つのジャンルとして成立し得るほどに高い一般性を有すことをも意味している。

小説家・風巻絃一の平成三年（一九九一）の著作『武田信玄――この強さはどうして生まれるか』（原題『武田信玄のリーダー学』）は歴史を題材にとるビジネスマン向けの書籍である。著者は、魅力的リーダーの代表として武田信玄を取りあげる。その理由は「信玄の考え方が組織や管理についての今日的課題に十分有益な示唆を与えてくれるものと信じるから」であるという（風巻 一九九一：八）。同書の内容は『甲陽軍鑑』から「信玄の『厳しさ』になぜ人はついていったのか」、「部下統率の鉄則は『信賞必罰』にあり」等々といった章題にそって信玄の事績が抽出されている。すなわち、管理職以上のビジネスマンが発揮することを求められるリーダーシップの規範・模範が武田信玄の事績に求められている。

また、平成一九年（二〇〇七）の著作『戦国武将　このすごい眼力に学べ』において、著者・小和田哲男は同書の意義を「武将たちの将来構想力（すなわち眼力）がどのようなものだったのかを見ることで、今日のわれわれの生き方も変わってくるのではないか」と述べる（小和田 二〇〇七：四）。そして、戦国時代の人物たちに現代社会の我々が学ぶことの妥当性は以下のような現代と戦国の共通性に求められる（小和田 二〇〇七：四〜五〕。

最近は、ビジネスの世界に限らず、あらゆる分野で目標設定と、その目標に対する到達度の評価がクローズ・アップされるようになってきた。その場合、目標設定は一、二年の短期目標もあれば、十年、二十年先の長期目標もある。重要なのは、ただ目標を設定するだけでなく、その目標に向けて、どれだけの成果をあげたかが問われるシステムになっていることである。先例に従い、先例をそのまま踏襲していればすんでいた時代とちがい、現在はつねに変革を求められており、だからこそ、さまざまなところで、目標設定とそれに対する評価が求められる状況が生まれてきたといえるわけであるが、こうした状況は、わが国の戦国時代も同じだった。

歴史学者の手によるものではあるが、想定される一般読者に対して同書の意義が以上のように述べられることには注意をむけてよい。歴史学者が歴史に触れることの意義を説く言葉は、人々が「歴史」に見出す価値に容易に転化し得る。ここでは偉人の「眼力」、すなわち先を見通す力に焦点があてられていたが、どのような形であれ、今日の社会のビジネスマンらは、このような書籍によって歴史上の人物の行動や哲学を、現在の自身の生活やビジネスに活かすことができるのである。

この種の書籍はバリエーションが多い。これらが瑣末で例外的な現象ではないことを確認すべく、試みに、管見の及んだかぎりでの同種の書籍を表にまとめておく（表1）。表からは同種の書籍が毎年のように刊行され続けていることが理解できる。また、タイトルからもうかがい知れるように、これらの多くは組織管理、リーダーシップ、人材育成など、現代のサラリーマンの現実的課題と結びつけられながら「歴史」を再解釈

表1　歴史系ビジネス書一覧（1）

	著者	刊行年	主題	出版社
1	風巻絃一	1966年	『現代に生きる武将の一言　勇気と行動のための絶対の武器』	文芸社
2	藤公房	1971年	『戦国武将の人間管理』	ダイヤモンド社
3	藤公房	1972年	『武将に学ぶ人間管理』	カルチャー出版部
4	風巻絃一	1973年	『武将の一言　相手を動かし、おのれを諭す感動の言葉』	日本文芸社
5	風巻絃一	1973年	『家康入門　ねばりの哲学11章』	日本文芸社
6	風巻絃一	1973年	『決断の一言　乱世に処する己れを支え運命を切り開く感動の言葉』	日本文芸社
7	藤公房	1973年	『戦国武将の情勢判断』	カルチャー出版部
8	横田光四	1974年	『人を使う人の器量　武将に学ぶ』	日本実業出版社
9	藤公房	1974年	『武田信玄の人間管理』	カルチャー出版部
10	藤公房	1974年	『戦国を生きる　秀吉に学ぶ人間活用法』	ダイヤモンド社
11	藤公房	1976年	『戦国武将の用兵と軍略　信玄にみる人間活用の秘訣』	産業能率大学出版部
12	藤公房	1977年	『戦国武将の統率道　リーダーシップの真髄をさぐる』	産業能率大学出版部
13	風巻絃一	1978年	『不動の一言　運命を切り開く骨一つで生きたサムライの言行録』	日本文芸社
14	岡庭博	1979年	『武将に学ぶ経営戦略』	サンケイ出版
15	風巻絃一	1979年	『戦国名将に学ぶ勝ち残りの戦略　状況を読みいかに闘うか』	日本文芸社
16	風巻絃一	1980年	『徳川家康おもしろ百科　忍耐と努力でつかんだ天下国家』	永岡書店
17	木地節郎	1980年	『武将に学ぶ危機対応の知恵　チャンスの読み方・人間の読み方』	日新報道
18	風巻絃一	1981年	『指導者の戦略と決断　危機突破の行動学　江戸激動期の実務家に学ぶ』	日本文芸社
19	藤公房	1981年	『勝運の条件　武将に学ぶ人間学』	田辺経営
20	風巻絃一	1982年	『大石内蔵助にみる危機克服のリーダーシップ』	産業能率大学出版部
21	邦光史郎	1982年	『幹部の話材集　武将に学ぶビジネス訓』	廣済堂出版
22	廣済堂出版	1982年	『天下取りの健康法　戦国武将に学ぶ長寿の秘訣』	廣済堂出版
23	斎藤之幸	1982年	『かけ引きの発想　戦国の武将に学ぶ』	講談社
24	野上二雄	1982年	『戦国武将に学ぶ行動指針　勝つ経営者の10の条件』	マネジメント社
25	加藤尚文	1983年	『男の決断・行動学　戦国武将に学ぶ』	柏書房
26	風巻絃一	1983年	『生き残りの戦略　戦国武将に学ぶ　後継者と人脈づくりの条件』	日本文芸社
27	藤公房	1983年	『戦国武将に学ぶ後継者づくり　明暗戦国二世物語』	産業能率大学出版部
28	風巻絃一	1984年	『戦国武将の気くばり　人生に勝つための気働き一〇〇の知恵』	日本文芸社
29	佐々克明	1984年	『妥協のしかた　戦国武将に学ぶ逆転勝利のノウハウ』	日新報道
30	野上二雄	1984年	『社長学　戦国武将に学ぶ経営能力十章』	マネジメント社
31	風巻絃一	1985年	『武田信玄のリーダー学　「甲陽軍艦」五七の知恵』	三笠書房
32	藤公房	1985年	『戦国武将に学ぶ決断の極意』	三笠書房
33	守屋洋	1985年	『中国古典のリーダー学　人の上に立つ資質・条件・心構え』	永岡書店
34	風巻絃一	1986年	『伊達政宗のしたたか人間学』	三笠書房
35	風巻絃一	1986年	『即断即決の人間学』	日新報道
36	佐々克明	1986年	『二代目の帝王学　戦国武将に学ぶ』	二見書房
37	宝井琴鶴	1986年	『名将ちょっといい言葉　武将に学ぶビジネス訓』	商業界
38	風巻絃一	1987年	『十八史略のリーダー学』	三笠書房
39	風巻絃一	1987年	『戦国武将を支えた信仰　生死を超越した不退転の決意』	日本文芸社
40	鈴木久尋	1987年	『武田信玄に学ぶ経営戦略　風林火山のリーダー学』	廣済堂出版

表1　歴史系ビジネス書一覧（2）

41	童門冬二	1987年	『戦国武将に学ぶ管理者の在り方』	富山県職員研修所
42	藤公房	1987年	『人を見ぬき人を活かす　戦国名将の戦略と決断』	ダイヤモンド社
43	加来耕三	1988年	『山本勘介・必勝の兵法　ビジネスに活かす77のノウハウ』	PHP研究所
44	加来耕三	1988年	『住友が活かした信玄の家訓』	二見書房
45	加来耕三	1988年	『三和銀行が活かした秀吉の着想力』	二見書房
46	加来耕三	1988年	『織田信長　果断と独創　戦国武将の経営戦略』	立風書房
47	風巻紘一	1988年	『春日局　運命を拓く生き方』	三笠書房
48	上之郷利昭	1988年	『「強い日本」のルーツは最澄にあり　日本で初めて"東大"を創った男に学ぶ人材育成　企業リーダー学』	佼成出版社
49	下村彰義	1988年	『危機突破の発想がリーダーを強くする　戦国武将に学ぶ』	ＨＢＪ出版局
50	玉置重輝	1988年	『戦国武将に学ぶ決断の時』	鈴木出版
51	藤公房	1988年	『秀吉に学ぶ決断と実行の人間学』	三笠書房
52	加来耕三・樹林ゆう子	1989年	『春日局に学ぶ子育て革命のすすめ』	世界文化社
53	風巻紘一	1989年	『徳川家康に学ぶ人生訓』	三笠書房
54	福島崇行	1989年	『英雄待望論　戦国武将に学ぶ』	日本ブックマネジメント
55	吉岡行雄	1989年	『勝敗の分岐点　戦国武将に学ぶ　勝機をつかむ武将　つかめない武将』	産能大学出版部
56	加来耕三	1990年	『魅力あるリーダーとは　歴史の中の肖像』	日本経済新聞社
57	小林祥晃	1990年	『戦国武将に学ぶ大開運吉方位　栄光を導く方位パワー』	廣済堂出版
58	童門冬二	1990年	『人心掌握の天才たち　戦国武将に学ぶリーダーの条件』	PHP研究所
59	小和田哲男	1991年	『「国盗り」の組織学　乱世を生き抜いた知恵』	日本経済新聞社
60	加来耕三	1991年	『突破できない難関はない　歴史に見る人生ちょっといい話』	PHP研究所
61	加来耕三	1991年	『歴史組織学　「小さな力」を「大きな力」に変える』	かんき出版
62	風巻紘一	1991年	『武田信玄この強さはどこから生まれるのか』	三笠書房
63	風巻紘一	1991年	『心が強くなる武将の名言』	三笠書房
64	渡辺誠	1991年	『ぶ「器用」武蔵からの贈り物　不況の時代の若きビジネスマンたちへ』	東急エージェンシー
65	小和田哲男	1992年	『危機突破の発想　戦国武将は知恵で勝つ』	日本経済新聞社
66	小和田哲男	1992年	『参謀・補佐役・秘書役　強い組織を支える人間集団の研究』	PHP研究所
67	小和田哲男	1992年	『戦国の参謀たち　信長・秀吉・家康を支えた「副」の生き方』	実業之日本社
68	小和田哲男	1992年	『「戦国乱世」に学ぶ　日本的知の源流はどこにあるか』	PHP研究所
69	加来耕三	1992年	『細川家の叡智　組織繁栄の条件』	日本経済新聞社
70	松本幸夫	1992年	『武将に学ぶ苦境からの脱出法』	総合ライフ出版
71	加来耕三	1993年	『戦国武将「50通の手紙」　部下を奮い立たせた』	双葉社
72	加来耕三	1993年	『戦国武将たちのリストラ戦略』	実業之日本社
73	加来耕三	1993年	『三国志裏読み人間学　人をいかに操り、どう活かすか』	実業之日本社
74	加来耕三	1993年	『上杉鷹山危機突破の行動学』	二見書房
75	早乙女貢	1993年	『こんな男が乱世に勝つ　戦国武将に学ぶ』	廣済堂出版
76	藤田公道	1993年	『上杉鷹山の魅力　逆境を克服するリーダー学』	山下出版
77	祖田浩一	1994年	『勝ち抜く戦略生きる知恵　武将に学ぶ　不況時代を乗り切る生き方のヒント』	日本文芸社
78	渡辺誠	1994年	『武将・軍師から学ぶリーダー学事典　名場面が教えるリーダーの数々の条件』	ナツメ社
79	秋田書店	1995年	『戦国武将に学ぶ生きるヒント』（『歴史と旅』臨時増刊号）	秋田書店
80	神坂次郎	1995年	『「紀州政治草」を読む　吉宗が語る「享保の改革」の原典　リーダー学』	プレジデント社

表1　歴史系ビジネス書一覧（3）

81	武藤誠	1995年	『リーダーの器　戦国武将に学ぶ』	啓正社
82	津本陽	1995年	『戦国武将に学ぶ処世術　信長・秀吉・家康』	角川書店
83	青山幸男	1995年	『戦国武将に学ぶ経営の秘訣』	芸艸堂
84	一竜斎貞花	1996年	『戦国武将に学ぶ生き残りの戦略』	日新報道
85	加来耕三	1996年	『人を動かす技法　空海・蓮如・信玄・信長らに学ぶ』	二見書房
86	加来耕三	1996年	『戦国武将に見るリーダーの条件』	全国都道府県議会議長会事務局
87	加来耕三	1996年	『戦国三英傑に学ぶ人間管理術　信長秀吉家康』	講談社
88	加来耕三	1997年	『三国志　男の器量の磨き方』	潮出版社
89	加来耕三	1998年	『諸葛孔明　逆境をバネにする参謀学』	成美堂出版
90	津本陽	1998年	『戦国武将に学ぶ情報戦略』	角川書店
91	加来耕三	1999年	『乱世を勝ち抜く参謀学　秀吉を天下人にした半兵衛と官兵衛』	二見書房
92	童門冬二	1999年	『戦国武将に学ぶ名補佐役の条件』	PHP研究所
93	村石利夫	1999年	『大石内蔵助のリーダー学　目的達成のために何をすべきか』	PHP研究所
94	小和田哲男	2000年	『歴史に学ぶ「乱世」の守りと攻め』	集英社
95	植西聰	2001年	『戦国武将に学ぶ逆境の勝ち方　7つの成功法則』	廣済堂出版
96	小和田哲男	2001年	『戦国武将　頭の使い方』	三笠書房
97	加来耕三	2001年	『将帥学　信長・秀吉・家康に学ぶ人を使う極意』	時事通信社
98	加来耕三	2001年	『英雄　食と健康のすすめ』	光人社
99	鈴木輝一郎	2001年	『戦国武将に学ぶ風格の研究　彼らにおける老いの品性・老いの真価とは』	祥伝社
100	高木健次	2001年	『戦国武将に学ぶ経営戦略』	新評論
101	童門冬二	2001年	『戦国武将に学ぶ生活術』	産能大学出版部
102	守屋洋	2001年	『中国古典のリーダー学　名著12篇に学ぶ』	徳間書店
103	小和田哲男	2003年	『戦うリーダーの決断学』	PHP研究所
104	九内俊彦	2003年	『三国志武将に学ぶできる男、できない男の法則』	リイド社
105	小和田哲男	2004年	『歴史からなにを学ぶべきか』	三笠書房
106	小和田哲男	2005年	『山内一豊　負け犬からの立身出世学』	PHP研究所
107	童門冬二	2005年	『戦国武将に学ぶ知恵』	富山市市民学習センター
108	松村劭	2005年	『名将たちの指揮と戦略　勝つためのリーダー学』	PHP研究所
109	加来耕三	2006年	『後継学　戦国父子に学ぶ』	時事通信出版局
110	小和田哲男	2007年	『戦国武将　このすごい眼力に学べ』	三笠書房
111	小和田哲男	2007年	『「戦国武将」　名将のすごい手の内』	三笠書房
112	小和田哲男	2007年	『天下人に学ぶ逆転勝利の戦略　信長秀吉家康戦国リーダーの負け戦』	梧桐書院
113	百瀬明治	2007年	『信玄と信長　戦国武将に学ぶリーダーの条件』	有楽出版社
114	渡辺誠	2009年	『直江兼続と上杉鷹山　危機の時代のリーダー学』	学研
115	小和田哲男	2011年	『苦境を乗り越えた者だけが生き残る　ビジネスや人生に役立つ戦国武将の知恵』	日本経済新聞出版社
116	加来耕三	2011年	『戦国武将に学ぶ！サバイバル術　ビジネス苦境時代を生き抜け！』	大和出版
117	松平定知	2011年	『松平定知の戦国武将に学ぶ「生き抜く力」DVD BOOK』	宝島社

※国会図書館他の蔵書検索システムを利用して筆者作成。

するものが大半である（一部、女性向けの書籍があることにも注意が必要である）。組織の管理職以上が、部下との接し方や自身の会社人生の指針を、たとえ直接的にではないにせよ、封建制時代の領主らの支配形態や戦術から学び取ろうとする文化が存在することは、今日における歴史のあり方を考える上での大きな手がかりになる。

規範・模範としての偉人

もっとも、これらを今日的現象としてのみ理解することもまた表層的な理解である。歴史上の人物は、それが「偉人」として想起されるかぎりにおいて、常に想起主体の規範・模範として参照される可能性を潜在させている。歴史的過去は、今日を生きるための知恵の源泉として人々に開示される。近代日本の偉人顕彰の書籍を参照するかぎり、多くの人物は、同時代の人々に体現されることの望ましい性質を備えた存在として記述されている。または、そのように同時代的立場からの価値づけを人物にほどこし、それを広く発信する行為そのものが「顕彰」であると理解すべきであろう。

規範・模範としての人物が、どのように語られるか（語られ得るか）を検討しておこう。人物の事績に倣い、その人物のようにあろうとする発想は、自他の人々を歴史上の人物と比較したり、重ね合わせるような想起の形式を導く。

平成二〇年（二〇〇八）千葉県香取市佐原で筆者がインタビューを行ったYKさん（七〇代男性、佐原出身）は、高齢になってから地域史の学習に意欲をもち、町並みガイドボランティアを行なっていた。筆者は佐原の祭礼や町並みの重要伝統的建造物群の指定との兼ね合いでYさんからお話をうかがっていた。インタビューの最後で、Yさんは、自分が晩学であることを語りつつ、佐原出身の伊能忠敬が晩学で大成したことを語り、今後の勉強への意欲を筆者に語ってくれた。Yさんが筆者に対して自身を語る中で「伊能忠敬」を引用したのは、どのような意識の表れであるといえるだろうか。地元の大成者と自身を重ね合わせることは、自信や自負の現れであるかのようであり、または自身をはげまし、奮起させる発言のようでもある。この種の事例解釈は量的分析と共に提示するなり、ライフヒストリーと照合することが理想と考えられる。ここでは深入りすることは避け、さらに別の事例を示してみよう。

偉人を「重ね合わせる」語り／暗喩としての「歴史」

近代の山梨県で刊行された教育教材である『甲府郷土読本』に「機山公」なる章がある。出征を間近に控えた兄とその弟が武田神社に参拝するという物語である。歴史的事実を記録したものではないが、当時の一つの理想像が投影された物語と理解できるものである（甲府市教育会 一九三九：七二～七三）。


（前略）

参拝を終って兄さんが、

「國雄、お前は何を祈ったね。」

とおつしやつた。

「兄さんが立派な手柄を立てるやうに。」

といふと兄さんは、

「ありがたう。信玄公は十六歳の時が初陣だ。そして海口城を攻めて敵将平賀源心の首級をあげてゐる。兄さんは今年二十二歳で初陣だ。これでも信玄公に劣らぬ勲功を立てて甲州健児の面目を立てるつもりだ。」

と感慨深げにいはれた。見上げるとそよりともしない老杉の梢に朝焼けの雲が光つてゐる。何とも云ひやうのない神々しい景色である。社務所によつて御守をいたゞいた。ふと見ると支那事変に参戦した軍艦夕張の奮戦の額が掲げられて県出身の乗組兵の名が連ねてある。北巨摩・東山梨・西八代等と県下一帯に亙つてゐる。僕は何か戦場にある勇士達の心に触れたやうな感じがした。あゝ県民は皆信玄公にあやからんと願つてゐるのだ。（後略、傍線筆者）

傍線部分で國雄の兄は、信玄と自身とを比較し、或は一定の共通点のもとに重ね合わせ、自らを励ますかのような意気ごみを吐露している。山梨県の例でいえば、武田信玄は様々な文脈で県民が自身を投影する対象とされてきた。山梨県の政治家・平林太一は、昭和三四年（一九五九）、東京一区からの出馬を控えて以下のように発言する（『読売新聞』昭和三四年（一九五九）五月一八日朝刊（通号二九六四三））。

「山梨で大成した私は志を中央にのべるのだ。わが〝大先輩〟武田信玄はつねに戦場を藩外へ求めた。その心境だ。私は死ぬまでに東京で当選したい。何年かかってもいい」と六十の坂を越した〝青雲の志〟。そしてメモに〝大先輩〟の金言をこうしたためた。「静かなること林の如く…」と。

ここでの信玄は地方政治家の中央進出の範例として位置づけられている。そして、同じく山梨出身の政治家・金丸信にいたっては「今信玄」と呼称される。金丸の自民党幹事長就任後はじめての地元への顔見せの席上において、金丸の郷里白根町の町長は以下のような祝辞を贈っている（『読売新聞』昭和六〇年（一九八五）

一月一四日朝刊〕。

マスコミは最初、金丸先生を黒駒の勝蔵と評していたが、そのうち山本勘助（武田信玄の参謀）となり、今や信玄公の再来とまで言われる大幹事長

金丸の政治家としての成功に伴って、重ね合わされる人物も格上げされていったようである。このような重ね合わせは政治家においてのみ発現するわけではない。筆者が調査に臨んでいた信玄公祭り・甲州軍団出陣（第三部第一章参照）において、帰陣式終了後、武将姿の男性が子どもたちと写真撮影をはじめた。武将姿の男性は笑顔で子どもを抱きよせながら「おお、未来の信玄公だ」と発言した。ここには「武田信玄のように」立派な大人になるようにという願いが込められているだろう。

戦時下的動員の論理――暗喩の危険性

しかし、一方で、このような暗喩は危険な一般化をも導くことを、歴史は教えてくれる。国民全体にこの種の暗喩が及ぼうとした事例として、『読売新聞』昭和一九年（一九四四）七月一七日朝刊（通号二万四二五六）掲載の穂積重遠の発言、「一億が織田信長」を紹介してみよう。

私は子供のときから太閤記が好きで愛讀したが、いま思ひ出すのはあの桶狭間の戦ひである。あの時織田家は今川勢の急進撃をうけて鷲尾、丸根の城が陥落した。これは今の日本にとればマーシャル、サイパンにも比べられよう、さすが猛将と謳はれた柴田勝家でさへすでに敗れたりと嘆くほどの不利きは

まる状況だつた。

今川勢清州城に迫るの報に信長は悠々宴を開いて「人間わづか五十年…」と静かに謡曲を誦して舞ひ、食事をしてぐつすり眠り、さて早暁とともに一躍桶狭間に向つた。あれが日本の戦争なのだ。

（中略）皇軍にはあわてずさわがぬ信長が澤山ゐるので、私は日本の武将には固い信頼をよせてゐる。

（中略）〝連戦連勝の裏に危機あり、連敗のなかに勝機あり〟とは戦ひの歴史をひもとけばよく判る、目先きに惑はされず、わが陸海軍に信長在りの信念を堅持して、私たちはひたすら銃後生活をしつかりやつてゆくことだ

桶狭間合戦になぞらえ、日本兵を信長に重ねることで、日本の苦境からの挽回が祈念されている。暗喩的想像力は、容易に戦時下的な民心鼓舞の文脈で利用され得ることも心にとどめておく必要がある。

資料の性格・時代状況が大きく異なるとはいえ、ここであげた事例からは、同様の傾向を読み解くことができる。ある主体が、あろうとする自身を表現するために、あるいはなにかのようにあろうとする時に、そして、なにかのようにあれと願う時に、歴史上の人物は暗喩的に参照されている。

以上、『毎日新聞』記事が指摘する「男性の歴史参照のあり方」を出発点に、歴史想起における事績志向と暗喩的想像力に関する幾つかの事例を示してきた。一方、先の新聞記事において指摘されていた、女性らが歴史上の人物の「人格」を自身の人間関係（をめぐる感覚）をベースとして「理想」として想起するという傾向はどのように理解するべきであろうか。

三節　人間性を愛慕する想起

歴史愛好女性の語り

ここで事例として提示しているSKさんと筆者とはあらかじめ知人関係にあったが、SKさんが歴史について語る言葉を耳にしたことをきっかけに、インタビューを申し込んだ。以下、インタビュー資料は紙数を考慮して整理した形で提示する。

《事例1》SKさん（二〇代女性、東京都出身・在住）

歴史に関心をもったのは中学生のころで、課外活動（クラブ活動）で歴史研究会に所属していたため。この研究会ではそれぞれの生徒が歴史について学習し、その成果をポスターの形式で発表していた。その際、新撰組を取り上げて、幕末に強く興味をもっていた時期がある。マイナーな新撰組ゆかりの地をまわるほどはまっていた。

また、漫画『風光る』（渡辺多恵子・著）が好き。特に好きな人物は土方歳三で、「生きざまがかっこいい」と思う。関心は必ずしも新撰組だけではなく、戦国武将も好き。携帯電話に歴史上の人物の家紋のシールを添付し、同種のストラップをさげ、また、戦国武将のイラストを待ち受け画面に設定している。家紋は片倉小十郎と織田信長のもの。戦国武将の中では片倉小十郎が特に好きで、その理由は「政宗命なところ」。戦国武将への関心は歴史に詳しい友だちの影響である。自分自身は知識が浅く、「歴女」でもない。また、時代状況としてやむを得なかったとはいえ、戦争や殺し合いはよくないことであると思う。

写真1　宮城県護国神社の絵馬。『戦国BASARA』における伊達政宗と片倉小十郎が描かれている。2009年筆者撮影。

写真2　宮城県護国神社の絵馬。アニメ・ゲームの中で再構成された人間像を想起しながら伊達政宗への祈願をこめているかのようである。2009年筆者撮影。

事例に登場した『風光る』は幕末を舞台とする新撰組の漫画作品である（平成九年［一九九七］連載開始［当初は小学館の少女漫画雑誌『別冊少女コミック』、現在は同社の女性向け漫画雑誌『コミックフラワーズ』］）。一方、ＳＫさんの発言に現れた片倉小十郎の「政宗命なところ」とは、先述の『戦国ＢＡＳＡＲＡ』内の設定にほかならない（写真1・2）。

傍線に示した土方歳三を「生きざまがかっこいい」と述べ、片倉小十郎を「政宗命なところ」が好きだという、ＳＫさんの歴史上の人物への感情的寄り添いをめぐる自己表現は、先述の新聞記事とも重なるところがある。

構築される人間性

まず、注意しておくべき点は、先述の新聞記事にあった信長を「ひたむき」な人間として想起したり、「狂おしい程の激しさ」をもち、「たまらなくりりしい」人間として想起することは、歴史学的な文書史料の読解や事績の学習からだけでは不可能であるという事実である。ここで彼女たちの想起を方向づけている「ひたむき」「狂おしいほどの激しさ」「たまらなくりりしい」というイメージは、なんらかの歴史を題材とした物語の中で人間的に肉付けされ、造形化された信長像であると理解せねばならない。

幸いにして、イメージの媒介過程を比較的明確にたどることの可能な事例を収集することができた。

《事例2》 IMさん（二〇代女性、東京都出身・在住）

オタクというほどではないけど、歴史は好き。「ずっと前のことだけど、同じ日本で起きていたこと」に「壮大なロマン」を感じる。歴史学を学ぶ気もあった。歴史に関心をもったきっかけは大河ドラマ『新撰組！』（平成一六年［二〇〇四］放送）を観て。特に好きな人物は藤堂平助。その理由は好きな俳優が藤堂平助を演じていたから。

（藤堂平助のどこが好きかという筆者の質問に対して）「かわいそうな感じ。かわいそうなんだけど、まっすぐな感じ。それが中村さん（筆者注―俳優名）のまじめそうな感じとあいまってとてもかっこよかったんです」。

（「かわいそうな死に方をした人はたくさんいるけど？」という筆者の質問に対して）「思い入れがある。最初のきっかけだったから。今でも小説の最後は読めない。かわいそうで」。

（前出の新聞記事をふまえ、藤堂平助の人間像が理想の男性像に重なっているかという質問に対して）①「時代が違うからあたりまえだけど、現代の男性はなかなかもてない潔さを感じますね。現代の人よりも命の重さが違うというか、命かけますすみたいのがかっこいいですね」。

（藤堂平助への強い関心が過去のものとして語られることについて、筆者からの質問を受けて）「今はあまり藤堂平助に関心がないというわけではないです。前は、藤堂平助が色鉛筆で色をぬると濃いみたいな感じ。今はわりとまんべんなく、均等に（引用者注―歴史が好きである）」

筆者とIMさんとは大学の先輩・後輩関係にあたる。歴史好きという事前情報はなく、歴史に対して関心の浅い層のデータを想定してインタビューをはじめたが、案に相違してIMさんは歴史への自身の興味を強調した。ただし、IMさんは『戦国BASARA』等には無関心で、昨今の若者の歴史ブームにも関心が薄い。ただし、彼女もまた『風光る』の愛読者であるという。

IMさんの事例では人物を好む理由を「かわいそう」という悲劇性や、「まっすぐ」という人間性に求めている。この点を、いわゆる「判官贔屓」のような日本人の歴史志向の一傾向に回収することも可能ではあるが、むしろIMさんの参照した藤堂平助の悲劇的物語とは大河ドラマによって構成されたストーリーに即した心象であり、俳優の容姿とその演技が藤堂への関心を導いたという点に注意しておきたい。

そして、IMさんの事例で特に気をつけておきたいのは、傍線①の言説である。歴史上の人物たちは、現代の若者が持たない（あるいは失った）美点を備えているというのである。先述の新聞記事にも「現在の人間が失ったひたむきさが好きです」との言説が見られたのと同種の意識といえる。

歴史想起と性差

もっとも、このように記述してきたとはいえ、想起のあり方を性差にのみ還元することには禁欲的であらねばならない。事実、女性からも、歴史を題材とした物語内で肉付けされた人間性ではなく、その歴史的事績に基づいて人物に関心をよせるという想起の形式が確認される。

《事例3》TAさん（二〇代女性、埼玉県出身・在住）

好きな歴史上の人物は杉原千畝。NHKのテレビ放送をきっかけにその事跡に感銘した。前田利家も好きである。前田家は、関ヶ原合戦において中立を保った点がすごいなと思う。真田家などが家内を二分して存続をはかった点に比べ、潔いと思う。前田利家への好印象は父親の影響である。また、清少納言も好きである。清少納言は学校教育がきっかけで好きになった。平安期に女性の身でありながら活躍していたことに憧れを感じている。

前田利家について、TAさんには一部知識の混乱が見られるものの、データそれ自体に修正を加えることは差し控えた。TAさんは、歴史上の人物の人格に理想の男性像を見出しているわけではない。もっとも、TAさんの事例は、歴史上の人物の大半が男性であるという一般的事実をあらためて思い起こさせる。男性と女性とでは、「歴史」への感情移入の仕方が異なるという指摘は、このような歴史上の人物の圧倒的な性差の偏重という背景も視野におくべきであろう。すなわち、歴史は、男性にとって様々な過去の「同性」に出会う豊かなアーカイブズではあったが、それは、女性にとって優れた「同性」に出会う「豊かな」アーカイブズではない。おのずから、そこは優れた「異性」を見出しやすい場であった可能性がある。それは同時に、男性にとって、魅力的な「異性」像を見出す上で「豊かな」アーカイブズではない可能性でもある。そして、無数の歴史物語はそのようなアーカイブズに基づいて物語を構成している。

女性向け歴史漫画の分析を行った藤本由香里は、女性向けの歴史漫画は男性向け漫画よりもフィクショナルな要素が多い点に着目し、その特徴的なタイプを「物語の流れは『史実』だが人物設定を大胆に翻案、あるいは架空のキャラクターを投入し、大胆にからませたもの」と「ある『時代を背景に』『フィクショナルなキャラ』を活躍させることによって、『その時代と社会の雰囲気』を伝えようとする作品群」の二点に整理している〔藤本 二〇一〇：八〇〜八一〕。そして、そのようなフィクショナルな要素の多い背景を、歴史が基本的に男性主体のものであったためとし、女性が女性に向けて歴史を描こうとした際に選び取られた手段がフィクショナルな要素を加えるという記述法であったという。現実の英雄的な事績よりも、人物の想像された人間性を好む傾向がここにも通じているといえるかもしれない。ちなみに、本章で提示したデータの中で名前のあがった『風光る』もまた架空の主人公が実在の人物たちとともに活躍する作品である。

そして、筆者の調査において観測された男女の想起の相違は、人物を「男性の立場から」あるいは「女性の立場から」想起することを求める歴史提示のあり方に方向づけられてきた可能性も検討しておかねばならない。

この点について事例を示しておこう。山口県萩市に鎮座する松陰神社前には戦後に蠟人形によって松陰の人生過程を再現する歴史博物館が建てられている。その入り口付近で流されている口上は以下のものである。

明治維新。それは日本人にとっては史上最大の偉大な革新でありました。その胎動の地は、毛利藩の萩、その原動力は松陰・吉田寅次郎。萩に生まれ、数え年三十歳の若さで江戸にて刑死しました。実に、その短い人生が日本の歴史を変えたのです。その激しい生涯の歩みを、七四体の等身大蠟人形で、ゆかりの地、松陰神社境内に再現しました。これは日本で最初の、日本で唯一の、等身大蠟人形歴史博物館です。ここには英知の扉が開かれています。至誠へのアプローチがあります。吉田松陰先生は不思議な魅力をもっています。吉田松陰先生との出会いは、あなたの人生観を変えるかもしれません。男性にとっては、思想のよりどころに。女性にとっては、そこに理想の男性がみられるでしょう。

ここであげた事例は、男性には男性としての想起を、女性には女性としての想起を勧めているが、その背後にあるのは男性的論理である。規範・模範が価値判断を伴う以上、ここでは性差をめぐる文化的な価値が前提とされている。そのような男性的論理からより自由な女性の歴史体験が、女性向け漫画における歴史物語や近年のテレビゲーム、あるいは女性の生き方にスポットをあてた大河ドラマにおいて達成できるとするならば、これらの現象は、一過性のブームや表層的な文化などではなく、歴史上の人物をめぐる想起の文化の一つの重要な転換点である可能性もある。また、理想の男性像を歴史上の人物に読み込むことが、必ずしも男性的論理への追従ではないことも、本章の議論からは確認することができる。すなわち、この種の想起は、歴史上の偉人を自身に重ね合わせる男性たちをあざ笑うかのように、現代と過去の間に「断絶」を設定しているかのようだからである。以下、詳述しておこう。

戦国武将の暗喩への欲望

本章で示した事例からは、「すぐれた同性」として歴史上の人物を理想化し規範化・模範化する眼差しは、現代と過去との間にある時間的隔たりに無関心であるという点を確認することができる。封建制社会における人物の行動が、戦時下の心構えにおいても、現代社会の組織管理においても有益で、活用可能なものとして参照され得るのは何故だろうか。この点は「過去に学ぶ」「先人に学ぶ」という、より一般性の高い歴史想起の形式も考慮におく必要がある。しかし、サラリーマンが職業生活の指針を求める対象が「戦国武将」であることの理由は、「過去に学ぶ」「先人に学ぶ」という想起の形式によってのみでは理解することはできない。近・現代の優れた経営手腕の持ち主による著作もビジネス書として流通しているが、なぜ、それらの中に「戦国武将」が混じり得るのだろうか。それは、この種の想起において歴史上の人物やその行動は暗喩としてあり、人々は自身や自身の状況をなぞらえることによって、なんらかの指針を得たり、気持ちを鼓舞しているからである。推測を逞しくして言えば、ドラマチックに表象され続けている戦国期の乱世的な状況、組織化された武士団のモデルによって自身の職業人生を喩えることへの欲望をここに読み解くことができる。欲望する対象は商家の「奉公人」であってはならないらしい。男性が欲望する男性性は、ホモソーシャルな集団における覇権争いで上位にたつこと、あるいは他者への優越・所有・権威志向を満たすことによって獲得されるという男性学の知見もふまえておく必要があるかもしれない〔伊藤 一九九六、上野 二〇一〇〕。この種の想起において、現代と歴史的過去との間にある時間的隔たりに大きな考慮がはらわれないのは、欲望をともなう暗喩による飛躍に基づいている。この飛躍の故に、歴史上の人物は、戦時下の人々においても現代社会のサラリーマンにおいても理想化され得る。さらに言えば、この想像力は、飛躍によって結びつけたはずの（したがって本来は存在しないはずの）過去と現在の間の連続性を、より実態的に空想することにもつながっていく場合もある。第二部第一章で確認したように、近代には、武田信玄と山梨県民とを「血」や「魂」というタームで結びつける言説が登場していた。

あらかじめ失われたものとしての「戦国武将」性

一方、「すぐれた異性」として歴史上の人物を理想化する眼差しにおいては、現代の異性と歴史的過去の異性との間に、人間性の相違が見出され、現代の人間が失った美点を歴史上の人物が備えていたかのように語られている。こちらも、過去には美しく素晴らしいものが存在し、それはその後の経過の中で失われてしまったという、より一般性の高い歴史想起の形式との相似が見受けられるし、言うまでもなく、それらの人間性の多くは、現在の立場から現在の消費者に向けて制作者ないし発信者によって再構成されたものである。ただし、ここで現代と過去との間に見出されている「断絶」や「喪失」は、容易に現代の男性への批判に転化され得るものであろう。歴史に自身を重ねる立場と、歴史をもとにフィクショナルに再構成された人物像に現代人との断絶を見出す立場の相違には、言わば、男性性をめぐる両性の幻想の食い違いが表われていると言えるのではないだろうか。さらに言えば、これらの言説の背後には、「草食系男子」等、近年も盛んに取りざたされている性差のイメージとそのバランスをめぐる言説が関連しているだろう。もっとも、それらも実態であるよりは、名付けによって方向づけようとするものであるが、そうした言説との相関関係の中に、歴史上の人物をめぐる言葉をおきなおしてみる必要がある。

以上、本章では現代の人々がマスメディアを介して歴史を体験する様態への関心に基づき、特にマスメディアを介した歴史消費の男女差の問題を手掛かりとして、歴史上の人物にそそがれる理想化の眼差しにおける二種類の傾向性を指摘した。

結びにかえて

本章では、人々の歴史体験の様態、および歴史を想起する際の傾向性への関心から、マスメディアによる方向づけと性差を手がかりとして考察を行なった。特に、過去の人物を理想化しつつ想起する形式には、「事績を介したもの」と「人間性を愛慕するもの」とがあり、それは男女差として理解できるという言説を出発点に、それぞれの事例を検討してきた。この二つの傾向性は、本章での検討においても、おおむね男女差として顕在化するものと理解できるかのようであったが、事例に現れた傾向性を一つのファクター（ここでは性差）にのみ還元するのは適切な分析ではない。

事績を介した想起は、想起主体が自身や自身の状況を客体に重ね合わせ、現代生活へのなんらかの活用を志向するような態度であり、人間性愛慕の想起は、主にマスメディアにおける歴史作品において登場人物として構成された人間性を対象としながら、客体の社会的・歴史的位置づけや功績ではなく、その主体にとっての好悪を評価する態度であった。これらに性差が関係してくるとすれば、その原因はもちろん男女の性質の相違ではなく、歴史にその名が書き残されてきた人々、あるいはマスメディアの歴史物語が好んで取り上げて来た人々の偏重、あるいはその提示法に起因している。すなわち、今日の人々が参照可能な歴史知識があらかじめジェンダー化されたものであることに注意をはらう必要があるだろう。とりわけ、想起の文化そのものがジェンダー化されてきた可能性もさらに検討されねばならない。女性は女性としての立場性のもとで歴史に向き合うよう方向づけられてきた可能性がある。

また、本章では、前者の想起に暗喩的な想像力を介する「時間的へだたりを無化するような歴史参照の形式」を、後者の想起に関しては「現代との断絶を前提として、失われた美点を歴史的過去に見出す歴史参照の形式」という、より一般性の高い想起の形式が関わっていることを指摘した。

人の意識を方向づけるファクターは、性差やマスメディアのみではない。例えば、本章は純粋にマスメディアを介して歴史を想起する人々を分析対象にする場合が多かった。ただし、歴史は地域の問題（地縁的問題）であり、先祖の問題（血縁・系譜的問題）である場合もある。現代社会における大多数の人々にとって「歴史」とはなんであるのかという問題を究明するには、それらの諸要素を本章のような作業でそれぞれ検討していく必要があるであろう。次章では、歴史上の人物の想起と今日の社会を生きる個人のアイデンティティの問題を取り上げてみたい。すなわち、歴史上の人物の末裔であるという立場性について議論することになる。

注

（1）本章ではマスメディアをキーワードとしつつも、媒介される情報が人々においてどのように体験されるかを重視するため、マス的ではないメディアについても適宜言及する。マス的発信による情報と非マス的発信による情報との間に、媒体の性質に起因して異なる体験を惹起する可能性があることは極めて興味深い問題ではあるが、本章では立ち入らない。

（2）その他の変化としては、「社会科」的と指摘される、作品に関する史跡や情報を教養としてさしはさむ傾向や〔石月二〇一〇：一四七〕、マイナーな時代・人物に焦点をあてる傾向がある。後者に関しては、近年膨大な数量発生している、地元の偉人を大河ドラマで取り上げるようそれぞれの地域がNHKに働きかける「大河ドラマ誘致運動」との関連も視野におくべきである。そして、ここであげた二点とも地元とのタイアップ（すなわち大河ドラマによる地域振興）を念頭においていることには注意しておきたい。

（3）歴女に民俗学的関心を寄せる研究も現れている。例えば、〔佐藤二〇一四〕を参照されたい。

第四章　子孫であるということ
――その立場性をめぐって

はじめに

本章では、歴史を先祖の問題として、すなわち自己の歴史性の問題として想起する人々に注意を向ける。そのような想起の主体は、たとえばマスメディアを介した体験のみによって歴史に関心をもっているような人びとよりも、歴史の積極的な消費者であり、また、歴史をめぐる問題に感情的な主体である場合もある。歴史は、歴史学が専有的に史実の所在を判断する権利をもつ対象であると同時に、国家や様々な集団の現在を脈絡づける物語でもあり、あるいは、当然、趣味的に愛好する対象でもある。「歴史」といった時、それは個人の物語とはどこか遠い。しかし、この文脈で注意すべきことは、学校で教育され、また、マスメディアで放映される「歴史」が、個々人の先祖の問題として、つまり非常に排他的で「私」的なものとして、自己に関連づけながら想起される、という事実である。そのような想起主体の姿を本章では可視化する。

ここでの関心は、「歴史は誰のものであるのか」、そして「歴史はどのように保有されるのか」、あるいは過去の「公共財化」という大きな議論の文脈にも位置づけることができるだろう。生活文化の文化財化によって発生する諸問題についてはすでに議論があるが（例えば〔岩本二〇〇七〕の諸論考）、先祖の表象は資源化による利益が末裔に還元される機会も少なく、別様の問題を提起する。

本章ではその一例として主に武田家家臣末裔の組織である武田家旧温会およびその会員を取り上げ、先祖が登場する歴史をめぐってなされる当事者的な立場からの想起に考察を加える。その際、歴史をめぐって為される異議申し立てや感情の高揚をめぐるいくつかの事例も併せて検討し、これらの人々にとっての想起とアイデンティティとの関連を明らかにしたい。それは体験的次元における歴史の複数性を可視化させる作業ともなる。

一節　本章の視点と研究史的文脈

史縁あるいは「歴史」をよすがとする選択縁

本章で対象とするような人びとについて、民俗学はこれまで積極的な関心を寄せてきたとはいえない。先祖祭祀論、あるいは系図・系譜等を素材に人びとの歴史意識に関心をよせる議論はみられるものの、それを自己の物語として積極的に活用する人びととの現在の姿は関心の中心ではなかった。例えば、桜井徳太郎は貴族崇拝を論じる中で、これらの人々が語る自己の歴史性を「虚構を正当化するために、その始祖を源平藤橘に求めたり、族祖を武田氏やその遺臣、あるいは平家やその落人、長曾我部氏の残党などとするいい伝えがまことしやかに語られる」とする〔桜井一九六九：一三五〕。問われるべきことは、それが虚構か否かはさておき、始祖を何者かに求める様態である。これらの人々の歴史的自己認識、そして、そのような認識に基づく様々な行動についての議論が要請されることになる。

本章で取り上げる事例からは武井基晃の「史縁」論がただちに想起される〔武井 二〇〇三〕。武井のいう「史縁」とは、歴史の共有を契機とする集団の結成を描出するものであり、それは「地縁内部に広がり、あるいは血縁とは重なりながらも、それらとはまったく異なるものとして成立し得る」という〔武井 二〇〇三：三〕。きわめて魅力的な概念ではあるが、本章では「史縁」という概念の使用は控えたい。その理由は、武井による概念設定にもとめられる。武井は史縁を「共に歩んできた事実を先祖代々の歴史として伝承するもの同士を結びつける概念」としている〔武井 二〇〇三：三〕。すなわち、それが地域をこえる局面への目配りはあるものの、畢竟、血縁的・地縁的な生活の継続を歴史化する人々の営為を把握するものでしかない。仮に「史縁」というものを想定できるとすれば、血縁的・地縁的な結集とは異質な次元で展開する、「ともに歩んできた事実」をもたずに「歴史」を介して立ち現れる集団に言及するべきであろう。実は、歴史を介した集団の生成は、「ともに歩んできた事実」を伴わない集団のほうが数量的に多数を占めるのではないかと筆者は考えている。そして、主体による歴史や偉人との関係づけを捉える本書では、歴史を介した集団生成は、集団化の宿命性を演出するような形で行なわれる「選択縁」の一種であると理解する〔上野 一九八七〕。そのように見ることではじめて、成員が「歴史」を介した集団への参入を選択した理由が考察の課題として浮上する。これを選択の許されない、したがって宿命的な血縁や地縁という概念の枠内で捉えることは、歴史を縁として結成される集団に参加する根拠をもちながらも、参加に踏み込まない多くの人々を例外化することにもなりかねない。

このような集団の性格は、戦友会などをめぐって提唱される「再集団化集団」とも相違する〔高橋 二〇〇五〕。この概念が、武田家家臣末裔の組織を理解する上で妥当するものか否かを検討することも、本章の認識を明確化する上で意味をもつだろう。戦友会について、溝部明男は「メンバー相互の現在的結合のきずなに、彼らの過去において想定されているなんらかの「つながり」を重ねあわせて集団を形成している」（傍点原著者）という。戦友会が軍隊組織の再現でないことはもちろんであり、過去の「つながり」も「想定」されたものに過ぎない。この点、末裔の組織の場合は、「彼らの過去」にではなく、彼らの「先祖の間」に「つながり」が想定されていることを確認しておきたい。現在の会員たちはかつて集団化された体験をもたないのであり、集団化されていた人物を先祖にもつに過ぎないのである。自身の体験の記憶に依拠するのではなく、直接面識のない死者との関係ないし死者同士の関係が末裔の結集を促していることを確認しておきたい。

「歴史」は誰のものか

一方、歴史の表象実践を主体の立場性との兼ね合いで捉えるアプローチは、カストム研究をはじめ、民族運動等との関連から伝統や文化の表象権（伝統や文化は誰のものか）をめぐって行なわれる議論と親和的である（例えば〔白川 二〇〇五〕）。そこでは当の文化を語る場からはその担い手が排除されている状況が問題視されるが、これをふまえつつ、本章の事例について以下のように述べておきたい。第一に、歴史をめぐって独得の立場性から表象実践を行なう人びとに注目する場合、彼らが排除されていると認識している「歴史を語る場」とはどのようなものであり、彼らはそれにどのように異議申し立てをしようとしているのか、という問題である。彼らの異議申し立ては、単純に史実の所在を争おうとするものではないことを本章では議論する。第二に、これらの人びとはエスニックグループのような、集団として名指されやすい一体性をあらかじめ形成してはいないという問題である。彼らの集団性は、積極的なコミットなくして立ち現れることがない。つまり、本書の対象とする集団は、民族集団や出自集団とは明らかに異質ではあるが、出自集団「的」である点に留意する必要がある。第三に、彼らの歴史への異議申し立ては、具体的な権利や利益、生きやすさの獲得を目指すものではなく、政治的背景とも関係性が希薄である。生存に関わる抑圧に抵抗しているわけでもなく、ましてや集団としての自立・独立を企図しているわけではない。

誤解をおそれずに言えば、本章が捉えようとするのは、自己表象に歴史が使用される様態である。わざわざこのように強調するのは、この点にこそ、民俗学という学問の有効性があると思われるからである。人びとは、日常生活の中で、様々な文化や歴史を使用しながら、自己を表現することができる。そのような権利を有している。それは明確に否定されることはないが、専門家的知識や歴史をめぐる通念によって否定されたり、異説を突きつけられる可能性を有している。そのような可能性の中で、人々は自己をどのように語ろうとするのだろうか。植民地支配とは無縁の位相で展開される実践の中に、植民地での文化実践に近似した様相が確認されることは注目してよいだろう。人間の素朴で日常的な営みの中で行なわれる表象権の希求のあり方を、本章では解き明かしたい。

現状、筆者は国内の事例をしか把握していないが、この種の集団は武田家家臣の末裔においてのみ結成されているわけではない。平家、楠木正成、明智光秀、幕臣といった様々な人物を先祖として想定する人々が、近現代社会において「新たに」結集しているのである。本章で論じる対象は、けして局所的な現象ではないということを強調しておこう。

以上をふまえ、本章ではまず武田家家臣の末裔によって結成されている「武田家旧温会」への参与観察とインタビュー調査をふまえ、同会の集団としての性格を、各会員における歴史をめぐる意識、想起の様態に注意しながら考察することにしたい。

二節　武田家旧温会の概要

武田会と甲斐尚史会

武田家旧温会は、山梨県下に事務局を置き、武田家家臣の末裔の組織として活発に活動を展開する組織である。このほかにも、山梨県には武田家に関する団体が複数存在していたらしい。管見の及ぶかぎりでも、武田会、甲斐尚史会といった集団が存在したことを確認している。新谷尚紀によれば、武田会は、甲府市の広報誌における昭和四五年（一九七〇）の武田神社祭礼に関する記述の中に登場し、角田好孝なる人物を世話人とする武田家親戚筋、重臣、縁者によって結成された組織とされる（新谷 二〇〇五：一六四、一七七）。同名の団体は戦前の武田神社創建運動にも関与し（第二部第一章参照）、後述の昭和三〇年代の事例にも登場してくるが、同一のものか否かは不明である。記録上、現在の武田家当主・邦信氏の祖父や父はこの団体と関係をもったようであるが、邦信氏やその他の家臣の末裔の方々に照会しても、武田会に関する情報は得られなかった。あるインフォーマントからは、恒久的に活動する団体ではなく、一時的に結成された集団ないし会合の通称ではないかとのご見解もお示しいただいたが、詳細は明らかではない。いずれにせよ、現在まで存続する団体ではないことは疑いない。一方、甲斐尚史会もまた武田家家臣の子孫の組織であり、活動面でも武田家旧温会とやや近似した性格を有す。武田家旧温会に先んじて結成されていることもあり、やや詳しく触れておくことにしたい。

甲斐尚史会は、昭和三二年（一九五七）一月一〇日、山梨県韮崎市で一一名参加の集会において結成された団体で、『誠忠旧家録』なる文献にその名の記された人物の末裔を中心に構成されていた。発足に関わった小沢文夫の紹介する同書「義」巻（小沢氏蔵本か）の天保一二年（一八四一）の序には、「時換り星移り時々の転変、放火の難にかかり名誉諸流由緒を取失うこと本意なく、こたび機山君御追善のつひで旧縁ある家々を尋ねて祖先の勲しを挙て誠忠旧家録と号し峡中旧家仁義礼智信五巻並に信州忠孝二巻、御自詠百首を新刻配当して永世の亀鑑とせは、旧恩報謝祖先の追孝子孫永久の一基ならん」と記されているといい、信玄の追善供養を目的として、武田の縁故者の末裔を尋ね、家々の由緒を記録したものであるという〔小沢 一九七八：六〕。編者は加賀美光遠とされるが、武田にゆかりの人々で編集および調査を分担したものらしい〔小沢 一九七八：八〜九〕。また、引用文中に見える「礼」「智」「信」の三巻、「忠」「孝」二巻、御自詠百首は発見されておらず、出版計画が頓挫した可能性も指摘されている。ちなみに、現存する肉筆「仁巻」〔山梨県立図書館所蔵〕は天保三年の記載があり、木板の仁巻は天保十年、義巻が天保一二年と、長期にわたる刊行が行なわれている。

甲斐尚史会の発足は、小沢氏が昭和三一年〔一九五六〕、家伝来の『誠忠旧家録』を発見し、これについて友人と話し合ううち、会合をもって懇親を深めたいとの声があがり、第一回集会を経て、組織として発足する〔石原 一九七八：一二〜一四〕。同会は『誠忠旧家録』記載の人物の末裔を中心に勧誘が行なわれたらしく、山梨県下を中心に会員数を増加させていく。甲斐尚史会は昭和四四年〔一九六九〕以降、機関紙『甲斐尚史』を刊行していたが、同誌各号末に掲示されている活動履歴によれば、史蹟見学旅行・勉強会・懇親会が中心行事であったようである。このほか、同誌には郷土史研究的文章も並ぶが、各号には会員の家々の来歴が紹介されており、末裔の会であることが前面に表れている。また、同会は『誠忠旧家録』の翻刻にも着手している。同会と武田家旧温会の相違については後述するが、近似した性格を見出すこともでき、両会には一部重複する会員もあったようである。また、昭和四七年〔一九七二〕には合同懇親会を催すなど、相応に交流関係があったらしい。同会の名誉会長として邦信氏およびその父である昌信氏が参加していた点も、武田家旧温会と同様である。甲斐尚史会は平成一〇年代に、会員の高齢化による存続困難を理由に解散する。最後の会合に立ち会った邦信氏によれば、その際、出席した六人の会員はいずれも八〇～九〇代の高齢者であったという。同会は、自家の系図・由緒の研究を主とするストイックな団体であったために会の世代交代や規模拡大が達成できなかったようである。

武田家旧温会の結成とその活動

一方、武田家旧温会は昭和四六年(一九七一)八月一日、武田神社において発足する。初代会長に相川豊氏、事務局長に相川和彌氏が就任し、武田昌信氏が最高顧問、武田家分家の各人が顧問を務め、武田家関連の社寺の宮司・住職らが参与に就任した。また、学術研修・事業推進の相談役を磯貝正義ら歴史学者が務めている。会員は武田家家臣末裔、関係者、武田氏研究者らを中心とし、事務局は山梨県下の社寺におかれてきた。平成二五年(二〇一三)七月からは武田神社におかれているが、それ以前は入明寺に事務局をおいていた。入明寺は武田信玄の次男・竜宝を葬ったとの伝承を有す寺院である。

同会設立の背景を、相川和彌氏が「武田家旧温会のあゆみ」なる文章にまとめている。それによれば「戦後湧き上がった信玄ブームの中で、武田家家臣にルーツを求める人々の心を急速に接近し、後裔の人々が集う、武田家家臣末裔者の会と呼べるような集まりがあったらとの声が高まった」ためとされている(相川一九九八：四八)。戦後の信玄ブームとは、昭和四一年(一九六六)の「甲府信玄祭り」の開始、昭和四二年(一九六七)の「武田信玄公奉賛会」の結成および同会による昭和四三年(一九六八)の信玄の銅像建設計画の開始、翌年の銅像完成と第七回大河ドラマ『天と地と』放送といった一連の出来事と、それに伴う機運の高まりを指すものであろう。聞書きによれば、『天と地と』への不満を語りあう場が、会の結成へとつながっていったという。さて、先述の設立経緯にも見られるように武田家旧温会の趣旨は会員間の親睦交流と研究におかれ、主要な活動としては会員総会の開催（当初は隔年、現在は毎年）と年二回（七月と秋）の史蹟踏査研修[1]、七月の旅行に際する長篠古戦場での慰霊祭参加、県内外の武田家関連行事への参加を挙げることが出来る。

武田家旧温会という集団は、失われた社会関係（君臣関係）を再構築するものではなく、武田家宗家の末裔と武田家家臣の末裔との間には、君臣的な上下関係は見出せない。宗家の末裔が同会を組織したわけではなく、運営に対して強力な発言権をもつものでもない。また、先祖の身分による序列づけが行なわれるわけでもない。

写真1　武田神社に公式参拝する末裔たち。2015年筆者撮影。

武田家旧温会という集団の結成は、かつて存在した家臣団を再構成しようとするものであるよりは、現代に生きる家臣の末裔としての個々の会員が、自身のために、まったく新しい集団を創造したものと考えねばならない。そして、そこへの帰属は諸会員のなんらかの欲求を満たすものであると理解する必要がある。では、それはどのような欲求であるといえるだろうか。この点を探るべく、武田家旧温会の主要な活動の一つである慰霊祭等への参加について踏み込んで検討を加えておく。

長篠・設楽原古戦場における慰霊祭への参加

長篠・設楽原古戦場における慰霊祭への参加は昭和四九年（一九七四）以来継続されている[2]。新城市では七月の長篠合戦戦没者慰霊祭ほか、五月には長篠のぼり祭、八月には戦死者の供養を名目とする火おんどりが行なわれるなど、長篠・設楽原合戦にちなむ祭事が数多い。同会の設楽原古戦場への毎年の参向は、当該合戦が武田家の命運を変えた象徴的な出来事であるのみならず、著名な家臣の多くが戦死した出来事であり、家臣団の子孫にとって特別な感慨の対象であることが関わっている。自身らの先祖の供養が、同地で連綿と行なわれていることへの感謝が表明されることも多い。また、武田家旧温会の出席は地元でも歓迎されている。例年の法要に際しては地区住民が公民館で武田家旧温会一行をもてなし、新城市郷土研究会の編集による『長篠戦後四百年史』にも、武田家旧温会の法要への参加が史蹟の戦後史の重要な一局面として記述されている（新城市郷土研究会 一九七五：二二五）。当然のことのようではあるが、武田家家臣の末裔には、長篠・設楽原合戦という事件の当事者性ないし、それにかぎりなく近い性質が、自他の人々において認識されているといえる。

昭和四九年（一九七四）、武田家旧温会は設楽原古戦場の信玄塚付近に慰霊碑を建立している。同会は「史蹟空間」の形成にも関わっているのである（羽賀 一九九八：四〇三〜四〇四）。同碑は現存しないが、昭和五六年（一九八一）、武田家旧温会結成一〇周年記念として再建されている。同碑の側面の「建立由来記」を以下に記しておく（引用に際し句読点を補った）。

武田信玄公十五世孫武田昌信の命名になる武田家家臣末裔者の会武田家旧温会が創設。相川豊和弥親子の創意と努力に負うところ頗る大なるものがある。この間、長篠合戦古戦場をはじめ、川中島、三方が原、三増峠等、武田軍にゆかりの深い旧跡の踏査研修をはじめ、無名戦没者の霊に参り、史跡の臨地研究は既に毎年これを実施し本年をもって八回を数えるに至る。会員の数は全国に亘、三百二十余名に及んでいる。天正三年五月二十一日、武田軍と織田徳川連合との長篠合戦は、両軍の運命を決定したものであって、武田軍の敗北に終わったことは断腸の思いであり痛恨の極みである。栄枯盛衰は世の習い。合戦以来四百余年の歳月が流れた今、雄図空しく異郷の地に眠る我等の先祖への追慕の念耐えがたいものがある。先に戦役四百年を記念し、木碑供養塔を建立しが、老朽化のため、今回、創立十周年記念として、この供養塔を再建する次第である。
昭和五十六年八月十五日　武田家家臣末裔者の会　武田家旧温会会長　中沢茂隆
□□□□□□□（引用者注—中沢氏住所）

写真２　長篠合戦戦没者慰霊祭に臨む人々。2013年筆者撮影。

武田家旧温会の創立一〇周年を記念する再建であったことに加え、碑表に刻む形式的な文章であるとはいえ、武田家家臣の末裔らがどのような思いとともに長篠・設楽原の地を見つめているか、そして、見つめ得るかが知られる。そこには「雄図空しく異郷の地に眠る」先祖がいるのであり、そこで想起される「武田軍の敗北」は、「断腸の思い」や「痛恨の極み」という表現で捉えられるような悲劇の物語であり、当該地はそのような悲劇を刻印した土地であるといえる。また、碑文中にみえる「無名戦没者」という文言からは、末裔らによる古戦場での先祖の想起に、第二次大戦の戦没者がモデルとして介在している可能性を暗示させる。

無論、実際にすべての会員が、長篠・設楽原という場でこのような感情を抱くわけではない。そして、このような悔しさの感情

写真３　設楽原古戦場の大塚に山梨の水・地酒をそそぐ末裔たち。石垣純二氏提供。

は、筆者とのインフォーマルな会話においても顕在化することはなかった。例年の夏季旅行を会員らは楽しみにしており、悲痛な思いによって参加しているのではない。長篠・設楽原で敗死した末裔らの先祖は、当然のことながら面識のある死者ではなく、そこでの敗北は今日の末裔の生活を脅かす出来事でもない。悲劇的死を悼まれている先祖と末裔の間には、系譜の知識を前提に、関係性を想像することで認識されるメンバーシップしか存在しないのである。

しかし、碑文にあらわれる悲しみや悔しさは、長篠・設楽原古戦場という場において、そこでの敗者を先祖に持つ者たちが抱き得る感情として、社会的にきわめて高い理解可能性を有していることは強調しておいてよい。このような無念の意識は、立場性を介して会員相互に共感可能であるし、末裔ではない人びとからも「例年の法要に参列するような末裔ならばそのような思いを有しているであろう」ことが推定されやすい。敗者の末裔に無念の意識を期待する第三者の眼差しは、岩崎稔がドイツのヴィルコミルスキー事件をめぐって[3]、ユダヤ人迫害の「犠牲者を特別視し、ステロタイプ化する暗黙の欲望のごときもの」が存在した可能性を示唆しているのと無関係ではない〔岩崎 二〇〇六：一七六〕。周囲から期待される人間像を内面化し、そのようにふるまうことは、円滑なコミュニケーションを図ろうとするあらゆる主体において生じ得る。それが自身のアイデンティファイしようとする人間像に合致するならば、そのようなふるまいは一層自然的なものとして行為されるし、アイデンティティの充足を生むことにもなる。ところで、このような「末裔として」という立場性が想定されることは、武田家家臣末裔の集団化という問題を解く上で軽からぬ意味をもつ。この点は後節で再度検討をくわえる。

武田家旧温会と甲斐尚史会の相違

このような慰霊・顕彰への積極的参加は、武田家旧温会と甲斐尚史会との顕著な相違として強調できるものである。会の年譜を見る限り、昭和四七年（一九七二）三月三一日には武田家祖・武田信義の菩提寺・願成寺修復基金を寄進、同年四月一六日には信玄の死没地との伝承を有す長野県下伊那郡阿智村駒場・長岳寺に信玄公供養塔を建立、昭和四八年（一九七三）には八王子市の信松院（信玄の息女・松姫が開基）における松姫の墓所改築落成に事務局が出席している。昭和四九年（一九七四）には第一回研修会において先述の「長篠合戦陣没者供養塔」（木碑）が建立される。また、平成元年（一九八九）に天沢寺開基飯富兵部・山県昌景両将顕彰碑建立除幕式に会長・役員ほかが出席する。平成三年（一九九一）一二月一四日には二〇周年記念事業として山梨県韮崎市願成寺に武田家家臣招魂の碑を建立し、以降例年参拝している。このほか、例年の行事としては、柳沢神社への玉串料送付、武田神社祭典への参列がある。柳沢神社への関与については、祭神・柳沢吉保が武田家家臣の子孫であるほか、武田宗家の現家系に柳沢家からの養子があったことも関係し、現当主・邦信氏は柳沢家の末裔の団体である花菱会にも関与している。また、大和郡山市の柳沢神社宮司は武田家旧温会の顧問に就任している。

甲斐尚史会が系譜研究に特化したがために衰退したのに比べ、慰霊・顕彰行事への参加が顕著な武田家旧温会は、会員数を伸ばしながら今日まで盛況である。会員の中には個人的に先祖の慰霊・法要や顕彰活動に

写真４　総会の光景。2012年筆者撮影。

写真５　総会の光景。2013年筆者撮影。

あたっている者もおり、武田家旧温会という末裔の結集の背景には、先祖祭祀への意識が介在しているであろうことを推定できる。しかし、現象を先祖の祭祀・顕彰への意欲にのみ還元することは、おそらく適切ではない。祭祀と顕彰を執行することは、死者の祭祀権と表象権の正統性の主張として理解すべきものでもある。とりわけ、このような史蹟や慰霊・顕彰の場が、末裔としての会員の来訪を歓迎する空間であるということ、すなわち、末裔としての立場性の発現を要請する空間であるということには注意する必要がある。すなわち、末裔としての自己確認の場でもあるのである。

この点を意識しつつ、次節では、参与観察とインタビューによって得られたデータから、会員の意識の傾向性について考察する。

三節　武田家旧温会会員の意識傾向と入会の経緯

総会資料からみる武田家旧温会

現在、武田家旧温会には一四七名もの会員が所属している（平成二五年四月現在、名簿記載の会員数）。会員は山梨県居住者が突出して多いものの全国に渡っている。武田家家臣の末裔は武田滅亡による逃走および武田遺臣の徳川政権下での各藩への登用、さらには近・現代の人の移動の大規模化を背景に、全国各地に広がっている。特に、近年は若手の役員によってＨＰが開設され、それまで比較的困難であった同会へのアクセスが飛躍的に容易になり、会員は増加傾向にある。ただし、これら全会員が例年の催しに参加しているわけではない。近年の総会資料をもとに、総会と夏の研修旅行への参加者数を示しておく。

平成二二年度武田家旧温会総会時の総会員数は一四一名、総会出席者は三八名であった。長篠合戦戦没者慰霊祭及び武田史蹟研修（七月四日）への参加は二〇名であった。平成二三年度総会時の会員数は一四七名、総会出席者数五一名であり、長篠合戦戦没者慰霊祭及び武田史蹟研修（七月二～三日）への出席者は二九名であった。平成二四年度総会時の総会員数は一四七名、総会出席者数五四名で、同年の長篠合戦戦没者慰霊祭及び武田史蹟研修（六月三〇～七月一日）への出席者は二四名であった。平成二三年度と二四年度の総会員数に増減がみられないのは名簿記載の数値を踏襲しているからであろう。平成二三年度には一五名の新規入会者、六名の退会者が生じ、平成二四年度には九名の新規入会者と七名の退会者が生じており、実際の会員数は微増傾向にあるはずである。以上からは例年の総会および研修旅行等に出席する会員の数量的傾向が見えてくるが、筆者のインタビュー調査に応じて下さったのも、このような行事に際して知遇を得た会員の方々である。このことは、筆者の調査が全会員の傾向を析出するものであるよりは、会員の中でも活動への積極性が高い主体の意識のあり方を明らかにするものといえる。というのも、会員の中にはこの種の催しに顔を出さない者、あるいは稀にしか参加しない者、高齢等を理由に活動から遠のき、次世代への継承が果せなかったケースなども少なくない。

あらゆる集団の成員がそうであるように、武田家旧温会に所属する人々の意識もきわめて多様である。ここでは、具体的事例提示に先立って、会員の行動や語りから析出できる意識の傾向性を四点に整理しておく。すなわち、「研究志向」、「顕彰志向」、「娯楽志向」、「権威志向」の四点である。無論、このような志向性のそれぞれを有した会員が個別に存在するわけではない。ある一個人の言動の中に複数の志向性が顕在化することも稀ではない。これらは、会員の多様な意識を志向性の複合によって理解すべく設定する指針である。以下、それぞれの志向性について解説していこう。

研究志向

「研究志向」とは、自身の先祖、ひいては武田氏に関する知識の摂取および史実の解明をもとめる意識の傾向である。会員の中には、著名な地方史研究雑誌に投稿経験を有す者、著作をもつ者等、自家の来歴への関心を研究活動において満たしている者がいる。そのような活動に従事しない者でも、先祖に関わる論文や雑誌記事の収集に取り組む会員は少なくない。また、毎年の総会においては、県内外の研究者が招聘されて学術的講演が行なわれている。史蹟踏査旅行に際しても在地の研究者による解説をきき、学習への意欲がうかがわれる。ただし、会員らの歴史をめぐる知識はあらかじめ非常に高い水準にある。史蹟踏査旅行に際して資料館等で提供される歴史知識は、会員らにおいて既知の事柄である場合が多いようである。筆者が行動を共にした平成二三年（二〇一一）の史蹟旅行で、ある資料館を訪れた際、某会員は笑いながら「もう聞いたような話ばかりだけどね」と筆者に語った。このような志向性が端的にあらわれているのが、会誌『風林火山』掲載の論稿群であり、また、会員が執筆した書籍類の存在である。ここではそれらの内容にまでは踏み込まないが、多くは自身の先祖や武田氏関係の論稿・エッセイである。なお、同誌には会員の史蹟見聞の感想、短歌なども掲載されている。また、同会の相談役にアカデミックな研究者を迎えている点も同会の「研究志向」、あるいは学術的権威を重視する方向性を示すものといってよいだろう。会員らにとっての研究活動は、自身の末裔としてのアイデンティティを説明づける過去の探究であるといってよい。そして、学術的研究者は、そのような歴史の史実性を弁別する専門家である。この点は後述する「権威志向」において再度言及する。

顕彰志向

「顕彰志向」は、会員それぞれの先祖ないし武田家の偉業を称え、それを広く知らしめることへの意欲的傾向である。愛知県新城市在住のYC氏（後述）の夫は、敷地内に先祖の墓を新設したほか、近隣にある先祖の死没地への塚の造営も行なっている。また、かつて武田信玄の祭祀施設への奉職経験をもつKF氏は、武田信玄の「偉大さ」あるいは「真の魅力」は、領民への愛情や文化的功績であるとして、もっと「名君」として想起されるべきであるという意見を筆者に表明した。KF氏の現状認識として、そのような想起は一般に行なわれていないという思いがある。そのため、マスメディアやイベントの中で武張った側面ばかりが強調される傾向にKF氏は否定的であり、地域振興の文脈でのみ武田信玄が称揚されることにも否定的な見解を示す。今日の山梨県を作ってくれた恩人として感謝の念とともに武田信玄が想い描かれることを求める意識が、そこに見出せる。顕彰を、価値の公共化を志向する発信行為と捉えるならば、自身の思いとは異なる歴史像への違和感、望ましい想起への働きかけは顕彰志向の顕在化として理解することができる。

娯楽志向

「娯楽志向」には二様のあり方がある。第一には、交流・親睦の場として武田家旧温会への参加を楽しむ意識である。会員らは、自身の先祖等について会話し、情報交換することを楽しんでいる。武田家家臣の末裔同士でなければそのようなコミュニケーションはこころゆくまで楽しめないという意識があるといい、日常生活においては先祖について語ることを遠慮する場合もあるらしい。懇親会の席上では、はじめて出会う会員間で名刺交換をしつつ、互いの先祖に話が及ぶ。その際、互いの先祖に交流関係のあったことがわかり、会話に一段と花が咲く局面を筆者は観察している。

第二には、歴史に関わる娯楽に意欲的な人々である。会員の中には、武具・甲冑類の収集・鑑定を趣味とする人々が存在する。その種の人々は、それらを着用して各種祭礼の場に出かけることを楽しみにしている場合がある。総会の席に時代的な装束で出席したり、刀剣のレプリカを持参して習い覚えた刀の抜き方を披露しつつ会話が盛り上がる様も観察された。そのような歴史に関わる趣味・娯楽の場が、武田家旧温会を知るきっかけとなった場合もある。それを娯楽的に楽しむか否かはさておいて、歴史への興味・関心の有無は、実は末裔らの結集という問題を解き明かす上での重要なファクターであると考えられる。この「歴史への興味」という問題は、各会員の活動の継承に際して問題化するケースがある。

権威志向

「権威志向」とは、やや誤解をまねく表現ではあるが、系譜の正統性への関心や自負とでもいうべき感情を指すものであり、会員らの権威獲得への意欲を指すのではない。同会と行動を共にすると、系譜の正統性にこだわる意識や、系譜のいかがわしさへの批判的感情が様々な局面で発露するのに出会う。自身および自集団の正統性の自負が、時として権威的性格を帯びることをふまえ、ここではその種の志向性に「権威」の語を冠した。事実として、武田家旧温会は複数の意味において「正統」を称す根拠を有す武田家家臣の末裔の組織である。第一に、同会は武田家宗家および分家、武田氏に特に縁の深い宗教施設の宗教者、武田氏研究の実績を有す歴史学者を役員に迎えており、組織構成の点において、オフィシャリティの獲得がつよく意識されている。第二に、同会が最高顧問として迎える武田宗家は、第一部第二章で確認したように、昭和初期に歴史学的考証によって正系と判断された経緯があり、公的・学術的に正系を名乗る根拠があり、同会はそのような武田宗家の公認する団体である。第三には、同会が発足以来、社会的・慣習的に「末裔の組織」として認知され続けて来た事実である。そのような経緯そのものが、同会の「末裔の組織」たることの正統性を担保している（そして担保し続けていく）。寺社への寄付行為は末裔としての責務を全うしようとするものであるし、ＮＨＫほか各種メディアが同会に末裔の組織として取材を求める。したがって、武田家旧温会という場に属すことは、会員らにとって、自身の系譜の確実性を保証されたことを意味する場合もある。親族にも入会することを勧めている会員ＴＫ氏（後述）は、先祖への関心が乏しい親族に対して「旧温会に入会しないなら末裔とは名乗らせないぞ」と話しているという。ジグムント・バウマンがいうように、アイデンティティの背後には承認への欲求がある。それは「一つの権威、つまり、承認を拒む力を持っているがゆえに、その承認に価値があるコミュニティだけが提供する」性格のものである〔バウマン二〇〇七：一二〕。もっとも、同会は研究・地域振興の文脈で武田氏に関心を有す者の入会や、系図等を所持せず口承レベルで系譜意識を有す者にも入会を認めるなど、日本社会の歴史的実情に即してゆるやかな態度で入会規定を定めている。しかし、会費をおさめれば誰でも自由に参加できるというものではない。紹介者の必要に加え、初期には系図等の提出を求める場合もあった。もっとも、あらゆる集団には排他性が伴う。それゆえに集団は集団として立ち現れるわけであり、武田家旧温会の排他性はむしろゆるやかなものである。あるいは、そのような系譜認識の「ゆるやかさ」を許容する組織の仕組みの中で、自家の系譜の歴史的正統性を「客観性」に即して明らかにすることへの意欲が「研究志向」に、それを公共的な場で表明することへの意志が「顕彰志向」として顕在化するということができるかもしれない。

いずれにせよ、武田家旧温会という集団そのものは、社会的に高いオフィシャリティを有しているといえる。近年、武田家旧温会が、末裔の集団として、特に系譜の正統性との関連で、社会の関心を集めた事件があった。平成二五年（二〇一三）二月、武田アンリ氏という女性モデルが雑誌上および自身のブログ上で武田信玄の末裔を名乗ったことに起因する事件である。武田アンリ氏は、母親からの口伝えを根拠に武田家末裔を名乗ったとされるが、歴史学的に末裔の可能性を議論できるような根拠が存在するのか否かは不明である。この種の口承の系譜意識を有す家庭は全国に無数に存在するのであり、メディアでの末裔の表明はやや勇み足だったに過ぎないが、問題は、アンリ氏が、武田家旧温会に親族が加入しているという虚偽の発言をし、ネット上で参照できる武田家旧温会の会合の写真を親族の撮影したものと偽り、かつ無断で転載した点であった。これに対し、武田家旧温会サイドでは、まず、武田信玄の子孫に武田アンリ氏およびその一族が存在するという事実は把握していないこと、武田アンリ氏の関係者は武田家旧温会には在籍していないことを発表し、後日、家系によっては系譜が口伝に頼るほかない状況をふまえて、武田アンリ氏の主張が必ずしも否定はできない旨を付け足した（一部の無知な人々によってこの対応は態度の軟化と揶揄されたが、武田家旧温会の対応はきわめて常識的なものである）。本件は一部メディアに取り上げられ、ネット上では武田アンリ氏への非難が少なからず発せられた。それらの中にはやや度の過ぎた誹謗中傷や見当違いの発言もみられたが、武田アンリ氏の虚偽の発言と画像の盗用はきびしく非難されるべきものである。武田アンリ氏は本件に関する発言を行なわないまま、平成二六年（二〇一四）一一月、窃盗事件をおこし逮捕されている。いずれにせよ、本件は、武田家旧温会に「本当の末裔」の組織としての役割が社会的に期待される機会となったし、旧温会自身がそのことを再認識する機会ともなり、再帰的に会のあり方に影響を及ぼしている。

再度強調しておくが、これらの志向性はそれぞれの会員の中に複合的に存在し、なんらかの状況や局面に応じて顕在化する。そして、その複合状況、顕在化の優先性は各人により様々である。例えば、研究志向が総体的に希薄な人物も存在し、娯楽志向に否定的な見解を有す会員も存在する。権威志向についても、系譜の明瞭性に対して厳密性を求める会員が存在する一方、系譜に不明部分の多いことに対して寛容な意識の持ち主も存在する。顕彰志向に関しても、その積極性の度合いは様々である。さらに言えば、娯楽志向に起因する行動に対して否定的見解を示す人物であっても、その言動には娯楽志向が顕在化することもある。研究志向についても同様である。

一例をあげておこう。第三部第一章で取り上げた信玄公祭りは、個人的に参加する末裔は存在したものの、これまで武田家旧温会が組織として正式に関わることはなかった。末裔らと無関係のところで展開される信玄公祭りに対して、不満の声を聞く機会も一度ならずあった。すなわち、信玄に関わる歴史の娯楽的な享受への批判が噴出することもあったのである。しかし、平成二七年（二〇一五）度、武田家旧温会としてのパレードへの参加が打診される。末裔らは甲冑を着用し、または会で作成している先祖の名の入った陣羽織を着て、甲府の駅前通りを練り歩いた。末裔らは非常に喜び、次年度も同様の催しに参加している。行列においては両年度とも邦信氏の息子・英信氏が信玄役を務めているが、待機場所などにおいて観光客との

写真６　信玄公祭りに参加した武田家旧温会の行列。2016年筆者撮影。

写真撮影や握手に応じている。甲州軍団出陣に先立って信玄役の俳優に邦信氏が軍配を手渡すという演出が行なわれるなど、信玄公祭りの運営サイドは末裔のほうを向き始めているようである。以上の行列への参加が末裔らにとって喜ばしい出来事であるということは、ここであげた様々な志向の複合によって捉えることができる。趣味で購入していた甲冑や会で作成した陣羽織を着こんで、しかも「末裔」として市内を練り歩く機会は、娯楽志向と権威志向を高度に満たす場ということができるであろう。

あくまで図式的な理解ではあるが、このような志向性の複合によって、武田家旧温会の諸会員の多様な意識・行動を、その全体性を損なうことなく理解することができると考えられる。これらを自己認識と関連づけて再度捉えなおすならば、「研究志向」は自身を説明づける歴史的文脈の鮮明化への志向、「顕彰志向」は自身を説明づける歴史的文脈の公共化志向、「娯楽志向」における親睦重視の傾向は自己認識の相互化志向をあらわし、その歴史趣味的傾向は自己認識の歴史化への興味・関心を促し続けるものである。権威志向は自身の拠って立つ文脈の正統性とそれゆえの排他性の確認への志向性であるといえるだろう。

武田家旧温会会員の入会の経緯

次に、これらの会員が、武田家家臣の子孫であることを自覚した経緯と武田家旧温会に入会した経緯を検討し、それをふまえて同会の性格を再度分析してみる。武田家旧温会には必ずしも家臣の末裔ではない者も、僅かではあるが含まれている(4)。ここではそれらの人物は除外する。また、同会会員の中には、親や夫の活動を引き継いで入会するケースも少なからず存在する。親子ないし夫婦で日常的に会の活動に参加する例はあまり見うけられないが、将来的な引き継ぎを意識してであろう、時として会員が息子や娘を伴って行事に参加する様が観察される。ちなみに、会員の大多数を占めるのは、紹介による入会のようである。以下、筆者の調査に応じてくださった会員にかぎって、末裔としての自覚化の経緯と入会の経緯を例示していく。その際、インフォーマントは匿名化するが、先祖の姓がインフォーマントの姓と同一の場合、先祖の姓も匿名化する。また、それぞれの語りは紙数を考慮して整理したものを提示する。

事例一

ＴＹ氏は三重県在住で、平成二三年（二〇一一）四月に二度に渡って筆者のインタビューに応じてくれた。ＴＹ氏は武田家家臣の一族辻家の末裔であるが、そのことを意識し始めたのは平成二〇年代に入ってからのことである。ＴＹ氏の両親が亡くなり、仏壇の整理をしていたとき、系図を発見した。その系図に記される人物をインターネットのGoogleで検索したところ、著名な武田家家臣であることを知った。また、ＴＹ氏が幼少の頃、祖母から聞かされた話がそこで思い出されたという。そして、同様に辻家を出自にもつＳ氏が作成するホームページに出会い、Ｓ氏が辻家の家系図を作成・管理していることを知った。確認したところ、その系図の中にはＴＹ氏所蔵の系図と同様の記述が含まれていることを発見した。そこからS氏にコンタクトをとるようになり、その紹介で武田家旧温会に入会したという。TY氏の場合、武田家旧温会の場では、先祖の話をしても話が通じることに喜びが見出されている。武田家旧温会以外の社会関係において、TY氏は先祖に関するコミュニケーションの欲求を満たすことができない、というのである。

先行する武田家家臣末裔の系図づくりと、そのような活動をインターネット上で自ら紹介する行為がTY氏の入会を促しており、現代的な情報ツールを介している点で興味深い。ただし、どのようなツールを介したにせよ、基本的には、自家の系譜への関心と、先祖を同じくするもの同士の出会いに導かれたものである点に注意しておきたい。

事例二

YC氏は愛知県新城市在住の女性で、昭和六年（一九三一）に同地に生まれ、Y家に嫁いできた。嫁ぐにあたり、尋常の家系ではないので「おとっつぁんおかっつぁんではすまないぞ、お父様お母様と言いなさい」と言い聞かされたといい、Y家は地元の旧家であった。もっとも、YC氏の生家も婚家と遠い親戚にあたる。Y家は信玄の家臣YKの次男の系譜をひく家であり、YKの次男から数えてYC氏（の夫）は一三代目にあたる。筆者の調査には平成二二年（二〇一〇）七月、平成二三年（二〇一一）七月、平成二五年（二〇一三）八月の三度応じてくれた。Y家の所有地内には、YC氏の夫が建立したYKの墓碑が存在し（写真7）、また、YKの長男が長篠合戦で首をうたれた地に塚を建立している。また、Y家所有地内にはYKの次男をはじめとする歴代の墓も存在している。かつての屋敷は「YKの隠

れ屋敷」と称されており、地元の方でも所在に気づかないほど、周囲から隠れるように地形を利用して構えられている。文書等も豊かに所蔵していたが蔵を破られ、盗難にあってしまった。YC氏は、そのような文書を利用して、YKの末裔を名乗るつもりの者があるのであろうといい、系図を偽る人々が存在することに憤りを感じている。YC氏の夫は武田家旧温会の草創期からのメンバーであり、夫が亡くなった際、YC氏が武田神社や武田家旧温会に挨拶にいき、夫の後を引き継いで会員になった。武田家旧温会において世代継承がうまく行なわれない場合があることをYC氏は問題視しているが、Y家の場合、YC氏の娘が近年興味をもちはじめ、平成二五年（二〇一三）の設楽原での慰霊祭には娘夫婦も同行した。

YC氏の入会は夫の会員資格を継承したケースである。入会に際しては総会に出席したが、筆者が調査を開始して以降の総会には出席していない。しかし、地元ということもあり、夏の慰霊祭には必ず出席している。

写真7　YC 家敷地内に建立された YK 墓。2013 年筆者撮影。

事例三

FI氏は武田家家臣で甲斐源氏・藤崎家の末裔であり、先年まで会長を務めていた。また、日本甲冑武具研究保存会の元会長でもある。筆者の調査には平成二三年（二〇一一）七月および平成二四年（二〇一二）七月の二度応じてくれた。F氏の生家は山梨県の郡内地方の名家であり、自家の由緒は若いころから知っていた。しかし、職業の関係で東京や札幌などに住まいを移しており、現住所も東京都である。入会のきっかけは、F氏の父の妹が奈良県大和郡山市に嫁いでおり、その関係で葬式に出かけたことであった。神葬祭で、柳沢神社の宮司が祝詞をあげにきてくれていた。柳沢神社は柳沢吉保を祀る神社である。そこで宮司氏と話があい、自家のいわれを話したところ、武田家旧温会を紹介され、即入会となった。

ここでは会員との偶然の出会いが武田家旧温会への入会のきっかけとなった。F氏は自家の系譜をあらかじめ知っていたが、山梨県外に居住していたこともあり、武田家旧温会の存在を知らなかった。

事例四

TK氏は東京都在住、武田家家臣・馬場美濃守信春および冨田対馬守範良の末裔であるという。筆者の調査には、平成二二年（二〇一〇）一〇月ほか数度にわたり応じてくれた。小さなころから馬場美濃守の子孫であると言い聞かされ、「世が世なら若様だった」と言われていた。そのため、信玄公まつりや武田二十四将騎馬行列（武田神社祭礼）への参加を希望しており、これを実現させている。また、武田家旧温会への入会も早くから希望していた。しかし、当時、武田家旧温会事務局の所在がわからず、入会できずにいた。TK氏は歴史好きであり、甲冑類を購入しに骨董店を訪れるのが趣味であった。ある骨董店で自家の由緒を語ると、同店主の知り合いのF氏（事例三）が日本甲冑武具研究保存会の会長であり、かつ武田家旧温会の副会長（当時）であることを教えてくれた。TK氏は早速日本甲冑武具研究保存会に入会し、F氏の紹介を経て武田家旧温会への入会を果たした。甲冑武具研究保存会への入会の二週間後が、武田家旧温会の秋の研修旅行だったという。ＴＫ氏は二十数年来の悲願を果たしたと強調する。また、ＴＫ氏は祭礼などの場で歴史的な装束を纏ったり、各地の城郭をめぐることを趣味としている。ＴＫ氏は若者との交流にも積極的だが、昨今の歴史ブームには批判的であり、戦国後期などの特定の時代ばかりに関心が集まることに違和感をおぼえている。ＴＫ氏は、武田家家臣の末裔の交流の輪が広がっていくことを、「先祖が呼ぶ」からだと表現する。同じ末裔でも武田家とのゆかりに興味を示す者とそうでない者とがあることを「先祖がこの人だと選んでいる」からだという。すなわち、先祖の調査を託されているという意識がある。ＴＫ氏は親族にも入会を促しているが、関心をもたれないことに不満を感じている。

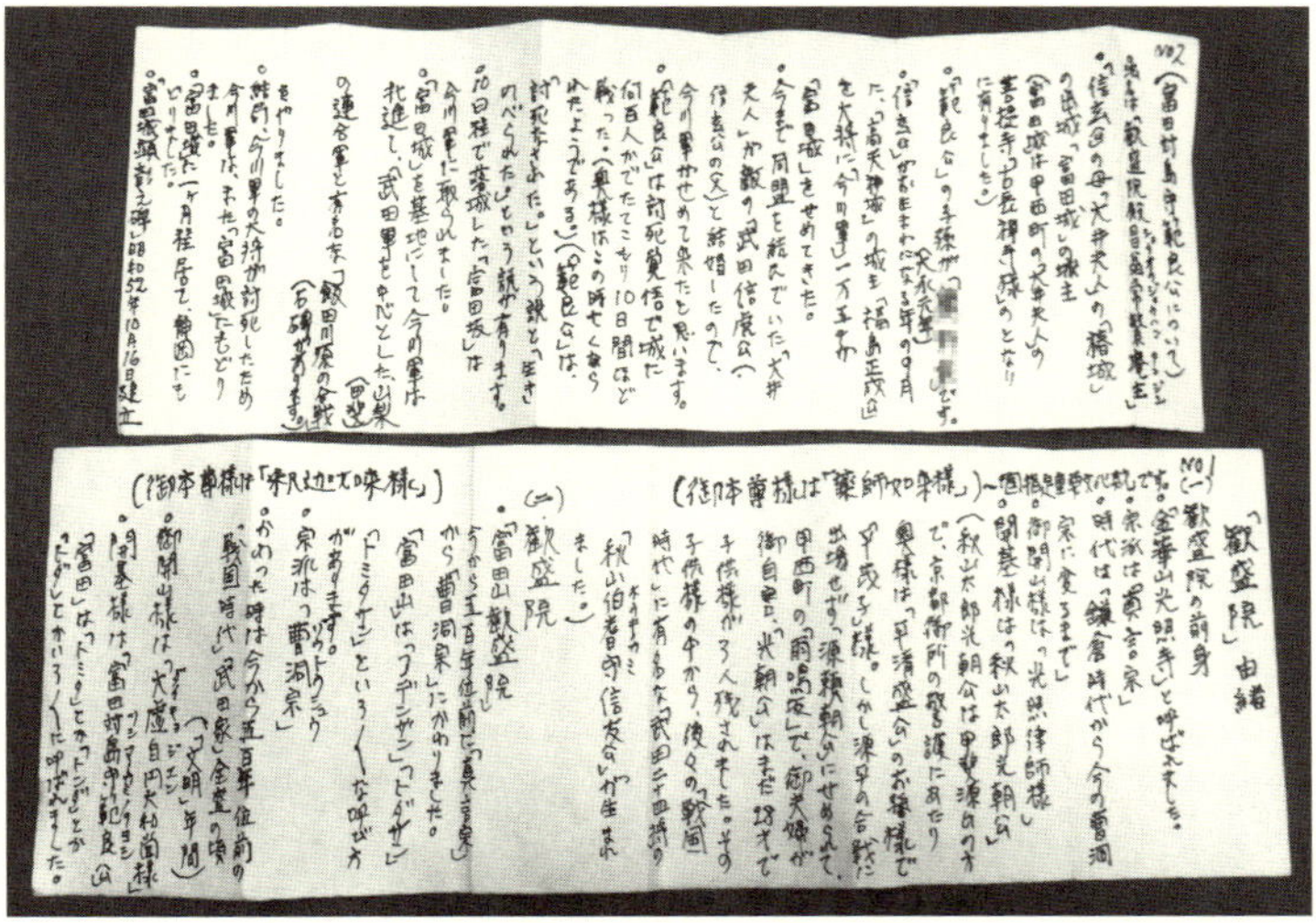

写真８　TK 氏が書き写した自家の由緒（一部匿名化のため改変）。2010 年筆者撮影。

　仕事の機会や日常生活の中で人の名字や家紋をたずね、ピンときた際には先祖のことを調べてみるように勧めている。そういう方の中には、ＴＫ氏との会話がきっかけで、忘却されていた自家の系譜伝承が明らかになるような方もあり、そこから武田家旧温会に入会した方もいるという。冨田対馬守の末裔であることは筆者の調査開始後、親族の葬儀の席で判明した。檀那寺の新任の住職が寺院所蔵の古文書を読み解く中で判明した事実であるという。

ＴＫ氏の場合も末裔であるという伝承はあらかじめ認知されており、それに基づいて積極的に武田家旧温会への入会を希望していた。武田家旧温会への入会は長年の願いの成就であるといい、ＴＫ氏のライフヒストリーにおいて大きな意味をもっている。また、ＴＫ氏は会員間の結びつきを「先祖が呼ぶ」「先祖が選ぶ」という言葉で表現しており、武田家旧温会での出会いや交流を宿命化するような意識がもたれている。

事例五

ＷＴ氏は愛知県在住である。武田家家臣の末裔ではなく、若狭Ｔ家の末裔である。筆者の調査には平成二三年（二〇一一）四月に応じてくださった。ＷＴ氏は平成一八年（二〇〇六）、箱根にある「もののふの里美術館」で甲冑装着のサービスを受け、写真撮影を行なった。ＷＴ氏は自宅でその写真の甲冑に同家の家紋を添付し、同美術館に年賀状として送付した。折しも、先述のＴＫ氏（事例四）は甲冑類の収集・装着を趣味としており、同美術館の館長（当時）とも懇意にしていた。平成一九年（二〇〇七）の正月明け、ＷＴ氏の年賀状が掲示されているのを同美術館で見たＴＫ氏は、ＷＴ氏の姓と家紋に注目し、由緒ある家系ではないかと考えた。そして、館長にＷＴ氏に連絡をとってくれるようお願いをした。ＴＫ氏とＷＴ氏とがはじめて連絡をとるのは、平成一九年（二〇〇七）五月五日、ＷＴ氏が長篠城跡で行なわれている「のぼり祭り」を見学した帰りに、電話で会話をした。そこで、ＴＫ氏はＷＴ氏に先祖のことを調べてみるよう勧める。ＷＴ氏は早速実家に出かけ、自家の由緒を調べた。実家のある集落には

Ｔ姓が集住している。ＷＴ家の蔵の所蔵品や一族のいわれを調査するに及んで、ＷＴ家の先祖が武田家の親類筋であることが判明した。後、両氏は同美術館で初対面をはたし、ＷＴ氏はＴＫ氏に促されて武田家旧温会に入会、現在（平成二三年現在）では同会の理事を務めている。ＷＴ氏もまた歴史好きであり、また甲冑愛好家で、それを装着してできることがないかと考え、いくつかの祭礼・イベント等に参加する団体を組織している。

歴史趣味を介した交流の中で、ＷＴ氏は末裔としての自己を発見し、武田家旧温会への入会を果たした。

以上、限られた範囲ではあるが、事例を検討してきた。このほか、親の代からの会員、郷土史研究の場を介して入会した者、史蹟旅行での出会いを通して入会した者など、各会員の入会の経緯は多様である。偶然の出会いが入会の契機となることもあるが、その際、あらかじめ家の系譜伝承を自覚している者がある一方で、自身が末裔であることがあらためて発見されたケースも存在する（事例一及び五）。また、地縁的人間関係の中で、旧家として武田家家臣の末裔であることが慣習的に周知・認知されていたのは、事例二および事例三のみであった。この点は本章での事例提示の問題に過ぎず、実際には先祖代々の土地に住まっている会員も少なからず存在している。ただし、一方の事実として、多くの末裔が先祖とかかわりの深い地域から離れて暮らし、それでなくとも歴史上の人物との関係性が、生活の場あるいは慣習的なコミュニケーションの場で重みを増すような文脈から切断されている状況には留意しておきたい。そのような地域社会の継続性とは明確に切断された生活状況の増加をも意識した上で、あらためて武田家旧温会という集団の性格を考える必要がある。すなわち、忘却されていた系譜の再発見、あるいは系譜の再意味化という側面をうかがうことができる。入会後の会員は、会の活動を通して系譜（伝承）の証する自己認識への欲求を満たしているのである。世代継承が問題化しているように、そのような旧温会への入会は選択的である。ただし、同会の会員間相互の関係性は、先祖同士が有していたメンバーシップを前提としているために、宿命的なるものとして認識され得るといえる。

以上、本節では、会員らの意識傾向を概観しつつ、会員の入会経緯を中心とする語りの検討から、武田家旧温会という集団の性格を考察してきた。次節では、末裔という特異な立場性について理解を深めるべく、歴史に対して当事者的なアイデンティティを発現させる行為に焦点をあてて考察を行なう。

四節　子孫であるということ——立場性がいかにふるまわれるかという視点から

過去の対立関係と末裔の意識

歴史上の人物の子孫であるという自己認識は、そのような系譜をもたない無数の他者から自らを差異化することにおいて立ちあげられる。したがって、子孫であるという立場性に基づくふるまいは、高い排他性を帯びることになる。換言すれば、この排他性が顕在化される諸々の言動こそ、立場性に基づくふるまいということになる。もっとも、ここでいう排他性は単に排除的な言動であることを意味しない。むしろ、それは子孫であるという自己認識が当事者的ふるまいや意識を導くが故に、当事者性を獲得できない無数の人々に対して自ずから排他的性格を帯びるということである。ただし、この当事者性は、当該人物が当事者であることを意味してはいない。自他の認識として、かぎりなく当事者的であることを指すものである。歴史上の人物の末裔は、歴史上の人物その人ではなく、歴史的事件を体験しているわけでもない。しかし、長篠・設楽原での慰霊祭における末裔としてのふるまいから明らかなように、体験を伴わない記憶、すなわち遠い先祖や先達の物語について、同時代の大多数の人々とは異なる回路によって想起する人々の、その独得の回路こそが歴史への当事者「的」な意識であるといえる。

ある末裔の組織での観察調査過程で、先祖と敵対関係にあった人物の末裔に関するやや攻撃的な発言を耳にする機会があった。非難された末裔になんらかの落ち度があったようには筆者には見受けられず、ここで発言者が言葉にはらませた怒気ないし敵意は、末裔であるという自己認識が、歴史上で先祖間に存在した加害・被害関係に依拠して発露したものと筆者には了解された。これはあくまでも個人の言動であり、一般的に末裔が歴史上の敵対関係を現代に反映させているわけではない。例えば、武田邦信氏は徳川家、前田家ほか多くの歴史上の人物の末裔とも交流関係をもっている。また、歴史の経過は、一時代の対立関係を無化するかのような帰結をもたらしている。歴史上の一時点において敵対的図式を展開した人物同士であっても、後に一族間で姻戚関係がむすばれているケースがあるし、ある勢力の滅亡後、家臣団が別の人物に登用されている場合もある。今日の末裔の立場性は、単純に一時期の敵対関係に置き替えられないのである。武田氏に関していえば、川中島の好敵手である上杉家とは婚姻関係があり、武田家家臣団は徳川の家臣団に多く登用されている。徳川家家臣の末裔の組織には武田家家臣の末裔も同時に加入しているケースがある。したがって、先祖間の対立構造に関する知識は現代社会の末裔にも対立的意識をもたらしている、と結論づけることは危険な単純化であり、早計と言わねばならない。しかし、にも関わらず、このように歴史的な諸関係に起因して人々が感情を高揚させるという出来事は枚挙にいとまがない。

このような現象は、末裔をはじめとする歴史に関する排他的な立場性、あるいは、アイデンティティの問題を考える上で重要な手がかりを与えてくれる。以下、この点について、武田家旧温会からは離れて、いくつかの事例に検討を加えてみたい。

「差異化」の資源としての歴史

歴史上の先祖間の対立関係が現代に及ぼす波紋は一般にも興味を喚起するらしく、時おりマスメディアをにぎわせている。萩市からの姉妹都市締結の申し入れを会津市が拒絶した一件がただちに想起されるが、一方で、それはごく一部の極端な意見とされ、パフォーマンスに過ぎないという見解も聴取される。(5) たしかに、会津人一般が、今なお根強く萩を敵視していると考えることはできない。「悲劇の会津」表象の構築性を議論する田中悟の知見をふまえるかぎり〔田中 二〇一〇〕、会津人一般が士族的立場性のもとで過去を想起しているなどと考えることはできない。ただし、この種の現象を影響力の強い個人の声やパフォーマンスとしてのみ理解することもまた、事実を歪曲してしまうことになる。会津人は、会津という土地に生まれたかぎり、自らを会津人としてアイデンティファイする契機を無数に経験する可能性を有している。その際、アイデンティファイに活用可能な「差異化」の資源、すなわち集団の統合／集団への同一化の根拠に活用可能な資源の中に、会津という土地が日本史上のある時期に置かれた歴史的状況、それについての参照可能な知識のあり方が関わってくることは十二分に考えられる。構築された表象であるか否かはこの場合、問題ではない。同一化可能なものとしてそれが用意されている状況、幻想の怨念があたかも血肉の伴ったものとして現前化する／し得る様態をこそ正視する必要がある。

事実、そのような「差異化」のために活用可能な資源が不当に貶められたと認識された時、多くの人々からの異議申し立てが行なわれる。例えば、戊辰戦争における鶴ヶ城〔若松城〕開城の理由を城内の屎尿処理に関連づけた、平成二〇年〔二〇〇八〕放送のクイズ番組『歴史王グランプリ』に批判が殺到した一件はまだ記憶に新しい。二〇一六年一〇月現在TBSホームページ上で閲覧できる平成二〇年四月八日付の同社の謝罪文を引用しておこう。(6)

TBSからのお詫び

二月一六日放送の「歴史王グランプリ二〇〇八　まさか！の日本史雑学クイズ一〇〇連発！」において、会津藩が若松城を開城した理由をクイズに取り上げました。

その際、主な要因である「他の藩からの応援の望みが断たれたこと」や「物資が枯渇してしまったこと」などに言及せず、あたかも『糞尿が城内にたまり、その不衛生さから』が主な原因であるかのように伝えてしまいました。また、「逃げ出す」という視聴者に誤ったイメージを与える表現を使うなど、会津若松市民、並びに関係者の方々に著しく不快感を与えてしまいました。

会津若松市民の皆様と関係者の方々、そして視聴者の皆様に深くお詫び申し上げます。

戊辰戦争のような「過去の出来事」には、すでに当事者的感覚をもつ人々が不在であるかのような認識が、当該番組制作者にあったのではないかと推測する。過去の記憶の公共化、すなわち歴史化は、それを共有することで今日の社会に集団を生成するが、一方でその公共性の故に、当事者的感覚を有す人々、歴史に「私的」意味を見出す人々の存在をめぐる想像力の欠如をもたらす。歴史は個人の所属や来歴と関係づけられ得るのであり、それを冒瀆することは、個人の拠って立とうとする歴史的文脈を冒瀆することにほかならない。以上は、現実ないし歴史への誠実な思惟を欠いた不謹慎きわまりない事件であるが、歴史観の対立ないし相違が、このような感情の高揚を喚起したらしい事例も検討してみよう。

第三部第二章でとりあげた元禄赤穂事件の四十七士に関して、昭和四八年（一九七三）の『赤穂義士会会報』八号には、中央義士会会員であり評論家でもある佐々木杜太郎の「歴史の黒白とは何か――『実記吉良上野介』の曲筆を叱る」という文章が掲載されている。同文章は、タイトルの通り、堀川豊弘の「実記吉良上野介」への反駁である。佐々木の整理によれば、堀川論は「吉良上野介の人物弁護論」であり「赤穂義士が押込盗賊のごとき凶暴な殺戮行為をしたときめつけ」るものであるという〔佐々木 一九七三：二〕。佐々木は「吉良上野介その人にいささかの由縁もないし、筆者堀川氏に対しての恩怨もな」く、吉良を「ひどく損な役割の宿命を担って終った気の毒な人物」と認識しているといい、自身が冷静な史眼を有していることを強調する。その上で、「堀川弁護人が、吉良上野介ひいきのあまりに、曲文弄筆をたくましくした義士誹謗の所論根拠の見当はずれであり、その史眼低劣、歴史探究の態度の公平を欠いたドグマ謬説について、我慢がならない」と厳しく非難する〔佐々木 一九七三：三〕。あたかも歴史的対立図式が現代に影をなげかけているかのようである。今日では吉良町と赤穂市との交流が図られるなど、現実にこの種の敵対関係が険悪な形で表出することはないようであるが、吉良の汚名払拭に向けた記述が四十七士批判に結びついたことが問題視されたものらしい。佐々木は赤穂出身者ではないが、赤穂義士会の機関誌で為された反駁は、地域住民との共感のもとに執筆されたものと理解できる。というのも、同誌を通読してみると、近似した文章が散見するのである。

花岳寺住職・片山伯仙は『赤穂義士会会報』九号において、作家・尾崎秀樹と大衆文学研究会が刊行した『考証赤穂浪士』なる書籍の神坂次郎の文章に対し、「赤穂人として黙過されない」として批判を加える〔片山 一九七四：二〕。批判された神坂の主張とは近世の随筆資料の恣意的引用によって、赤穂藩の領民が浅野家の悪政に苦しんでいたので、お家取りつぶしやその後の事件にはまったく無関心であったというものであった〔神坂 一九七四〕。片山の史料提示をふまえた論証過程の紹介は割愛するが、後に片山の批判の掲載された会報を送付された神坂から、自身の非を認めた手紙を送られたことが『赤穂義士会会報』一〇号に明かされている〔片山 一九七五：六〕。

武田信玄評への末裔の反応

一方、武田家家臣の末裔、あるいは山梨県在住者が、武田信玄の取り扱いをめぐって感情的な言動をとったという現象も、実は複数例確認できる。すでに本書第二部第一章で提示したように、渡辺世祐が武田信虎の退隠説を否定したのに対し、大正五年（一九一六）一月一日の『峡中日報』（通号九七〇五）誌上にはそれへの意義申し立てが掲載された。また、総合歴史系雑誌の『歴史読本』は昭和三一年以来の歴史を有し、この方面の雑誌の老舗であるが、同誌の昭和三六年（一九六一）五月号（特集・「英雄の条件」）に渡辺喜恵子のエッセイ「父を追放する冷酷の武将・信玄」なる文章が掲載されたのに対し、翌月号「お知らせ」欄に以下の文章が掲示される。煩瑣になるが、ここでは全文を提示する〔人物往来社 一九六一b：二二九〕。

本誌前月号（特集・英雄の条件）に所載の「父を追放する冷酷の武将・信玄」（著者・渡辺喜恵子）について「山梨県人会信玄公敬仰青年団」名で、この文中に記述された「信玄に関する記事は我々甲州人の深く遺憾とするところである……」旨の投書をいただきました。また、山梨県の村松氏（本誌にたびたび投稿をいただいています）より、「武田信玄は冷酷の武将に非ず」の一文を寄せられております。スペースの都合で掲載できませんが、当社としては、決して信玄を誹謗せんがために掲載したものではないことを、同号の〝お知らせ〟欄にも書いておりますが、これは、作家に小説的手法を加味して執筆していただいたものですので、この点、ご了解をいただきたいと思います。

文中に見える前号の「お知らせ」欄の説明とは、以下のものであった〔人物往来社 一九六一a：二二八〕。

それぞれの英雄が、それぞれの時代をいかにして生き抜き、そして傑出することができたのか。必ずしも良心的な手段を用いたとは考えられませんが、戦乱の弱肉強食の世に生きた人々にとっては一概に責められないものもあるのではないでしょうか。

（中略）

それはともかくとしても、これら英雄の力強い行動に現代のわれわれは非常な魅力を見出すことができると思います。ご感想をお寄せください。

ここでは本文は提示しないが、山梨県の郷土史家・村松蘆州による「武田信玄は冷酷の武将に非ず」は同年七月号に掲載されることになる。この事件は「武田信玄名誉棄損事件」などと銘打たれてその他雑誌にも報じられたらしく、村松の記事には『週刊アサヒ芸能』掲載の記事が引用されている。原典を探索したが残念ながら見出すことができなかったので、どの程度忠実な引用か判断しかねることを断ったうえで、村松の引く文章をここに示すことにする〔村松 一九六一：七二〕。

『週間（ママ）アサヒ芸能』は、「武田信玄名誉棄損事件、山梨県人を怒らせた直木賞作家」という見出しを掲げている。

最初に、「英雄の条件」の「冷酷の武将武田信玄」の記事に気がついたのは、信玄の子孫である武田綱さんであった。このことを早速、甲府地方法務局の人権擁護課長をしている武田昌信氏に伝えたのである。因みに、武田昌信氏は、『歴史読本』の前身『特集人物往来』三十二年九月号「逆算の秘史」に、「悲運を辿る武田信玄の子孫」という一文を寄せられている。

母親の綱さんからそのことを聞いた昌信氏は激怒した。古文書に明記されている信玄公のイメージとはまったく反対の解釈がされているというのだ。

最初、昌信氏は、法律的にも認められている「死者の名誉を傷つけたもの」として告訴を決意したが、幾世代もへだたったことであり、また人権擁護課長という肩書の自分が先頭に立って、「信玄の人権を守れ」とわめき立てることに面映ゆいものを感じたというのである。

折から四月十二日、信玄の菩提寺恵林寺で行なわれた信玄公追善法要においても、そこに集まった県人会や武田会の人たちによって、口角アワをとばしての反論がだされたという。

ともあれ、歴史には種々異った史料があり、その人の解釈によっていろんな見方ができるといえよう。

マスメディアへの反発

また、抗議には発展しないまでも、大河ドラマが封切られるたびに、主人公やその関係者の末裔、あるいはその地元では、ドラマへの失望や違和感が表明されることがある。一例として、昭和五七年（一九八二）のNHK大河ドラマ『峠の群像』をめぐる製作サイドと大石神社宮司・飯尾精との衝突をあげておく。(7) 発端は、史実重視を銘打って放送された当該ドラマが、飯尾の目からみて事実と相違すると思われた点にあった。飯尾は当該ドラマの不評を各方面から聞き、大石神社の社報『義士魂』にその問題点を直截につづった。飯尾の批判点は、細かな点への指摘をのぞけば「封建時代の事件を、現代のサラリーマン社会や経済機構とオーバーラップさせながら、ドラマ化したことに無理があった」との言葉に総括されている〔飯尾 一九八二a：一〕。すなわち、史実とはあまりにもかけ離れているという見解であった。実は、歴史の斬新な提示は当該ドラマのアピールポイントでもあった。当該ドラマで史実性と現代的解釈の両立がどのように達成されているかは別途分析を要すが、いずれにせよ、飯尾の批判が掲載された『義士魂』一八号刊行後、NHKプロデューサー・小林猛から「私（引用者注―飯尾精）が週刊誌や社報の『義士魂』で語ったり書いたりしていることと、小林さんとお会いした時の私の態度とが余りに違うのでビックリしたとか、スタジオを私が訪ねた時、小林さんがていねいに案内したのに、スタッフ一同も大変怒っている」との手紙が届いたという（飯尾一九八二b：二）。飯尾は撮影現場を見学しており、その際に何度か違和感を表明したというが、両者の間で感覚の食い違いがあったものらしい。この事件は新聞各紙にも取り上げられ、小林による応答も行なわれた。小林は、飯尾の態度は「不誠実」であるといい、また、当該ドラマは「いわゆる元禄忠臣蔵と比べればはるかに記録に忠実なはず」と主張する（飯尾 一九八二b：三）。ただし、当該作品は歴史考証家等からも批判されていたようであり、小林の弁はやや態度を硬化させたものに過ぎなかったのかもしれない。

ここではフィクション作品に対する史実の強調という図式がとられているが、学術的に権威づけられた史実に対しても同様の反応が生じることがある。赤穂市においては、市史編集に際し、寺坂吉右衛門信行を義士に含めない「四十六士論」の立場がとられたが（八木 一九八九：三二一～三五三）、これに訂正を求める声が相次いだ。四十六士論の提唱者はアカデミックな歴史学者である。結局、市長が四十七士説を指示する声明を発表し、事態は収束したかのようだったが、教委が四十六士説を支持する副読本を作成した際にも、四十七士説を支持する人々によって再び問題化された。第三部第二章で確認したように、赤穂市教育委員会は、フィクショナルな『忠臣蔵』のイメージの拡大と戦前的な歴史資源化への反省をふまえて史実の究明と教育を重視するスタンスをとっているのである。

以上、いくつかの事例を検討してきたが、筆者の関心は、相互に対立する歴史認識の是非や歴史の取り扱いに問題性を指摘することにはない。(8) ここで描出したかったのは、自らの信じる「歴史」とは異なる歴史が公共の場で提示された時、それらへの違和感や感情のたかぶりを包み隠さずに発する人々の姿である。異議申し立ての主体は、いずれも歴史に対して第三者的な立場には立っていない。これらの反発は、同郷人としての帰属意識や子孫としての立場性を前提としているのであり、望まない形で表象されたと訴えられている歴史は、反発する主体にとって自己を説明づけるものとして内面化されつつ想起される物語である。[9] 実は、マスメディアへの反発は末裔などの組織化に大きく関わる場合がある。先述のように、大河ドラマへの憤懣を語りあう場が武田家旧温会の発会につながっていった。また、新城市内の旧東郷村域で地域住民によって行なわれている設楽原古戦場の顕彰活動は、黒沢明の『影武者』に刺激されて始動している。メディアのなかで表象されることで歴史意識が刺激され、もしくは想起が促されることで、「私たち」が発見される／自覚されることは一般性のたかい出来事ということができるだろう。

当事者性の階層

ところで、ここでは当事者的発話を行なう人々を包括的に取り上げたが、両者の関係についても説き及ぶ必要があるだろう。

ここで例示した現象は、体験的記憶ではなく、文化的記憶と称される歴史化された記憶の想起と関わるものである。この種の記憶に集団を形成する作用があることは自明の事実であるが、過去を公共化することで為される集団形成は、成員間の差異を無化しながら、当事者にあらざる主体に間接的な当事者性の意識の保持をもとめる。厳密な意味で当事者であることと当事者的であることの間隔は、「想像」によってしか埋めることができない〔アンダーソン 二〇〇七〕。当然、その中で諸個人が活用できる「差異化」の資源には偏りが発生する。武田信玄の記憶の共有者として「山梨県民」という集団を想定した場合、山梨県民という想像的一体性においてのみ行なわれる信玄に関する文化的記憶の想起と、過去に先祖が信玄と君臣関係をもったことを一族の歴史とする者による想起とでは、活用可能な歴史資源や活用への意欲は相違する。つまり、記憶の共有を前提として集団化された人々の中にも、共有への意欲に階層が発生する。このような階層の中でもっとも高い当事者性(すなわち排他性)を発揮し得る「差異化」の資源を保持する人々が、歴史上の人物(当事者)の末裔という存在であるといえる。

近代の山梨県で県民一般が信玄の「末裔」であるかのように表象されたことは第二部第一章で言及した。近代の現象は、先祖祭祀の観念の拡張と表裏の出来事としての擬似的末裔化という観点で捉え返すこともできるだろう。

一方、集団形成の力学の別の側面として、ある記憶が集団にとって等しい「重さ」「軽さ」を有するかのような認識を人びとにもたらすことも指摘しておきたい。過去の出来事がリアリティを希薄化させたり、今日における社会的価値を減退させるにしたがい、集団の成員にもとめられる当事者的意識も希薄化される。ここで、先述の階層が問題化する。当事者に配慮する意識のもとでは抑制されるべきような物語の構成が、公共の場で自由に行なわれるようになる。このことは、社会的な出来事に関する意識の緊張度を事例にすることで、容易に理解されるであろう。「過去のこと」として他者化して語ることが「不謹慎」とされるような出来事は数多い。例えば、東日本大震災をあげてみよう(鈴木 二〇一二：二三二)。発生からどれだけの歳月が経過したか、どれほど復興が進んだかということは問題にならない。主体によっては、数十年先まで、その人生が終る瞬間まで、震災のリアリティはなんらかの喪失感とともに継続するかもしれない。あるいは、数世代先までも、先祖代々の土地を失い、先祖や多くの同郷者の命が失われた出来事として、当事者的意識は継承されるかもしれない。会津の敗戦がお笑い番組のクイズにされることは、事件との関連性の希薄な人々において、当事者的意識をもつ人が存在することへの想像力が失われた結果である。このことは大多数の歴史上の人物について、その末裔が存在するということへの想像力の欠如でもある。どのように表象してもかまわないだろうという予断を生むほどに公共化された歴史のもとでも、それを一族の歴史として脱公共化しながら想起する主体が存在するのである。あるいは、そのように述べること自体が、あらかじめ「歴史」とは公的なるものであるということを前提にした物言いになってしまうかもしれない。特定の出来事が現在から遠ざけられていくプロセス、あるいは、それに抗う様態、または現代において価値をもつものとして構築し直そうという営みを記述することも、「過去」の現在における意味を問題とする民俗学にとって主要な課題と認識する。

武田家家臣末裔らの集団形成は、四〇〇年以上過去の出来事であっても、そこに自己を説明するものとして意味を見出す人々が存在することをつきつけている。「先祖―子孫」という関係性ないしメンバーシップに基づいて、死者の祭祀や歴史表象の局面で特定の立場性に基づくふるまいを求め／求められるこれらの人々の行動は、歴史の複数性が立ち上げられる現場そのものということもできる。歴史が過去における「現実」の出来事を構成化したものであり、どこかで何らかのかたちで現在を規定している、もしくは現在を編み込みながら構成されるという事実を私たちにつきつけるものでもある。そして、ここからは有り得べき歴史の公共性のあり方を考えていくこともできるだろう。過去の公共化は、歴史の一元化／「歴史」への一元化ではない。また、個人の歴史観から切断することで過去を公共財化することでもない。仮に公共化が成され得るとするならば、自己認識と結びついた様々な歴史の存在、様々な立場性に基づいて想起される歴史の存在を認め、その複数性を許容するような、したがって、当然、競合的状況を自明化するような枠組や空間の設置によって達成されるものでなくてはならないであろう[10]。史料が失われ、事実の所在が諸説にゆだねられることが、何者かの自己意識を救うこともあるかもしれない。

これらの人々が自己や一族をめぐって語る物語は、史実／非史実という二項対立の中でも、あるいは、フィクショナルな造形化や娯楽化の中でも、「望ましく」表象されない可能性にさらされている。もっとも、これらの人びとは権利の獲得や歴史の書き換えを希望しているのではないし、それは多くの場合、望み得ない。その一方、これらの人びとの歴史観は歴史学的権威や歴史の娯楽世界での有名性に依拠している面もある。こうした人びとを抑圧され抵抗する存在として語ることもやや歪曲された視点といえるだろう。これらの人びとの先祖の表象権をめぐる苛立ちは、「望ましく」ないそれに対する違和感や異議申し立ての段階で完結しているかのようである。それは「納得のいかなさ」の表明というかたちで行なわれる自己主張であり、そこにあらかじめ自身が編み込まれていることを語り、行為的に自己を実現しているものと考えたい。

結びにかえて

本章では、今日の社会に生きる人々の歴史認識への関心から、特に、歴史上の人物の末裔という立場性のもとで、歴史に関わる積極的な行動にとりくむ人々の意識に考察を加えた。具体的には、武田家旧温会という集団の活動実体と諸会員の意識を分析し、あわせて歴史をめぐって発せられた異議申し立ての言説を検討し、文化的記憶における当事者的な立場性の諸側面を明らかにした。

誰かの子孫であるということは、今日の社会において必ずしも実際的な意義をもつものではない。多くのインフォーマントが述べるように、自家の由緒を語るコミュニケーションが、自身の満足につながるような場も少なくなっている。武田家旧温会という場は、末裔が自身の先祖同士のつながりを確認しあい、末裔としての自己を語り、末裔としてふるまうことが許容される空間である。すなわち、歴史的世界とのつながりにおいて自己を確認し続ける機会を与えてくれる場として、各々多様な意識をもつ会員は同会に結集している。それは、主体の属す家系の系譜伝承と主体の歴史への興味を前提としている点で、メンバーシップに限定性を伴う「選択縁」の集団として理解すべきものであり、差異化の資源としての歴史、あるいは歴史による差異化が社会的効力を失っていることが、そのような立場性確認の場への欲求を高めているといえる。そして、歴史をめぐる異議申し立ての行動もまた、望まない表象化への抵抗であると同時に、歴史に対する独得の立場性にたつ自己を主張する行為であると理解できる。そのようにみれば、過去を美化し、それを広域の人々と共有しようとする「顕彰」という行為もまた生活者の感覚と乖離したものではない。自己（を規定する過去）を望ましく表現したいという、きわめて人間的な発想に淵源していると言えるであろう。

注

（1）武田家旧温会が史蹟踏査研修会の第一回を挙行するのは昭和四九年（一九七四）である。同旅行は、平成一〇年（一九八八）段階で、以下に示す土地が踏破されていた。すなわち、長篠古戦場・野田城・長岳寺・高遠城・川中島古戦場・上田原古戦場・海津城・生島足島神社・三方原古戦場・高天神城・二俣城・箕輪城・志賀城・岩櫃城・三増峠古戦場・陽雲寺・伊豆大島武田史蹟・信玄公息女木曾義昌夫人真竜院真理姫墓所・同信松尼松姫墓所信松院・同上杉景勝夫人大儀院菊姫墓所・甲斐源氏発祥地常陸国府武田郷・春日山城・牧之島城・高野山信玄公勝頼公墓所・大和郡山柳沢吉保吉里公父子史蹟・妙心寺信玄勝頼公墓所・三井寺新羅三郎義光公墓所・犬山城・彦根城・多賀神社・若狭武田氏史蹟・房総武田氏史蹟・苗木城・岩村城・明智城・秋葉神社・新海明神・竜雲寺・砥石城・仁科氏史蹟・米沢武田氏史蹟・瀬田の唐橋・出羽武田信安公史蹟などのゆかりの地である〔相川 一九九八：四八～四九〕。

（2）本書では、固有名詞および引用部分等の例外をのぞき、長篠合戦を「長篠・設楽原合戦」と記述している。これは地元の郷土史研究・史跡保存団体である「設楽原をまもる会」の認識をふまえてのことである。一般に、長篠合戦といえば、火縄銃に敗れる武田軍という構図がイメージされるが、織田・徳川軍と武田軍との衝突は旧東郷村域にあたる設楽原で発生した。これに先立つ長篠城の攻防戦から、一連の軍事衝突は長篠合戦と称されてきたわけであるが、これにより、東郷村域では自地域が古戦場であるという意識が希薄になっていた。小学校の史跡見学でも、わざわざ旧東郷村から旧鳳来町の長篠城跡に出掛ける状況であったという。この点を問題視する「設楽原をまもる会」は、当該合戦を長篠・設楽原合戦と呼ぶことを提唱している。

（3）同事件は、ドイツで反響を呼んだヴィルコミルスキーの語る迫害の経験談が、実は虚偽の記憶に基づくものであったというものである。

（4）なお、筆者の調査過程でこのような末裔以外の会員には「崇敬者」「研究者会員」という名が与えられた。筆者自身も、入会の薦めを受けて「研究者会員」としての入会を果している。なお、武田家旧温会への入会は筆者が調査を開始した二〇〇九年頃から薦められていたが、調査の趣旨を説明し、調査が一段落した暁には入会するとの約束のもと、辞退していた。筆者の同会への入会手続きは、博士論文に向けた調査が終了した段階で行なわれている。本書で使用したデータは大半が入会以前のものである。なお、末裔と筆者との間には先祖名を明記した陣羽織を着用することができないなど、明確な差異化が行なわれている。

（5）東日本大震災に際し、萩市は歴史的関係のある会津若松市に対し、救援物資を送っている。返礼として会津若松市長は萩市を訪問しているが、戊辰の和解に赴くのではないと明言している。これなどはパフォーマンスの範疇に属するものと見なし得ようが、一方で、親族の山口県出身者との結婚に抵抗感をおぼえたり、山口への旅行のお土産をあらかじめ辞退されるような現象も発生している。

（6）http://www.tbs.co.jp/program/history_20080216.html。二〇一六年一〇月一一日アクセス。

（7）飯尾は赤穂藩森家家臣の末裔でもある。四十七士とは系譜的関係性はない。

（8）ここで注意すべきことは、なんらかの「立場性」から「自身が信じるのとは異なる歴史」に対して反発することを、自身の主観的「歴史」観をおしつけようとするエゴイスティックな行為であるかのように捉えてしまうことを、慎むべきことである。それはドミナントな物語に回収されない人々の発話や生き方、歴史的自己像を否定する行為である。さらに言えば、私的信念の一般化への欲望は、文脈が相違すれば私たち自身の中にも湧き起こり得るし、常にそのような帰属に規定された「過去」の選択を私たちは行なっている。言うなれば、これは望ましい自己像を他者と共有することへの欲望そのものなのである。仮に、このような主張がエゴイスティックなものと認識される時、認識主体は「歴史」を正否の観点から捉えている。あるいは、歴史とは高度に公共的なものである（誰にとっても同等の意味の重み・軽さをもつ）ということへの盲信がある。本書の関心は、なにが正しい歴史で、誰の主張が誤っているかを議論することにはない。歴史が過去の出来事について構成された「物語」である以上、構成主体の立場によって、幾通りにも描きだされ得るものだからである。

（9）末裔たちが「歴史」に対して持ち得る権利の排他性は、例えば、バヌアツなどのカストムに比べれば、微弱と言わざるを得ない〔白川 二〇〇五〕。「歴史家」の発言や歴史が公共財として様々な局面で活用される状況に対して、末裔らは不快感を示すことしか許されていないかのようである。但し、彼らは「歴史家」と交流し、考証を受けること、先祖の事績を公共財として操作するマスメディアやイベントに参加することに高い関心を有してもいる。彼らは「末裔」であることを楽しんでもいるのである。

（10）現実の（あるいは歴史の）なにをどのように描けば人の尊厳を傷つけることにならないのか、つまり、どこからが当たり障りのない過去になるのかという問題について個人がもつ意識もまた、民俗学が議論すべき問題と思われる。

終章　本書のまとめと今後の課題
――民俗学的歴史認識論に向けて

一節　各章の議論の再検討

本書は日本における死者表象の問題を、神格化と偉人化という双方の動態に注目しながら、主として近世から現代というタイムスパンの中で論じてきた。その作業は民俗学的な「人を神に祀る風習」研究の文脈に位置づけられるが、その際、記憶論を理論的支柱とし、偉人化という動態に神格化と同等程度の重要性を見出すことで、従来の議論においては積極的には論じられてこなかった側面に光をあてた。以下、各章の議論を再整理しておく。

（一）第一部「近代日本の神格化と偉人化をめぐる世相」

第一部「近代日本の神格化と偉人化をめぐる世相」では、二つの章を設け、近代の「神」と「偉人」をめぐる社会・文化の概況を摑みとることを目指した。

第一部第一章「「顕彰神」論――楠木正成の表象史から」は、人神の派生形としてその近代性が指摘される傾向にあった顕彰神について、その代表と目される楠木正成を素材としつつ、前近代からの表象史を強調することで、顕彰神の性格を解き明かした。祭祀施設に焦点をおくかぎり、楠木正成は近代的なる神である。しかし、表象史という視点でこれを検討する時、楠木正成の神格化は前近代が用意してきたものと理解せねばならない。これによって、人神の「近代」を問題とする上で論点とされるべきは、偉人崇拝／人神の文化の近代的な活用の用法であることを指摘し、顕彰を動機とする神格化の歴史性への注意喚起を試みた。

第一部第二章「偉人化される死者たち——近代の贈位をめぐって」では、近代の状況を俯瞰する作業を行なった。とりわけ、ナショナルな論理に基づく価値づけが個々のローカルな人物表象に作用する様態の諸相を示すことで、近代社会における偉人化と神格化の分かち難さ、そして偉人化の結果もたらされた状況の性質を明らかにした。近代の偉人顕彰は「上からのもの」と認識されがちではあるが、そのような「上からの評価」を積極的に求める人々の姿からは、現象の複雑性をより冷静におさえていくべき余地があることが明らかである。贈位は人を神に祀る風習研究においてこれまで必ずしも重視されてこなかったが、各地の人物表象に影響した例が少なからず存在することをふまえるかぎり、今後この方面の議論において注意すべき事象であるといえる。

第一部の議論は続く各章で論点とされる諸問題の縮図でもある。末裔という存在、物語（あるいはメディア）論、人物表象の勤皇化、ナショナル化と同時的に発生するローカル化（その相互性ないし緊張関係）、国家ないし学術の関与による歴史の固定化あるいは序列化といった諸問題に説き及んでいる。これらの問題は、正史・国史の形成・編集とその実質化という論点とも関わるだろう。過去の人物は新たな物語のもとで再表象化され、史跡の所在が明らかにされつつ顕彰されることで、国史という物語が空間化（聖地化）されるのである。以上のそれぞれの問題は第二部以降の各章で再度検討した。

（二）第二部「神格化と偉人化の実態」

第二部「神格化と偉人化の実態」では、包括的議論ではなく、個別事例の報告と分析に重きをおいた。とりわけ、偉人化と神格化の複合的動態がうかがえる武田信玄の表象史、厳密な意味での神格化は行なわれない偉人化の事例としての大岡忠相の表象史、伝説における偉人（あるいは為政者）の表象化の様態をそれぞれ明らかにした。

第二部第一章「郷土の偉人の変容――山梨県における武田信玄祭祀の近世と近代」は、信玄の神格化および偉人化の過程を、近代的なナショナルな論理とローカルな論理の交錯による表象の変容論として捉えるものであった。とりわけ、近世のローカル法や身分制度に関わる権威として想起される側面のつよかった信玄は、近代以降、ナショナルな歴史知識を前提とした表象化を経つつ表象間の競合過程にさらされ、その一方で、山梨県（民）という一体性を支えるシンボルとしてローカライズされるようになる。

第二部第二章「偉人の発見――大岡忠相墓所の史蹟化と贈位祭の検討から」は、贈位を契機とする地域の偉人の発見に注目した。また、贈位によって評価された人物像（ナショナルな論理）と、実際に地域との関係性のもとで崇敬されていく人物像のズレにも注意を向けた。とりわけ、物語世界における造形化が人々の想起をつよく方向づけていたこと、つまり国家による顕彰が、個々の人々の想起の内実を必ずしも強力に規定するものではなかった可能性を指摘した。この場合、聖地を聖地たらしめたのは、国史という物語であるよりは、大岡裁きの物語であったといえる。

第二部第三章「伝説にみる偉人の神秘化と権威――信玄・家康伝説を中心に」では、前近代的な説話的言説による偉人の表象化の様態を問題とした。第一に、権威の源泉として偉人を捉え、偉人と自身を関係づけることに眼目のある由緒的用法の伝説に注意を向けた。これらの伝説が説明しようとするものは、特権や格式の高さ、歴史性である。第二には、そのような偉人が、超自然的効力を発揮して自然環境に働きかけたことを語る伝説の存在に注意を向けた。それ自体は類型的な自然説明伝説であるが、地域内外で宗教者の不可思議な力とともに語られる環境の改変というモチーフが、これらの世俗的為政者にも見受けられる点から、日本文化における偉人化と神格化の近接性、あるいは世俗的権力者に人を超えた力を期待する想像力の存在を指摘した。

第二部の議論からは、第一部第一章でも言及した、近代の人神をめぐる従来的理解の問題性があらためて確認される。信玄は、第二部第一章および第三章の議論をふまえるかぎり、質的相違があるとはいえ、近世から明確に偉人化・神格化する眼差しが向けられており、顕彰神としての信玄の登場はその表象史をふまえることなく理解すべきではない。第二部第二章の大岡忠相の場合、近世以来の大岡政談等の物語世界での人物像に方向づけられつつ想起される傾向があった。忠相は、贈位に先立って、すでに物語世界の英雄だったといえる。

また、第二部第三章における信玄と家康の伝説の検討からは、前近代的な説話世界においてすでに権力の主体を神的に表象する発想のあったことが改めて確認できる。由緒書的な歴史参照の文化が、人物の神的表象化を導いた可能性を視野におくべきであろう。近世以前からの権威跪拝的意識や既存の物語世界における表象が、近代の神格化・偉人化に対して相応の影響力を発揮したとすれば、時に人々や生活との断絶性やそれへの暴力的関与が強調される近代的価値観が、人々の慣習や意識に下支えされていた可能性を改めて認識する余地がある。

（三）第三部「現代社会における神と偉人」

第三部「現代社会における神と偉人」の各章は現代社会における神と偉人の状況を把捉しようとしたものであるが、基礎的な論点は先行する各章から引き継いでいる。

第三部第一章「神・偉人の観光資源化と祭礼・イベント――大岡越前祭と信玄公祭り」は、第二部でおさえた信玄と忠相の観光資源化を記述するものであった。議論の主題は、二点にわたった。第一に、現代社会における世俗的催しや記念物が、時に宗教的なるものとして解釈されたり、宗教性を取り込むような現象、第二に、祭礼・イベントで現前化される過去のビジョンの質の解明であった。偉人化と神格化の近接的状況が今日の社会においても出現することを指摘し、そこにうかがえる擬似神格化とでも呼ぶべき現象を導くものを、「らしさ」をめぐる人々の感性（「形式感覚」）であると理解した。

第三部第二章「教育資源としての神・偉人――赤穂市における義士教育を中心に」では、元禄赤穂事件の四十七士の赤穂市における取り扱いを対象にした。議論の主題は資源化の一様態としての歴史上の人物の教材化（教育資源化）とその活用にあったが、四十七士は『忠臣蔵』等の歴史物語のもとで造形化されてきた人々であり、マスメディアの影響についても考察を加えた。第三部第一章で取り上げたようなイベント・祭礼をめぐる議論が、対外的アイデンティティ提示のための資源として歴史を強調するのに対し、教育資源化という観点からは、望ましい歴史意識を有すコミュニティ成員の育成を志向し、観光化されている史蹟や祭礼もそのような教育に活用される状況のあることが確認できた。また、これまでの議論では、マスメディアの優勢な影響力を指摘してきたが、赤穂市の義士教育はフィクションが増幅してきたイメージの相対化を目指しており、それは近代における四十七士の社会資源化状況への反省ないし批判を前提としていたことを指摘した。その一方で、メディア状況の変化によって、児童・生徒の四十七士への関心そのものが減少していることも明らかとなった。メディアの影響論は、その拘束性の強さを前提とするのではなく、多視点的かつ実証的研究の積み上げを課題とするといえるであろう。すなわち、メディア社会を生きる諸個人を重視する受容・利用・体験論的方向性のもとで、議論の深化がはかられねばならない。

このような点をふまえ、第三部第三章「歴史上の人物をめぐる想起と語り――マスメディアと性差という観点から」では、現代の人々がマスメディアの提供する歴史物語をどのように体験しているのかを、そこに性差が関わるという言説を手掛かりとして分析した。これにより、事績重視で、自身の職業生活の指針や手本として偉人を参照し、時代的隔たりを無化しつつ自らを重ね合わせるような暗喩的想像力に基づく想起と、フィクショナルな世界で再構成された偉人のパーソナリティを愛慕し、過去と現代とのへだたりを強調しつつ行なわれる想起があることが確認された。このような想起の傾向性、あるいは諸個人の歴史享受の形式そのものを歴史として捉え返すことが今後の課題といえよう。

第三部第四章「子孫であるということ――その立場性をめぐって」では、個人の歴史的アイデンティティへの関心から、歴史上の人物の末裔であるという立場性とはどのようなものであり、それはどのようにふるまわれているのかという問題に取り組んだ。これらの人々が公共領域で発信される様々な歴史表象に対し違和感を表明する姿からは、歴史への態度は常に複数的であり、歴史をめぐる言説空間が本来的にもつ競合的な性格が明らかである。「歴史」は、必ず「誰か」あるいは「どこか」や「なにか」の現在を説明づける物語たり得るのであり、誰にとっても重要性の均質な「歴史」などというものはこの世のどこにもないのかもしれない。そのような均質な公共の歴史の不可能性（あるいは問題性）を前提にして言えば、ある「歴史」を否定し、あるいは嘲笑することは、その歴史を自己の文脈化に使用するその人そのものを、つまり個人の歴史的自己像を侮辱することである。

以上、第三部の議論は、本書が歴史的経過の中でおさえてきた日本文化における偉人化と神格化の複合傾向の現代における状況、および、偉人化・神格化される死者に向き合う個人による想起（それを方向づける幾つかのファクター）、そこから導かれる歴史認識論的課題の所在を明らかにするものであった。

以上をふまえて、本書の成果をまとめておきたい。

二節　本書のまとめ

（一）「祟り神起源説」および「民俗の純粋化」志向批判

本書は、従来の「人を神に祀る風習」研究において自明化されている学説あるいは文化史像とは異なる位相での議論を構想し、先行する議論を学説の一つとして相対化することを目指した。その成果として、祟り神起源説とでも名づくべき、人神信仰史の基礎的歴史観には再考の余地があることを指摘することができる。

「祟り神起源説」とは、人を神に祀る風習の「本来的な形式」を「非業の死者」の祟りを鎮めるための神格化とし、死者の生前の事績を讃えつつ行なわれる神格化はその派生形であるとする理解である。この学説は、柳田國男の人神研究をベースとしている。柳田は「顕彰神」の創建ラッシュとでも名づくべき同時代の状況を相対化する戦略のもとで「祟り神」的人神を強調したものと推測するが、そこに単線的変遷論ないし拡張説を構想した点に問題があった〔柳田 一九六二b：四七四〕。死者の護国の神（「国家」の神）化を近代的なる現象として捉える点において柳田説は首肯できるものの、「人格の崇敬を主」とする人神祭祀が拡張の結果出現したものであったか否かは検討を要する。この場合、人格とは人物の表象そのものといって良いだろう。

歴史上、怨霊の神格化に先だって（あるいは同時代に）、世俗的功績を讃える祭祀（道君首名）が存在するのであるし〔黒板 一九八六：七四〕、怨霊の鎮静化に向けて生前の世俗的功績を讃えることがあったことにも注意が必要である。あるいは、宮田登が権威跪拝型の人神（あるいは権力信仰）に説き及ぶ中で引用していた文化八年（一八一一）の司馬江漢の記述は、権力的存在が神仏のように眼差され、権力者を拝することになんらかの利益を期待する心性があったことを物語る。以下に引用しておく〔司馬 一九二六：三九二〕。

百姓と云ふ物は、誠に愚直なる者にて、其國の領主をば、人間には非ず、神なりと思ひ居る事にて、一度拝すれば、一生涯あんおんにしてわざはひなし。故にや老婆老夫皆出でて、数珠を以て拝む事なり。闇君は死なざるわれを佛にするとて、嫌ふ者もあり。

筆者は、祟り神、現世利益の神、顕彰神というそれぞれの神格は、系統的前後関係としてではなく、想起の文脈の相違と理解すべきものと考える。すなわち、祟り神、現世利益の神、顕彰神のそれぞれは、時代の社会・文化状況によって優勢化する場合はあるものの、本来的には並存可能であり、顕彰神も祟り神と同等程度の歴史性を想定することが可能であると考えている。日本における「人を神に祀る風習」の歴史は、きわめて複雑な経過の中で今日に至っているのであり、民俗学が基礎としてきた「祟り神起源説」やこれと同様の発想形式が導く単線的かつ段階的拡張説は、自明の前提ではなく、一つの学説として相対化されるべきであろう。

そして、民俗学の「祟り神起源説」偏重の背景に、「民俗」や「民俗宗教」という枠組への排他的性格づけがあることは、あらためて指摘する必要がある。そこに、民俗の「混交性の不可視化」と「至高化」のニュアンスがあることを鑑み、仮にこれを「民俗の純粋化」志向と名づけておく。これは「民俗」として把捉される一群の習慣・習俗とは峻別「すべき」とされる文化事象を、ネガティブに記述する傾向でもある。その学史における端的な事例は柳田の仏教嫌いである。柳田は固有信仰なるものの解明を求める中で仏教の影響を視野から除外してきたのであり、当然、その「人神」理解も、仏教や外来思想の影響を排除しつつ立ちあげられているものと考えねばならない。そして、柳田以後の「人神」研究でも外来思想の影響をふまえた学説の再検討はあまり行なわれなかったと筆者はみている。もちろん、入定行者の類を人神として理解したり、あるいは空海や日蓮等の高僧・名僧の表象や祭祀が取りざたされてきた点は、柳田以後の議論の展開として評価されねばならない。しかし、仏教を視野においた時に重視されねばならないのは、やはり怨霊の神格化と同等程度に古くから、転生や化生等の仏教的論理による偉人の神秘化が行なわれてきたという事実である。この点は、第一部第一章でも取り上げた通りである。同様のことは儒教に対しても言える。日本における偉人表象ないし宗教的表現は、複数文化の受容ないし模倣の上にあるといえる。

「民俗の純粋化」志向は、所謂ハイカルチャーや政治的なるものと切断されたものとして、人々の文化（民俗）や生活を描く。文化の混交性を自明化しているはずの今日の民俗学においても、この志向性が研究者の視線を拘束する局面がある。とりわけ、これが民俗学的人間モデルに偏りを発生せしめていることは重く受け止められねばならない。例えば、戦死者祭祀をめぐって、国家の論理の暴力性を指摘するあまり、それとは根本的に異質で、かつそれによって抑圧されてきたものとして、「民俗」やそれを保持する人々を捉える視点である。顕彰神が民俗学の主要論及対象から除外される傾向もこの点に関わってくる。しかし、時代の支配的な価値観とは無関係に、まったく迎合的態度をとらずに生活することが、どれだけの人々に可能であったのか、あるいは、現在どれだけの人にそれが可能であるのかは推し量りがたい。柳田國男が指摘した日本人の事大主義とは、状況に応じて意識的・無意識的に態度を変えながら柔軟に（ルース・ベネディクトの表現でいえば「あれか、しからずんばこれ」の論理で）生活を存続していく人々のあり方と、その問題性ではなかったか〔ベネディクト 一九六七：三五三〕。また、「ハイカルチャーや政治とは無関係の生活（あるいは人間）像」は、人々の生活実態であるよりは、民俗学的視点の偏向や方法論が図らずも結んでしまったイメージである可能性が高い。このような視点が、顕彰神を民俗宗教の派生形として矮小化せしめたように思われる。

本書では「人を神に祀る風習」を「記憶される死者」（したがって想起されつづける死者）の表象の問題と捉えた。この視点からは、「当該個人に見出されるなんらかの突出性ないし異常性がその記憶化ないし想起の反復を促す」というきわめて単純な事実を命題として提起することになる。平易に言えば、やや同語反復的にはなるが、「忘れられないような人が覚えられている」のである。本書では、死の異常さはもちろん、生前の非凡な事績や人間性もまた、死者を記憶にとどめておくことの根拠として、決して新しいものではなく、また人々の日常的思考と隔絶したものではない可能性を指摘した。

（二）人神の近・現代

本書では記憶論をふまえた視点によって、暴力的で非民俗的なものとして矮小化されつつ理解される傾向にある「近代」の事象、そして、同様に民俗学的議論においてはいまだ応用的な接近対象であるかのように位置づけられることの多い「現代」的なる状況を、積極的な記述対象とした。では、そのように把握されるところの人神の「近代」そして「現代」は、どのように記述することができるのか。換言するならば、近代および現代は人の偉人化・神格化の上にどのような影響を及ぼしているといえるのだろうか。

すでに述べたように、顕彰神の成立が近代的現象なのではなく、顕彰神を国家経営の資源として活用する様態に近代性があったという理解に本書では立った。例えば、正成の事績・人格への称賛や憧憬を介した神格化はすでに近世には行なわれていた。近代の日本は、これを勤皇・報国の範とし、武士的道徳を国民一般に求める文脈で利用したといえる。あるいは、ローカルな事例としては、日本を構成する山梨県という想像の共同体の構成員を、血や魂を介したつながりを想定することで精神的・身体的次元で規定するかのように位置づけられた武田信玄は、明確に社会統合の資源として活用された例と言わねばならない。国家ないしその構成要素としての郷土というフレーミングが介在し、成員に均質ななにかを求める際の資源として利用された点に、「近代における人神」の特徴があったといえる。そして、この点は近代の文化政策一般との兼ね合いのもとで理解されねばならない。近代日本が、例えば民力涵養運動を介して在来の文化事象を改変しつつ国民統合に利用し（すなわち文化の画一化に働きかけ）てきたことは、岩本通弥の明らかにするところであるが〔岩本二〇〇八〕、多様な先祖観が「敬神崇祖」の名のもとで一元化されつつ国民道徳化されたとはいえ、先祖という観念やこれをめぐる文化がそれまで存在していなかったわけではない。同様に「すぐれたる人」をめぐる観念やその祭祀もまた、相応の歴史性を背景にもちつつも、近代において国民化に動員されたものと見る余地がある。それは中村のいう祟り神の換骨奪胎などではなく、個人崇拝の換骨奪胎であったと言える。

近代という時代は、その一元的なナショナルヒストリーの問題性が強調される傾向にある。たしかに、歴史や人神をめぐる近代国家の働きかけは、近代的学問としての歴史学とともに、史実や史蹟の固定化に作用していく。しかし、歴史の主観性の次元で言えば、そのような一元化への促しは、均質な歴史観を人々に結ばしめ得なかったとみたほうがよい。信玄や忠相の例に明らかであるように、国家や学問が人々に想起するよう求めた偉人像と、実際に人々が好んで想起した偉人像との間には食い違いがあった。さらに言えば、未完の一元化状況は、階層を生み、競合的状況を生みだすに至った。このような一元化の不完全性の背景には、アイデンティティと関わる歴史想起がおびる主観性の問題が関わってくるが、その一方で、「マスメディアの時代」としての近代の性格が、一つの要因として浮上してくる。「近代」は近世以来のオーラルな物語が、マス的媒体において複製再生産され、広域に享受されるようになった時代でもあった。そのような娯楽的な歴史物語の中で、登場人物はフィクショナルな逸話によってヒーロー化の過程を進んでいった。すなわち、皇国・軍国の英雄は、それ以前の大衆的物語における英雄像とだぶりながら発信され、受容されていたのである。大衆的な英雄であったからこそ、皇国・軍国の英雄としての造形に効果が期待されたといえようが、そのような英雄像はどこまでも国家の論理からずらされながら受け入れられた可能性がある。ただし、そのように述べたとはいえ、本書は近代の娯楽物語を無害化・純粋化するわけではない。受容者を単純に「影響を受ける存在」と見なす古典的立場に立つとすれば、近代の歴史物語には、相応に近代的思想への促しが読み取れるのであり、国家の方針と合致する人物形象を、マスメディアが量産していったことも忘れてはならない。

現代の世相には、近代からの連続において理解すべきものがある。第一に、マスメディアのさらなる普及・発展である。小説、映画等を賑わせていた歴史上の人物たちの物語は、テレビの普及によってお茶の間でも楽しまれるようになった。ただし、大岡越前や忠臣蔵が若年層の支持を得難いように、取り上げられる人物の傾向や物語の質は大きく推移している。本書では考察の範疇に含めなかったが、新撰組のヒーロー化が今日の娯楽的な歴史享受に与えた影響は大きく〔金野 二〇一四〕、戦国武将を中心として、武将の「イケメン」化は様々な時代の人物に及んでいる。人物表象の外見への関心は、すでに舞台芸術から映画・テレビへの展開の中で、俳優ないしその演技への審美的意識として存在したものと思われるが、今日は漫画・アニメ・ゲームといった二次元的な視覚メディアにおける理想化がサブカル領域で存在感を発している〔佐藤二〇一四〕。

国史と郷土史、愛国心と郷土愛を結ぶ回路とも関わって、自地域を前提として偉人を特別視する「郷土の偉人」という枠組は、このようなメディア状況をふまえ、地域統合の社会資源という性格よりも、自治体の経済資源としての性格を前景化させる傾向にある。史蹟めぐりにもまた歴史があるとはいえ、想起の空間の観光化は、戦後社会にひときわ顕著な現象といってよいだろう。観光客を意識した祭「的」なる時空間において主題化される人物の表象は、当該空間が要請する「らしさ」の感覚のもとで、時に擬似神格化的様相を呈することもある。今日の世相においても、人・神の間隔の近しさという論点は有効といえるであろう。

一方、戦前的な価値観で彩られた経緯のある偉人や人神は、今日、その戦前的色彩の払拭が試みられている。とりわけ、歴史の教育資源としての活用が意識される場においては、この点は重要な問題とされている。また、平和を希求すべしという社会の大前提のもとでは偉人の軍事的功績は必ずしも強調されない。人神祭祀神社では、むしろその文化的功績をたたえようとする姿勢が示されるが、マスメディアで生産される戦いの物語に基づくイメージは根強い。大河ドラマを会社人生と重ねながら視聴するサラリーマン層の中には「サムライ」や「戦」のメタファーで自己を描くことを好む向きもある。記憶化の主体と想起の主体の意識のズレは今日なお発生しているといえる。

また、現代の世相を、近代以降の人の移動の活発化、就労傾向の変化に起因する地域社会の変質過程と捉えるならば、その影響は自己を差異化する資源として歴史を所有する人々のあり方にも影響を投げかけている。歴史上の人物やその家臣の末裔であるということが社会関係の中で相応の意味を担う場からは切断された人々が、その自己認識を満たす場として組織を形成している例を本書では取り上げた。これらの人々は、マスメディアや歴史学が構成する物語とは異なる歴史観を保有する場合もある。これらの同時代の人々の個人的な歴史認識やその複数性に目を向けることからは、「歴史」への慣習的態度という問題が導かれることになる。

(三)死者想起の様態の解明

本書は人間の記憶過程の中でも「記憶化」と「想起」をキーワードとした。池澤優は死者イメージの基本的性格を、①複数性、②共同体性・社会性、③記憶の構築性と未来志向性に整理している〔池澤 二〇一〇:一三〕。これに依拠するかたちで、本書の成果を確認しよう。

池澤のいう①死者イメージの複数性とは、すなわち、想起の複数性を意味する。「想起」という行為への着目はその「主体」への関心を導く。そこに見出せる認識主体間の相違が、「想起」の複数性の認識に帰着するのは当然ではある。本書は、そのような複数性の様態とその背景を記述的に解き明かすことを試みたが、この点は、人神の単線的変遷説への批判としても民俗学にフィードバックできることは先述の通りである。このような複数性は想起主体の個性と歴史的・社会的な規制力に起因するところが大きい。武田信玄が崇敬される一方でその墓が祟りの土地として認識されること、楠木正成や結城宗広の墓が勤皇の偉人の史蹟として整備される一方でそこが歯痛の神として信仰されることとは、主体の立場性の相違と、墓や塚に対する慣習的態度の問題が関わっている。あるいは、現代社会における歴史上の人物ないしその家臣の末裔の行動にも、同様の論点を見出すことができる。

池澤のいう②共同体性・社会性は、記憶の担い手になることが集団形成的であることを想定している。一方で、共同体性・社会性という観点は、個人の想起への社会・文化による規制力としても理解すべきものである〔記憶への規制について、池澤は「政治」との関連から理解している〔池澤二〇一〇：一八〕〕。すなわち、想起の集団性をもたらす一方、想起の複数性の原因ともなる。諸個人の想起は個人の主観的現象である一方で、その他の個人による想起や各個人間で共有されている〔と認識される〕形式や内容と緊張関係にある点において、そして、それが客観的なものではあり得ない点において、「間主観的」である。想起の複数性、歴史認識の複数性は、主体の数だけ想定できる無限の多様性にはひらかれていないのである。この点には、想起は言説その他によって表現され、表出したものとしてしか研究者に観測され得ないことも関わっている。この複数の主観的認識の間に見出せる共通性を、歴史的な、あるいは同時代の社会条件からの拘束性の複合の結果と捉えるならば、集合的記憶〔文化的記憶・社会的記憶〕とは、社会や政治からの働きかけのみならず、人々の慣習化された意識や感覚に型押しされた過去のビジョンであり、優れて民俗学的な対象領域であるといえる。この点は、歴史をめぐる近代国家の思想的・政策的問題性の所在と、日本文化的傾向性の問題とを弁別していくことで、大多数の人々の歴史認識がどのような経過において形成され、現在的様態を結んでいるのか、あるいは私たちの「歴史」体験の文化的諸様式がどのような歴史的経過の中にあるのかを問う、民俗学的「歴史認識」論、あるいは「歴史認識」の民俗学という領域を構想することに接続していくだろう。

池澤のいう③構築性と未来志向性は、「歴史」上の「偉人」の「表象」、すなわち、物語を通して規範化されつつ構成される人間表象を対象とした点で、本書の議論の前提そのものだったといえる。この点は、西村明の議論する「記憶のパフォーマティビティ」〔西村二〇一〇〕、あるいは、その「フルイ」的側面〔西村二〇〇六〕と重なるものと言うこともできる。西村の議論は「非業の死」の取り扱いをめぐるものであるが、これをふまえるかぎり、本書の解き明かしてきた価値付与的な想起は、死者論一般の問題として議論すべき余地があることは明らかであろう。

以上の成果を整理する。死者の偉人化は歴史的現象であり、その神格化との複合にも祟り神的人神と同等程度の歴史性を想定すべきである。その際、仏教的・儒教的人物表象の様態を注視すれば、既存の「祟り神起源説」的理解は、学説の説得性を薄めることになるであろう。近・現代は偉人化と神格化の複合型である顕彰神を量産したが、それは「祟り神的人神」を改変しつつ生み出された新しい文化現象であるというよりは、あらかじめ存在した偉人崇拝の政策的活用であったと考える。そのような認識にたって現象を検討する時、人神の近代性は「国家」による資源活用という枠組において理解すべきものであるといえるが、そこで行なわれる一元化は、歴史をめぐる競合状況や複数性を顕在化せしめるものでもあった。現代の人神の状況は、近代の人神の状況を基本的なフレームとして踏襲しつつ、質的にも連続する面が大きいが、相違も見出せる。それは戦前的なるものへの反省的意識と、経済・観光資源としての隆盛といえるだろう。

そして、本書が記述的に解き明かしたのは、想起主体の複数性と、個々の想起の間主観性である。きわめて個人的であるはずの想起は、歴史的・社会的な拘束性のもとにある。とりわけ、想起にうかがわれる同時代的条件からの規定、慣習化の力学によって過去からもたらされている傾向性の所在を明らかにしていくことで、民俗学が「歴史認識」を問題化する際の基本的スタンスのあり様を示し得たように考える。

以上の成果をより高めていくために、次節では本書が残した課題を確認しておく。

三節　今後の課題――民俗学的歴史認識論に向けて

(一)人物表象における「偉人化」への歴史的・比較文化論的アプローチ

まず、死者の偉人化をめぐる文化史的研究の必要を指摘しておきたい。この点は偉人化の歴史性の程度を推し量るためにも必要な作業である。様々な時代の、様々な死者の表象形式の中に、生前の業績を讃える表現と宗教的高次化は、どのようにうかがえるのだろうか。例えば、いわゆる怨霊への対処に際しても、死者の世俗的次元での高次化が行なわれることがあった。山田雄司によれば、史料上、日本ではじめての怨霊である長屋王(六八四?~七二九)の場合、その祟り(と見なされる現象の)発生後、時の聖武天皇が不徳を認め、諸社への奉幣、護国経転読、長屋王の子女の位階昇叙を行ない、また光明皇后は燃燈供養、「五月一日経」書写を発願したという(山田 二〇一〇:一一)。神格化による怨霊の鎮静化がはかられなかったかわりに、長屋王の汚名払拭の措置と仏教的対処が行なわれている。

また、対象が死者であるか生者であるかを問わず、顕彰、あるいはより広義の「人を褒め讃えること」「誇りとすること」の文化史的研究も行なわれる必要がある。例えば、桜井徳太郎の貴族崇拝論(桜井 一九六九)は、いわゆる「観念としての先祖」の問題として議論が展開されていくが(伊藤 一九九一:三七五)、本書で試みたように、人々の自己認識および歴史認識の問題として捉え返す余地がある。その作業は大多数の人々の生活と為政者や権力との調和的関係(あるいは相互に迎合的な態度)を記述していくことにもつながるだろう。これは、権威や権力に「抵抗する民衆」という人間モデルが忌避する問題群であるが、それすらも思想化された観点が結ぶ人間の一モデルに過ぎないならば、日本人がいかにすぐれた者を敬い尊び、それに迎合し、屈服し、時に利用しながらも幸せを希求してきたのか、どのように権威跪拝的で、どのように事大主義的であったかという点を考えることによって〔室井 二〇一〇・二〇一二〕、多視点的な人間理解を実現していく必要があるように思われる。具体的には、特定の人物について、そのパーソナリティの突出性がどのように表象されていくのかをおさえていく作業が要請される。現代における芸術家や著名人、成功者の逸話が神話化されていくプロセスの究明は、本書の延長線上で取り組み得る身近な素材である。天皇・皇族の記念植樹や文学者が愛した温泉、芸能人やスポーツ選手のサイン色紙を飲食店内に掲げる慣習等、今様の著名人が当該地に残した痕跡を特別視する文化や、有名性への跪拝的意識も視野におかれる必要があるだろう。あるいは、記念碑・頌徳碑、銅像や記念館の類が各地に創建されていくプロセスをつぶさに押さえることも、ここでの課題の一翼を担う。

加えて、偉人表象の多文化間での比較が重視される必要がある。とりわけ、日本における事例の歴史性を捉える上でも、いわゆる廟の位置づけを含め、仏教的死者表象や儒教的偉人表象を人神研究に接続させる作業が深められていくべきであろう（儒教のそれについては池澤優が基本的な問題の射程を明らかにしている〔池澤 二〇一〇〕）。また、同時代の国際社会の状況、例えば、中国社会における毛沢東の神格化状況や〔韓 二〇〇五〕、韓国の大統領に出生の神秘化が語られるといった現象を視野におくかぎり〔室井 二〇一二〕、顕彰神の成立は多分に東アジア的ひろがりの中で捉え返すべき余地がある。さらに言えば、キリスト教圏・イスラム教圏における死者の聖化、西欧圏における社会的功労者の位置づけという問題にも目配りを行なう必要がある。その意味で、多様な宗教間・文化間に共通する課題を投げかけるものとも言えるが、日本の現象をその中でどのように把握できるのかという問題は、国際的に今なお問題化する靖国神社等の位置づけを考える上でも重視されねばならない。「死者を鞭打たない文化」という言説や敗者への感情的寄り添い（「判官贔屓」）のような、日本人の死者想起をめぐって指摘される傾向の歴史的実態を明らかにすることも、この課題の範疇に属すことになる。

（二）身近で平凡な死者の想起

「死者表象」や「想起」を重要タームとする本書が、そこに「歴史」や「偉人化」「偉人崇拝」という論点を盛り込んだために不可避的に帯びてしまった偏向として、「身近で平凡な死者を想起すること」に議論を及ぼし得なかったことを挙げねばならないであろう。

民俗学は、「身近で平凡な死者を想起すること」を、これまで十全に対象化せずにきたといっても過言ではない。例えば、「非業の死者」でもなければ、現世利益の神でも顕彰神でもない死者表象は、おもに「先祖」という主題のもとで取り扱われてきた。「先祖」は、なんらかの集団のメンバーシップを前提とする概念であるが、とりわけ、「家」ないし親族集団との関連が重視され、様々な先祖類型の設定による現象理解が行なわれてきた（有賀 一九五九、伊藤 一九八二、鳥越 一九八五）。その多くは「没個性化」した祖霊と、家の初代であるという特性やなんらかの権威性によって記憶化されている先祖への関心が濃厚であった。これらは集団を前提とする文化的記憶の問題として理論化する可能性を秘めた豊かな沃野である。ただし、それらが「家」や「親族」との連関で「信仰」や「先祖」観を記述しようとするものである以上、「身近で平凡な死者」はどこまでも「先祖」化の過程にある「いつかは没個性化されてしまう個性」（いつかは忘却されてしまう記憶）としてしか把握されない。しかし、民俗学者がフィールドでしばしば出会うのは、亡き夫や妻、父母、友人や兄弟姉妹がどのように尊敬すべき人物であり、社会にどれほど貢献したのか、どのような信念のもとに人間関係を築いていたのか、どのように良き（あるいは愛すべき）父であり、母であったのか、語り手はそのような死者にどのような想いを抱いているのか、というナラティブではなかったか。生前、親しくその名を呼びかわした死者を人はどのように想い、語るのか。R・P・ドーアは「近親ボトケ」なる概念を設定し、以下のように死者に向き合う人間の姿を記述している〔ドーア 一九六二：二六〇〜二六一〕。

ある男は幼い時分に仏壇の前で拝んだ思い出を説明しながら、自分を可愛がってくれた姉が死んでからは、「いつも、姉がいなくて淋しくてたまらないときには、その位牌を拝んだものでした。そうすると姉の顔が目に浮かんでくるんです」といっていた

「近親ボトケ」という概念に今日的意義があるとはいえないが、今後行なわれるべきことは、この男性が姉をめぐって語るエピソードやその語られるパーソナリティ（表象化）、それらの自身にとっての意味、位牌以外の思い出の痕跡（遺品や思い出の品）とその取り扱いへのアプローチである。死者を想起すべく設定された空間（法事、おもう会、そして死者についての聞書きの場）では、死者は様々な表象の形式にそって構成される。ふとしたときに遺影を見上げながら、家庭内や親しい人間関係のもとで交わされる会話の中では、「死別の克服」と言えば大げさすぎるような、しかし故人への愛情に満ちた想起が行なわれている。そのような故人との思い出のとどめ方、思い出の語り方、生活の中での偲び方を捉えていく必要がある。

先述の西村明の「フルイ」という観点はここでも大きな意味をもつ〔西村 二〇〇六〕。とりわけ、その未来志向性が個々のインフォーマントの心の安穏とどのように関わるのかという問いが肝要となる。また、死別の克服、モウニングワークをめぐる社会学的研究は同様に有益な示唆を与えてくれるだろう。民俗学分野では、葬送墓制研究における一部のアプローチがここでの関心に応えるものとなる。とりわけ、遺影をめぐる山田慎也の議論は重視されるべきであるが、ここでも同様に、遺影を特定の死者の記憶化と想起の全体の中

で捉える観点が要請される〔山田 二〇〇六〕。死者を記憶化した諸事物、想起をうながす諸契機の個人による体験的次元へと議論を掘り下げていくことが、この関心に基づく議論を深めていく上での包括的課題である。

本書の議論にひきつけて言えば、死者の具体的な心情に想像をめぐらせる有様を記述することは、死者の世俗的功績を讃えたり、その怨霊化を導くような無念や怒りを想像することにも密接に関連する。人々は「死者の社会的な名誉」を気にかける。不当に貶められたり、その功績が認められていない死者に「さぞ無念であろう」と思いをめぐらせる。現状、民俗学が先述の「民俗の純粋化」志向にとらわれてしまう場合、このような死者想起の現実は取りこぼされてしまう。しかしながら、死者の功績や公人としての想起を非民俗的として退ける時、すでに亡くなった近しい人がすぐれた人であったことを、次世代に伝えたいという素朴な願いをも否定することになるのではないだろうか。

(三) 民俗学的歴史認識論に向けて

「歴史認識」への関心は、本書のような観点においてのみ解決できる問題ではなく、民俗学においてのみ議論のできる問題でもない。隣接分野との協働を意識する上では、著名人やエリートの思想や歴史認識、漠然と論じられる時代思潮のようなものに対し、ごく普通の人々が「歴史」というものとどのような関係をとり結んでいるかを緻密におさえていく作業が、民俗学の貢献すべき領域といえるだろう。例えば、日本人の戦争観を分析する吉田裕の議論は示唆的であるが〔吉田 二〇〇二〕、民俗学としては、より個人に向き合いつつ、そこに介在する文化的問題を析出せねばならない。

民俗学的な歴史認識論を構想する上では、著名人の歴史認識も、歴史教育や大河ドラマ、漫画、テレビゲームなどと同様に、歴史についての諸個人の意識を何らかの形で方向づける可能性のあるファクターの一つでしかない。加えて、過去からの拘束性や慣習的に共有される態度の問題を想定しつつ、歴史の体験の様態、歴史をめぐる印象を語る言説をおさえていくべきである。この議論において、戦前的な歴史想起と戦後的歴史想起の間に質的にどのような相違があるのかということも、改めて問われる必要がある。その際、近代の娯楽映画にナチ思想への促しを見出すようなメディア分析を蓄積しているドイツ民俗学の手法が有益といえるが〔Bechdorf 2007〕、日本の民俗学においては、未だメディア分析という方法は低調である。この点は学問全体の課題とされねばならないであろう。また、ネット上の言説空間に流れる問題ぶくみのフォークロアについても、口承文芸研究の知見の延長線上でアプローチしていく必要がある。

また、現代のグローバル社会において望ましい歴史認識のあり方を、各個人において観察される経験的事実としての歴史認識の分析をふまえて提言していくことも、重要な課題である。現代に求められる歴史認識とは、冨山一郎が指摘するように〔冨山二〇〇六〕、史実がどうであったかなどという水準の議論ではなく、自身が信じるのとは異なる歴史（あるいは、それを真実とする状況を生きる主体）と出会った際のふるまいはどのようにあるべきか、そのような他者とどのように向き合っていくべきかという議論の中で、摑み取られていくべきものといえるだろう。

国家や文化や思想に起因する相容れざる論理の交錯を、一方による一方の駆逐として解決することそのものが、不幸な国際情勢を生産し続ける。歴史認識の複数性を許容するような対話、競合的・論争的状況であってもそれが絶対に悲劇的な結末を生まないように配慮しつつ、相互に対話状況を継続していくことを目指す上では、自文化をも異文化をも相対化しつつ、無論排除もせず、相容れない論理を所有する者とは相互にその「相容れなさ」をのみ共有しながら向き合うことが必要となる。その意味で、自文化を相対化する手がかりを積み上げて来た民俗学がこの方面の議論に貢献できる要素は大きいと筆者は考えている。そして、その延長線上で、本書がその関連性を十分に認識しつつも言及しなかった戦没者祭祀研究とりわけ靖国神社をめぐる議論にも取り組む必要がある。

様々な点において問題化し、批判にさらされている靖国神社は、今後どのように在ったとしても、どこかの誰かに、そこで祀られている死者の「無念」を想像せしめてしまう可能性のある施設であるといえる。もはや素朴に戦死者を想起せしめる場としてのみ存在することはできないのである。靖国神社という場が政治化され外交カード化され、問題化され続けてきた戦後史が、すでにそれ自体、負の歴史として二度と繰り返してはいけない（しかし今なお継続されている）悲劇的な闘争の歴史であるといえよう。このような、政治化した問題に対し、祟り神思想のような文化論の知見からの相対化を促すことも重要ではあるが、民俗学的な記憶論を想定するのであれば、「負の歴史」への態度をめぐる文化の問題、あるいは、歴史の複数性を視野においた立論と提言が求められる。

そのために行なわれるべき具体的作業は、国際的な死者の偉人化・神格化（あるいは記憶化と想起の文化）の様態、「負の歴史」、あるいは国際的に問題化している歴史表象の各国での取り扱いの把握と比較である。周知のように、第二次大戦後、近隣諸国と歴史記述をめぐる対話を成功させてきたドイツの事例はとりわけ重視される必要がある〔岡 二〇一二〕。複数性の一元化や、異文化への配慮を欠いた言動は、世界的に問題化されるべき現象である。それらに介在する文化的問題を析出しつつ、戦死者への向き合い方のあるべき道筋を探っていく必要がある。

以上、本書の各章の議論を整理し、その成果を明確化した上で、今後展開し得る議論を明らかにした。

参考文献

・相川和彌　一九九八「武田家旧温会のあゆみ」『武田一族のすべて』（別冊歴史読本）新人物往来社
・会沢　安　一九八六ａ「江湖負暄」福田耕二郎（校注）『神道大系』（論説編一五・水戸学）神道大系編纂会
・会沢　安　一九八六ｂ「草偃和言」福田耕二郎（校注）『神道大系』（論説編一五・水戸学）神道大系編纂会
・青木昆陽　一九七四「甲州略記」甲斐叢書刊行会（編）『甲斐叢書』七巻　第一書房
・秋山　敬　二〇〇五「武田信玄岩窪墓所の保存をめぐって」『中近世甲斐の社会と文化』岩田書院
・赤穂義士会　一九九〇「赤穂義士会会則」『赤穂義士会報』三七号　赤穂義士会
・赤穂市教育研究所　一九六六『赤穂義士』（その一）赤穂市教育研究所
・赤穂市教育研究所　一九七一『赤穂義士』（その二）赤穂義士会・赤穂市教育研究所
・赤穂市教育研究所　一九七九『赤穂義士』（その三）赤穂市教育研究所
・赤穂市教育研究所　二〇〇五『赤穂義士』（その七）赤穂市教育研究所
・アスマン、アライダ　二〇〇七『想起の空間』（安川晴基訳）水声社
・渥美清太郎　一九六〇「楠木物」早稲田大学坪内博士記念演劇博物館（編）『演劇百科大事典』二　平凡社
・阿南　透　一九八六「『歴史を再現する』祭礼」『慶應義塾大学大学院社会学研究科紀要』二六号　慶應義塾大学大学院社会学研究科
・阿部弘蔵　一九〇二『入峡記』景徳院
・阿部安成　二〇〇八ａ「直弼・象山・忠震――競争する記念碑」（1）『彦根論叢』三七〇号　滋賀大学経済経営研究所
・阿部安成　二〇〇八ｂ「故井伊直弼を考課する。――直弼五十回忌までの歴史批評」『彦根論争』三七一号　滋賀大学経済経営研究所
・阿部安成　二〇〇八ｃ「直弼・象山・忠震――競争する記念碑」（2）『彦根論叢』三七三号　滋賀大学経済経営研究所
・阿部安成　二〇〇八ｄ「直弼・象山・忠震――競争する記念碑」（3）『彦根論叢』三七五号　滋賀大学経済経営研究所

・阿部安成・小関隆・見市雅隆・光永雅明・森村敏己（編）一九九九『記憶のかたち――コメモレイションの文化史』柏書房
・有泉貞夫 二〇〇二「宗教」（解説）『山梨県史』資料編一九・近現代六 山梨県
・有賀喜左衛門 一九五九「日本における先祖の観念――家の系譜と本末の系譜と」喜多野清一、岡田謙（編）『家――その構造分析』創文社
・粟津賢太 二〇一〇「現在における『過去』の用法――集合的記憶研究における『語り』について」関沢まゆみ（編）『戦争記憶論――忘却、変容そして継承』昭和堂
・アンダーソン、ベネディクト 二〇〇七『定本 想像の共同体――ナショナリズムの起源と流行』（白石隆・白石さや訳）書籍工房早山
・李 受美 二〇〇六「『大河ドラマ』ジャンルの登場とその社会的意味の形成過程」『情報学研究』七〇号 東京大学大学院情報学環
・飯尾厳夫先生祝賀会 一九六二『大石神社五拾年記念史』飯尾厳夫先生祝賀会
・飯尾 精 一九八二a「特集 峠の群像（一）」『義士魂』一八号 大石神社
・飯尾 精 一九八二b「特集 峠の群像（二）」『義士魂』一九号 大石神社
・飯田文弥 一九八七「大切・小切」『国史大辞典』八 吉川弘文館
・家永三郎 一九六八『太平洋戦争』岩波書店
・池澤 優 二〇一〇「はじめに――非業の死者、大量死の死者、戦争死者の記憶と政治性」池澤優、アンヌ・ブッシィ（編）『非業の死の記憶――大量の死者をめぐる表象のポリティクス』東京大学大学院人文社会系研究科
・池澤 優、アンヌ・ブッシィ（編）『非業の死の記憶――大量の死者をめぐる表象のポリティクス』東京大学大学院人文社会系研究科
・石川 博 二〇〇二「伝承の中の武田信玄」『定本・武田信玄』高志書店
・石月静恵 二〇一〇「大河ドラマと女性」『桜花学園大学人文学部研究紀要』一二 桜花学園大学人文学部
・石原復治 一九七八「甲斐尚史会草創のころ」『甲斐尚史』六 甲斐尚史会

・板垣哲夫　一九八七　「贈位」『国史大辞典』八　吉川弘文館
・伊藤公雄　一九九六　『男性学入門』　作品社
・伊藤堅吉　一九五三　『道志七里』　道志村々史編纂資料蒐集委員会
・伊藤清司　二〇〇一　『サネモリ起源考』　青土社
・伊藤幹治　一九八二　『家族国家観の人類学』　ミネルヴァ書房
・井上真里　二〇一一　「義士祭をめぐる考察――泉岳寺における赤穂義士祭を中心に」（卒業論文・成城大学文芸学部提出・未刊行）
・井之本春義　一九九九　「『七生報国』の本当の意味は?」『歴史読本』四四巻六号　新人物往来社
・入江英弥　二〇〇七　「頼朝遊覧伝説」『民俗学論叢』二二号　相模民俗学会
・岩崎　稔　二〇〇六　「虚偽の記憶と真正性――『ヴィルコミルスキー事件』『少年H』、そして『母の遺したもの』についての一試論」冨山一郎（編）『記憶が語りはじめる』　東京大学出版会
・岩崎　稔・冨山一郎・米山リサ　二〇〇六　「座談会」冨山一郎（編）『記憶が語りはじめる』　東京大学出版会
・岩田重則　二〇〇三　『戦死者霊魂のゆくえ』　吉川弘文館
・岩田重則　二〇一〇　「地域社会における『英霊』の記憶」池澤　優、アンヌ・ブッシィ（編）『非業の死の記憶――大量の死者をめぐる表象のポリティクス』　東京大学大学院人文社会系研究科
・岩本通弥　二〇〇三ａ　「方法としての記憶」岩本通弥（編）『記憶』（現代民俗誌の地平三）　朝倉書店
・岩本通弥　二〇〇三ｂ　「記憶の暴力――新潟県佐渡の戦歿者祭祀と御霊化過程」岩本通弥（編）『記憶』（現代民俗誌の地平三）　朝倉書店
・岩本通弥　二〇〇六　「都市憧憬とフォークロリズム」『都市の暮らしの民俗学』一　吉川弘文館
・岩本通弥　二〇〇八　「可視化される習俗――民力涵養運動期における『国民儀礼』の創出」『国立歴史民俗博物館研究報告』一四一集　国立歴史民俗博物館
・岩本通弥・法橋量・及川祥平（編）　二〇一一　『オーラルヒストリと〈語り〉のアーカイブ化に向けて――文化人類学・社会学・歴史学との対話』　成城大学民俗学研究所グローカル研究センター

・上野千鶴子　一九八七「選べる縁・選べない縁」栗田靖之（編）『日本人の人間関係』（現代日本文化における伝統と変容三）ドメス出版
・上野千鶴子　二〇一〇『女ぎらい――ニッポンのミソジニー』紀伊國屋書店
・及川祥平　二〇一四「佐藤論文へのコメント」『現代民俗学研究』六　現代民俗学会
・大井川町史編纂委員会　一九八四『大井川町史』上　大井川町
・大石和世　二〇〇二「義士祭の成立――『忠臣蔵』にみる共同体生成の過程」『西日本宗教雑誌』二四　西日本宗教学会
・大石神社　一九七六『義士魂』一号　大石神社
・大石神社　一九八一『義士魂』号外　大石神社
・大岡越前祭実行委員会　二〇〇五『大岡越前祭五十回記念誌』大岡越前祭実行委員会
・大島善孝　一九九一「家康伝説」『静岡県史』（資料編二五）静岡県
・大島善孝　一九九五「家康伝説と海の民・川の民」『静岡県史』（別編一）静岡県
・大野道邦　二〇〇三「文化としての赤穂事件記憶」『記憶と文化――「赤穂事件」記憶への文化社会学的アプローチ』（平成一三～一四年度　科学研究費補助金研究成果報告書）
・大野道邦　二〇一一『可能性としての文化社会学』世界思想社
・大野道邦・大木圭子　一九八二「教育・文化・福祉」神戸大学文学部社会学研究室（編）『産業化と地域社会の変化――赤穂市の三〇年』赤穂市
・大町桂月　二〇〇二「七面山より駒ヶ岳へ」『山梨県史』資料編一九（近現代六）山梨県
・大矢眞一　一九三八「福井県伝説集」『南越民俗』六号
・岡　裕人　二〇一二『忘却に抵抗するドイツ――歴史教育から「記憶の文化」へ』大月書店
・岡田米夫　一九六六「神宮・神社創建史」松山能夫（編）『明治維新　神道百年史』二　神道文化会
・岡本真生　二〇一四「近現代における楠木正成公の遺跡の変遷と現状」『第二〇回公開シンポジウム「人文科学とデータベース」発表論文集』
・奥田裕樹　二〇〇六「討論」『日本史研究』五二四　日本史研究会

・尾崎秀樹・清原康正　一九九一「時代小説／歴史小説」『大衆文化辞典』　弘文堂
・尾佐竹猛　一九二九「序」沼田頼輔『大岡越前守』　明治書院
・小沢文夫　一九七八「天保・誠忠旧家録概説」『甲斐尚史』六　甲斐尚史会
・小田　亮　二〇一一「出来事としての『先祖の話』」『民俗学研究所紀要』三五　成城大学民俗学研究所
・小野寺逸也　一九七二「〝残念さん〟考――幕末畿内の一民衆運動をめぐって」『地域史研究（尼崎市史研究紀要）』第二巻一号　尼崎市史編修室
・小幡栄亮　一九六九「会長就任にあたって」『赤穂義士会報』四号　赤穂義士会
・Olick, Jeffrey K. 2007 *THE POLITICS OF REGRET*, Routledge
・小和田哲男　二〇〇七『戦国武将　このすごい眼力に学べ』　三笠書房
・貝原益軒　一九一〇「楠公墓記」益軒會（編）『益軒全集』二　益軒全集刊行部
・花岳寺　一九九九『播州赤穂台雲山花岳寺――浅野家と義士の寺』　花岳寺
・影山正美　二〇〇三「観光食ホウトウの誕生」『山梨県史』（民俗編）　山梨県
・影山正美　二〇一一「続・有泉貞夫『柳田国男考』に寄す――理論としての『祖霊』と柳田民俗学」『甲斐』一二三号、山梨郷土研究会
・風巻絃一　一九九一『武田信玄――この強さはどうして生まれるか』　三笠書房
・片山伯仙（編）　一九六七『仙珪和尚日誌抄』　花岳寺
・片山伯仙　一九七四「故なき誹謗」『赤穂義士会報』九号　赤穂義士会
・片山伯仙　一九七五「地方だより」『赤穂義士会報』一〇号　赤穂義士会
・片山伯仙　一九七六「大石内蔵助良雄」『赤穂義士会報』一一号　赤穂義士会
・片山伯仙　一九七七「赤穂義士会のおいたち」『赤穂義士会会報』一二号　赤穂義士会
・門田岳久　二〇一三『巡礼ツーリズムの民族誌』　森話社
・加美　宏　一九八五『太平記享受史論考』　桜楓社
・亀岡豊二　一九四〇「義士祭に際して」『義士精神』八八　中央義士会
・亀田純一郎　一九七四「太平記読について」日本文学研究資料刊行会（編）『戦記文学』（日本文学研究資料

叢書）有精堂出版株式会社
・川島禾舟　一九三五「楠公墓碑建設と千巌和尚」『傳記』二巻五号　南光社
・川嶋禾舟　一九四三『随筆　仰ぐ楠公』書物展望社
・川手秀一　一九四三『甲州士魂』謙光社
・神沢杜口　一九七八「翁草」日本随筆大成編輯部（編）『日本随筆大成』第三期一九巻　吉川弘文館
・北巨摩郡先覚顕彰会　一九四三『北巨摩郡先覚者三十六氏略傳』北巨摩郡先覚顕彰会
・北村　敏　一九九二「日蓮・日親伝説と民俗信仰」（宮田登・坂本要編）『俗信と仏教』（仏教民俗学大系七）名著出版
・木山正親　一九七一「新しい義士像と子どもの義士観」『赤穂義士会報』六号　赤穂義士会
・木山正親　一九七〇「赤穂義士の指導をめぐって」『赤穂義士会報』五号　赤穂義士会
・草薙聡志　一九八六『信玄公繁昌記』甲斐新書刊行会
・楠　孝雄　一九八〇『南朝悲史　楠氏と石州益田』
・久保田　収　一九六四「真木和泉守の史観と楠公」『神道学』一二巻二・三・四号　神道史学会
・蔵中　進　一九七三「聖徳太子慧思託生説について」『日本歴史』三〇四　吉川弘文館
・栗原信充　一九七四「先進繡像　玉石雑誌」『日本随筆大成』（第二期九巻）吉川弘文館
・黒板勝美（編）一九八六『續日本紀』（前編）（国史大系・普及版）吉川弘文館
・黒川春村　一九三二「並山日記」『甲斐志料集成』一　甲斐志料刊行会
・黒田俊雄　一九九五「楠木正成」『変革期の思想と文化』（黒田俊雄著作集七）法藏館
・神坂次郎　一九七四「開城とその余波」尾崎秀樹（編）『考証　赤穂浪士』秋田書店
・幸前　伸　一九八四『開拓の神々・開拓神社御祭神』北海道神宮社務所
・上月爲蔭（編）一九二一『湊川神社誌　全』湊川神社社務所
・甲府市教育会（編）一九三八『甲府郷土読本』上　甲府市教育会
・甲府市教育会（編）一九三九『甲府郷土読本』下　甲府市教育会
・甲府商業会議所　一九一一『甲府案内』甲府市況社

・神戸市役所　一九一一『神戸実業案内』神戸市役所
・神戸市役所　一九三七『再版　神戸市史』（別録一）神戸市役所
・神戸市役所　一九七一『神戸市史』（資料一）名著出版
・國學院大學研究開発推進センター（編）二〇〇八『慰霊と顕彰の間――近現代日本の戦死者観をめぐって』錦正社
・國學院大學研究開発推進センター（編）二〇一〇『霊魂・慰霊・顕彰――死者への記憶装置』錦正社
・國學院大學研究開発推進センター（編）二〇一三『招魂と慰霊の系譜――「靖國」の思想を問う』錦正社
・小沢　浩　一九八七「民衆宗教の深層」『生活感覚と社会』（日本の社会史・八）岩波書店
・小沢　浩　一九八八『生き神の思想史――日本の近代化と民衆宗教』岩波書店
・小島瓔禮　一九五九「桶屋勲功記」『民俗』三七　相模民俗学会
・小関　隆　一九九九「コメモレイションの文化史のために」阿部安成・小関隆・見市雅隆・光永雅明・森村敏己（編）『記憶のかたち――コメモレイションの文化史』柏書房
・児玉幸多　一九五八『佐倉惣五郎』（人物叢書）吉川弘文館
・小林健三、照沼好文　一九六九『招魂社成立史の研究』錦正社
・小松和彦　二〇〇〇「たましい」という名の記憶装置」『記憶する民俗社会』人文書院
・小松和彦　二〇〇一『神になった人びと』淡交社
・小松和彦　二〇〇二『神なき時代の民俗学』せりか書房
・小松和彦　二〇〇八『神になった日本人』日本放送出版協会
・小山松吉　一九四二『武田信玄の政治と勤皇』大進社
・五来　重　一九八六「怨霊と鎮魂」丸山照雄（編）『命と鎮魂』（現代人の宗教・六）お茶の水書房
・近藤安太郎　一九七五「あとがき」田尻佐（編）『増補版贈位諸賢伝』下　近藤出版社
・金野啓史　二〇一四「新撰組の慰霊・顕彰――〝朝敵〟から英雄へ」松崎憲三（編）『人神信仰の歴史民俗学的研究』岩田書院
・雑賀貞次郎　一九三一「髪結職の浮浪性と由緒書」『民俗学』三巻三号　民俗学会

・桜井徳太郎　一九六九『宗教と民俗学』岩崎美術社
・佐々木美香　一九九一「髪結いの業祖伝承と由緒書」『民具マンスリー』二四巻七号　神奈川大学日本常民文化研究所
・佐々木杜太郎　一九七三「歴史の黒白とは何か――『実記吉良上野介』の曲筆を叱る」『赤穂義士会報』八号
・笹本正治　一九九六a『長野県の武田信玄伝説』岩田書院
・笹本正治　一九九六b『山梨県の武田氏伝説』山梨日日新聞出版局
・佐藤喜久一郎　二〇一四「歴女の聖地巡礼――歴女ブームにおける比喩の氾濫」『現代民俗学研究』六　現代民俗学会
・佐藤源太郎（編）一九二七『大正山梨県誌』佐藤源太郎
・佐藤弘夫　二〇一二『ヒトガミ信仰の系譜』岩田書院
・佐藤森三　一九七〇『栗原信近の生涯』栗原信近翁胸像建設委員会
・塩原富男　一九九一『茅ケ崎の記念碑』茅ケ崎市文化資料館
・重信幸彦　二〇〇一「『美談』のゆくえ――宮古島・『久松五勇士』をめぐる『話』の民俗誌」『民族学研究』六五巻四号　日本民族学会
・重信幸彦　二〇〇五「近代の『美談』と『伝説』という問い」『国文学　解釈と鑑賞』七〇巻一〇号　至文堂
・静岡県立女子師範学校郷土史研究会　一九三四『静岡県伝説昔話集』長倉書店
・司馬江漢　一九二六「春波楼筆記」（武笠三・校訂）『名家随筆集』下　有朋堂書店
・柴田實（編）一九八四『御霊信仰』（民衆宗教史叢書五）雄山閣出版
・島田貞一　一九六七「楠流兵法」石岡久夫（編）『諸流兵法』上（日本兵法全集六）人物往来社
・島津公爵家編輯所（編）一九一〇『島津久光公実記』巻四　島津公爵家編輯所
・清水博夫　一九一六「武田信虎退隠説」『峡中日報』九七〇五号（大正五年一月一日号）峡中日報社
・シュッツ、アルフレッド　一九八〇『現象学的社会学の応用』（中野卓監修・桜井厚訳）お茶の水書房
・シュッツ、アルフレッド　一九九六『生活世界の構成――レリヴァンスの現象学』（ゼイナー、リチャード・M編、須藤壽・浜日出男・今井千恵・入江正勝訳）マルジュ社

春秋居士　一九一三『大岡越前公略伝』三井駒治
松竹株式会社　一九六四『松竹七十年史』松竹
白川千尋　二〇〇五『南太平洋における土地・観光・文化――伝統文化は誰のものか』明石書店
新城市郷土研究会　一九七五『長篠戦後四百年史』新城市教育委員会
新谷尚紀　一九九二「人を神に祀る風習」『日本人の葬儀』紀伊国屋書店
新谷尚紀　二〇〇五『柳田民俗学の継承と発展――その視点と方法』吉川弘文館
新谷尚紀　二〇〇九a「慰霊と軍神」『お葬式』吉川弘文館
新谷尚紀　二〇〇九b「軍神の誕生」『お葬式』吉川弘文館
新谷尚紀　二〇一〇「資源化される歴史」小島道裕（編）『武士と騎士――日欧比較中近世史の研究』同朋舎
人物往来社　一九六一a「お知らせ」『歴史読本』五月号　人物往来社
人物往来社　一九六一b「お知らせ」『歴史読本』六月号　人物往来社
末木文美士・岡本貴久子　二〇一二「近代日本の自然観――記念樹をめぐる思想とその背景」秋道智彌（編）『日本の環境思想の基層――人文知からの問い』岩波書店
杉田玄白先生贈位祝賀会（編）一九〇八『杉田玄白先生贈位祝賀會紀事』杉田玄白先生贈位祝賀会
杉本八代　一九四〇「再び富士谷を訪うて　楠木神社考」館林郷土史談会（編）『館林郷土叢書』第五輯　館林図書館
鈴木岩弓　二〇一二「いま、震災被災地で民俗学者ができること」『日本民俗学』二七〇号　日本民俗学会
鈴木健司　二〇〇九「歴史ブームは『女性』がつくる」『調査情報』四九〇　ＴＢＳテレビ
関沢まゆみ（編）二〇一〇『戦争記憶論――忘却。変容そして継承』昭和堂
青葱堂冬圃　一九六九「真佐喜のかづら」『未刊随筆百種』（複製版）臨川書店
高木博志　二〇〇五「『郷土愛』と『愛国心』をつなぐもの――近代における『旧藩』の顕彰」『歴史評論』六五九　歴史科学協議会
高階成章　一九五九「人霊奉祀神社の成立過程」『國學院雑誌』六〇巻八号

・高田祐介　二〇〇七　「維新の記憶と『勤王志士』の創出――田中光顕の顕彰活動を中心に」『ヒストリア』二〇四　大阪歴史学会
・高田祐介　二〇一〇　「国家と地域の歴史意識形成過程――維新殉難者顕彰をめぐって」『歴史学研究』八六五　青木書店
・高藤晴俊　二〇一二　『甲斐の東照宮信仰』　岩田書院
・高野信治　二〇〇三　「武士神格化一覧・稿」上『九州文化史研究所紀要』四七号　九州大学大学院比較社会文化研究所
・高野信治　二〇〇五ａ　「地域の中で神になる武士たち」『比較社会文化』一一　九州大学九州文化史研究所
・高野信治　二〇〇五ｂ　「武士神格化一覧・稿」下『九州文化史研究所紀要』四八号　九州大学九州文化史研究所
・高橋雅延　二〇〇〇　「記憶と自己」太田信夫・多鹿秀継（編）『記憶研究の最前線』　北大路書房
・高橋由典　二〇〇五　「戦友会をつくる人びと」高橋三郎（編）『新装版共同研究　戦友会』　インパクト出版会
・滝沢　一　一九九一　「時代劇（時代劇映画）」『大衆文化辞典』　弘文堂
・武井基晃　二〇〇三　「史縁集団の伝承論――文字記録の読解と活用を中心に」『日本民俗学』二三五号　日本民俗学会
・武井基晃　二〇一三　「系図と子孫――琉球王府士族の家譜の今日における意義」『日本民俗学』二七五号　日本民俗学会
・竹内理三（編）　一九八四　『角川日本地名大辞典』（一四　神奈川）　角川書店
・武田神社　一九八九　『武田神社誌』　武田神社
・太政官（編）　一九三〇　『復古記』第一冊　内外書籍
・田尻　佐（編）　一九七五　『増補版　贈位諸賢伝』上・下　近藤出版社
・田中勝雄　一九五七　「駿遠豆における伝説」『昔話・伝説・歴史』　静岡郷土研究会
・田中新次郎　一九五九　「桶屋が落城主援けて塩を毎年貰った話」『民俗』三八　相模民俗学会

・田中丸勝彦　二〇〇二『さまよえる英霊たち』（重信幸彦・福間裕爾・編）柏書房
・茅ケ崎郷土会　一九七三『郷土茅ケ崎』下巻　茅ケ崎市教育委員会
・辻善之助　一九三一「聖徳太子慧思禅師後身説に関する疑」『日本仏教史之研究』続編　金港堂書店
・辻　達也　一九六四『大岡越前守――名奉行の実像と虚像』中央公論社（中公新書）
・土橋里木　一九五三『甲斐伝説集』山梨民俗の会
・堤　邦彦　一九九六『近世仏教説話の研究――唱導と文芸』翰林書房
・鶴田栄太郎　一九五八『大岡越前守墓と浄見寺』あしかび舎
・照沼好文　一九八三「碑表・形像等に関する研究」『神道宗教』一一〇号　神道宗教学会
・樋田豊宏　一九九九『小出誌』
・ドーア、ロナルド・P　一九六二『都市の日本人』（青井和夫、塚本哲人訳）岩波書店
・所　猛　一九七七「三度栗」『中遠の伝承故事』中遠老人クラブ連合会・掛川市老人クラブ連合会・袋井市老人クラブ連合会
・冨山一郎　二〇〇六「記憶が語りはじめる」同（編）『記憶が語りはじめる』東京大学出版会
・鳥山　拡　一九九三『テレビドラマ・映画の世界』早稲田大学出版部
・長南伸治　二〇〇九「清河八郎の顕彰――贈位決定までの過程を中心に」『明治維新史研究』六　明治維新史学会
・中村生雄　二〇〇三「神と仏と人と」赤坂憲雄・中村生雄・原田信男・三浦佑之（編）『神々のいる風景』（いくつもの日本Ⅶ）岩波書店
・中村孝也　一九三五『贈正一位橘朝臣正成公傳』大楠公六百年大祭奉賛會
・中村幸彦　一九七六「講談」藝能史研究会（編）『日本庶民文化史料集成』八（寄席・見世物）三一書房
・中山正典　一九八九「下流域平野の伝説」『天竜川流域の暮らしと文化』下　磐田市史編さん委員会
・名越時正　一九八五「会沢正志斎の神道論策――特に『江湖負暄』を中心として」『神道研究紀要』一〇輯　加藤玄智先生記念学会
・成田龍一　二〇〇六「『証言』の時代の歴史学」冨山一郎（編）『記憶が語りはじめる』東京大学出版会

・西　道智　一六五九『太平記大全』一五巻
・西川蕃夫　一九六八「着実に進まなん」『赤穂義士会報』三号　赤穂義士会
・西村　明　二〇〇六『戦後日本と戦争死者慰霊』有志社
・西村　明　二〇一〇「記憶のパフォーマティビティ――犠牲的死がひらく未来」池澤優、アンヌ・ブッシィ（編）『非業の死の記憶――大量の死者をめぐる表象のポリティクス』東京大学大学院人文社会系研究科
・日本史籍協会（編）一九一六『伊達宗城在京日記』日本史籍協会
・沼田頼輔　一九二九『大岡越前守』明治書院
・野沢公次郎・城　一正　一九八〇『恵林寺略史』恵林寺
・野田成方　一九七四「裏見寒話」甲斐叢書刊行会（編）『甲斐叢書』六巻　第一書房
・野村純一（編）一九八二『日本伝説大系』第三巻　みずうみ書房
・ノラ、ピエール　二〇〇二『記憶の場――フランス国民意識の文化＝社会史』一・対立（谷川稔・監訳）岩波書店
・ノラ、ピエール　二〇〇三a『記憶の場――フランス国民意識の文化＝社会史』二・統合（谷川稔・監訳）岩波書店
・ノラ、ピエール　二〇〇三b『記憶の場――フランス国民意識の文化＝社会史』三・模索（谷川稔・監訳）岩波書店
・バウジンガー、ヘルマン　二〇〇一『科学技術世界の民俗文化』（河野眞・訳）愛知大学国際コミュニケーション学会
・バウマン、ジグムント　二〇〇七『アイデンティティ』（伊藤茂・訳）日本経済評論社
・羽賀祥二　一九九四『明治維新と宗教』筑摩書房
・羽賀祥二　一九九八『史蹟論――一九世紀日本の地域社会と歴史意識』名古屋大学出版会
・羽賀祥二　二〇〇五「史蹟の保存と顕彰――南朝忠臣顕彰運動をめぐって」『国文学　解釈と鑑賞』八九三号　至文堂
・長谷川端（校訂・訳）一九九四『太平記』一（新編日本古典文学全集五四）小学館

・長谷川端（校訂・訳）　一九九六『太平記』二（新編日本古典文学全集五五）　小学館
・長谷川端（校訂・訳）　一九九七『太平記』三（新編日本古典文学全集五六）　小学館
・八もんじや八左衛門（編）　一九〇八「古今いろは評林」『新群書類従』三　国書刊行会
・塙保己一・太田藤四郎　一九二七『続群書類従』八・上　続群書類従完成会
・原　武史　二〇〇一『可視化された帝国』　みすず書房
・原　知章　二〇〇〇「媒介されるアイデンティティ」『民俗文化の現在』　同成社
・韓　敏　二〇〇五「毛沢東の記憶と神格化——中国陝西省北部の『三老廟』の事例研究にもとづいて」『国立民族学博物館研究報告』二九巻四号　国立民族学博物館
・引野亨輔　二〇〇六「近世後期の地域社会における藩主信仰と民衆意識」『歴史学研究』八二〇　青木書店
・肥後恵介　一九九六「信長の野望シリーズとは？」『歴史読本』一九九六年三月号
・土方久元　一九一二『天皇及偉人を祀れる神社』　帝国書院
・兵藤裕己　二〇〇五『太平記〈よみ〉の可能性』　講談社
・広瀬広一　一九六八『武田信玄傳』　歴史図書社
・平井誠二　二〇一一「加山道之助、そして思いつくままに」『楽・遊・学』（平成二三年一二月号）　港北区区民活動支援センター
・フォン・シーボルト、フィリップ・フランツ　一九二八『シーボルト江戸参府紀行』（呉　秀三訳注）　駿南社
・福田　晃　一九八二「伝説の分類と定義」『歴史公論』通巻八〇号　一九八二
・福田アジオ　一九六八「山梨県の伝説の主人公たち」『民俗』六九号　相模民俗学会
・Bechdorf, Ute, 2007, Kulturwissenschaftliche Medienforschung, *Methoden der Volkskunde*, REIMER
・ベネディクト、ルース　一九六七『定訳　菊と刀（全）』（長谷川松治訳）　社会思想社
・藤井貞文　一九四〇「湊川神社創建の考」（上）『國史學』四一号　國史学会
・藤井貞文　二〇〇八「近世に於ける神祇思想」『国学和学研究資料集成』七　クレス出版
・藤田精一　一九三三『楠氏研究』　積善館

・藤田精一（芳仙）一九四二『楠子餘論』蛍雪書院
・藤田達生　二〇〇七『秀吉神話をくつがえす』講談社
・藤本由香里　二〇一〇「『女たちは歴史が嫌い』か？」『学術の動向』二〇一〇年五月号
・穂積陳重　一九一六『法窓夜話』有斐閣
・堀　一郎　一九五三『我が國民間信仰史の研究』創元社
・堀　一郎　一九五五『我が國民間信仰史の研究』（序編・伝承説話編）創元社
・堀　一郎　一九七一「氏神型と人神型――民間信仰の二つの型」『民間信仰史の諸問題』未来社
・堀　一郎　一九八七「民間信仰」『堀一郎著作集』五　未来社
・堀口兼三郎（編）一九二三『武田三代劇』堀口兼三郎
・Honko, Lauri 1987 Gattungsprobleme, *Enzyklopädie des Märchens*. Band 5.
・真木保臣　一九七六（原典一八五八）「経緯愚説」奈良本辰也（編）『近世政道論』（日本思想体系三八）岩波書店
・真木保臣先生顕彰会（編）一九一三『真木和泉守遺文』伯爵有馬家修史所
・町田源太郎　一九一二『武田信玄』顕光閣
・松尾剛次　二〇〇一『太平記――鎮魂と救済の史書』中央公論新社
・松尾洋一　一九九一「大河ドラマ」『大衆文化辞典』弘文堂
・松崎憲三　一九九八「理容業者の信仰と道具観――仙台市理容まつりを中心に」『西郊民俗』一六五　西郊民俗談話会
・松崎憲三　一九九九「采女亮の石塔及び石碑――理容業者の信仰と道具観」『西郊民俗』一六七　西郊民俗談話会
・松崎憲三　二〇〇六「県人会と同郷団体」『都市の暮らしの民俗学　一　都市とふるさと』吉川弘文館
・松平定能　一九七四ａ『甲斐国志』中　甲斐叢書刊行会（編）『甲斐叢書』一一巻　第一書房
・松平定能　一九七四ｂ『甲斐国志』下　甲斐叢書刊行会（編）『甲斐叢書』一二巻　第一書房
・丸山真男　一九七九「荻生徂徠の贈位問題」『近代日本の国家と思想』三省堂

・丸山泰明　二〇一〇『凍える帝国――八甲田山雪中行軍遭難事件の民俗誌』青弓社
・三浦圭一　一九八三「楠木正成」『国史大辞典』四　吉川弘文館
・三上参次　一九四一『尊皇論発達史』冨山房
御手洗清　一九六八『遠州伝説集』遠州タイムス出版社
・宮澤誠一　二〇〇一『近代日本と「忠臣蔵」幻想』青木書店
・宮田　登　一九七〇『生き神信仰』塙書房
・宮田　登　一九七四「人神の一課題――政治神の観念をめぐって」（笠原一男・編）『日本における政治と宗教』吉川弘文館
・宮田　登　一九八六「解説――『東国』からの発想」『日本伝説大系』第五巻　みずうみ書房
・宮本定正　一九三五「甲斐の手振」『甲斐志料集成』一二巻　甲斐志料刊行会
村松蘆州　一九六一「武田信玄は冷酷の武将に非ず」『歴史読本』七月号　人物往来社
・室井康成　二〇一〇「『事大主義』を超えて」『月報』三三（『柳田國男全集』二二）筑摩書房
・室井康成　二〇一一「柳田國男と『事大主義』」『国立歴史民俗博物館研究報告』一六五　国立歴史民俗博物館
・室井康成　二〇一二「希求される大統領像――韓国における〈政治神話〉の生成と民族的要因」『東洋文化』九三号　東京大学東洋文化研究所
・室月圭吾　一九八四「甲州枡」『国史大辞典』五　吉川弘文館
・望月直矢　一九三三「峡中沿革史」『甲斐志料集成』七　甲斐志料集成刊行会
・森　正人　二〇〇七「近代国民国家のイデオロギー装置と国民的偉人――楠木正成をめぐる明治期のふたつの出来事」『人文論叢――三重大学人文学部文化学科研究紀要』二四号
・森　正人　二〇〇八「一九三五年の楠木正成をめぐるいくつかの出来事――ナショナル・ローカル・資本」『人文論叢――三重大学人文学部文化学科研究紀要』二五号
・森　正人　二〇〇九「一九三〇年代に発見される楠木的なるもの」『人文論叢――三重大学人文学部文化学科研究紀要』二六号

・森岡清美　二〇〇三「明治維新期における藩祖を祀る神社の創建」『淑徳大学社会学部研究紀要』三七号
・森田康之助　一九七八『湊川神社史』（景仰編）湊川神社社務所
・森田康之助　一九八四『湊川神社史』（祭神編）湊川神社社務所
・森田康之助　一九八七『湊川神社史』（鎮座編）湊川神社社務所
・盛田嘉徳　一九七八『河原巻物』法政大学出版局
・森村敏己　一九九九「『記憶のかたち』が表象するもの」阿部安成・小関隆・見市雅隆・光永雅明・森村敏己（編）『記憶のかたち――コメモレイションの文化史』柏書房
・森村敏己　二〇〇〇「記憶とコメモレイション――その表象機能をめぐって」『歴史学研究』七四二　青木書店
・守屋正彦　二〇〇九「江戸時代における武田信玄の顕彰、そのかたち――磯貝家本『武田二十四将図』の解釈を通して」『甲斐』一一九　山梨郷土研究会
・諸根樟一　一九三三『結城宗廣大勤王論』櫻鬮書院
・八木哲浩　一九八九「四十七士をめぐる論議」『忠臣蔵』一巻　赤穂市総務部市史編さん室
・矢島妙子　二〇〇〇「祝祭の受容と展開――『YOSAKOIソーラン祭』」日本生活学会（編）『祝祭の一〇〇年』ドメス出版
・柳田國男　一九五〇『日本伝説名彙』日本放送出版協会
・柳田國男　一九六二a「先祖の話」『定本柳田國男集』一〇巻　筑摩書房
・柳田國男　一九六二b「人を神に祀る風習」『定本柳田國男集』一〇巻　筑摩書房
・柳田國男　一九六三「明治大正史世相篇」『定本柳田國男集』二四巻　筑摩書房
・矢野敬一　二〇〇五「祖先と記憶をめぐる政治と知の編成」『浮遊する「記憶」』青弓社
・矢野敬一　二〇〇六『慰霊・追悼・顕彰の近代』吉川弘文館
・矢橋三子雄　一九二九『少年武田信玄伝』大同館書店
・山　泰幸　二〇〇三「記憶を祀る――『赤穂事件』記憶を祀るモノと場所」『記憶と文化――「赤穂事件」記憶への文化社会学的アプローチ』（平成一三～一四年度　科学研究費補助金研究成果報告書）

・山　泰幸　二〇〇九『追憶する社会』新曜社
・山口宗之　一九七三『真木和泉』吉川弘文館
・山田厳子　二〇〇三「信玄伝説」『山梨県史』（民俗編）山梨県
・山田厳子　二〇〇四「口承――〈口承〉研究の展開」『日本民俗学』二三九　日本民俗学会
・山田慎也　二〇〇六「近代における遺影の成立と死者表象――岩手県宮守村長泉寺の絵額・遺影奉納を通して」『国立歴史民俗博物館研究報告』国立歴史民俗博物館
・山田虎次　一九七七「三沢の三度栗」『中遠の伝承故事』中遠老人クラブ連合会・掛川市老人クラブ連合会・袋井市老人クラブ連合会
・山田雄司　二〇一〇「怨霊と怨親平等との間」國學院大學研究開発推進センター（編）『霊魂・慰霊・顕彰』錦正社
・山中　笑　一九八五「影守雑記」『山中共古全集』二　青裳堂書店
・山梨県（編）一九四〇『明治天皇御巡幸紀』山梨県
・山梨県（編）二〇〇二『山梨県史』資料編一〇・近世三　山梨県
・山梨県（編）二〇〇四『山梨県史』資料編一三・近世六下　山梨県
・山梨県教育会西山梨郡支会（編）一九七四『西山梨郡志』（復刻版）名著出版
・山梨県神道青年会　一九八五『山梨県神社誌』山梨県神道青年会
・山梨県立図書館　一九六七『甲斐国社記・寺記』第一巻　山梨県立図書館
・山本英二　一九九〇a「甲斐国『浪人』の意識と行動」『歴史学研究』六一三　青木書店
・山本英二　一九九〇b「浪人・由緒・偽文書・名字帯刀」『関東近世史研究』二八　関東近世史研究会
・山本英二　二〇〇〇「由緒、その近世的展開――寛文印知を手がかりにして」『日本歴史』六三〇号　日本歴史学会
・山本英二　二〇〇四「武田浪人」『山梨県史』資料編一三・近世六下　山梨県
・山本英二　二〇〇八「風林火山の記憶と由緒――近世前期甲斐国雲峰寺・恵林寺の勧化を事例に――」『近世の宗教と社会』一　吉川弘文館

・吉田兼信　一九七四「甲駿道中之記」『甲斐叢書』三　第一書房
・吉田俊純　二〇〇三『水戸学と明治維新』　吉川弘文館
・吉田松陰　一九八六「幽室文稿目録」山口県教育会（編）『吉田松陰全集』三　岩波書店
・吉田　祐　二〇〇二「戦後『日本人』の歴史認識／戦争観の変遷」『〈歴史認識〉論争』　作品社
・米山リサ　二〇〇六「二つの廃墟を超えて――広島、世界貿易センター、日本軍『慰安所』をめぐる記憶のポリティクス」（小澤祥子／小田島勝浩訳）冨山一郎（編）『記憶が語りはじめる』　東京大学出版会
・レーマン、アルブレヒト　二〇〇五『森のフォークロア――ドイツ人の自然観と森林文化』（識名章喜・大渕知直訳）　法政大学出版局
・レーマン、アルブレヒト　二〇一〇「意識分析――民俗学の方法」（及川祥平訳）『日本民俗学』二六三号　日本民俗学会
・若尾謹之助　一九三五「御祭礼及び縁日」『甲斐志料集成』一二巻　甲斐志料刊行会
・若尾政希　一九九九『「太平記読み」の時代』　平凡社
・若尾政希　二〇〇五「近世における楠正成伝説」『国文学　解釈と鑑賞』八九三　至文堂
・渡邊多喜男　一九八八「思い出」『故郷を想う――大阪山梨県人会創立七十周年記念誌』　山梨日日新聞社
・渡邊盛衛　一九三一『有馬新七先生傳記及遺稿』　海外社
・渡辺世祐　一九一四「武田信虎の駿河退隠に就て」『歴史地理』二三巻二号　日本歴史地理研究会
・渡辺世祐　一九三五「吉野朝以後の楠氏」『國史學』二五號　國史学会
・渡辺世祐　一九七一『武田信玄の経綸と修養』　新人物往来社
・著者不詳　一九三三「甲斐国見聞日記」『甲斐志料集成』七　甲斐志料刊行会
・著者不詳　一九七四「甲府巡見記」『甲斐叢書』二　第一書房
・著者不詳　二〇〇四「書下春酒雪略記」『山梨県史』資料編一三・近世六下　山梨県

新聞資料

・『朝日新聞』

明治一六年（一八八三）八月二四日朝刊（通号一三五四）
明治一九年（一八八六）三月一九日朝刊（通号二一二二）
明治二〇年（一八八七）一一月一七日朝刊（通号二六二三）
昭和三九年五月一五日号

・『朝日新聞』（神奈川版）

昭和三一年四月一〇日号
昭和三二年四月一五日号

・『神奈川新聞』

平成八年四月二〇日号
平成一五年六月三日号

・『神奈川新聞』（湘南版）

昭和五八年七月二日号

・『東京朝日新聞』

明治二一年（一八八八）九月一五日朝刊（通号一一三四）
明治二四年（一八九一）五月一〇日朝刊（通号一九三三）
明治二五年（一八九二）二月一三日朝刊（通号二一五八）
明治二五年（一八九二）三月二六日朝刊（通号二一九五）
明治二五年（一八九二）六月一〇日朝刊（通号二二六〇）
明治三〇年（一八九七）四月二三日朝刊（通号三八一五）
明治三一年（一八九八）三月二二日朝刊（通号四二一一）
明治三一年（一八九八）三月二四日朝刊（通号四二一三）
明治三三年（一九〇〇）三月七日朝刊（通号四九〇七）

明治三三年（一九〇〇）一二月六日朝刊（通号五一七五）
明治三三年（一九〇〇）一二月一七日朝刊（通号五一八六）
明治三四年（一九〇一）一一月一七日朝刊（通号五五一二）
明治三四年（一九〇一）一二月一三日朝刊（通号五五三七）
明治三七年（一九〇四）四月一九日朝刊（通号六三七〇）
明治三七年（一九〇四）四月二四日朝刊（通号六三七五）
明治三七年（一九〇四）四月二五日朝刊（通号六三七六）
明治四〇年（一九〇七）一月一三日朝刊（通号七三三〇）
明治四一年（一九〇八）一月一八日朝刊（通号七六九〇）
明治四二年（一九〇九）九月二〇日朝刊（通号八二九四）
明治四四年（一九一一）三月七日朝刊（通号八八二七）
明治四四年（一九一一）一二月二日朝刊（通号九〇九七）
明治四四年（一九一一）一二月三日朝刊（通号九〇九八）
大正六年（一九一七）一一月一八日朝刊（通号一万一二六五）
大正九年（一九二〇）九月二四日朝刊（通号一万二三一二）
大正九年（一九二〇）九月十月二日朝刊（通号一二三二〇）
大正一〇年（一九二一）一一月五日朝刊（通号二万二七一九）
大正十一年（一九二二）五月五日夕刊（通号一二九〇〇）
昭和六年（一九三一）一〇月二一日夕刊（通号一万六三三五）
・『ふれあい朝日』（四月二四日・速報号外）湘南新聞販売　二〇〇五
・『毎日新聞　東京版』
平成元年（一九八九）一二月七日夕刊
・『山梨日日新聞』
大正五年（一九一六）四月一三日（通号一万二九二一）

・『横浜貿易新報』
明治四三年一一月二日号（通号三四二六）
明治四三年一一月五日号（通号三四二九）
明治四四年七月一五日号（通号三六八〇）
大正元年一一月一五日号（通号四一六八）
大正元年一一月二〇日号（通号四一七三）
大正元年一一月二三日号（通号四一七六）
大正二年三月五日号（通号四二七七）
大正二年三月九日号（通号四二八一）
大正二年三月一〇日号（通号四二八二）

・『読売新聞』
明治一三年（一八八〇）七月二八日朝刊（通号一六五七）
明治一五年（一八八二）二月三日朝刊（通号二一〇八）
明治一六年（一八八三）六月七日朝刊（通号二五一二）
明治二〇年（一八八七）二月二四日朝刊（通号三六三四）
明治二二年（一八八九）三月一二日朝刊（通号四二五三）
明治二四年（一八九一）七月四日朝刊（通号五〇五〇）
明治二四年（一八九一）七月一五日号（通号五〇六一）
明治二四年（一八九一）七月二〇日朝刊（通号五〇六六）
明治二四年（一八九一）八月一〇日朝刊（通号五〇八七）
明治二四年（一八九一）八月一五日朝刊（通号五〇九二）
明治二五年（一八九二）二月四日朝刊（通号五二三四）
明治三一年（一八九八）七月一四日朝刊（通号七五四二）
明治三四年（一九〇一）一一月九日朝刊（通号八七五五）

昭和一九年（一九四四）七月一七日朝刊（通号二万四二五六）
昭和三四年（一九五九）五月一八日朝刊（通号二九六四三）
昭和六〇年（一九八五）一月一四日朝刊

初出一覧

はじめに　神と偉人――人と神の間をさぐるために　書き下ろし

序章　研究史の整理と本書の方法　書き下ろし

【第一部　近代日本の神格化と偉人化をめぐる世相】

第一章　「顕彰神」論――楠木正成の表象史から　書き下ろし

第二章　偉人化される死者たち――近代の贈位をめぐって

　及川祥平　二〇一〇「近代の贈位と人物顕彰をめぐる基礎的考察――新聞資料の分析から」小島孝夫編『地域社会・地方文化再編の実態』、成城大学民俗学研究所グローカル研究センター

【第二部　神格化と偉人化の実態】

第一章　郷土の偉人の変容――山梨県における武田信玄祭祀の近世と近代

　及川祥平　二〇一一「武田信玄祭祀史考――近世・近代を中心に」『日本民俗学』二六八号、日本民俗学会

第二章　偉人の発見――大岡忠相墓所の史蹟化と贈位祭の検討から

　及川祥平　二〇一〇『「ゆかり」の人物にちなむ祭礼――茅ヶ崎市の大岡越前祭を事例に』、成城大学民俗学研究所グローカル研究センター　一章～二章

第三章　伝説にみる偉人の神秘化と権威――信玄・家康伝説を中心に

一節　研究史の整理と問題の所在

　及川祥平　二〇〇九「武田信玄伝説の予備的考察――『甲斐伝説集』と『山梨県の武田氏伝説』に

みる樹木伝説の分析から」『常民文化』三二号　成城大学常民文化研究会
二節　武田信玄と山梨県の樹木の伝説
　一節に同じ
三節　神と人の間――静岡県下の家康伝説　書き下ろし

【第三部　現代社会における神と偉人】
第一章　神・偉人の観光資源化と祭礼・イベント――大岡越前祭と信玄公祭り
一節　大岡祭の誕生と展開
及川祥平　二〇一〇　『「ゆかり」の人物にちなむ祭礼――茅ヶ崎市の大岡越前祭を事例に』、成城大学民俗学研究所グローカル研究センター　三章
二節　武田神社祭礼と信玄公祭り・甲州軍団出陣
及川祥平　二〇一五　「祭礼的なる場における歴史表象と偉人表象――山梨県下の祭礼・イベントにおける状況を中心に」『信濃』六七巻一号、信濃史学会
三節　形式感覚と再現志向
　二節に同じ
第二章　教育資源としての神・偉人――赤穂市における義士教育を中心に
及川祥平　二〇一四　「四十七士の祭祀・顕彰とその教育資源化――赤穂市における状況を中心に」松崎憲三編『人神信仰の歴史民俗学的研究』、岩田書院
第三章　歴史上の人物をめぐる想起と語り――マスメディアと性差という観点から
及川祥平　二〇一二　『『歴史上の人物』をめぐる想起と語り――マスメディアと性差という視角か

ら」『史潮』新七二号、歴史学会

第四章　子孫であるということ——その立場性をめぐって　　書き下ろし

終章　本研究のまとめと今後の課題——民俗学的歴史認識論に向けて　　書き下ろし

あとがき

本書にまとめた研究は、神格化される偉人、すなわち顕彰神への関心からスタートした。しかし、筆者の議論を深めてくれたのは、顕彰神という対象そのものというより、死者に対するそれぞれの心情を吐露する調査協力者（インフォーマント）の方々との世間話、日常的に筆者を支えてくれた家族や友人たちとの放談であった。主体がかわれば、想起される死者像は当然異なる。そんなあたりまえのことを実感的に気付かせてくれたのは、彼らとの歴史談義だった。その人物がいかに偉大であり、人間的に尊敬すべき点を備え、後進に多くの示唆を与えてくれるものであるか、もしくは、人物がいかに「かっこいい」か、その人物を死に追いやった「敵役」がいかに許せないかを情熱的に語る言葉が、筆者に多くのことを気づかせてくれた。誇りとともに死者を想うこと、だれかに憧れるということが、人に向き合い、寄り添うはずの民俗学の議論においてどうして中心的主題になり得ずにきたのかを、筆者は疑問に思わずにはいられなかった。本書を『偉人崇拝の民俗学』としてまとめたのは、「偉人が神に祀られること」のみならず、「偉人を想う人間の姿」に少しでも迫りたかったがためである。

また、死者の想起がいかに文脈に依存しているかを筆者に教えてくれたのは、博士課程在籍中に体験した祖父の死だった。祖父は、私たち家族の中で幸福な人生を送った死者として表象された。「満足だっただろう」「安心だろう」という言葉が葬儀の席で交わされたのを覚えている。筆者もそうであったろうと思っている。あるいは、そうであってほしいというべきかもしれない。通夜の日の昼だったと思う。そのように愛した祖父の遺体と、筆者が家で二人きりになる瞬間があった。遠方からまだ駆けつけていない家族もあり、また、諸々の準備でみな出払っていた。留守番をしている中、筆者は悲しいのと同時に、無性に恐ろしい気持ちになった。遺体と二人きりで家の中にいるという、その状況が不安になったのだと思う。なにか物音を聞いたのかもしれない。なにがきっかけだったかは、残念ながら覚えていない。そこにいるのは優しかった祖父であり、筆者になにかをするわけもないはずだが、そのときの気持ちは「こわい」としか言いようがなかった。死者への愛慕と恐怖が文脈に応じて人の胸に去来するものだということを実感したのはこの時だったと思う。一瞬でも祖父を恐れたという筆者に、家族は怒るかもしれない。祖父なら笑って許してくれるだろうか。

本書は、二〇一四年に成城大学に提出した博士学位請求論文をもとに、大幅な加筆修正を加えたものである。怠惰な性根の筆者が、自分の研究に一応のまとまりをつけることができたのも、多くの方々に支えられてきたからこそである。学部生時代からご指導を賜った松崎憲三先生には、研究内容に関わる指導はもちろん、研究者のわきまえるべき作法、研究者という生き方のなんたるかを教えていただいた。副査として博士論文をご審査くださった外池昇先生、宮崎修多先生、また、様々なご助言をたまわった田中宣一先生、岩本通弥先生にも心からの御礼を申し上げたい。

また、研究遂行過程で有益な示唆を与えてくださった諸先輩方、後輩諸君、フィールドワークで御世話になった方々にも、お一人ずつ名前をあげることはできないが、ここで感謝を申し上げる。筆者を温かく迎えてくださった武田家旧温会の皆さんとの交流は、一個人として本当に楽しかったし、これからもご一緒できることを楽しみにしている。また、出版に際してご迷惑をおかけした勉誠出版の大橋裕和さん、堀郁夫さんには、一緒に仕事ができたことの喜びを何よりも伝えたい。家族には、感謝よりもむしろ詫びを述べる必要があるだろう。

ところで、本書の中で、筆者は死者の表象を論じながら、死者を表象してきた。物語を論じながら物語を組み立ててきた。その過程で、おそらくは多くの死者に、彼ら自身の望まない表象を与えてしまったかもしれない。もしくは、望ましい表象を相対化してしまった場合もあるかもしれない。彼らの偉人的表象は、時として筆者の憧れの対象であり、生き方の指針でもあったことを打ち明けておきたい。その意味で、本書は筆者自身の偉人崇拝に、自文化の問題として向き合う試みであったともいえるだろう。本書で言及したすべての「偉人」に、そして、筆を執りながら何度も何度も想い起こした祖父の霊に、謹んで本書を捧げます。

平成二八年一〇月

及川　祥平

［付記］
本書の出版に際しては、二〇一六年度科学研究費補助金（研究成果公開促進費）の交付を受けた。

索　引

事項索引

【う】

【え】

【お】

【か】

【き】

【く】

【け】

【こ】

【さ】

【し】

【す】

【せ】

【そ】

【た】

【ち】

【つ】

【て】

【と】

【ひ】

【ふ】

【へ】

【ほ】

【ま】

【み】

【む】

【ら】

【り】

【れ】

【ろ】

【わ】

人名索引

【あ】

【い】

【う】

【お】

【か】

【き】

【く】

【け】

【こ】

【さ】

【し】

【す】

【せ】

【そ】

【た】

【ち】

【つ】

【て】

【と】

【な】

【に】

【ぬ】

【の】

【は】

【ひ】

【ふ】

【へ】

【ほ】

【ま】

【み】

【む】

【め】

【も】

【著者プロフィール】

及川祥平（おいかわ・しょうへい）

川村学園女子大学文学部日本文化学科講師。成城大民俗学研究所研究員。昭和58年、北海道生まれ。成城大大学院文学研究科博士課程後期単位取得退学。民俗学専攻。成城大研究機構グローカル研究センターPD研究員。成城大および京都造形芸術大非常勤講師。主要論文に「武田信玄祭祀史考」（『日本民俗学』268号）、「近代の贈位と人物顕彰をめぐる基礎的考察」（小島孝夫編『地域社会・地方文化再編の実態』所収）、「『歴史上の人物』をめぐる想起と語り」（『史潮』72号）など。

偉人崇拝の民俗学

2017年2月15日　初版発行

著　者　及川祥平
発行者　池嶋洋次
発行所　勉誠出版株式会社
〒101-0051　東京都千代田区神田神保町3-10-2
TEL：(03)5215-9021(代)　FAX：(03)5215-9025
〈出版詳細情報〉http://bensei.jp/

印刷　太平印刷社
製本　若林製本工場
装幀　宗利淳一

ISBN978-4-585-23051-9　C3039